企业所得税纳税调整操作实务

吴　健　庞　军　高行锋　编著

中国财经出版传媒集团
中国财政经济出版社

图书在版编目（CIP）数据

企业所得税纳税调整操作实务/吴健，庞军，高行锋编著．—北京：中国财政经济出版社，2018.11

ISBN 978-7-5095-8611-2

Ⅰ.①企…　Ⅱ.①吴…②庞…③高…　Ⅲ.①企业所得税-税收管理-中国　Ⅳ.①F812.424

中国版本图书馆CIP数据核字（2018）第244063号

责任编辑：尉　敏　　　责任校对：杨瑞琦

封面设计：孙俪铭　　　版式设计：录文通

中国财政经济出版社出版

URL：http：//www.cfeph.cn

E-mail：cfeph@cfemg.cn

社址：北京市海淀区阜成路甲28号　邮政编码：100142

营销中心电话：010-88191537

北京中兴印刷有限公司印刷　各地新华书店经销

710×1000毫米　16开　30.75印张　476 000字

2018年11月第1版　2019年3月北京第2次印刷

定价：65.00元

ISBN 978-7-5095-8611-2

（图书出现印装问题，本社负责调换）

本社质量投诉电话：010-88190744

打击盗版举报热线：010-88191661　QQ：2242791300

他序

吴健老师是我们铂略税务实务课程教研的外请专家，我们也一直探讨如何能够让财税实务教育更加落地，在此过程中，吴老师的专业见解以及广博的跨界视野都给我留下了非常深刻的印象。特别在本书策划过程中，吴老师对企业业务的把握以及税收政策的熟识程度，也让我不得不感慨税务实务与企业业务的关联程度是多么紧密，而这正是吴老师的优势所在。

近一年多来，我们已经看到税务机关运用“金三”系统的智能征管和稽查手段在实务中发挥了越来越重要的作用，税务机关已能做到“足不出户”便知企业经营的各个方面。对此，企业的财务人员已经感受到了普遍的“压力”，在企业所得税领域，一方面是诸如研发费用加计扣除比例扩大、固定资产加速折旧等优惠政策的广泛适用；另一方面企业暴露在税务机关聚光灯下的几率也在不断增加。对此，未来企业所得税的纳税调整将变得越来越“常态化”，企业财务人员迫切需要一本企业所得税调整的“工具类”书籍作为日常税务实务工作的必备。

恰逢此时，吴健、庞军、高行锋三位老师合作编著的《企业所得税纳税调整操作实务》孕育而生，全面彰显了新形势下三位老师在该领域研究的造诣。本书内容翔实，既有翔实法规和税务规范性文件条款的引用又结合各种实务案例并通过企业所得税的要素（如收入、扣除的纳税调整）、业务类型（职工薪酬支出、广告和业务宣传费的调整）以及行业（如房地产开发企业特定业务的调整等）全面阐述了企业所得税纳税调整的具体方法和手段，是广大企业财务工作者不可多得的案头工具书，为年度企业所得税汇算清缴以及日常风险防范保驾护航。作为多年的财务实务教育工作者，我非常荣幸地向各位读者推荐三位老师的这本书。

开卷有益，在您需要全面进行企业所得税纳税调整时，此书定能成为企业所得税风险的“防火墙”。

铂略财务培训副总裁

陈　栋

2018年11月

自　序

财政是国家治理的基础和重要支柱，科学的财税体制是优化资源配置、实现国家长治久安的制度保障。在现行的十八个税种中，企业所得税是仅次于增值税的第二大税种。企业所得税制复杂、规定多，算得上是“税中之王”。企业所得税汇算清缴中的纳税调整，由于事项多、要求高、把握难、风险高，一直让广大纳税人和基层税务干部感到“头大”。

有鉴于此，我们编著了《企业所得税纳税调整操作实务》一书，为广大纳税人以及税务工作者学习、理解企业所得税纳税调整提供操作性较强的工具书，以有效化解纳税风险。

本书力图做到：

一是突出纳税调整。该书紧紧围绕企业所得税纳税调整事项展开，具体包括：纳税调整概述、视同销售的纳税调整、房地产开发企业特定业务的纳税调整、未按权责发生制确认收入的纳税调整、投资收益的纳税调整、政府补助与不征税收入的纳税调整、职工薪酬支出的纳税调整、广告和业务宣传费税前扣除的纳税调整、捐赠支出的纳税调整、资产折旧（摊销）的纳税调整、资产损失税前扣除的纳税调整、政策性搬迁纳税调整以及准备金纳税调整共十三章。

二是突出税会差异。针对每一纳税调整事项，详细比较研究会计处理与税收规定，以及税会差异的纳税调整方法，为纳税人进行企业所得税纳税调整提供可操作性的指导。

此外，对与企业所得税纳税调整紧密相关的内容，如职工薪酬的个人所得税、增值税与土地增值税视同销售等，我们也进行了适度的比较阐述。

三是突出典型案例。本书突出纳税调整的实操指导，以大量的典型纳税调整案例启发运用。

四是突出风险应对。针对国税地税合并、金税三期上线和税务局税收风险管理给纳税人带来的新风险，本书突出税收风险识别与应对，解密典型纳税调整风险识别模型，并给出科学的应对策略。

本书的编著得到了铂略财务培训的大力支持，并被选为其相关涉税培训教材。本书的顺利出版还得到了中国财政经济出版社商业出版中心主任尉敏的鼎力相助，在此一并谨致谢忱！

由于企业所得税纳税调整事项多、内容复杂，加之时间紧，书中难免有疏漏和不足之处，敬请读者批评指正！广大读者可通过邮箱 896659584@ qq. com 与吴健老师联系。

此外，我们会根据企业所得税的政策变化，适时通过“财税健谈”公众号更新相关内容，读者可以关注阅读或下载。

编著者

2018 年 11 月

目　录

第一章

纳税调整概述

第一节　纳税调整项目概述

一、税会差异与纳税调整

财务会计的最终成果是形成财务报告。《企业会计准则》将财务报告的目标确定为，向财务报告使用者提供与企业财务状况、经营成果和现金流量等有关的会计信息，反映企业管理层受托责任履行情况，有助于财务报告的使用者作出经济决策。然而，税收是国家为了实现其职能，凭借政治权力，按照法律规定标准，对一部分社会产品进行无偿分配，以取得财政收入的一种形式。会计与税收的目标不同，形成了对相同经济业务的不同处理，即税会差异。

《中华人民共和国企业所得税法》（以下简称《企业所得税法》）第二十一条规定，在计算应纳税所得额时，企业财务、会计处理办法与税收法律、行政法规的规定不一致的，应当依照税收法律、行政法规的规定计算。在“企业所得税年度纳税申报表”（A类，2017年版）中，与纳税调整相关的表项主要有：A100000第15行“纳税调整增加额”，第16行“纳税调整减少额”，“纳税调整项目明细表”（A105000）及其附表。企业涉税事项的会计处理与税务处理差异的纳税调整，集中通过“纳税调整项目明细表”（A105000）进行填报。除调整固定资产加速折旧（无形资产加速摊销）优惠外，其他税收优惠项目都不通过该表填报。

二、纳税调整项目及其填报

（一）纳税调整项目明细表

“纳税调整项目明细表”（A105000，见表1－1）由纳税人根据税法、相关税收规定以及国家统一会计制度的规定，填报企业所得税涉税事项的会计处理、税务处理以及纳税调整情况。该表是企业所得税汇算清缴申报的重点和难点，涉及调整项目内容较多，每一项内容和项目基本都涉及一项或多项税收政策规定。因此，要求纳税人与基层税务干部必须熟悉税收政策规定。

纳税调整项目按照“收入类调整项目”“扣除类调整项目”“资产类调整项目”“特殊事项调整项目”“特别纳税调整应税所得”“其他”六大项分类填报汇总，并计算出纳税“调增金额”和“调减金额”的合计数。

数据栏分别设置“账载金额”“税收金额”“调增金额”“调减金额”四个栏次。“账载金额”是指纳税人按照国家统一会计制度规定核算的项目金额。“税收金额”是指纳税人按照税法规定计算的项目金额。

对需填报下级明细表的纳税调整项目，其“账载金额”“税收金额”“调增金额”，“调减金额”根据相应附表进行填报。

表1－1　A105000　　纳税调整项目明细表

行次	项　　目	账载金额	税收金额	调增金额	调减金额
		1	2	3	4
1	一、收入类调整项目（2＋3＋…＋11）	*	*		

续表

行次	项目	账载金额	税收金额	调增金额	调减金额
		1	2	3	4
2	（一）视同销售收入（填写 A105010）	*			*
3	（二）未按权责发生制原则确认的收入（填写 A105020）				
4	（三）投资收益（填写 A105030）				
5	（四）按权益法核算长期股权投资对初始投资成本调整确认收益	*	*	*	
6	（五）交易性金融资产初始投资调整	*	*		*
7	（六）公允价值变动净损益		*		
8	（七）不征税收入	*	*		
9	其中：专项用途财政性资金（填写 A105040）	*	*		
10	（八）销售折扣、折让和退回				
11	（九）其他				
12	二、扣除类调整项目（13 + 14 + … + 30）	*	*		
13	（一）视同销售成本（填写 A105010）	*			
14	（二）职工薪酬（填写 A105050）				
15	（三）业务招待费支出				*
16	（四）广告费和业务宣传费支出（填写 A105060）	*	*		
17	（五）捐赠支出（填写 A105070）				
18	（六）利息支出				
19	（七）罚金、罚款和被没收财物的损失		*		*
20	（八）税收滞纳金、加收利息		*		*
21	（九）赞助支出		*		*
22	（十）与未实现融资收益相关在当期确认的财务费用				
23	（十一）佣金和手续费支出				*
24	（十二）不征税收入用于支出所形成的费用	*			*
25	其中：专项用途财政性资金用于支出所形成的费用（填写 A105040）	*	*		*
26	（十三）跨期扣除项目				
27	（十四）与取得收入无关的支出		*		*
28	（十五）境外所得分摊的共同支出	*	*		*

续表

行次	项目	账载金额	税收金额	调增金额	调减金额
		1	2	3	4
29	（十六）党组织工作经费				
30	（十七）其他				
31	三、资产类调整项目（32+33+34+35）	*	*		
32	（一）资产折旧、摊销（填写A105080）				
33	（二）资产减值准备金		*		
34	（三）资产损失（填写A105090）				
35	（四）其他				
36	四、特殊事项调整项目（37+38+…+42）	*	*		
37	（一）企业重组及递延纳税事项（填写A105100）				
38	（二）政策性搬迁（填写A105110）	*	*		
39	（三）特殊行业准备金（填写A105120）				
40	（四）房地产开发企业特定业务计算的纳税调整额（填写A105010）	*			
41	（五）有限合伙企业法人合伙方应分得的应纳税所得额				
42	（六）其他	*	*		
43	五、特别纳税调整应税所得	*	*		
44	六、其他	*	*		
45	合计（1+12+31+36+43+44）	*	*		

（二）“纳税调整项目明细表”的修订

1. 增加党组织工作经费行次

为落实中央关于加强基层服务型党组织建设的有关精神，加强党建工作经费保障，满足“党组织工作经费”纳税调整需要，在扣除类调整项目中增加第29行“（十六）党组织工作经费”填报项目。该行用于填报纳税人根据有关文件规定，为创新基层党建工作、建立稳定的经费保障制度发生的党组织工作经费及纳税调整情况。

2. 新增法人合伙人应分得的应纳税所得额行次

根据《财政部、国家税务总局关于合伙企业合伙人所得税问题的通知》（财税〔2008〕159号）规定，在特殊事项调整项目中增加第41行“（五）有限合伙企业法人合伙方应分得的应纳税所得额”填报项目。该行用于填报有限合伙企业法人合伙方对有限合伙企业的投资所得的纳税调整。

3. 删除两张二级附表

一是删除“固定资产加速折旧、扣除明细表”（A105081），该表主要为统计企业加速折旧详细情况，不影响纳税调整的金额及税款，但为方便以后分析或是再扩大范围到某行业时统计，将该表和“资产折旧、摊销情况及纳税调整明细表”（A105080）第七列合并优化，并重新设计固定资产加速折旧内容。

二是删除“资产损失（专项申报）税前扣除及纳税调整明细表”（A105091），该表主要展现对A105090表中“专项申报资产损失”的明细情况以及税收金额的计算关系，将明细项并入A105090表，“税收金额”由纳税人自行填报。整合后优化部分列次名称。

4. 修改相关项目名称

由于填报内容发生变化，增加了技术入股等递延事项，将原第36行“（一）企业重组”项目名称调整为“（一）企业重组及递延纳税事项”。

第二节　收入的纳税调整

企业所得税的收入类调整项目主要包括：视同销售收入、未按权责发生制原则确认的收入、投资收益、按权益法核算长期股权投资对初始投资成本调整确认收益、交易性金融资产初始投资调整、公允价值变动净损益、不征税收入、销售折扣、折让和退回以及其他九类。由于对有附表的项目本书有单独章节阐述，本节只涉及没有附表的收入类纳税调整项目。

一、按权益法核算长期股权投资对初始投资成本调整确认收益

（一）财税处理

（1）会计处理：长期股权投资的初始投资成本小于投资时应享有被投资单位可辨认净资产公允价值份额的，其差额应当计入当期损益，同时调整长期股权投资的成本。

（2）税务处理：企业的各项资产以企业取得该项资产时实际发生的支出为计税基础。

（二）填报方法

表A105000第5行“（四）按权益法核算长期股权投资对初始投资成本调整确认收益”：第4列“调减金额”填报纳税人长期股权投资采取权益法核算，初始投资成本小于取得投资时应享有被投资单位可辨认净资产公允价值份额的差额计入取得投资当期的营业外收入的金额。

（三）案例解析

【例1-1】甲公司2017年出资1 500万元购买乙公司25%股权，采用权益法核算，东方公司可辨认净资产的公允价值8 000万元。

要求：分析说明按权益法核算长期股权投资对初始投资成本调整确认收益的纳税调整并填报相关年度纳税申报表。

解析：

（1）会计处理：

甲公司应享有被投资单位可辨认净资产的公允价值份额为2 000万元（8 000万元×25%），实际出资1 500万元，因此需要确认营业外收入500万元。假设甲公司以银行存款出资，则会计分录为：

借：长期股权投资——乙公司　　20 000 000

　　贷：银行存款　　15 000 000

　　　　营业外收入　　5 000 000

（2）税务处理：

甲公司应按照实际出资额1 500万元确认该项长期股权投资的计税基础，同时不确认营业外收入500万元。

该收入确认差异500万元，通过表A105000第5行“（四）按权益法核算长期股权投资对初始投资成本调整确认收益”第4列调减应纳税所得额。

（3）填制有关纳税申报表（如表1－2所示）：

表1－2　A105000　　纳税调整项目明细表（部分）　　金额单位：元

行次	项　　目	账载金额	税收金额	调增金额	调减金额
		1	2	3	4
1	一、收入类调整项目	*	*		5 000 000
5	（四）按权益法核算长期股权投资对初始投资成本调整确认收益	*	*	*	5 000 000
45	合计	*	*		5 000 000

二、交易性金融资产初始投资调整

（一）财税处理

交易性金融资产初始投资成本税会差异，主要体现在对交易费用的处理上，会计上将取得交易性金额资产发生的交易费用计入当期损益，而企业所得税处理时计入资产计税基础。

（二）填报方法

表A105000第6行“（五）交易性金融资产初始投资调整”：第3列“调增金额”填报纳税人根据税法规定确认交易性金融资产初始投资金额与会计核算的交易性金融资产初始投资账面价值的差额。

（三）案例解析

【例1－2】2017年1月20日，甲公司以每股10元的价格，从证券市场购入乙公司股票10万股，支付价款100万元，另支付相关交易费用3万元。甲公司将购入的乙公司股票作为交易性金融资产核算。

要求：分析说明交易性金融资产初始投资纳税调整并填报相关年度纳税申报表。

解析：

（1）会计处理：

甲公司应确认该项交易性金融资产成本为100万元，同时将交易费用3万元计入投资收益的借方。假设甲公司以银行存款出资，则会计分录为：

借：交易性金融资产——成本　　1 000 000

　　投资收益　　30 000

　　贷：银行存款　　1 030 000

（2）税务处理：

甲公司应按照实际支出103万元确认该项交易性金融资产的计税基础。

该收入确认差异3万元，通过表A105000第6行“（五）交易性金融资产初始投资调整”第3列调增应纳税所得额。

（3）填制有关纳税申报表（如表1-3所示）：

表1-3　A105000　纳税调整项目明细表（部分）　金额单位：元

行次	项　目	账载金额	税收金额	调增金额	调减金额
		1	2	3	4
1	一、收入类调整项目	*	*	30 000	
6	（五）交易性金融资产初始投资调整	*	*	30 000	*
45	合计	*	*	30 000	

三、公允价值变动净损益

（一）财税处理

《企业会计准则》的一个重要变化就是，当某些资产（如交易性金融资产）的公允价值发生变动时，《企业会计准则》要求确认损益，但税法不承认公允价值变动损益，所以要作相应的调整处理。执行《小企业会计准则》和《企业会计制度》的企业不涉及此项调整。

（二）填报方法

表 A105000 第 7 行“（六）公允价值变动净损益”：第 1 列“账载金额”填报纳税人会计核算的以公允价值计量的金融资产、金融负债以及投资性房地产类项目计入当期损益的公允价值变动金额；第 1 列金额 <0 时，将绝对值填入第 3 列“调增金额”；若第 1 列金额≥0，填入第 4 列“调减金额”。

（三）案例解析

【例 1 – 3】 2017 年 1 月 20 日，甲公司以每股 10 元的价格，从证券市场购入乙公司股票 10 万股，支付价款 100 万元，另支付相关交易费用 3 万元。甲公司将购入的乙公司股票作为交易性金融资产核算。

2017 年 12 月 31 日，上述股票收盘价为每股 8 元。

要求：分析说明交易性金融资产公允价值变动净损益纳税调整并填报相关年度纳税申报表。

解析：

交易性金融资产初始投资纳税调整事项，前文已解析，此处不再赘述。

2017 年 12 月 31 日，甲公司财务应确认公允价值变动损益贷方发生额 20 万元，而税务不确认该金额。

该收入确认差异 20 万元，通过表 A105000 第 7 行“（六）公允价值变动净损益”第 3 列调增应纳税所得额。

填制有关纳税申报表（如表 1 – 4 所示）。

表 1 – 4 A105000 纳税调整项目明细表 金额单位：元

行次	项目	账载金额	税收金额	调增金额	调减金额
		1	2	3	4
1	一、收入类调整项目	*	*	200 000	
7	（六）公允价值变动净损益	– 200 000	*	200 000	
45	合计	*	*	200 000	

四、销售折扣、折让和退回

（一）财税处理

《国家税务总局关于确认企业所得税收入若干问题的通知》（国税函〔2008〕875号）规定，企业为促进商品销售而在商品价格上给予的价格扣除属于商业折扣，商品销售涉及商业折扣的，应当按照扣除商业折扣后的金额确定销售商品收入金额。债权人为鼓励债务人在规定的期限内付款而向债务人提供的债务扣除属于现金折扣，销售商品涉及现金折扣的，应当按扣除现金折扣前的金额确定销售商品收入金额，现金折扣在实际发生时作为财务费用扣除。企业因售出商品的质量不合格等原因而在售价上给予的减让属于销售折让；企业因售出商品质量、品种不符合要求等原因而发生的退货属于销售退回。企业已经确认销售收入的售出商品发生销售折让或销售退回，应当在发生当期冲减当期销售商品收入。

此外，需要注意的是：

（1）增值税有关商业折扣必须和销售额在同一张发票上开具的规定，否则不得从销售额中扣除；

（2）销售折让、退回开具红字增值税专用发票时手续必须完备，否则不得冲减收入。

如果企业有不符合税收规定的折扣、折让和退回，将其填入“纳税调整项目明细表”第10行，进行相应的纳税调增处理。

（二）填报方法

表A105000第10行“（八）销售折扣、折让和退回”：填报不符合税法规定的销售折扣和折让应进行纳税调整的金额，和发生的销售退回因会计处理与税法规定有差异需纳税调整的金额。第1列“账载金额”填报纳税人会计核算的销售折扣和折让金额及销货退回的追溯处理的净调整额。第2列“税收金额”填报根据税法规定可以税前扣除的折扣和折让的金额及销货退回业务影响当期损益的金额。第1列减第2列，若余额≥0，填入第3列“调增金额”；若余额 <0，将绝对值填入第 4 列“调减金额”，第 4 列仅为销货退回影响损益的跨期时间性差异。

（三）案例解析

【例 1 –4】 甲公司 2017 年 1 月到 12 月实现销售收入 10 000 万元，成本为 6 000 万元。2018 年 2 月 1 日，2017 年 10 月销售给乙公司的销售收入 1 000 万元的某批产品因质量原因退回，对应的成本为 600 万元。甲公司 2017 年度的财务会计报告经董事会批准报出日为 2018 年 3 月 20 日。

要求：分析说明与销售退回相关的纳税调整并填报相关年度纳税申报表。

解析：

（1）会计处理：

甲公司 2017 年度的财务会计报告批准报出日为 2018 年 3 月 20 日，销售退回日为 2018 年 2 月 1 日。会计处理时销售退回应冲减 2017 年度的销售收入与销售成本。即 2017 年度会计确认的销售收入为 9 000 万元，销售成本为 5 400 万元。

（2）税务处理：

企业已经确认销售收入的售出商品发生销售折让或销售退回，企业所得税处理时应当在发生当期冲减当期销售商品收入。因而，企业所得税上应冲减 2018 年度的收入，2017 年企业所得税收入为 10 000 万元，销售成本为 6 000万元。

该收入确认差异 1 000 万元，通过表 A105000 第 10 行“（八）销售折扣、折让和退回”第 3 列调增应纳税所得额，如表 1 – 5 所示。

表 1 – 5 A105000 纳税调整项目明细表（部分） 金额单位：万元

行次	项 目	账载金额	税收金额	调增金额	调减金额
		1	2	3	4
1	一、收入类调整项目	*	*	1 000	
10	（八）销售折扣、折让和退回	1 000	0	1 000	
45	合计	*	*	1 000	

五、接受捐赠收入

（一）财税处理

企业接受捐赠收入，根据《企业会计准则》，接受捐赠的货币性及非货币性收入通过“营业外收入”账户核算，与税法规定一致，无需调整。因此，只有执行《企业会计制度》的企业，将接受捐赠收入纳入“资本公积”账户核算，但转入资本公积的是捐赠收入与相关费用的差额，与税法存在差异，需通过表 A105000 第 11 行“（九）其他”作调增处理。

（二）填报方法

表 A105000 第 11 行“（九）其他”：填报其他因会计处理与税法规定有差异需纳税调整的收入类项目金额。若第 2 列≥第 1 列，将第 2 列减第 1 列余额填入第 3 列“调增金额”，若第 2 列＜第 1 列，将第 2 列减第 1 列余额的绝对值填入第 4 列“调减金额”。

六、存货和固定资产盘盈

（一）财税处理

（1）会计处理。根据《企业会计准则第 28 号——会计政策、会计估计变更和差错更正》的规定，前期差错是指由于没有运用或错误运用下列两种信息，而对前期财务报表造成省略或错报：①编报前期财务报表时预期能够取得并加以考虑的可靠信息；②前期财务报告批准报出时能够取得的可靠信息。前期差错通常包括计算错误、应用会计政策错误、疏忽或曲解事实以及舞弊产生的影响以及存货、固定资产盘盈等。企业应当采用追溯重述法更正重要的前期差错，但确定前期差错累积影响数不切实可行的除外。追溯重述法，是指在发现前期差错时，视同该项前期差错从未发生过，从而对财务报表相关项目进行更正的方法。

在实务中，存货的盘盈一般通过“待处理财产损溢——待处理流动资产损溢”科目核算，最终冲减管理费用；固定资产的盘盈一般通过“以前年度损益调整”科目，最终结转至“利润分配”。

(2) 税务处理。企业取得的除《企业所得税法》第六条第（一）项至第（八）项规定的收入外的其他收入，包括企业资产溢余收入。因此，无论存货盘盈，还是固定资产盘盈，均应计入企业收入总额。

（二）填报方法

存货的盘盈虽然税会处理不同，但不直接影响最终的应纳税所得额，因此笔者认为可以不做调整。而固定资产的盘盈需要通过表 A105000 第 11 行“（九）其他”栏目进行纳税调增。此外，企业发生存货和固定资产盘盈时，需要特别注意西部大开发企业所得税优惠、研究开发费用加计扣除优惠等政策中的收入总额应包含上述金额。

七、收入类纳税调整模型与应对（见表 1－6）

表 1－6

对应风险特征编号、名称	纳税调减核对—收入类调整风险指标	指标类型	[ ] 涉嫌偷逃骗税类 [√] 一般税收流失类 [ ] 税收行为管理类
适用范围	企业所得税查账征收企业	主题事项（指标分类）	企业所得税汇缴申报表表间逻辑分析
适用税种、税目	企业所得税	涉及会计科目	其他应收款、其他应付款、投资收益
税收政策依据及内容摘要	《企业所得税法》第七条、《企业所得税法实施细则》第二十六条、《财政部 国家税务总局关于专项用途财政性资金企业所得税处理问题的通知》（财税〔2011〕70 号）第一条、《财政部 国家税务总局关于财政性资金、行政事业性收费、政府性基金有关企业所得税处理问题的通知》（财税〔2008〕151 号） 企业从县级以上各级人民政府财政部门及其他部门取得的应计入收入总额的财政性资金，凡同时符合以下条件的，可以作为不征税收入，在计算应纳税所得额时从收入总额外中减除：①能够提供规定资金专项用途的资金拨付文		

续表

<table>
<tr><td>税收政策依据及内容摘要</td><td colspan="5">件；②财政部门或其他拨付资金的政府部门对该资金有专门的资金管理办法或具体管理要求；③企业对该资金以及以该资金发生的支出单独进行核算。
对企业依照作为法律、法规及国务院有关规定收取并上缴财政的政府性基金和事业性收费，准予作为不征税收入，于上缴财政的当年在计算应纳税所得额时从收入总额外中减除；未上缴财政的部分，不得从收入总额中减除</td></tr>
<tr><td>相关法律（含行业管理规定）及内容摘要</td><td colspan="5"></td></tr>
<tr><td>数据来源（可多选）</td><td colspan="5">[ ] 税务登记 [√] 认定信息 [ ] 财务报表 [ ] 代开发票信息 [√] 申报表 [ ] 入库税款 [ ] 国际税收情报交换数据 [ ] 第三方数据（××局、互联网采集数据）[ ] 其他数据</td></tr>
<tr><td>数据内容</td><td colspan="5">认定信息—企业所得税查账征收；申报表—企业所得税年度纳税申报表（A类）A105000 第 1 行第 4 列，表 A105000 第 8 行第 4 列</td></tr>
<tr><td rowspan="2">指标属性</td><td>积分度量类别</td><td>指标层级</td><td>指标性质</td><td>是否需要反馈</td><td>是否适用纳税提醒</td></tr>
<tr><td>[ ] 计税依据
[ ] 税款 [ ] 比例 [√] 其他</td><td>[√] 一级指标
[ ] 二级指标</td><td>[ ] 主要
[√] 辅助</td><td>[√] 是
[ ] 否</td><td>[ ] 是
[√] 否</td></tr>
<tr><td>指标描述</td><td colspan="5">(1) 该指标主要反映《纳税调整项目明细表》收入类调整项目中调减事项，对于纳税调减的内容应加强核实
(2) 指标公式 = 收入类调整项目调减金额 - 不征税收入调减金额 >1 000 000
(3) 不征税收入调减金额占收入类调整项目调减金额比例 <80%</td></tr>
<tr><td>指标公式</td><td colspan="5">【收入类调整项目 - 调减金额】企业所得税年度纳税申报表（A 类）A105000 第 1 行第 4 列
【不征税收入调减金额】企业所得税年度纳税申报表（A 类）A105000 第 8 行第 4 列
【收入类调整各项目后累计金额】 = （NVL（【收入类调整项目 - 调减金额】，0） - NVL（【不征税收入调减金额】，0）），
【非不征税比例】 = 【收入类调整各项目后累计金额】 / NVL（【收入类调整项目 - 调减金额】，0） and NVL（【收入类调整项目 - 调减金额】，0） >0</td></tr>
<tr><td>风险识别条件</td><td colspan="5">【收入类调整各项目后累计金额】 > 【预警值 1】 and 【非不征税比例】 > 【预警值 2】</td></tr>
</table>

续表

预警参考值	【预警值 1】 =1 000 000,【预警值 2】 =20%（根据实际执行结果调整）
加工周期	（与数据所属期不同）[ ] 月 [ ] 季 [ ] 半年 [√] 年 [ ] 一次性
预警参考值维护级别	[√] 省 [ ] 市 [ ] 县（市、区）
税务机关提示信息	【纳税人名称】（【纳税人识别号】）：该单位在【年度】年度纳税调整项目明细表 A105000 收入类调整项目调减金额为【收入类调整项目调减金额】元，不征税收入调减金额为【不征税收入调减金额】元。收入类调整各项目后累计金额大于【预警值 1】元且非不征税收入调减金额小于【预警值 2】，可能存在风险，请核查。
纳税人提示信息	【纳税人名称】（【纳税人识别号】）：您单位在【年度】年度纳税调整项目明细表收入类调整项目调减金额为【收入类调整项目调减金额】元，不征税收入调减金额为【不征税收入调减金额】元，可能存在风险，请核查。
应对策略	一、风险数据的系统校验（案头审核）： 通过“查询统计（核心征管）”—“申报”—“企业所得税年度纳税申报信息清册［通用查询岗］”—企业所得税年度纳税申报表（A类）纳税调整项目明细表中收入类调整项目和不征税收入。 二、询问约谈资料要求（报送资料） (1) 资金管理办法或具体管理要求。 (2) 资金拨付文件、专项用途资金以及以该资金发生的支出单独进行核算的账页等资料。 (3) 政府性基金和行政事业性收费上交财政的账页、记账凭证等资料。 三、核查内容 (1) 核查企业基础登记信息和认定信息的准确性。 (2) 核查作为不征税收入调减的专项用途的财政性资金是否符合规定，是否有资金拨付文件、资金管理办法或具体管理要求、专项用途资金是否单独进行核算。财政性资金是否全额入账核算，调减金额是否与资金拨付文件所反映的金额一致。作为不征税收入调减的政府性基金和行政事业性收费是否按法律、法规及国务院有关规定收取，是否已上缴财政，未上缴财政的部分，不得从收入总额中减除。 (3) 存在少缴纳税款情形的，通知纳税人补缴并按规定加滞纳金。
备注	

第三节　扣除的纳税调整

企业所得税扣除类调整项目主要包括：视同销售成本、职工薪酬、业务招待费支出、广告费和业务宣传费支出、捐赠支出、利息支出、罚金、罚款和被没收财物的损失、税收滞纳金、加收利息、赞助支出、与未实现融资收益相关在当期确认的财务费用、佣金和手续费支出、不征税收入用于支出所形成的费用、跨期扣除项目、与取得收入无关的支出、党组织工作经费以及其他。由于对有附表的项目有单独章节阐述，本节只涉及没有附表的扣除类纳税调整项目。

一、业务招待费支出

《企业所得税法实施条例》第四十三条规定，企业发生的与生产经营活动有关的业务招待费，按照发生额的60%扣除，但最高不得超过当年销售（营业）收入的5‰。

（一）业务招待费扣除限额的计算依据

1. 销售（营业）收入与视同销售收入

《国家税务总局关于企业所得税执行中若干税务处理问题的通知》（国税函〔2009〕202号）第一条“关于销售（营业）收入基数的确定问题”规定，企业在计算业务招待费、广告费和业务宣传费等费用扣除限额时，其销售（营业）收入额应包括《企业所得税法实施条例》第二十五条规定的视同销售（营业）收入额。即作为计算业务招待费、广告费和业务宣传费税前扣除限额依据的销售（营业）收入，包括企业的主营业务收入、其他业务收入和视同销售收入，但不包括营业外收入、投资收益等。对于投资性公司，投资收益应作为主营业务收入处理。销售退回、销售折扣与折让，应从销售（营业）收入扣减。

2. 股息、红利与股权转让收入

根据《国家税务总局关于贯彻落实企业所得税法若干税收问题的通知》（国税函〔2010〕79号），对从事股权投资业务的企业（包括集团公司总部、创业投资企业等），其从被投资企业所分配的股息、红利以及股权转让收入，可以按规定的比例计算业务招待费扣除限额。

3. 销售未完工开发产品取得的收入

房地产开发企业销售未完工开发产品取得的收入，可以作为计提业务招待费、广告费和业务宣传费的基数；但开发产品完工、会计核算转销售收入时，已作为计提基数的未完工开发产品的销售收入不得重复计提业务招待费、广告费和业务宣传费。

企业所得税年度纳税申报时，计算业务招待费扣除限额的基数"当年销售（营业）收入"，需要根据企业所从事的经营行业不同分别确定：

（1）对于一般行业企业而言，是指企业根据国家统一会计制度确认的当年主营业务收入、其他业务收入以及根据税收规定确认的视同销售收入；

（2）对于房地产开发企业，计算扣除限额的基数为：当年主营业务收入+其他业务收入+视同销售收入+销售未完工开发产品取得的收入－未完工产品转完工产品收入；

（3）对从事股权投资业务的企业（包括集团公司总部、创业投资企业等），计算扣除限额的基数为：当年主营业务收入+其他业务收入+视同销售收入+从被投资企业所分配的股息、红利以及股权转让收入。

（二）餐费与业务招待费

业务招待费是企事业单位为生产经营业务活动的需要而合理开支的招待费用。而不是一切餐费都是业务招待费，不能将餐费与业务招待费划上等号。这是因为餐费的用途有很多，不一定都是用于业务招待。例如，年底全体员工聚餐是一种福利活动，发生的餐费应当列入福利费；员工因公到外地出差，途中发生的餐费，应列入差旅费；企业如到某个安静的山庄召开会议，中午安排工作餐，这属于会议费的一部分；企业召开董事会，安排董事们就餐，餐费应属于董事会费的一部分；企业请装修工装潢办公室，中午为其提供盒饭，这时的餐费应列为装潢成本等。

（三）筹办期业务招待费的税前扣除

根据《国家税务总局关于企业所得税应纳税所得额若干税务处理问题的公告》（国家税务总局公告2012年15号）第五条的规定，企业在筹建期间，发生的与筹办活动有关的业务招待费支出，可按实际发生额的60%计入企业筹办费，并按有关规定在税前扣除；发生的广告费和业务宣传费，可按实际发生额计入企业筹办费，并按有关规定在税前扣除。

这里税前扣除的有关规定，是指筹办费税前扣除的相关规定。此外，需要说明的是，业务招待费在“管理费用”科目列支，不得在其他科目开支。

（四）业务招待费支出的填报

表A105000第15行“（三）业务招待费支出”：第1列“账载金额”填报纳税人会计核算计入当期损益的业务招待费金额；第2列“税收金额”填报按照税收规定允许税前扣除的业务招待费支出的金额；第3列“调增金额”为第1－2列的金额。

2014年版年度纳税申报表“（三）业务招待费支出”填报说明为：第2列“税收金额”填报按照税法规定允许税前扣除的业务招待费支出的金额，即：“本行第1列×60%”与当年销售（营业收入）×5‰的孰小值。而2017年版年度纳税申报表“（三）业务招待费支出”填报说明中，删除了“本行第1列×60%与当年销售（营业收入）×5‰的孰小值”的表述。

【例1－5】某工业企业2017年主营业务收入为4 000万元，其他业务收入800万元，视同销售收入200万元，投资收入为300万元。

（1）实际支出的业务招待费为60万元，在企业所得税年度纳税申报时业务招待费应如何进行纳税调整？

（2）假设实际支出的业务招待费为40万元，在企业所得税年度纳税申报时业务招待费应如何进行纳税调整？

解析：

计算业务招待费税前扣除限额的基数为：4 000＋800＋200＝5 000（万元）。

（1）实际支出的业务招待费为60万元，在企业所得税年度纳税申报时：

业务招待费最高扣除额＝（4 000＋800＋200）×5‰＝25（万元）；

实际发生额的60%为：60×60% =36（万元）>25万元；

因此，该企业2017年准予在税前扣除的业务招待费为25万元。应调增应纳税所得额35万元（60－25）。在填报企业所得税年度纳税申报表时，直接在“纳税调整项目明细表”第15行“业务招待费支出”第1列“账载金额”，栏填入60万元，第2列“税收金额”填入25万元，第3列“调增金额”填入35万元，如表1－7所示。

表1－7 A105000 纳税调整项目明细表（部分） 金额单位：元

行次	项 目	账载金额	税收金额	调增金额	调减金额
		1	2	3	4
1	一、收入类调整项目	*	*		
12	二、扣除类调整项目	*	*	35 000	
15	（三）业务招待费支出	600 000	250 000	350 000	*
45	合计	*	*		

（2）假设实际支出的业务招待费为40万元，在企业所得税年度纳税申报时：

业务招待费最高扣除额为：（4 000＋800＋200）×5‰＝25（万元）；

实际发生额的60%为：40×60%＝24（万元）<25万元；

因而，2017年准予在税前扣除的业务招待费为24万元。应调增应纳税所得额16万元（40－24）。在填报企业所得税年度纳税申报表时，直接在“纳税调整项目明细表”第15行“业务招待费支出”第1列“账载金额”中填入40万元，第2列“税收金额”填入24万元，第4列“调增金额”填入16万元，如表1－8所示。

表1－8 A105000 纳税调整项目明细表（部分） 金额单位：元

行次	项 目	账载金额	税收金额	调增金额	调减金额
		1	2	3	4
1	一、收入类调整项目	*	*		
12	二、扣除类调整项目	*	*	160 000	
15	（三）业务招待费支出	400 000	240 000	160 000	*
45	合计	*	*		

二、利息支出

（一）借款费用税前扣除的一般原则

《企业所得税法实施条例》第三十七条规定，企业在生产经营活动中发生的合理的不需要资本化的借款费用，准予扣除。企业为购置、建造固定资产、无形资产和经过12个月以上的建造才能达到预定可销售状态的存货发生借款的，在有关资产购置、建造期间发生的合理的借款费用，应当作为资本性支出计入有关资产的成本，并按照《企业所得税法实施条例》的有关规定扣除。

《企业所得税法实施条例》第三十八条规定，企业在生产经营活动中发生的下列利息支出，准予扣除：

（1）非金融企业向金融企业借款的利息支出、金融企业的各项存款利息支出和同业拆借利息支出、企业经批准发行债券的利息支出；

（2）非金融企业向非金融企业借款的利息支出，不超过按照金融企业同期同类贷款利率计算的数额的部分。

（二）金融企业同期同类贷款利率的确定

《国家税务总局关于企业所得税若干问题的公告》（国家税务总局公告2011年第34号）规定，非金融企业向非金融企业借款的利息支出，不超过按照金融企业同期同类贷款利率计算的数额的部分，准予税前扣除。鉴于目前我国对金融企业利率要求的具体情况，企业在按照合同要求首次支付利息并进行税前扣除时，应提供"金融企业的同期同类贷款利率情况说明"，以证明其利息支出的合理性。

"金融企业的同期同类贷款利率情况说明"中，应包括在签订该借款合同当时，本省任何一家金融企业提供同期同类贷款利率情况。该金融企业应为经政府有关部门批准成立的可以从事贷款业务的企业，包括银行、财务公司、信托公司等金融机构。"同期同类贷款利率"是指在贷款期限、贷款金额、贷款担保以及企业信誉等条件基本相同下，金融企业提供贷款的利率。既可以是金融企业公布的同期同类平均利率，也可以是金融企业对某些企业提供的实际贷款利率。

（三）企业融资费用的税前扣除

根据《企业会计准则第17号——借款费用》、《企业所得税法实施条例》第三十七条以及国家税务总局公告2012年第15号有关规定，企业通过发行债券、取得贷款、吸收保户储金等方式融资而发生的合理的费用支出，符合资本化条件的，应计入相关资产成本；不符合资本化条件的，应作为财务费用（包括手续费及佣金支出），准予在企业所得税税前据实扣除。

（四）企业向个人借款利息的税前扣除

《国家税务总局关于企业向自然人借款的利息支出企业所得税税前扣除问题的通知》（国税函〔2009〕777号）规定，企业向股东或其他与企业有关联关系的自然人借款的利息支出，应根据《企业所得税法》第四十六条及财税〔2008〕121号文件规定的条件，计算企业所得税扣除额。企业向除此以外的内部职工或其他人员借款的利息支出，其借款情况同时符合以下条件的，其利息支出在不超过按照金融企业同期同类贷款利率计算的数额的部分，根据《企业所得税法》第八条和《企业所得税法实施条例》第二十七条规定，准予扣除。

（1）企业与个人之间的借贷是真实、合法、有效的，并且不具有非法集资目的或其他违反法律、法规的行为；

（2）企业与个人之间签订了借款合同。

《最高人民法院关于人民法院审理借款案件的若干意见》（法民发〔1991〕21号）规定，人民法院审理借贷案件，应按照自愿、互利、公平、合法的原则，保护债权人和债务人的合法权益，限制高利率。民间借贷的利率可以适当高于银行的利率，但最高不得超过银行同类贷款利率的4倍，超出此限度的，超出部分的利息不予保护。

此外，根据《个人所得税法》规定，个人取得的利息收入应按“利息、股息、红利所得项目”适用20%的税率计算缴纳个人所得税，税款由企业在支付个人利息时代扣代缴。根据增值税的相关规定，个人取得的借款利息收入，还应按贷款服务缴纳增值税。

（五）投资未到位而发生的利息支出不得扣除

《国家税务总局关于企业投资者投资未到位而发生的利息支出企业所得税前扣除问题的批复》（国税函〔2009〕312号）规定，凡企业投资者在规定期限内未缴足其应缴资本额的，该企业对外借款所发生的利息，相当于投资者实缴资本额与在规定期限内应缴资本额的差额应计付的利息，其不属于企业合理的支出，应由企业投资者负担，不得在计算企业应纳税所得额时扣除。

具体计算不得扣除的利息，应以企业一个年度内每一账面实收资本与借款余额保持不变的期间作为一个计算期，每一计算期内不得扣除的借款利息按该期间借款利息发生额乘以该期间企业未缴足的注册资本占借款总额的比例计算，公式为：

企业每一计算期不得扣除的借款利息 = 该期间借款利息额 × 该期间未缴足注册资本额 ÷ 该期间借款额

企业一个年度内不得扣除的借款利息总额为该年度内每一计算期不得扣除的借款利息额之和。

【例1-6】（单选题）2017年1月1日，某有限公司按银行同期同类贷款年利率7%向甲工业企业借款2 800万元，期限为1年；同时，公司接受张某投资，约定张某于2017年4月1日和7月1日各投入400万元；张某仅于10月1日投入600万元。该公司2017年企业所得税前可以扣除的利息费用为（　　）万元。

A. 171.5　　B. 178.5　　C. 175　　D. 196

解析：

2017年税前可以扣除的利息为：2 800 ×7% －［2 800 ×7% ×3/12 ×400/2 800 +2 800 ×7% ×3/12 ×800/2 800 +2 800 ×7% ×3/12 ×200/2 800 = 171.5（万元）。

填制有关纳税申报表如表1-9所示。

（六）防止资本弱化

资本弱化，是指企业通过加大借贷（债权性投资）而减少股份资本（权益性投资）比例的方式增加税前扣除，以降低企业税负的一种行为。

表 1-9　A105000　　纳税调整项目明细表（部分）　　金额单位：元

行次	项　　目	账载金额	税收金额	调增金额	调减金额
		1	2	3	4
1	一、收入类调整项目	*	*		
12	二、扣除类调整项目	*	*	245 000	
18	（六）利息支出	1 960 000	1 715 000	245 000	
45	合计	*	*	245 000	

企业投资方式有权益投资和债权投资。由于以下两方面原因，企业往往愿意采用债权投资，相应减少权益投资。首先，由于债务人支付给债权人的利息可以在税前扣除，而支付给股东股息却不能在税前扣除，选择借债的融资方式比权益的融资方式，从税收的角度来说更具有优势；其次，许多国家对非居民纳税人获得的利息征收的预提所得税税率，通常比对股息征收的企业所得税税率低，采用债权投资比采用股权投资的税收负担低。对于债务人和债权人同属于一个利益集团的跨国公司来说，就有动机通过操纵融资方式，降低集团整体的税收负担。纳税人在为投资经营而筹措资金时，常常刻意设计资金来源结构，加大借入资金比例，扩大债务与权益的比率，人为形成"资本弱化"。因此，许多国家在税法上对关联方之间的债权性投资与权益性投资比例做出限制，防范企业通过操纵各种债务形式的支付手段，增加税前扣除、降低税收负担。

1. 不得扣除的利息

（1）不得扣除利息的计算。

《企业所得税法》第四十六条规定，企业从其关联方接受的债权性投资与权益性投资的比例超过规定标准而发生的利息支出，不得在计算应纳税所得额时扣除。这里所说的利息支出包括直接或间接关联债权投资实际支付的利息、担保费、抵押费和其他具有利息性质的费用。

《财政部 国家税务总局关于企业关联方利息支出税前扣除标准有关税收政策问题的通知》（财税〔2008〕121 号）规定，在计算应纳税所得额时，企业实际支付给关联方的利息支出，不超过以下规定比例和《企业所得税法》及其实施条例有关规定计算的部分，准予扣除，超过的部分不得在发生当期和以后年度扣除。

企业实际支付给关联方的利息支出，除另有规定外，其接受关联方债权性投资与其权益性投资的比例为：①金融企业，为5∶1；②其他企业，为2∶1。

企业同时从事金融业务和非金融业务，其实际支付给关联方的利息支出，应按照合理方法分开计算；没有按照合理方法分开计算的，一律按有关其他企业的比例计算准予税前扣除的利息支出。

不得在计算应纳税所得额时扣除的利息支出按以下公式计算：

不得扣除利息支出＝年度实际支付的全部关联方利息×（1－标准比例/关联债资比例）

实际支付利息是指企业按照权责发生制原则计入相关成本、费用的利息。企业自关联方取得的不符合规定的利息收入应按照有关规定缴纳企业所得税。

（2）关联债资比例的计算。

关联债资比例是指根据税法规定，企业从其全部关联方接受的债权性投资（以下简称“关联债权投资”）占企业接受的权益性投资（以下简称“权益投资”）的比例，关联债权投资包括关联方以各种形式提供担保的债权性投资。

关联债资比例的具体计算方法如下：

关联债资比例＝年度平均关联债权投资金额/年度平均权益投资金额

权益投资为企业资产负债表所列示的所有者权益金额。如果所有者权益小于实收资本（股本）与资本公积之和，则权益投资为实收资本（股本）与资本公积之和；如果实收资本（股本）与资本公积之和小于实收资本（股本）金额，则权益投资为实收资本（股本）金额。

（3）不得扣除利息的分配。

不得在计算应纳税所得额时扣除的利息支出，不得结转到以后纳税年度；应按照实际支付给各关联方利息占关联方利息总额的比例，在各关联方之间进行分配，其中，分配给实际税负高于企业的境内关联方的利息准予扣除；直接或间接实际支付给境外关联方的利息应视同分配的股息，按照股息和利息分别适用的所得税税率差补征企业所得税，如已扣缴的所得税税款多于按股息计算应征所得税税款，多出的部分不予退税。

2. 超标利息税前扣除的条件

企业如果能够按照《企业所得税法》及其实施条例的有关规定提供相关资料，并证明相关交易活动符合独立交易原则的；或者该企业的实际税负不高于境内关联方的，其实际支付给境内关联方的利息支出，在计算应纳税所得额时准予扣除。

实际税负 = 实际缴纳所得税性质的税种的税款金额（扣除各种税收返还）÷ 所得税性质的税种的应纳税所得额 × 100%

所得税性质的税种的应纳税所得额小于零的，按零填报。

企业关联债资比例超过标准比例的利息支出，如要在计算应纳税所得额时扣除，应准备、保存、并按税务机关要求提供以下同期资料，证明关联债权投资金额、利率、期限、融资条件以及债资比例等均符合独立交易原则。根据《国家税务总局关于完善关联申报和同期资料管理有关事项的公告》（国家税务总局公告 2016 年第 42 号）第十七条的规定，资本弱化特殊事项文档包括以下内容：

（1）企业偿债能力和举债能力分析。

（2）企业集团举债能力及融资结构情况分析。

（3）企业注册资本等权益投资的变动情况说明。

（4）关联债权投资的性质、目的及取得时的市场状况。

（5）关联债权投资的货币种类、金额、利率、期限及融资条件。

（6）非关联方是否能够并且愿意接受上述融资条件、融资金额及利率。

（7）企业为取得债权性投资而提供的抵押品情况及条件。

（8）担保人状况及担保条件。

（9）同类同期贷款的利率情况及融资条件。

（10）可转换公司债券的转换条件。

（11）其他能够证明符合独立交易原则的资料。

企业未按规定准备、保存和提供同期资料证明关联债权投资金额、利率、期限、融资条件以及债资比例等符合独立交易原则的，其超过标准比例的关联方利息支出，不得在计算应纳税所得额时扣除。

3. 关联方统借统贷不受资本弱化制约

“统借统贷”是指“集团公司统一贷款，所属企业申请使用”的资金管理模式。即集团公司统一向金融机构借款，所属企业按一定的程序申请使用，并按规定将贷款利息支付给集团公司，由集团公司统一与金融机构结算的资金管理模式。

集团公司统一向金融机构借款，所属企业申请使用，只是资金管理方式的变化，不影响所属企业使用银行信贷资金的性质，不属于关联企业之间的借款。凡集团公司能够出具从金融机构取得贷款的证明文件，其所属企业使用集团公司转贷的金融机构借款支付的利息，不高于金融机构同类同期贷款利率的部分，允许在税前全额扣除。

《国家税务总局关于印发〈房地产开发经营业务企业所得税处理办法〉的通知》（国税发〔2009〕31号）第二十一条也规定，企业集团或其成员企业统一向金融机构借款分摊集团内部其他成员企业使用的，借入方凡能出具从金融机构取得借款的证明文件，可以在使用借款的企业间合理的分摊利息费用，使用借款的企业分摊的合理利息准予在税前扣除。这就是说，国税发〔2009〕31号文件又进一步明确了在《企业所得税法》实施后，房地产开发业务中的统借统还仍不受防止资本弱化的制约，只要利息合理并符合税法其他相关规定，就可以全额税前扣除。

（七）利息支出的填报

“纳税调整项目明细表”（A105000）第18行“（六）利息支出”：第1列“账载金额”填报纳税人向非金融企业借款，会计核算计入当期损益的利息支出的金额。第2列“税收金额”填报按照税法规定允许税前扣除的利息支出的金额。若第1列≥第2列，将第1列减第2列的余额填入第3列“调增金额”；若第1列<第2列，将第1列减第2列余额的绝对值填入第4列“调减金额”。

此行填报企业向非金融企业借款计入财务费用的利息支出需作纳税调整的部分。企业在所得税年度纳税申报时，首先，应核实本年度“财务费用”中记载的向非金融企业和关联方借款的利息支出；其次，核实从非金融企业、关联方借款是否超过税法规定的扣除标准；最后，计算会计核算的金额和税法规定允许扣除的金额的差额，按差额通过“纳税调整项目明细表”第18行调增应纳税所得额。

【例1-7】A公司是一家大型工业制造企业，股票在上海证券交易所上市。为扩大经营规模，2017 年初，向甲、乙、丙、丁 4 个非金融企业关联方借款 11 000 万元扩建厂房。借款情况为：向甲借款 1 000 万元，利率为 6%，付利息 60 万元；向乙公司借款 2 000 万元，利率为 7%，付利息 140 万元；向丙公司借款 3 000 万元，利率为 5%，付利息 150 万元；向丁借款 5 000 万元，利率为 8%，付利息 400 万元；同期银行贷款利率为 6%。2017 年各月平均所有者权益金额为 2 000 万元。

2017 年该企业支付给 4 家关联方借款利息，根据《企业会计准则》规定，300 万元计入财务费用，450 万元计入在建工程。

该企业向 4 家关联方借款交易中，只有向丁企业借款符合独立交易原则，其他 3 家不能提供资料证明符合独立交易原则。该企业和甲、乙、丙、丁 4 家企业适用的企业所得税税率分别是 25%、25%、24%、15% 和 15%。

要求：分析说明 A 公司支付的关联方利息应如何进行纳税调整。

解析：

（1）计算暂时不能扣除的关联方利息支出。

不得扣除利息支出 = 年度实际支付的全部关联方利息 ×（1 - 标准比例/关联债资比例）

= 750 ×〔1 - 2 ÷［（11 000 × 12）÷（2 000 × 12）］〕= 477.27（万元）

（2）将暂时不能扣除的借款利息按实际支付给各关联方利息占关联方利息总额的比在各关联方之间分配。

甲企业应分配的金额为：477.27 ×（60 ÷ 750）= 38.18（万元）

乙企业应分配的金额为：477.27 ×（140 ÷ 750）= 89.09（万元）

丙企业应分配的金额为：477.27 ×（150 ÷ 750）= 95.45（万元）

丁企业应分配的金额为：477.27 ×（400 ÷ 750）= 254.55（万元）

（3）因符合独立交易原则和实际税负高于企业的境内关联方的利息准予扣除。对上述关联各方利息支出是否可以税前扣除进行判定。

甲企业税负率和该企业的税负率相同，不存在因超比例发生的永久性不可扣除的关联方借款利息。

乙企业税负率低于该企业税负率，且该借款不能提供资料证明符合独立交易原则，乙公司分配的关联方利息支出 89.09 万元，就是不可扣除的利息支出。

与乙企业类似，丙公司应分配的暂时不可扣除关联方利息支出 95.45 万元，就是不可扣除的利息支出。

丁企业税负率低于该企业税负率，但符合独立交易原则，不存在因超比例发生的不可扣除的关联方借款利息，即符合规定的关联方利息支出可以在税前扣除。

由此可知：不可扣除的关联方借款利息为：89.09 + 95.45 = 184.54（万元）。

（4）计算上述可扣除的关联方利息，因利率高于银行贷款利率而需要进行调整的金额。

向甲企业借款产生的关联方利息，因借款利率等于银行贷款利率，全部可以扣除。

向乙企业借款产生的关联方借款利息 140 万元，剔除因债资比例超标而分摊的 89.09 万元不可扣除的利息支出后，剩余 50.91 万元（140 − 89.09），因贷款利率 7% 超过银行利率 6%，需调增金额为 7.27 万元〔50.91 ÷ 7% × (7% − 6%)〕。

向丙企业借款产生的关联方借款利息 150 万元，剔除因债资比例超标而分摊的 95.45 万元不可扣除的利息支出后，剩余部分 54.55 万元（150 − 95.45），因贷款利率 5% 低于银行利率 6%，无须调增。

向丁企业借款产生的关联方借款利息，因符合独立交易原则，无需对债资比例超标而分摊的利息支出进行调整。但借款利率 8% 超过银行贷款利率 6%，因利率超过标准需对关联方借款利息进行纳税调增 100 万元〔400 ÷ 8% × (8% − 6%)〕。

因利率超过同期银行贷款利率而需调整的应纳税所得额为：7.27 + 100 = 107.27（万元）。

综上所述，该企业共产生永久不可扣除的关联方借款利息 291.81 万元（184.54 + 107.27）。

（5）将不可扣除关联方借款利息进行费用化与资本化分摊

费用化不可扣除的金额为：291.81 × 300 ÷ 750 = 116.72（万元）。

通过企业所得税年度“纳税调整项目明细表”第 43 行“五、特别纳税调整应税所得”第 3 列“调增金额”进行调整应纳税所得额 116.72 万元，如表

1－10 所示。

表 1－10　A105000　　纳税调整项目明细表（部分）　　金额单位：万元

行次	项　目	账载金额	税收金额	调增金额	调减金额
		1	2	3	4
1	一、收入类调整项目	*	*		
43	五、特别纳税调整应税所得	*	*	116.72	
44	六、其他	*	*		
45	合计	*	*	116.72	

资本化不可扣除的金额为：291.83－116.72＝175.11（万元），在备查簿中登记此金额，在建工程的计税基础（利息支出）金额为：450－175.11＝274.89（万元），将来在建工程转为固定资产后，企业需对该固定资产的账面价值与计税基础不同产生的永久性差异进行纳税调整。

三、罚金、罚款和被没收财物的损失

（一）财税处理

罚金是指人民法院判处犯罪分子强制向国家缴纳一定数额金钱的刑罚方法；罚款，是行政处罚的一种，是指行为人的行为没有违反《刑法》的规定，而是违反了治安管理、工商、税务等行政法的规定，行政执法部门依据行政法规的规定和程序决定对行为人采取的一种行政处罚；没收财物，是指将违法人的财物、现金、债权等财产收归国家所有，以弥补因其违法造成的损失。按照《企业会计准则》，上述支出均在“营业外支出”核算，期末冲减当期利润总额。

根据《企业所得税法》，罚金、罚款和被没收财物的损失不允许税前扣除，如果企业有上述支出则通过“纳税调整项目明细表”第 19 行做纳税调增处理。但是合同违约的补偿金、罚款、逾期偿还银行贷款加处的罚息以及诉讼费可以在税前扣除的，无须进行纳税调整。

（二）填报方法

表 A105000 第 19 行“（七）罚金、罚款和被没收财物的损失”：第 1 列“账载金额”填报纳税人会计核算计入当期损益的罚金、罚款和被罚没财物的损失，不包括纳税人按照经济合同规定支付的违约金（包括银行罚息）、罚款和诉讼费。第 3 列“调增金额”等于第 1 列金额。

四、税收滞纳金、加收利息

（一）税收滞纳金、加收利息不得税前扣除

根据《企业所得税法》，税收滞纳金不允许税前扣除。

《企业所得税法实施条例》第一百二十一条规定，税务机关根据税收法律、行政法规的规定，对企业作出特别纳税调整的，应当对补征的税款，自税款所属纳税年度的次年 6 月 1 日起至补缴税款之日止的期间，按日加收利息。前款规定加收的利息，不得在计算应纳税所得额时扣除。

如果企业有税收滞纳金、加收的利息支出则通过“纳税调整项目明细表”第 20 行进行纳税调增处理。

（二）填报方法

表 A105000 第 20 行“（八）税收滞纳金、加收利息”：第 1 列“账载金额”填报纳税人会计核算计入当期损益的税收滞纳金、加收利息。第 3 列“调增金额”等于第 1 列金额。

五、赞助支出

（一）财税处理

根据《企业所得税法》第十条规定，在计算应纳税所得额时，赞助支出不得扣除。这里所称赞助支出，是指企业发生的与生产经营活动无关的各种非广告性质支出。根据该规定，认定赞助支出主要是要区分它与公益性捐赠或广告性赞助支出的区别。非广告性赞助支出所捐助范围一般也不具有公益性质。广告性赞助支出与企业的生产经营活动密切相关，而非广告性赞助支出与企业生产经营活动无关。

广告性赞助支出按广告费和业务宣传费的规定处理，在表 A105000 第 16 行“广告费与业务宣传费支出”中填报。

（二）填报方法

表 A105000 第 21 行“（九）赞助支出”：第 1 列“账载金额”填报纳税人会计核算计入当期损益的不符合税法规定的公益性捐赠的赞助支出的金额，包括直接向受赠人的捐赠、赞助支出等（不含广告性的赞助支出，广告性的赞助支出在“广告费和业务宣传费跨年度纳税调整明细表”（A105060）和表 A105000 第 16 行进行调整）。第 3 列“调增金额”等于第 1 列金额。

六、与未实现融资收益相关在当期确认的财务费用

（一）财税处理

1. 会计处理

采用递延方式分期收款、实质上具有融资性质的销售商品或提供劳务等经营活动产生的长期应收款，满足收入确认条件的，按应收的合同或协议价款，借记“长期应收款”科目，按应收的合同或协议价款的公允价值，贷记“主营业务收入”等科目，按其差额，贷记“未实现融资收益”科目。涉及增值税的，还应进行相应的处理。

采用实际利率法按期计算确定的利息收入，借记“未实现融资收益”科目，贷记“财务费用”科目。

2. 税务处理

纳税人采取分期收款方式销售商品的，在企业所得税上应根据合同约定的金额按照合同约定的收款日期确定收入的实现。因此，在企业所得税中不确认上述财务费用，需要纳税调整。

（二）填报方法

表 A105000 第 22 行“（十）与未实现融资收益相关在当期确认的财务费用”：第 1 列“账载金额”填报纳税人会计核算的与未实现融资收益相关并在当期确认的财务费用的金额。第 2 列“税收金额”填报按照税法规定允许税前扣除的金额。若第 1 列≥第 2 列，将第 1－2 列余额填入第 3 列“调增金额”；若第 1 列＜第 2 列，将第 1－2 列余额的绝对值填入第 4 列“调减金额”。

（三）案例解析

【例 1－8】 某公司于 2017 年 1 月 1 日采用分期收款方式销售大型设备，合同价格为 1 000 万元，分 5 年于每年年末收取，设备成本为 600 万元。假定该大型设备不采用分期收款方式时的销售价格为 800 万元，不考虑增值税。该应收款项的收取时间较长，相当于对客户提供信贷，具有融资性质，应按 800 万元确认会计收入，合同价格 1 000 万元与 800 万元的差额应当作为未实现融资收益，在 5 年内采用实际利率法进行摊销，冲减财务费用。根据 1 元年金现值系数表，计算得出年金 200 万元、期数 5 年、现值 800 万元的折现率为 7.93%，即为该笔应收款项的实际利率。该笔应收款项账面余额，减去未实现融资收益账面余额后的差额，即为应收款项的摊余成本；摊余成本和实际利率 7.93% 的乘积即为当期应冲减的财务费用（不考虑企业所得税外的其他税费）。

要求：进行相关的财务与税务处理。

解析：

（1）销售成立时的会计处理：

借：长期应收款	10 000 000	
贷：主营业务收入		8 000 000
未实现融资收益		2 000 000

同时，结转成本：

借：主营业务成本	6 000 000	
贷：库存商品		6 000 000

按实际利率法计算的各年财务费用如表 1 – 11 所示。

表 1 – 11　　单位：万元

项目	①未收本金 （=上期① – 本期④）	②财务费用 （=上期① ×7.93%）	③收现总额	④已收本金 （=本期③ – 本期②）
2 017. 1. 1	800			
2 017. 12. 31	663. 44	63. 44	200	136. 56
2 018. 12. 31	516. 05	52. 61	200	147. 39
2 019. 12. 31	356. 97	40. 92	200	159. 08
2 020. 12. 31	185. 28	28. 31	200	171. 69
2 021. 12. 31	0	14. 72	200	185. 28
总 额		200	1 000	800

（2）2017 年末收款时的会计处理：

借：银行存款　　2 000 000

　　贷：长期应收款　　2 000 000

借：未实现融资收益　　634 400

　　贷：财务费用　　634 400

税务处理：当年企业所得税年度纳税申报时需调减收入：800 – 200 = 600（万元）。同时调减成本：600 – 120 = 480（万元），对冲减的财务费用 634 400 元通过“纳税调整项目明细表”第 22 行“（十）与未实现融资收益相关在当期确认的财务费用”进行调整：第 1 列“账载金额”填报纳税人按照会计规定实际发生的，与未实现融资收益相关并在当期确认的财务费用“– 634 400 元”；第 2 列“税收金额”填报“0”；将第 1 列减第 2 列余额的绝对值填入第 4 列，进行纳税调减处理，如表 1 – 12 所示。

表 1 – 12　A105000　　纳税调整项目明细表（部分）　　金额单位：元

行次	项　目	账载金额	税收金额	调增金额	调减金额
		1	2	3	4
1	一、收入类调整项目（2 + 3 + 4 + 5 + 6 + 7 + 8 + 10 + 11）	*	*		6 000 000

续表

行次	项目	账载金额	税收金额	调增金额	调减金额
		1	2	3	4
2	（一）视同销售收入（填写 A105010）	*			*
3	（二）未按权责发生制原则确认的收入（填写 A105020）	8 000 000	2 000 000		6 000 000
12	二、扣除类调整项目	*	*		
22	（十）与未实现融资收益相关在当期确认的财务费用	-634 400	0		634 400
30	（十六）其他	6 000 000	1 200 000	4 800 000	
45	合计	*	*	4 800 000	634 400

（3）2021 年末会计处理为：

借：银行存款　　2 000 000

　　贷：长期应收款　　2 000 000

借：未实现融资收益　　147 200

　　贷：财务费用　　147 200

税务处理：2017 年至 2021 年企业所得税年度纳税申报时需要每年调增收入 200 万元（填入表 A105000 第 3 行）。同时调增成本 120 万元（填入附表 A105000 第 30 行“其他“）。对未实现融资收益相关冲减的财务费用通过“纳税调整项目明细表”第 22 行“（十）与未实现融资收益相关在当期确认的财务费用”进行纳税调减处理，如表 1－13 所示。

表 1－13　A105000　　纳税调整项目明细表（部分）　　金额单价：元

行次	项目	账载金额	税收金额	调增金额	调减金额
		1	2	3	4
1	一、收入类调整项目（2＋3＋4＋5＋6＋7＋8＋10＋11）	*	*	2 000 000	
2	（一）视同销售收入（填写 A105010）	*			*
3	（二）未按权责发生制原则确认的收入（填写 A105020）	0	2 000 000	2 000 000	

续表

行次	项　目	账载金额	税收金额	调增金额	调减金额
		1	2	3	4
12	二、扣除类调整项目	*	*		1 347 200
22	（十）与未实现融资收益相关在当期确认的财务费用	-147 200	0		147 200
30	（十六）其他	0	1 200 000		1 200 000
45	合计	*	*	2 000 000	1 347 200

七、佣金和手续费支出

（一）手续费及佣金支出的税前扣除

《财政部 国家税务总局关于企业手续费及佣金支出税前扣除政策的通知》（财税〔2009〕29号）规定，企业发生与生产经营有关的手续费及佣金支出，不超过以下规定计算限额以内的部分，准予扣除；超过部分，不得扣除。

1. 保险企业

财产保险企业按当年全部保费收入扣除退保金等后余额的15%（含本数，下同）计算限额；人身保险企业按当年全部保费收入扣除退保金等后余额的10%计算限额。

2. 其他企业

按与具有合法经营资格中介服务机构或个人（不含交易双方及其雇员、代理人和代表人等）所签订服务协议或合同确认的收入金额的5%计算限额。

企业应当如实向当地主管税务机关提供当年手续费及佣金计算分配表和其他相关资料，并依法取得合法真实凭证。

需要说明的是：

（1）企业应与具有合法经营资格的中介服务企业或个人签订代办协议或合同，并按国家有关规定支付手续费及佣金。除委托个人代理外，企业以现金等非转账方式支付的手续费及佣金不得在税前扣除。企业为发行权益性证券支付给有关证券承销机构的手续费及佣金不得在税前扣除。

（2）企业不得将手续费及佣金支出计入回扣、业务提成、返利、进场费等费用。企业支付的手续费及佣金不得直接冲减服务协议或合同金额，并如实入账。

（3）企业已计入固定资产、无形资产等相关资产的手续费及佣金支出，应当通过折旧、摊销等方式分期扣除，不得在发生当期直接扣除。

（4）支付无保险营销证营销员佣金不得扣除。

（5）企业委托境外机构销售开发产品的，其支付境外机构的销售费用（含佣金或手续费）不超过委托销售收入10%的部分，准予据实扣除。

（二）电信企业手续费及佣金支出的税前扣除

经纪人、代办商代电信企业销售电话入网卡、电话充值卡等，不是提供居间服务或咨询服务，而是直接向电信企业提供销售劳务，因此，电信企业向经纪人、代办商支付的手续费及佣金，属于劳务费支出，根据企业所得税税前扣除原则，应当准予据实扣除。但是考虑到已销售的电话入网卡、电话充值卡等在当期是否形成收入，具有不确定性，为了防止税收政策漏洞，作适当限制是必要的。针对这一情况，国家税务总局公告2012年第15号文件明确：电信企业在发展客户、拓展业务等过程中（如委托销售电话入网卡、电话充值卡等），需向经纪人、代办商支付手续费及佣金的，其实际发生的相关手续费及佣金支出，不超过企业当年收入总额5%的部分，准予在企业所得税前据实扣除。

根据《国家税务总局关于电信企业手续费及佣金支出税前扣除问题的公告》（国家税务总局公告2013年第59号）规定，国家税务总局公告2012年第15号第四条所称电信企业手续费及佣金支出，仅限于电信企业在发展客户、拓展业务等过程中因委托销售电话入网卡、电话充值卡所发生的手续费及佣金支出。

对电信企业提供售后服务、增值服务以及其他日常服务等，属于提供销售劳务，不属于提供中介服务，相应地，电信企业为此支付的手续费及佣金，也不属于《财政部 国家税务总局关于企业手续费及佣金支出税前扣除政策的通知》（财税〔2009〕29号）所指的手续费及佣金支出范畴。

（三）从事代理服务企业营业成本的税前扣除

根据企业所得税税前扣除原则，企业主营业务成本（支出）应当允许据实扣除，期间费用除税法有明确规定外（比如广告费、业务招待费、手续费及佣金支出等），一般也允许据实扣除。对于从事代理服务的企业来说，与该项收入相关的手续费及佣金支出属于营业成本还是属于期间费用，不仅税企双方存在争议，而且各地税务机关认识也不统一。针对上述情况，国家税务总局公告2012年第15号明确：从事代理服务、主营业务收入为手续费、佣金的企业（如证券、期货、保险代理等企业），其为取得该类收入而实际发生的营业成本（包括手续费及佣金支出），准予在企业所得税前据实扣除。即从事代理服务、且主营业务收入为手续费及佣金的企业，其手续费及佣金支出属于企业营业成本范畴，并准予在税前据实扣除。

（四）佣金和手续费支出的填报

表A105000第23行"（十一）佣金和手续费支出"：第1列"账载金额"填报纳税人会计核算计入当期损益的佣金和手续费金额。第2列"税收金额"填报按照税法规定允许税前扣除的佣金和手续费支出金额。第3列"调增金额"为第1列减去第2列的金额。

八、跨期扣除项目

（一）维简费和安全生产费的财税处理

1. 会计处理

根据《企业会计准则解释第3号》的规定，高危行业企业按照国家规定提取的安全生产费，应当计入相关产品的成本或当期损益，同时记入"4 301专项储备"科目。

企业使用提取的安全生产费时，属于费用性支出的，直接冲减专项储备。企业使用提取的安全生产费形成固定资产的，应当通过"在建工程"科目归集所发生的支出，待安全项目完工达到预定可使用状态时确认为固定资产；

同时，按照形成固定资产的成本冲减专项储备，并确认相同金额的累计折旧。该固定资产在以后期间不再计提折旧。

“专项储备”科目期末余额在资产负债表所有者权益项下“减：库存股”和“盈余公积”之间增设“专项储备”项目反映。

企业提取的维简费（“维持简单再生产资金”的简称）和其他具有类似性质的费用，比照上述规定处理。

2. 税务处理

(1) 煤矿企业维简费和高危行业安全生产费的扣除。

《国家税务总局关于煤矿企业维简费和高危行业企业安全生产费用企业所得税税前扣除问题的公告》（国家税务总局公告 2011 年第 26 号）就煤矿企业维简费和高危行业企业安全生产费用支出、企业所得税税前扣除问题作出如下规定。

自 2011 年 5 月 1 日起，煤矿企业实际发生的维简费支出和高危行业企业实际发生的安全生产费用支出，属于收益性支出的，可直接作为当期费用在税前扣除；属于资本性支出的，应计入有关资产成本，并按《企业所得税法》规定计提折旧或摊销费用在税前扣除。企业按照有关规定预提的维简费和安全生产费用，不得在税前扣除。

2011 年 5 月 1 日以前，企业按照有关规定提取的、且在税前扣除的煤矿企业维简费和高危行业企业安全生产费用，相关税务问题按以下规定处理：①国家税务总局公告 2011 年第 26 号实施前提取尚未使用的维简费和高危行业企业安全生产费用，应用于抵扣该公告实施后的当年度实际发生的维简费和安全生产费用，仍有余额的，继续用于抵扣以后年度发生的实际费用，至余额为零时，企业方可按上述规定执行。②已用于资产投资、并计入相关资产成本的，该资产提取的折旧或费用摊销额，不得重复在税前扣除。已重复在税前扣除的，应调整作为 2011 年度应纳税所得额。③已用于资产投资、并形成相关资产部分成本的，该资产成本扣除上述部分成本后的余额，作为该资产的计税基础，按照企业所得税法规定的资产折旧或摊销年限，从该公告实施之日的次月（即 2011 年 6 月 1 日）开始，就该资产剩余折旧年限计算折旧或摊销费用，并在税前扣除。

(2) 其他企业维简费的扣除。

自2013年1月1日起，除煤矿企业以外的其他企业的维简费支出，按《国家税务总局关于企业维简费支出企业所得税税前扣除问题的公告》（国家税务总局公告2013年第67号）的如下规定执行。

①企业实际发生的维简费支出，属于收益性支出的，可作为当期费用税前扣除；属于资本性支出的，应计入有关资产成本，并按《企业所得税法》规定计提折旧或摊销费用并在税前扣除。

企业按照有关规定预提的维简费，不得在当期税前扣除。

②2013年1月1日国家税务总局公告2013年第67号实施前，企业按照有关规定提取且已在当期税前扣除的维简费，按以下规定处理：

尚未使用的维简费，并未作纳税调整的，可不作纳税调整，应首先抵减2013年实际发生的维简费，仍有余额的，继续抵减以后年度实际发生的维简费，至余额为零时，企业方可按照国家税务总局公告2013年第67公告第一条的上述①规定执行；已作纳税调整的，不再调回，直接按照上述①执行。

已用于资产投资并形成相关资产全部成本的，该资产提取的折旧或费用摊销额，不得税前扣除。已用于资产投资并形成相关资产部分成本的，该资产提取的折旧或费用摊销额中与该部分成本对应的部分，不得税前扣除；已税前扣除的，应调整作为2013年度应纳税所得额。

（二）预提费用的财税处理

1. 会计处理

采用《企业会计制度》进行会计核算的单位，应设置“预提费用”科目，核算企业按照规定从成本费用中预先提取但尚未支付的费用，如预提的租金、保险费、借款利息、固定资产修理费用等。

按规定预提计入本期成本费用的各项支出，借记“制造费用”“营业费用”“管理费用”“财务费用”等科目，贷记“预提费用”科目；实际支出时，借记“预提费用”科目，贷记“银行存款”等科目。实际发生的支出大于已经预提的数额，应当视同待摊费用，分期摊入成本。

本科目期末贷方余额，反映企业已预提但尚未支付的各项费用；期末如为借方余额，反映企业实际支出的费用大于预提数的差额，即尚未摊销的费用。

2. 税务处理

根据现行《企业所得税法》及其实施条例规定，除税法另有规定外（如房地产企业三项特定预提），企业根据《企业会计制度》规定核算的在成本费用中预提的费用，不得在税前扣除。

3. 房地产企业特定预提费用

《国家税务总局关于房地产开发经营业务企业所得税处理办法》（国税发〔2009〕31号）第三十二条规定，除以下几项预提（应付）费用外，计税成本均应为实际发生的成本。

①出包工程未最终办理结算而未取得全额发票的，在证明资料充分的前提下，其发票不足金额可以预提，但最高不得超过合同总金额的10%；

②公共配套设施尚未建造或尚未完工的，可按预算造价合理预提建造费用。此类公共配套设施必须符合已在售房合同、协议或广告、模型中明确承诺建造且不可撤销，或按照法律法规规定必须配套建造的条件；

③应向政府上交但尚未上交的报批报建费用、物业完善费用可以按规定预提。物业完善费用是指按规定应由企业承担的物业管理基金、公建维修基金或其他专项基金。

（三）预计负债的财税处理

1. 会计处理

执行《企业会计准则》的单位应设置“预计负债”科目，核算企业确认的对外提供担保、未决诉讼、产品质量保证、重组义务、亏损性合同等预计负债。本科目可按形成预计负债的交易或事项进行明细核算。

企业由对外提供担保、未决诉讼、重组义务产生的预计负债，应按确定的金额，借记“营业外支出”等科目，贷记“预计负债”科目。由产品质量保证产生的预计负债，应按确定的金额，借记“销售费用”科目，贷记“预计负债”科目。由资产弃置义务产生的预计负债，应按确定的金额，借记“固定资产”或“油气资产”科目，贷记“预计负债”科目。在固定资产或油气资产的使用寿命内，按计算确定的各期应负担的利息费用，借记“财务费用”科目，贷记“预计负债”科目。

实际清偿或冲减的预计负债，借记“预计负债”科目，贷记“银行存款”等科目。

根据确凿证据需要对已确认的预计负债进行调整的，调整增加的预计负债，借记有关科目，贷记“预计负债”科目；调整减少的预计负债做相反的会计分录。

本科目期末贷方余额，反映企业已确认尚未支付的预计负债。

2. 税务处理

预计负债在税收上一般不得税前扣除，而按规定提取的弃置费用则可按税法规定在税前扣除。

弃置费用是指根据国家法律和行政法规、国际公约等规定，企业承担的环境保护和生态恢复等义务所确定的支出。

《企业所得税法实施条例》第四十五条规定：“企业依照法律、行政法规有关规定提取的用于环境保护、生态恢复等方面的专项资金，准予扣除。上述专项资金提取后改变用途的，不得扣除。”

（四）填报方法

表 A105000 第 26 行“（十三）跨期扣除项目”：填报维简费、安全生产费用、预提费用、预计负债等跨期扣除项目调整情况。第 1 列“账载金额”填报纳税人会计核算计入当期损益的跨期扣除项目金额。第 2 列“税收金额”填报按照税法规定允许税前扣除的金额。若第 1 列≥第 2 列，将第 1 - 2 列余额填入第 3 列“调增金额”；若第 1 列 < 第 2 列，将第 1 - 2 列余额的绝对值填入第 4 列“调减金额”。

【例 1 - 9】 A 上市公司 2013 年初“专项储备”科目核算已在税前扣除的维简费期初余额为 100 万元。2013 年度企业维简费的提取与使用情况如下：

（1）3 月份，A 公司使用提取的维简费资金支付当期维简费支出 60 万元；

（2）6 月份，按国家相关规定提取维简费 200 万元，其中 160 万元应计入当期损益、40 万元应计入制造费用（当期已全部结转到当期损益）。

（3）5 至 11 月，“在建工程”科目归集了使用提取的维简费资金 120 万元购建固定资产支出。

（4）12 月 5 日，使用维简费资金购建的固定资产达到预定可使用状态，转入固定资产。

要求：进行相关的会计处理与纳税调整，并填报纳税调整相关表单。

解析：

会计处理如下：

（1）3月份，A公司使用提取的维简费资金支付当期维简费支出60万元：

借：专项储备　　600 000

　　贷：银行存款　　600 000

（2）6月份，按国家相关规定预提维简费200万元，其中160万元应计入当期损益、40万元应计入制造费用（当期已全部结转到当期损益）。

借：管理费用　　1 600 000

　　制造费用　　400 000

　　贷：专项储备　　2 000 000

（3）5至11月，在建工程科目归集了使用提取的维简费资金120万元购建固定资产支出。

借：在建工程　　1 200 000

　　贷：银行存款　　1 200 000

（4）12月5日，使用维简费资金购建的固定资产达到预定可使用状态，确认为固定资产。

借：固定资产　　1 200 000

　　贷：在建工程　　1 200 000

同时，按形成固定资产成本冲减专项储备，并确认相同的累计折旧：

借：专项储备　　1 200 000

　　贷：累计折旧　　1 200 000

税务处理如下：

案例中，A公司当期实际发生维简费支出180万元，其中60万元属于收益性支出；120万元购建固定资产，属于资本性支出。专项储备账户核算的维简费本期余额为120万元（100－60＋200－120）。

由于2013年初企业预提的已在税前扣除的维简费余额为100万元，应首先抵减2013年实际发生的维简费（其中，60万元收益化处理，40万元资本化处理），本年支出余额80万元（180－100）为资本化支出，应计入固定资产计税基础，并按税法规定计提折旧扣除。

本期会计处理上预提进入成本费用的200万元维简费不得在税前扣除，应填报附表A105000纳税调整项目明细表第26行“跨期扣除项目”第1列“账载金额。

因此，本期允许税前扣除的维简费金额为0（180万元支出中100万元使用期初余额，80万元属于资本性支出），需填入“纳税调整项目明细表”第26行“跨期扣除项目”第2列“税收金额”。本期纳税调整增加额为200万元（第2列－第6列）填报附表“纳税调整项目明细表”第23行“跨期扣除项目”第3列如表1－14所示。

表1－14　A105000　　纳税调整项目明细表　　金额单位：元

行次	项　目	账载金额	税收金额	调增金额	调减金额
		1	2	3	4
1	一、收入类调整项目	*	*		
12	二、扣除类调整项目	*	*	2 000 000	
26	（十三）跨期扣除项目	2 000 000	0	2 000 000	
45	合计（1＋12＋30＋35＋41＋42）	*	*	2 000 000	

【例1－10】 承【例1－9】2014年A公司维简费预提及相关支出情况如下：

（1）3月份，A公司使用提取的维简费资金支付当期维简费支出60万元。

（2）6月份，按国家相关规定提取维简费200万元，其中，160万元应计入当期损益，40万元应计入制造费用（当期已全部结转到当期损益）。

（3）5月至11月，“在建工程”科目归集了使用预提的维简费资金120万元购建固定资支出。

（4）12月5日，使用维简费资金购建的固定资产达到预定可使用状态，转入固定资产核算。同时，按形成固定资产成本冲减专项储备，并确认相同的累计折旧。

要求：进行相关的会计处理与纳税调整，并填报纳税调整相关表单。

解析：

2014年度A公司当期实际发生维简费支出180万元。其中，60万元属于收益性支出，可作为当期费用税前扣除；120万元购建固定资产，属于资本性支出，应计入有关资产成本，按税法规定计提折旧在税前扣除。专项储备账户核算的维简费本期余额为140万元（120 - 60 + 200 - 120）。

由于2013年初企业预提的已在税前扣除的维简费余额为100万元，已全部抵减2013年实际发生的维简费（其中，60万元收益化处理，40万元资本化处理），本年支出额180万元中的费用化支出60万元可在当期扣除，资本化支出120万元应计入固定资产计税基础，并按税法规定计提折旧扣除。

本期会计处理上预提进入成本费用的200万元维简费不得在税前扣除。

因此，本期允许税前扣除的维简费金额为60万元，应填入A105000第26行，本期纳税调整增加额为140万元（第2列 - 第6列），如表1 - 15所示。

表1 - 15　A105000　　纳税调整项目明细表（部分）　　金额单位：元

行次	项目	账载金额	税收金额	调增金额	调减金额
		1	2	3	4
1	一、收入类调整项目	*	*		
12	二、扣除类调整项目	*	*		
26	（十三）跨期扣除项目	2 000 000	600 000	1 400 000	
45	合计	*	*		

上期使用维简费资金购置的固定资产，由于会计账面原价与计税基础不同形成的应纳税暂时性差异，通过附表A105080“资产折旧、摊销情况及纳税调整明细表”相关项目填报。

九、与取得收入无关的支出

（一）财税处理

企业为第三方担保发生的担保损失通常与本企业的生产经营无关，不得税前扣除，企业所得税年度纳税申报时，应通过“纳税调整项目明细表”中第27行“（十四）与取得收入无关的支出”做调增处理。

但是，《关于企业之间相互提供贷款担保发生担保损失税前扣除问题的批复》（国税函〔2007〕1 272号）文件明确，企业之间签订贷款互保合同，相互提供的贷款担保，与企业的融资活动密切相关，因此，签订贷款互保合同的一方（担保企业）为另一方（被担保企业）提供的贷款担保，在被担保企业为担保企业所提供的贷款担保总额之内（含）的部分，应认为与其本身应纳税收入有关。可按照相关规定进行税前扣除。

（二）填报方法

表 A105000 第 27 行“（十四）与取得收入无关的支出”：第 1 列“账载金额”填报纳税人会计核算计入当期损益的与取得收入无关的支出的金额。第 3 列“调增金额”等于第 1 列金额。

十、境外所得分摊的共同支出

（一）财税处理

《关于企业境外所得税收抵免有关问题的通知》（财税〔2009〕125 号）文件明确，在计算境外应纳税所得额时，企业为取得境内、外所得而在境内、境外发生的共同支出，与取得境外应税所得有关的、合理的部分，应在境内、境外（分国（地区）别，下同）应税所得之间，按照合理比例进行分摊后扣除。

《企业境外所得税收抵免操作指南》进一步明确，在计算境外应纳税所得额时，企业为取得境内、外所得而在境内、境外发生的共同支出，与取得境外应税所得有关的、合理的部分，应在境内、境外（分国（地区）别，下同）应税所得之间，按照合理比例进行分摊后扣除。本项所称共同支出，是指与取得境外所得有关但未直接计入境外所得应纳税所得额的成本费用支出，通常包括未直接计入境外所得的营业费用、管理费用和财务费用等支出。企业应对在计算总所得额时已统一归集并扣除的共同费用，按境外每一国（地区）别数额占企业全部数额的资产比例、收入比例、员工工资支出比例或其他合理比例中的一种比例或几种比例的综合比例，在每一国别的境外所得中对应调整扣除，计算来自每一国别的应纳税所得额。上述分摊比例确定后应报送主管税务机关备案；无合理原因不得改变。

（二）填报方法

表 A105000 第 28 行“（十五）境外所得分摊的共同支出”：第 3 列“调

增金额”，为“境外所得纳税调整后所得明细表”（A108010）第10行第16+17列的金额。

十一、党组织工作经费

（一）财税处理

根据《中共中央组织部 财政部 国家税务总局关于非公有制企业党组织工作经费问题的通知》（组通字〔2014〕42号）规定，非公有制企业党组织工作经费主要通过纳入管理费用、党费拨返、财政支持等渠道予以解决。同时，鼓励采取企业赞助、党员自愿捐助等方式，拓宽经费来源。

非公有制企业党组织工作经费纳入企业管理费列支，不超过职工年度工资薪金总额1%的部分，可以据实在企业所得税前扣除。

非公有制企业党组织工作经费仍然不足的，上级党组织要从留存的党费中适当拨补。党员交纳的党费，可根据企业规模、党员数量等具体情况，全额或大部分返拨给企业党组织，用于开展党的活动。

党组织工作经费必须用于党的活动，使用范围包括：召开党内会议，开展党内宣传教育活动和组织活动；组织党员和入党积极分子教育培训；表彰先进基层党组织、优秀共产党员和优秀党务工作者；走访、慰问和补助生活困难党员；订阅或购买用于开展党员教育的报刊、资料和设备；维护党组织活动场所及设施等。

根据《中共中央组织部 财政部 国务院国资委党委 国家税务总局关于国有企业党组织工作经费问题的通知》（组通字〔2017〕38号）的规定，国有企业（包括国有独资、全资和国有资本绝对控股、相对控股企业）党组织工作经费主要通过纳入管理费用、党费留存等渠道予以解决。纳入管理费用的部分，一般按照企业上年度职工工资总额1%的比例安排，每年年初由企业党组织本着节约的原则编制经费使用计划，由企业纳入年度预算。纳入管理费用的党组织工作经费，实际支出不超过职工年度工资薪金总额1%的部分，可以据实在企业所得税前扣除。年末如有结余，结转下一年度使用。累计结转超过上一年度职工工资总额2%的，当年不再从管理费用中安排。

（二）填报方法

表 A105000 第 29 行"（十六）党组织工作经费"：填报纳税人根据有关文件规定，为创新基层党建工作、建立稳定的经费保障制度发生的党组织工作经费及纳税调整情况。

（三）案例解析

【例 1－11】 甲私营有限公司 2017 年度发生党组织工作经费支出 20 万元，都通过"管理费用"科目核算。当年发生的合理的工资薪金总额为 1 500 万元。

要求：就党组织工作经费支出进行纳税调整，并填报纳税申报表。

解析：

党组织工作经费支出税前扣除限额：

1 500 ×1% ＝15（万元），当年实际发生额 20 万元，

超标：20－15＝5（万元），需纳税调增，如表 1－16 所示。

表 1－16　A105000　　纳税调整项目明细表（部分）　　　金额单位：元

行次	项　　目	账载金额	税收金额	调增金额	调减金额
		1	2	3	4
12	二、扣除类调整项目（13＋14＋……＋29）	*	*		
13	（一）视同销售成本（填写 A105010）	*		*	
14	（二）职工薪酬（填写 A105050）				
15	（三）业务招待费支出				*
16	（四）广告费和业务宣传费支出（填写 A105060）	*	*		
17	（五）捐赠支出（填写 A105070）				*
18	（六）利息支出				
19	（七）罚金、罚款和被没收财物的损失		*		*
20	（八）税收滞纳金、加收利息		*		*
21	（九）赞助支出		*		*
22	（十）与未实现融资收益相关在当期确认的财务费用				
26	（十三）跨期扣除项目				
27	（十四）与取得收入无关的支出		*		*
28	（十五）境外所得分摊的共同支出	*	*		*
29	（十六）党组织工作经费	200 000	150 000	50 000	
30	（十七）其他				
45	合计（1＋12＋30＋35＋41＋42）	*	*		

十二、扣除类纳税调整模型与应对

（一）资本化利息支出纳税调整模型及应对（如表1－17所示）

表1－17

<table>
<tr><td>对应风险特征编号、名称</td><td colspan="2">应资本化利息费用化分析</td><td>指标类型</td><td colspan="2">[ ] 涉嫌偷逃骗税类 [√] 一般税收流失类 [ ] 税收行为管理类</td></tr>
<tr><td>适用范围</td><td colspan="2">企业所得税查账征收企业</td><td>主题事项（指标分类）</td><td colspan="2">企业所得税汇缴申报表与财务报表分析</td></tr>
<tr><td>适用税种、税目</td><td colspan="2">企业所得税</td><td>涉及会计科目</td><td colspan="2">在建工程</td></tr>
<tr><td>税收政策依据及内容摘要</td><td colspan="5">《中华人民共和国企业所得税法实施条例》第三十七条：企业在生产经营活动中发生的合理的不需要资本化的借款费用，准予扣除。
企业为购置、建造固定资产、无形资产和经过12个月以上的建造才能达到预定可销售状态的存货发生借款的，在有关资产购置、建造期间发生的合理的借款费用，应当作为资本性支出计入有关资产的成本，并依照本条例的规定扣除。</td></tr>
<tr><td>相关法律（含行业管理规定）及内容摘要</td><td colspan="5"></td></tr>
<tr><td>数据来源（可多选）</td><td colspan="5">[ ] 税务登记 [√] 认定信息 [√] 财务报表 [ ] 代开发票信息 [√] 申报表 [ ] 入库税款 [ ] 国际税收情报交换数据 [ ] 第三方数据（××局、互联网采集数据）[ ] 其他数据</td></tr>
<tr><td>数据内容</td><td colspan="5">认定信息——企业所得税查账征收；财务报表——资产负债表——在建工程；申报表——企业所得税年度纳税申报（A类）A104000第21行第5列</td></tr>
<tr><td rowspan="2">指标属性</td><td>积分度量类别</td><td>指标层级</td><td>指标性质</td><td>是否需要反馈</td><td>是否适用纳税提醒</td></tr>
<tr><td>[ ] 计税依据 [ ] 税款 [ ] 比例 [√] 其他</td><td>[√] 一级指标 [ ] 二级指标</td><td>[ ] 主要 [√] 辅助</td><td>[√] 是 [ ] 否</td><td>[ ] 是 [√] 否</td></tr>
</table>

续表

指标描述	资产负债表中有在建工程且 > = 2 000 万，A104000 期间费用明细表中，第 21 行第 5 列【利息收支中财务费用】 > = 20 万，利息支出是否应资本化而未资本化，全部计入财务费用
指标公式	【在建工程】资产负债表中在建工程期末数 【利息收支中财务费用】A104000 期间费用明细表中第 21 行第 5 列
风险识别条件	【在建工程】 > = 【预警值 1】and【利息收支中财务费用】 > = 【预警值 2】
预警参考值	【预警值 1】 = 20 000 000，【预警值 2】 = 200 000
加工周期	（与数据所属期不同）[ ] 月 [ ] 季 [ ] 半年 [√] 年 [ ] 一次性
预警参考值维护级别	[√] 省 [ ] 市 [ ] 县（市、区）
税务机关提示信息	【纳税人名称】（【纳税人识别号】）：该单位在【年度】年度企业所得税申报表期间费用明细表 A104000 中第 21 行第 5 列利息收支【利息收支中财务费用】元 > 20 万元，资产负债表中在建工程【在建工程】元 > 2 000 万元，应资本化利息费用化是否正确，请核查。
纳税人提示信息	【纳税人名称】（【纳税人识别号】）：您单位【年度】年度企业所得税申报表期间费用明细表中第 21 行第 5 列利息收支中财务费用为【利息收支中财务费用】元，资产负债表中在建工程为【在建工程】元，应资本化利息费用化是否正确，请核实。
应对策略	一、风险数据的系统校验（案头审核） 1. 通过查询金三系统——查询统计（核心征管）——申报——企业所得税申报信息清册（通用查询岗）——企业所得税年度纳税申报表（A 表）核实“利息收支中财务费用”； 2. 通过查询金三系统——查询统计（核心征管）——财务报表查询（通用查询岗）——资产负债表核实“在建工程”。 二、询问约谈资料要求（报送资料） 1. 企业股东大会、董事会和管理当局有在建工程等会议记录等； 2. 企业借款合同、利息费用的账务处理。 三、核查内容 1. 核查企业基础登记信息和认定信息的准确性。 2. 核查是否存在关联方借款、借款费用是否合理、是否存在投资者投资未到位而发生的利息支出等； 3. 核查应资本化利息是否进行资本化，资本化金额的计算是否正确； 4. 存在少缴纳税款情形的，通知纳税人补缴并按规定加滞纳金。
备注	

（二）纳税调减风险模型与应对（如表1-18所示）

表1-18

<table>
<tr><td>对应风险特征编号、名称</td><td colspan="2">纳税调减核对——扣除类调整项目风险指标</td><td>指标类型</td><td colspan="2">[] 涉嫌偷逃骗税类 [√] 一般税收流失类 [] 税收行为管理类</td></tr>
<tr><td>适用范围</td><td colspan="2">企业所得税查账征收企业</td><td>主题事项（指标分类）</td><td colspan="2">企业所得税汇缴申报表表间逻辑分析</td></tr>
<tr><td>适用税种、税目</td><td colspan="2">企业所得税</td><td>涉及会计科目</td><td colspan="2">销售费用、管理费用、财务费用、应付职工薪酬</td></tr>
<tr><td>税收政策依据及内容摘要</td><td colspan="5">《企业所得税法实施条例》第四十四条：企业发生的符合条件的广告费和业务宣传费支出，除国务院财政、税务主管部门另有规定外，不超过当年销售（营业）收入15%的部分，准予扣除；超过部分、准予在以后纳税年度结转扣除。</td></tr>
<tr><td>相关法律（含行业管理规定）及内容摘要</td><td colspan="5"></td></tr>
<tr><td>数据来源（可多选）</td><td colspan="5">[] 税务登记 [√] 认定信息 [] 财务报表 [] 代开发票信息 [√] 申报表 [] 入库税款 [] 国际税收情报交换数据 [] 第三方数据（××局、互联网采集数据）[] 其他数据</td></tr>
<tr><td>数据内容</td><td colspan="5">认定信息——企业所得税查账征收；申报表——企业所得税年度纳税申报表（A类）A100000 第23行，A105000 第12行第4列</td></tr>
<tr><td rowspan="2">指标属性</td><td>积分度量类别</td><td>指标层级</td><td>指标性质</td><td>是否需要反馈</td><td>是否适用纳税提醒</td></tr>
<tr><td>[] 计税依据 [] 税款 [] 比例 [√] 其他</td><td>[√] 一级指标 [] 二级指标</td><td>[] 主要 [√] 辅助</td><td>[√] 是 [] 否</td><td>[] 是 [√] 否</td></tr>
<tr><td>指标描述</td><td colspan="5">本指标识别纳税人申报纳税调减核对——扣除类调整项目金额过大，存在相关申报资料完整性或业务事项的真实性风险。</td></tr>
<tr><td>指标公式</td><td colspan="5">【应纳税所得额】企业所得税年度纳税申报表（A类）A100000 第23行
【扣除类调整项目调减金额】企业所得税年度纳税申报表（A类）A105000 第12行第4列
NVL（【扣除类调整项目调减金额】，0），
【扣除占比】=NVL（【扣除类调整项目调减金额】，0）/NVL（【应纳税所得额】，0.1）</td></tr>
</table>

续表

风险识别条件	【扣除类调整项目调减金额】 >【预警值1】and【扣除占比】 >【预警值2】
预警参考值	【预警值1】 =1 000 000，【预警值2】 =20%（根据实际执行结果调整）
加工周期	（与数据所属期不同）[ ] 月　[ ] 季　[ ] 半年　[√] 年 [ ] 一次性
预警参考值维护级别	[√] 省　[ ] 市　[ ] 县（市、区）
税务机关提示信息	【纳税人名称】(【纳税人识别号】)：该单位在【年度】年度纳税调整项目明细表A105000中存在扣除类调整项目调减金额为【扣除类调整项目中调减金额】元，申报表主表A100000应纳税所得额为【应纳税所得额】元，扣除类调整项目中调减金额是否符合相关规定，请核查。
纳税人提示信息	【纳税人名称】(【纳税人识别号】)：您单位在【年度】年度纳税调整项目明细表中存在扣除类调整项目调减金额为【扣除类调整项目中调减金额】元，扣除类调整项目中调减金额是否符合相关规定，请核查。
应对策略	一、风险数据的系统校验（案头审核）： 通过“查询统计（核心征管）”——“申报”——“企业所得税年度纳税申报信息清册［通用查询岗］”—— 企业所得税年度纳税申报表（A类）应纳税所得额、纳税调整项目明细表扣除类调整项目。 二、询问约谈资料要求（报送资料） 记账凭证、其他附件资料及证明材料。 三、核查内容 1. 核查企业基础登记信息和认定信息的准确性。 2. 核查企业扣除类调减项目的记账凭证及相关附件资料，是否符合相关扣除规定。如纳税年度内实际发放职工薪酬大于计提金额，调减应税所得税，是否进行账务处理、账务处理是否正确、金额是否准确。广告费和业务宣传费支出调减，审核广告费和业务宣传费年度纳税调整明细表及以前年度的调整明细表，是否准确填报。利息支出、与未实现融资收益相关在当期确认的财务费用、跨期扣除项目调减金额等税会差异项目、特别是其他调减金额项目，通过审核记账凭证及其附件资料，确认相关业务内容的真实性、财务核算的正确性、报表填报的准确性，是否符合相关规定。 3. 存在少缴纳税款情形的，通知纳税人补缴并按规定加收滞纳金。
备注	

（三）业务招待费纳税调整模型与应对（如表1－19所示）

表1－19

<table>
<tr><td>对应风险特征编号、名称</td><td colspan="2">业务招待费表间关系数据分析</td><td>指标类型</td><td colspan="2">[ ] 涉嫌偷逃骗税类 [√] 一般税收流失类 [ ] 税收行为管理类</td></tr>
<tr><td>适用范围</td><td colspan="2">企业所得税查账征收企业</td><td>主题事项（指标分类）</td><td colspan="2">企业所得税汇缴申报表表间逻辑分析</td></tr>
<tr><td>适用税种、税目</td><td colspan="2">企业所得税</td><td>涉及会计科目</td><td colspan="2">业务招待费、管理费用、销售费用</td></tr>
<tr><td>税收政策依据及内容摘要</td><td colspan="5">《企业所得税法》及其实施条例</td></tr>
<tr><td>相关法律（含行业管理规定）及内容摘要</td><td colspan="5"></td></tr>
<tr><td>数据来源（可多选）</td><td colspan="5">[ ] 税务登记 [√] 认定信息 [ ] 财务报表 [ ] 代开发票信息 [√] 申报表 [ ] 入库税款 [ ] 国际税收情报交换数据 [ ] 第三方数据（××局、互联网采集数据）[ ] 其他数据</td></tr>
<tr><td>数据内容</td><td colspan="5">认定信息——企业所得税查账征收；申报表——企业所得税年度纳税申报表（A表）表A104000第4行第1列、第3列，A105000第15行第1列</td></tr>
<tr><td rowspan="2">指标属性</td><td>积分度量类别</td><td>指标层级</td><td>指标性质</td><td>是否需要反馈</td><td>是否适用纳税提醒</td></tr>
<tr><td>[ ] 计税依据
[ ] 税款 [ ] 比例 [√] 其他</td><td>[√] 一级指标
[ ] 二级指标</td><td>[ ] 主要
[√] 辅助</td><td>[ ] 是
[√] 否</td><td>[ ] 是
[√] 否</td></tr>
<tr><td>指标描述</td><td colspan="5">企业销售环节发生的业务招待费可能通过销售费用、管理费用及成本科目核算；如果调整表中业务招待费支出账载金额小于期间费用表中实际发生额，可能少调增业务招待费。</td></tr>
<tr><td>指标公式</td><td colspan="5">【业务招待费销售费用】A104000第4行第1列
【业务招待费管理费用】A104000第4行第3列
【调整表中业务招待费支出账载金额】A105000第15行第1列
【计入期间费用的业务招待费】＝NVL（【业务招待费销售费用】，0）＋NVL（【业务招待费管理费用】，0）</td></tr>
</table>

续表

风险识别条件	【调整表中业务招待费支出账载金额】－【计入期间费用的业务招待费】<【预警值】
预警参考值	0
加工周期	（与数据所属期不同）[ ] 月 [ ] 季 [ ] 半年 [√] 年 [ ] 一次性
预警参考值维护级别	[√] 省 [ ] 市 [ ] 县（市、区）
税务机关提示信息	【纳税人名称】（【纳税人识别号】）：该单位在【年度】年企业所得税年度纳税申报表 A105000 纳税调整项目明细表中业务招待费支出账载金额为【调整表中业务招待费支出账载金额】元，A104000 期间费用明细表中计入期间费用的业务招待费为【计入期间费用的业务招待费】元，调整表中业务招待费支出账载金额小于期间费用表中实际发生额，可能存在超额税前扣除，请核查。
纳税人提示信息	【纳税人名称】（【纳税人识别号】）：您单位【年度】年调整表中业务招待费支出账载金额与期间费用表中实际发生额不一致，是否存在相关税务风险，请核查。
应对策略	一、风险数据的系统校验（案头审核） 1. 通过查询统计（核心征管）——申报——中华人民共和国企业所得税年度纳税申报表查询（通用查询岗）——A104000 期间费用明细表——第 4 行第 1 列、第 3 列（计入期间费用的业务招待费） 2. 通过查询统计（核心征管）——申报——中华人民共和国企业所得税年度纳税申报表查询（通用查询岗）——A105000 纳税调整项目明细表——第 15 行第 1 列（调整表中业务招待费支出账载金额） 二、询问约谈资料要求（报送资料） 业务招待费明细清单 三、核查内容 1. 核查企业基础登记信息和认定信息的准确性。 2. 检查纳税人实际发生的业务招待费，并核查是否按税法规定在税前扣除。 3. 存在少缴纳税款情形的，通知纳税人补缴并按规定加收滞纳金。
备注	

第四节 其他项目的纳税调整

一、资产减值准备金

（一）财税处理

《企业所得税法》第十条规定，在计算应纳税所得额时，未经核定的准备金支出不得扣除。《企业所得税法实施条例》第五十五条进一步规定：未经核定的准备金支出，是指不符合国务院财政、税务主管部门规定的各项资产减值准备、风险准备等准备金支出。

1. 保险公司准备金支出

（1）根据《关于保险公司准备金支出企业所得税税前扣除有关政策问题的通知》（财税〔2016〕114号）的规定，保险公司按下列规定缴纳的保险保障基金，准予据实税前扣除：非投资型财产保险业务，不得超过保费收入的0.8%；投资型财产保险业务，有保证收益的，不得超过业务收入的0.08%，无保证收益的，不得超过业务收入的0.05%。有保证收益的人寿保险业务，不得超过业务收入的0.15%；无保证收益的人寿保险业务，不得超过业务收入的0.05%。短期健康保险业务，不得超过保费收入的0.8%；长期健康保险业务，不得超过保费收入的0.15%。非投资型意外伤害保险业务，不得超过保费收入的0.8%；投资型意外伤害保险业务，有保证收益的，不得超过业务收入的0.08%，无保证收益的，不得超过业务收入的0.05%。

保险保障基金，是指按照《中华人民共和国保险法》和《保险保障基金管理办法》规定缴纳形成的，在规定情形下用于救助保单持有人、保单受让公司或者处置保险业风险的非政府性行业风险救助基金。保费收入，是指投保人按照保险合同约定，向保险公司支付的保险费。业务收入，是指投保人按照保险合同约定，为购买相应的保险产品支付给保险公司的全部金额。非投资型财产保险业务，是指仅具有保险保障功能而不具有投资理财功能的财产保险业务。投资型财产保险业务，是指兼具有保险保障与投资理财功能的财产保险业务。有保证收益，是指保险产品在投资收益方面提供固定收益或最低收益保障。无保证收益，是指保险产品在投资收益方面不提供收益保证，投保人承担全部投资风险。

保险公司有下列情形之一的，其缴纳的保险保障基金不得在税前扣除：财产保险公司的保险保障基金余额达到公司总资产6%的；人身保险公司的保险保障基金余额达到公司总资产1%的。

（2）保险公司按国务院财政部门的相关规定提取的未到期责任准备金、寿险责任准备金、长期健康险责任准备金、已发生已报案未决赔款准备金和已发生未报案未决赔款准备金，准予在税前扣除。

未到期责任准备金、寿险责任准备金、长期健康险责任准备金依据经中国银保监会核准任职资格的精算师或出具专项审计报告的中介机构确定的金额提取。未到期责任准备金，是指保险人为尚未终止的非寿险保险责任提取的准备金。寿险责任准备金，是指保险人为尚未终止的人寿保险责任提取的准备金。长期健康险责任准备金，是指保险人为尚未终止的长期健康保险责任提取的准备金。

已发生已报案未决赔款准备金，按最高不超过当期已经提出的保险赔款或者给付金额的100%提取；已发生未报案未决赔款准备金按不超过当年实际赔款支出额的8%提取。已发生已报案未决赔款准备金，是指保险人为非寿险保险事故已经发生并已向保险人提出索赔、尚未结案的赔案提取的准备金。已发生未报案未决赔款准备金，是指保险人为非寿险保险事故已经发生、尚未向保险人提出索赔的赔案提取的准备金。

（3）保险公司经营财政给予保费补贴的农业保险，按不超过财政部门规定的农业保险大灾风险准备金（简称“大灾准备金”）计提比例，计提的大灾准备金，准予在企业所得税前据实扣除。具体计算公式如下：

本年度扣除的大灾准备金＝本年度保费收入×规定比例－上年度已在税前扣除的大灾准备金结存余额

按上述公式计算的数额如为负数，应调增当年应纳税所得额。

财政给予保费补贴的农业保险，是指各级财政按照中央财政农业保险保费补贴政策规定给予保费补贴的种植业、养殖业、林业等农业保险。规定比例，是指按照《财政部关于印发〈农业保险大灾风险准备金管理办法〉的通知》（财金〔2013〕129号）规定的计提比例。

（4）保险公司实际发生的各种保险赔款、给付，应首先冲抵按规定提取的准备金，不足冲抵部分，准予在当年税前扣除。

2. 证券行业准备金支出

根据《关于证券行业准备金支出企业所得税税前扣除有关政策问题的通知》（财税〔2017〕23号）的规定：

（1）证券交易所风险基金。

上海、深圳证券交易所依据《证券交易所风险基金管理暂行办法》（证监发〔2000〕22号）的有关规定，按证券交易所交易收取经手费的20%、会员年费的10%提取的证券交易所风险基金，在各基金净资产不超过10亿元的额度内，准予在企业所得税税前扣除。

（2）证券结算风险基金。

中国证券登记结算公司所属上海分公司、深圳分公司依据《证券结算风险基金管理办法》（证监发〔2006〕65号）的有关规定，按证券登记结算公司业务收入的20%提取的证券结算风险基金，在各基金净资产不超过30亿元的额度内，准予在企业所得税税前扣除。

证券公司依据《证券结算风险基金管理办法》（证监发〔2006〕65号）的有关规定，作为结算会员按人民币普通股和基金成交金额的十万分之三、国债现货成交金额的十万分之一、1天期国债回购成交额的千万分之五、2天期国债回购成交额的千万分之十、3天期国债回购成交额的千万分之十五、4天期国债回购成交额的千万分之二十、7天期国债回购成交额的千万分之五十、14天期国债回购成交额的十万分之一、28天期国债回购成交额的十万分之二、91天期国债回购成交额的十万分之六、182天期国债回购成交额的十万分之十二逐日交纳的证券结算风险基金，准予在企业所得税税前扣除。

（3）证券投资者保护基金。

上海、深圳证券交易所依据《证券投资者保护基金管理办法》（证监会令第27号、第124号）的有关规定，在风险基金分别达到规定的上限后，按交易经手费的20%缴纳的证券投资者保护基金，准予在企业所得税税前扣除。

证券公司依据《证券投资者保护基金管理办法》（证监会令第 27 号、第 124 号）的有关规定，按其营业收入 0.5% ~5% 缴纳的证券投资者保护基金，准予在企业所得税税前扣除。

(4) 期货交易所风险准备金。

大连商品交易所、郑州商品交易所和中国金融期货交易所依据《期货交易管理条例》（国务院令第 489 号）、《期货交易所管理办法》（证监会令第 42 号）和《商品期货交易财务管理暂行规定》（财商字〔1997〕44 号）的有关规定，上海期货交易所依据《期货交易管理条例》（国务院令第 489 号）、《期货交易所管理办法》（证监会令第 42 号）和《关于调整上海期货交易所风险准备金规模的批复》（证监函〔2009〕407 号）的有关规定，分别按向会员收取手续费收入的 20% 计提的风险准备金，在风险准备金余额达到有关规定的额度内，准予在企业所得税税前扣除。

(5) 期货公司风险准备金。

期货公司依据《期货公司管理办法》（证监会令第 43 号）和《商品期货交易财务管理暂行规定》（财商字〔1997〕44 号）的有关规定，从其收取的交易手续费收入减去应付期货交易所手续费后的净收入的 5% 提取的期货公司风险准备金，准予在企业所得税税前扣除。

(6) 期货投资者保障基金。

上海期货交易所、大连商品交易所、郑州商品交易所和中国金融期货交易所依据《期货投资者保障基金管理暂行办法》（证监会令第 38 号、第 129 号）和《关于明确期货投资者保障基金缴纳比例有关事项的规定》（证监会财政部公告〔2016〕26 号）的有关规定，按其向期货公司会员收取的交易手续费的 2%（2016 年 12 月 8 日前按 3%）缴纳的期货投资者保障基金，在基金总额达到有关规定的额度内，准予在企业所得税税前扣除。

期货公司依据《期货投资者保障基金管理办法》（证监会令第 38 号、第 129 号）和《关于明确期货投资者保障基金缴纳比例有关事项的规定》（证监会财政部公告〔2016〕26 号）的有关规定，从其收取的交易手续费中按照代理交易额的亿分之五至亿分之十的比例（2016 年 12 月 8 日前按千万分之五至千万分之十的比例）缴纳的期货投资者保障基金，在基金总额达到有关规定的额度内，准予在企业所得税税前扣除。

(7) 上述准备金如发生清算、退还，应按规定补征企业所得税。

3. 金融企业涉农贷款和中小企业贷款损失准备金

根据《关于金融企业涉农贷款和中小企业贷款损失准备金税前扣除有关问题的通知》(财税〔2015〕3号) 的规定，金融企业根据《贷款风险分类指引》(银监发〔2007〕54号)，对其涉农贷款和中小企业贷款进行风险分类后，按照以下比例计提的贷款损失准备金，准予在计算应纳税所得额时扣除：关注类贷款，计提比例为2%；次级类贷款，计提比例为25%；可疑类贷款，计提比例为50%；损失类贷款，计提比例为100%。

4. 金融企业贷款损失准备金

根据《关于金融企业贷款损失准备金企业所得税税前扣除有关政策的通知》(财税〔2015〕9号) 的规定，政策性银行、商业银行、财务公司、城乡信用社和金融租赁公司等金融企业提取的贷款损失准备金的企业所得税税前扣除政策：准予当年税前扣除的贷款损失准备金 = 本年末准予提取贷款损失准备金的贷款资产余额 ×1% − 截至上年末已在税前扣除的贷款损失准备金的余额。金融企业按上述公式计算的数额如为负数，应当相应调增当年应纳税所得额。金融企业的委托贷款、代理贷款、国债投资、应收股利、上交央行准备金以及金融企业剥离的债权和股权、应收财政贴息、央行款项等不承担风险和损失的资产，不得提取贷款损失准备金在税前扣除。金融企业发生的符合条件的贷款损失，应先冲减已在税前扣除的贷款损失准备金，不足冲减部分可据实在计算当年应纳税所得额时扣除。金融企业涉农贷款和中小企业贷款损失准备金的税前扣除政策，凡按照《关于金融企业涉农贷款和中小企业贷款损失准备金税前扣除有关问题的通知》(财税〔2015〕3号) 的规定执行的，不再执行本规定。

5. 中小企业融资（信用）担保机构有关准备金

根据《关于中小企业融资（信用）担保机构有关准备金企业所得税税前扣除政策的通知》(财税〔2017〕22号) 的规定，符合条件的中小企业融资（信用）担保机构按照不超过当年年末担保责任余额1%的比例计提的担保赔偿准备，允许在企业所得税税前扣除，同时将上年度计提的担保赔偿准备余额转为当期收入。符合条件的中小企业融资（信用）担保机构按照不超过当年担保费收入50%的比例计提的未到期责任准备，允许在企业所得税税前扣除，同时将上年度计提的未到期责任准备余额转为当期收入。中小企业融资（信用）担保机构实际发生的代偿损失，符合税收法律法规关于资产损失税前扣除政策规定的，应冲减已在税前扣除的担保赔偿准备，不足冲减部分据实在企业所得税税前扣除。

符合条件的中小企业融资（信用）担保机构，必须同时满足以下条件：符合《融资性担保公司管理暂行办法》（银监会等七部委令2010年第3号）相关规定，并具有融资性担保机构监管部门颁发的经营许可证；以中小企业为主要服务对象，当年中小企业信用担保业务和再担保业务发生额占当年信用担保业务发生总额的70%以上（上述收入不包括信用评级、咨询、培训等收入）；中小企业融资担保业务的平均年担保费率不超过银行同期贷款基准利率的50%；财政、税务部门规定的其他条件。

申请享受本通知规定的准备金税前扣除政策的中小企业融资（信用）担保机构，在汇算清缴时，需报送法人执照副本复印件、融资性担保机构监管部门颁发的经营许可证复印件、年度会计报表和担保业务情况（包括担保业务明细和风险准备金提取等），以及财政、税务部门要求提供的其他材料。

6. 小额贷款公司贷款损失准备金

根据《关于小额贷款公司有关税收政策的通知》（财税〔2017〕48号）的规定，自2017年1月1日至2019年12月31日，对经省级金融管理部门（金融办、局等）批准成立的小额贷款公司取得的农户小额贷款利息收入，免征增值税。小额贷款公司取得的农户小额贷款利息收入，在计算应纳税所得额时，按90%计入收入总额。小额贷款公司按年末贷款余额的1%计提的贷款损失准备金准予在企业所得税税前扣除。具体政策口径按照《财政部、国家税务总局关于金融企业贷款损失准备金企业所得税税前扣除有关政策的通知》（财税〔2015〕9号）执行。农户，是指长期（一年以上）居住在乡镇（不包括城关镇）行政管理区域内的住户，还包括长期居住在城关镇所辖行政村范围内的住户和户口不在本地而在本地居住一年以上的住户，国有农场的职工和农村个体工商户。位于乡镇（不包括城关镇）行政管理区域内和在城关镇所辖行政村范围内的国有经济的机关、团体、学校、企事业单位的集体户；有本地户口，但举家外出谋生1年以上的住户，无论是否保留承包耕地均不属于农户。农户以户为统计单位，既可以从事农业生产经营，也可以从事非农业生产经营。农户贷款的判定应以贷款发放时的承贷主体是否属于农户为准。小额贷款，是指单笔且该农户贷款余额总额在10万元（含本数）以下的贷款。2017年1月1日至本通知印发之日前已征的应予免征的增值税，可抵减纳税人以后月份应缴纳的增值税或予以退还。

（二）填报方法

表A105000第33行“（二）资产减值准备金”：填报坏账准备、存货跌价准备、理赔费用准备金等不允许税前扣除的各类资产减值准备金纳税调整情况。第1列“账载金额”填报纳税人会计核算计入当期损益的资产减值准备金金额（因价值恢复等原因转回的资产减值准备金应予以冲回）。第1列，若≥0，填入第3列“调增金额”；若<0，将绝对值填入第4列“调减金额”。

二、法人合伙方应分得的应纳税所得额

（一）财税处理

我们常见的法人合伙人一般为有限合伙人，但是《合伙企业法》第三条规定，“国有独资公司、国有企业、上市公司以及公益性的事业单位、社会团体不得成为普通合伙人”，除上述禁止性规定外，一般的法人合伙人可以成为普通合伙人。因此，法人合伙人若作为普通合伙人，达到对合伙企业控制、共同控制或重大影响时，可将该投资做长期股权投资核算，否则可作为可供出售金融资产核算。

《关于合伙企业合伙人所得税问题的通知》（财税〔2008〕159号）规定，合伙企业以每一个合伙人为纳税义务人。合伙企业合伙人是自然人的，缴纳个人所得税；合伙人是法人和其他组织的，缴纳企业所得税。合伙企业生产经营所得和其他所得采取“先分后税”的原则。生产经营所得和其他所得，包括合伙企业分配给所有合伙人的所得和企业当年留存的所得（利润）。合伙企业的合伙人按照下列原则确定应纳税所得额：合伙企业的合伙人以合伙企业的生产经营所得和其得，按照合伙协议约定的分配比例确定应纳税所得额；

合伙协议未约定或者约定不明确的，以全部生产经营所得和其他所得，按照合伙人协商决定的分配比例确定应纳税所得额；协商不成的，以全部生产经营所得和其他所得，按照合伙人实缴出资比例确定应纳税所得额；无法确定出资比例的，以全部生产经营所得和其他所得，按照合伙人数量平均计算每个合伙人的应纳税所得额。合伙协议不得约定将全部利润分配给部分合伙人。合伙企业的合伙人是法人和其他组织的，合伙人在计算其缴纳企业所得税时，不得用合伙企业的亏损抵减其盈利。

《关于创业投资企业和天使投资个人有关税收政策的通知》（财税〔2018〕55号）规定，有限合伙制创业投资企业采取股权投资方式直接投资于初创科技型企业满2年的，其法人合伙人可以按照对初创科技型企业投资额的70%抵扣法人合伙人从合伙创投企业分得的所得；当年不足抵扣的，可以在以后纳税年度结转抵扣。

（二）填报方法

表A105000第41行“（五）有限合伙企业法人合伙方分得的应纳税所得额”：第1列“账载金额”填报有限合伙企业法人合伙方本年会计核算上确认的对有限合伙企业的投资所得；第2列“税收金额”填报纳税人按照“先分后税”原则和财税〔2008〕159号文件第四条规定计算的从合伙企业分得的法人合伙方应纳税所得额；若第1列<第2列，将第2－1列余额填入第3列“调增金额”，若第1列≥第2列，将第2－1列余额的绝对值填入第4列“调减金额”。

【例1－12】2016年12月1日，A创业投资有限责任公司与王某等自然人成立甲有限合伙制创业投资企业，合伙人合计认缴出资2亿元，A创业投资有限责任公司出资占比为75%，合伙协议约定A有限公司按60%分享利润（承担亏损）。

2016年12月10日，A创投公司向甲合伙企业实缴出资15 000万元，其他合伙人实缴出资5 000万元。

甲合伙创投企业与法人合伙人A公司2017年、2018年和2019年三年经营所得与分配利润情况如表1－20所示（假设A公司经营所得与利润总额相同，不考虑本身的纳税调整和税收优惠）。

表 1－20

年份	甲合伙企业应纳税所得	实际分配利润	A 公司本身经营所得
2017	－100	0	300
2018	10 100	0	3 000
2019	10 000	5 000	4 000

假设 A 公司向甲合伙企业投资作为可供出售金融资产核算或作为长期股权投资按成本法核算。

要求：分析说明 A 公司与向合伙企业投资相关收益的纳税调整情况。

解析：

（1）2017 年度。

2017 年度，甲合伙企业亏损 100 万元，由合伙企业用以后 5 年的所得弥补，不得抵减合伙人的盈利。因此，2017 年 A 公司从合伙企业应分得的所得为 0。“纳税调整项目明细表”（A105000）的填报如表 1－21 所示。

表 1－21　A105000　　纳税调整项目明细表（2017 年）

行次	项　　目	账载金额	税收金额	调增金额	调减金额
		1	2	3	4
1	一、收入类调整项目（2＋3＋4＋5＋6＋7＋8＋10＋11）	*	*		
12	二、扣除类调整项目（13＋14＋……＋29）	*	*		
31	三、资产类调整项目（31＋32＋33＋34）	*	*		
36	四、特殊事项调整项目（36＋37＋38＋39＋40）	*	*		
37	（一）企业重组（填写 A105100）				
38	（二）政策性搬迁（填写 A105110）	*	*		
39	（三）特殊行业准备金（填写 A105120）				
40	（四）房地产开发企业特定业务计算的纳税调整额（填写 A105010）	*			

续表

行次	项　目	账载金额	税收金额	调增金额	调减金额
		1	2	3	4
41	（五）有限合伙企业法人合伙方应分得的应纳税所得额	*	0	0	*
42	（六）其他	*	*		
43	五、特别纳税调整应税所得	*	*		
44	六、其他	*	*		
45	合计（1+12+31+36+43+44）	*	*		

A 公司本身的经营所得为 300 万元，“中华人民共和国企业所得税年度纳税申报表”（A100000）的填报如表 1-22 所示。

表 1-22　A100000　中华人民共和国企业所得税年度纳税申报表（A 类）（2017 年）

金额单位：万元

行次	类别	项　目	金额
13		三、利润总额（10+11-12）	300
14	应纳税所得额计算	减：境外所得（填写 A108010）	
15		加：纳税调整增加额（填写 A105000）	0
16		减：纳税调整减少额（填写 A105000）	0
17		减：免税、减计收入及加计扣除（填写 A107010）	
18		加：境外应税所得抵减境内亏损（填写 A108000）	
19		四、纳税调整后所得（13-14+15-16-17+18）	300
20		减：所得减免（填写 A107020）	
21		减：抵扣应纳税所得额（填写 A107030）	
22		减：弥补以前年度亏损（填写 A106000）	
23		五、应纳税所得额（19-20-21-22）	300

（2）2018 年度。

2018 年合伙企业实现所得 10100 万元，首先用 100 万元弥补上年亏损。弥补以前年度亏损后的所得 10000 万元。由于长期股权投资采用成本法核算，会计上没有确认投资收益。按照合伙协议约定 A 有限公司按 60% 分享利润，根据税法规定应确认6000万元的所得。因此，应通过“纳税调整项目明细表”（A105000）第41行调增应纳税所得额，如表1－23所示。

表1－23　A105000　　纳税调整项目明细表（2018年）　　金额单位：万元

行次	项　　目	账载金额	税收金额	调增金额	调减金额
		1	2	3	4
1	一、收入类调整项目（2+3+4+5+6+7+8+10+11）	*	*		
12	二、扣除类调整项目（13+14+……+29）	*	*		
31	三、资产类调整项目（31+32+33+34）	*	*		
36	四、特殊事项调整项目（36+37+38+39+40）	*	*	6 000	
37	（一）企业重组（填写A105100）				
38	（二）政策性搬迁（填写A105110）	*	*		
39	（三）特殊行业准备金（填写A105120）				
34	（四）房地产开发企业特定业务计算的纳税调整额（填写A105010）	*			
41	（五）有限合伙企业法人合伙方应分得的应纳税所得额	*	6 000	6 000	*
42	（六）其他	*	*		
43	五、特别纳税调整应税所得	*	*		
44	六、其他	*	*		
45	合计（1+12+31+36+43+44）	*	*	6 000	

再根据“纳税调整项目明细表”（A105000）填报“中华人民共和国企业所得税年度纳税申报表”（A100000）如表1－24所示。

表1－24　A100000　中华人民共和国企业所得税年度纳税申报表（A类）（2018年）

行次	类别	项　　目	金额
13		三、利润总额（10+11－12）	3 000

续表

行次	类别	项　目	金额
14	应纳税所得额计算	减：境外所得（填写 A108010）	
15		加：纳税调整增加额（填写 A105000）	6 000
16		减：纳税调整减少额（填写 A105000）	0
17		减：免税、减计收入及加计扣除（填写 A107010）	
18		加：境外应税所得抵减境内亏损（填写 A108000）	
19		四、纳税调整后所得（13 - 14 + 15 - 16 - 17 + 18）	9 000
20		减：所得减免（填写 A107020）	
21		减：抵扣应纳税所得额（填写 A107030）	
22		减：弥补以前年度亏损（填写 A106000）	
23		五、应纳税所得额（19 - 20 - 21 - 22）	9 000

（3）2019 年度。

2019 年合伙企业实现所得 10000 万元，由于长期股权投资采用成本法核算，法人合伙人会计上没有确认投资收益。根据合伙协议，法人合伙人应分回 6000 万元。因此，当年所得应调整应纳税所得额 6000 万元。

合伙企业当年宣告分配以前年度所得 5000 万元，法人合伙人分回 3000 万元，会计核算时计入了当年的投资收益，由于该所得在 2018 年度已缴过所得税，因而应调减应纳税所得额。“纳税调整项目明细表”（A105000）的填报如表 1 - 25 所示。

表 1 - 25　A105000　　纳税调整项目明细表（2019 年）　　金额单价：万元

行次	项　目	账载金额	税收金额	调增金额	调减金额
		1	2	3	4
1	一、收入类调整项目（2 + 3 + 4 + 5 + 6 + 7 + 8 + 10 + 11）	*	*		
12	二、扣除类调整项目（13 + 14 + …… + 29）	*	*		
31	三、资产类调整项目（31 + 32 + 33 + 34）	*	*		
35	（四）其他				
36	四、特殊事项调整项目（36 + 37 + 38 + 39 + 40）	*	*	3 000	
37	（一）企业重组（填写 A105100）				

续表

行次	项　　目	账载金额	税收金额	调增金额	调减金额
		1	2	3	4
38	（二）政策性搬迁（填写 A105110）	*	*		
39	（三）特殊行业准备金（填写 A105120）				
40	（四）房地产开发企业特定业务计算的纳税调整额（填写 A105010）	*			
41	（五）有限合伙企业法人合伙方应分得的应纳税所得额	3 000	6 000	3 000	
42	（六）其他	*	*		
43	五、特别纳税调整应税所得	*	*		
44	六、其他	*	*		
45	合计（1 +12 +31 +36 +43 +44）	*	*	3 000	

再根据“纳税调整项目明细表”（A105000）填报“中华人民共和国企业所得税年度纳税申报表”（A100000）如表 1 –26 所示。

表 1 –26　A100000　中华人民共和国企业所得税年度纳税申报表（A 类）（2019 年）

金额单位：万元

行次	类别	项　　目	金　额
13		三、利润总额（10 +11 –12）	4 000
14	应纳税所得额计算	减：境外所得（填写 A108010）	
15		加：纳税调整增加额（填写 A105000）	3 000
16		减：纳税调整减少额（填写 A105000）	
17		减：免税、减计收入及加计扣除（填写 A107010）	
18		加：境外应税所得抵减境内亏损（填写 A108000）	
19		四、纳税调整后所得（13 –14 +15 –16 –17 +18）	7 000
20		减：所得减免（填写 A107020）	
21		减：抵扣应纳税所得额（填写 A107030）	
22		减：弥补以前年度亏损（填写 A106000）	
23		五、应纳税所得额（19 –20 –21 –22）	7 000

三、特别纳税调整应税所得

（一）财税处理

企业与其关联方之间的业务往来，不符合独立交易原则而减少企业或者其关联方应纳税收入或者所得额的，税务机关有权按照合理方法调整。由居民企业，或者由居民企业和中国居民控制的设立在实际税负明显低于《企业所得税法》第四条第一款规定税率水平的国家（地区）的企业，并非由于合理的经营需要而对利润不作分配或者减少分配的，上述利润中应归属于该居民企业的部分，应当计入该居民企业的当期收入。企业与其关联方共同开发、受让无形资产，或者共同提供、接受劳务发生的成本，在计算应纳税所得额时应当按照独立交易原则进行分摊。企业从其关联方接受的债权性投资与权益性投资的比例超过规定标准而发生的利息支出，不得在计算应纳税所得额时扣除。企业实施其他不具有合理商业目的的安排而减少其应纳税收入或者所得额的，税务机关有权按照合理方法调整。

（二）填报方法

表 A105000 第 43 行“五、特别纳税调整应税所得”：第 3 列“调增金额”填报纳税人按特别纳税调整规定自行调增的当年应税所得。第 4 列“调减金额”填报纳税人依据双边预约定价安排或者转让定价相应调整磋商结果的通知，需要调减的当年应税所得。

第二章

视同销售与纳税调整

视同销售，是指会计上不作为销售核算，而在税收上作为销售、确认收入计缴税金的非货币性资产交换以及销售货物、转让财产或者提供劳务的行为，它是税法上的一个重要概念。在流转税与所得税中，视同销售的税务处理是不同的；同是流转税的增值税与消费税，视同销售行为的税务处理也相差悬殊，因此，不同税种之间不可相互适用。流转税与企业所得税的视同销售，应分别适用增值税等流转税的暂行条例和《企业所得税法》，分开进行税务处理。

第一节　企业所得税视同销售

一、视同销售范围

（一）企业所得税视同销售范围

《企业所得税法》实施条例第二十五条规定：企业发生非货币性资产交

换，以及将货物、财产、劳务用于捐赠、偿债、赞助、集资、广告、样品、职工福利和利润分配等用途的，应当视同销售货物、转让财产和提供劳务，但国务院财政、税务主管部门另有规定的除外。这是视同销售企业所得税处理的依据，该条规定终结了将货物、财产、劳务用于在建工程、管理部门、非生产部门的企业所得税视同销售。按照该规定，应当视同销售货物、转让财产和提供劳务的特别情形主要包括以下两个方面：

第一，非货币性资产交换。根据企业会计准则，非货币性资产交换是指交易双方主要以存货、固定资产、无形资产和长期股权投资等非货币性资产进行的交换。该交换不涉及或只涉及少量的货币性资产（即补价）。根据企业会计准则，非货币性资产交换必须同时满足两个条件才能确认收入：一是该项交换具有商业实质；二是换入资产或者换出资产的公允价值能够可靠地计量。此种情况下，企业会计准则要求采用公允价值模式计量；此时，资产转让的计税收入和换入资产计税基础的确定，税法与会计处理是一致的。除此以外的非货币性资产交换，企业会计准则采用成本模式计量，税法与会计处理存在差异。

第二，将货物、财产、劳务用于捐赠、偿债、赞助、集资、广告、样品、职工福利和利润分配等用途。在这些用途中，有些情况下可能是出于生产经营的需要，但是有些情况是企业意图规避税法，逃避纳税义务。为了保证国家的税收收入，税法规定上述行为均视同销售货物、转让财产和提供劳务。在这些行为过程中对货物、财产和劳务没有以货币进行计价，除另有规定外，应当按照公允价值确定其收入，计算应纳所得税额。

（二）内部处置资产不视同销售

根据《国家税务总局关于企业处置资产所得税处理问题的通知》（国税函〔2008〕828号）规定，自2008年1月1日起，企业发生下列情形的处置资产，除将资产转移至境外以外，由于资产所有权属在形式和实质上均不发生改变，可作为内部处置资产，不视同销售确认收入，相关资产的计税基础延续计算。

（1）将资产用于生产、制造、加工另一产品；

（2）改变资产形状、结构或性能；

(3) 改变资产用途（如，自建商品房转为自用或经营）；

(4) 将资产在总机构及其分支机构之间转移；

(5) 上述两种或两种以上情形的混合；

(6) 其他不改变资产所有权属的用途。

(三) 资产移送他人视同销售

企业所得税将资产处置行为分为内部处置和外部处置两类，对于内部处置，通常不视同销售确认所得，相关资产的计税基础持续计算；对于外部处置，应按企业所得税法规定视同销售，确认所得纳税。

《国家税务总局关于确认企业所得税收入若干问题的通知》（国税函〔2008〕875号）规定，企业以买一赠一等方式组合销售本企业商品的，不属于捐赠，应将总的销售收入金额按各项商品的公允价值的比例来分摊确认各项的销售收入。

企业将资产移送他人的下列情形，因资产所有权属已发生改变而不属于内部处置资产，应按规定视同销售确认收入。这种情形主要包括：

(1) 用于市场推广或销售；

(2) 用于交际应酬；

(3) 用于职工奖励或福利；

(4) 用于股息分配；

(5) 用于对外捐赠；

(6) 其他改变资产所有权属的用途。

(四) 房地产企业的视同销售

企业将开发产品用于捐赠、赞助、职工福利、奖励、对外投资、分配给股东或投资人、抵偿债务、换取其他企事业单位和个人的非货币性资产等行为，应视同销售，于开发产品所有权或使用权转移，或于实际取得利益权利时确认收入（或利润）的实现。确认收入（或利润）的方法和顺序为：

(1) 按本企业近期或本年度最近月份同类开发产品市场销售价格确定；

(2) 由主管税务机关参照当地同类开发产品市场公允价值确定；

(3) 按开发产品的成本利润率确定。开发产品的成本利润率不得低于

15%，具体比例由主管税务机关确定。

二、视同销售金额的确定

（一）按公允价值确定视同销售收入的金额

自2016年度起，根据《国家税务总局关于企业所得税有关问题的公告》（国家税务总局公告2016年第80号）第二条“企业移送资产所得税处理问题”的规定，企业发生国税函〔2008〕828号第二条规定情形的，除另有规定外，应按照被移送资产的公允价值确定销售收入。

（二）公益捐赠股权按历史成本视同销售

根据《财政部 国家税务总局关于公益股权捐赠企业所得税政策问题的通知》（财税〔2016〕45号，自2016年1月1日起执行，本通知发布前企业尚未进行税收处理的股权捐赠行为，符合本通知规定条件的可比照本通知执行，已经进行相关税收处理的不再进行税收调整）第一条的规定，企业向公益性社会团体实施的股权捐赠，应按规定视同转让股权，股权转让收入额以企业所捐赠股权取得时的历史成本确定。

这里所称的股权，是指企业持有的其他企业的股权、上市公司股票等。

财税〔2016〕45号第二条规定，企业实施股权捐赠后，以其股权历史成本为依据确定捐赠额，并依此按照企业所得税法有关规定在所得税前予以扣除。公益性社会团体接受股权捐赠后，应按照捐赠企业提供的股权历史成本开具捐赠票据。

公益性社会团体，是指注册在中华人民共和国境内，以发展公益事业为宗旨、且不以营利为目的，并经确定为具有接受捐赠税前扣除资格的基金会、慈善组织等公益性社会团体。

股权捐赠行为，是指企业向中华人民共和国境内公益性社会团体实施的股权捐赠行为。企业向中华人民共和国境外的社会组织或团体实施的股权捐赠行为不适用本通知规定。

（三）案例分析

【例2-1】2017年10月18日，南京的乙公司将其取得成本为1 000万元的某上市公司股票，向具有接受捐赠税前扣除资格的A慈善组织进行公益性捐赠，当日该股票收盘价为5 000万元，当年乙公司会计利润为20 000万元。请回答如下问题：

(1) 乙公司所捐赠股票的视同销售收入额是多少？

(2) 该笔公益股权捐赠可以税前扣除的捐赠额是多少？

(3) 如何填报企业所得税年度纳税申报表？

解析：

根据财税〔2016〕45号文件的规定，企业向公益性社会团体实施的股权捐赠，应按规定视同转让股权，股权转让收入额以企业所捐赠股权取得时的历史成本确定。企业实施股权捐赠后，以其股权历史成本为依据确定捐赠额，并依此按照企业所得税法有关规定在所得税前予以扣除。

因此，乙公司所捐赠股票的视同销售收入额是1 000万元（如表2-1所示），该公益股权捐赠可以税前扣除的捐赠额为1 000万元（如表2-1所示）。

表2-1　A105010　视同销售和房地产开发企业特定业务纳税调整明细表（部分）

金额单位：万元

行次	项目	税收金额	纳税调整金额
		1	2
1	一、视同销售（营业）收入（2+3+4+5+6+7+8+9+10）	1 000	1 000
7	（六）用于对外捐赠视同销售收入	1 000	1 000
11	二、视同销售（营业）成本（12+13+14+15+16+17+18+19+20）	1 000	-1 000
17	（六）用于对外捐赠视同销售成本	1 000	-1 000

表2-2　A105000　纳税调整项目明细表（部分）

金额单位：万元

行次	项　目	账载金额	税收金额	调增金额	调减金额
		1	2	3	4
1	一、收入类调整项目（2+3+…+11）	*	*	1 000	
2	（一）视同销售收入（填写A105010）	*	1 000	1 000	*

续表

行次	项　　目	账载金额	税收金额	调增金额	调减金额
		1	2	3	4
12	二、扣除类调整项目（13+14+…+30）	*	*		1 000
13	（一）视同销售成本（填写 A105010）	*	1 000	*	1 000
17	（五）捐赠支出（填写 A105070）	1 000	1 000	0	
45	合计（1+12+31+36+43+44）	*	*	1 000	1 000

三、视同销售的会计处理

企业将非现金资产（外购、委托加工或自产）用于对外投资、抵偿债务、换取其他资产、分配给股东、奖励给职工、作为样品送给他人等方面，由于非现金资产的所有权发生了转移，企业会计准则要求视同按公允价值销售（或处置）处理，应当确认损益（货物）或利得（非流动资产）。对于将自产产品用于管理部门、在建工程、固定资产、对外出租、同一法人实体内部各营业机构之间的转移等行为，因其所有权没有发生转移，不确认损益。这与《企业所得税法》关于视同销售的规定是一致的。但应注意下列问题：

第一，如果非货币性资产交换不具有商业实质，或者虽具有商业实质，但换入或换出资产的公允价值均不能可靠计量的，会计上应采用成本模式核算，即换入资产的成本按换出资产的账面价值加上应支付的相关税费确定，不确认损益。此时，会计与税法存在两点差异：一是会计上换出资产按账面价值结转，不确认损益，而根据企业所得税法规定，除国务院财政、税务主管部门另有规定外，企业以非货币性资产与其他企业的资产相互交换，应当视同销售货物、转让财产，按公允价值确定资产转让所得。二是换入资产的会计成本以换出资产的账面价值为基础确定。而《企业所得税法》规定，以非货币性资产交换方式取得的非现金资产的计税基础，按照该项资产的公允价值和应支付的相关税费确定。

第二，执行《企业会计制度》的企业，企业所得税视同销售业务仍然存在差异，需要按照税法规定计算纳税。

第三，所得税视同销售的规定与流转税不同。房地产企业将开发产品用于对外投资，在“营改增”前不征营业税，2016 年 5 月 1 日“营改增”以后需视同销售缴纳增值税，也需要视同销售缴纳企业所得税，同时还需要视同销售缴纳土地增值税。

第四，根据《小企业会计准则》，下列情形由于具有销售性质，会计上已确认销售收入，增值税与企业所得税处理时也视同销售，税会处理没有差异：①小企业以自产产品用于利润分配；②以自产产品发放给职工；③通过非货币性资产交换取得长期股权投资。这种实质上具有销售性质的视同销售行为，会计上应确认销售收入、结转成本，按一般销售行为确认销售货物所得，计算缴纳增值税和企业所得税。由于按《小企业会计准则》规定，上述行为已确认销售收入，税法虽然规定为视同销售行为，因已按正常一般销售行为进行会计处理、计算申报纳税，所以不能再按视同销售计算申报缴纳增值税和所得税，否则会出现重复计税。

现行企业所得税法与会计对资产视同销售的不同处理，详见表 2－3 所示。

表 2－3　　企业所得税法与会计对视同销售处理的异同比较

情形	企业所得税	企业会计准则	小企业会计准则	企业会计制度	行业会计制度
非货币性资产交换	视同销售	公允价值模式，确认损益	公允价值模式确认损益	不确认损益，补价确认收益	不确认损益
		账面价值模式，不确认损益	成本模式不确认损益		
偿债	视同销售	确认销售与偿债两项收益	确认收益	不确认收益	不确认收益
捐赠	视同销售	不确认收益	不确认收益	不确认收益	不确认收益
集资	视同销售	取得权利，视同对外投资；没有权利，视同捐赠	不确认收益	不确认收益	不确认收益
广告样品	视同销售，开发产品除外	不确认收益	不确认收益	不确认收益	不确认收益
职工福利	视同销售	确认收益	确认收益	不确认收益	不确认收益
利润分配	视同销售	确认收益	确认收益	确认收益	确认收益
交际应酬	视同销售	不确认收益	不确认收益	不确认收益	不确认收益
职工奖励	视同销售	不确认收益	不确认收益	不确认收益	不确认收益
对外投资	视同销售	确认收益	确认收益	不确认收益	不确认收益
赞助	视同销售	不确认收益	不确认收益	不确认收益	不确认收益

第二节 视同销售的纳税调整

一、视同销售纳税调整表单及其适用

（一）视同销售纳税调整需填报的表单

1. 纳税调整项目明细表

企业所得税上的视同销售行为，需填报“纳税调整项目明细表”（A105000）第2行“视同销售收入”和第13行“视同销售成本”。

表A105000第2行“（一）视同销售收入”：填报会计处理不确认为销售收入，税法规定确认应税收入的收入。根据《视同销售和房地产开发企业特定业务纳税调整明细表》（A105010）填报。第2列“税收金额”为表A105010第1行第1列金额，第3列“调增金额”为表A105010第1行第2列金额。

表A105000第13行“（一）视同销售成本”：填报会计处理不作为销售核算，税法规定作为应税收入的同时，确认的销售成本金额。根据“视同销售和房地产开发企业特定业务纳税调整明细表”（A105010）填报。第2列“税收金额”为表A105010第11行第1列金额，第4列“调减金额”为表A105010第11行第2列金额的绝对值。

2. 视同销售和房地产开发企业特定业务纳税调整明细表

视同销售纳税调整需填报“视同销售和房地产开发企业特定业务纳税调整明细表”（A105010）第一部分“一、视同销售（营业）收入”和第二部分“二、视同销售（营业）成本”相关行次。表A105010适用于发生视同销售、房地产企业特定业务纳税调整项目的纳税人填报。纳税人根据税法、《国家税务总局关于企业处置资产所得税处理问题的通知》（国税函〔2008〕828号）、《国家税务总局关于印发〈房地产开发经营业务企业所得税处理办法〉的通知》（国税发〔2009〕31号）、《国家税务总局关于企业所得税有关问题的公告》（国家税务总局公告2016年第80号）等相关规定，以及国家统一的企业会计准则制度，填报视同销售行为、房地产企业销售未完工产品、未完工产品转完工产品特定业务的税法规定及纳税调整情况。

该表分视同销售（营业）收入、视同销售（营业）成本和房地产开发企业特定业务计算的纳税调整额三大项分别填报。

视同销售实质上是税法优先原则的体现。由于现行会计规范体系比较复杂，企业既有适用《企业会计准则》、《小企业会计准则》的，又有适用《企业会计制度》的，对企业所得税上的视同销售行为的会计处理，有的已作为收入核算，有的没有作为收入核算。如果企业在会计处理时，对有关事项已经依照国家统一会计制度作收入核算，且收入金额符合税法规定的，由于该项业务的营业收入与营业成本都已计入当期损益（利润总额），这已符合《企业所得税法》视同销售要求，不需要在企业所得税纳税申报时再填到附表A105010（如表2-4所示）中做视同销售申报了。

表2-4　A105010　　视同销售和房地产开发企业特定业务纳税调整明细表

行次	项目	税收金额	纳税调整金额
		1	2
1	一、视同销售（营业）收入（2+3+4+5+6+7+8+9+10）		
2	（一）非货币性资产交换视同销售收入		
3	（二）用于市场推广或销售视同销售收入		
4	（三）用于交际应酬视同销售收入		
5	（四）用于职工奖励或福利视同销售收入		
6	（五）用于股息分配视同销售收入		
7	（六）用于对外捐赠视同销售收入		
8	（七）用于对外投资项目视同销售收入		
9	（八）提供劳务视同销售收入		
10	（九）其他		
11	二、视同销售（营业）成本（12+13+14+15+16+17+18+19+20）		
12	（一）非货币性资产交换视同销售成本		
13	（二）用于市场推广或销售视同销售成本		
14	（三）用于交际应酬视同销售成本		

续表

行次	项目	税收金额	纳税调整金额
		1	2
15	（四）用于职工奖励或福利视同销售成本		
16	（五）用于股息分配视同销售成本		
17	（六）用于对外捐赠视同销售成本		
18	（七）用于对外投资项目视同销售成本		
19	（八）提供劳务视同销售成本		
20	（九）其他		

3. 主要修订情况

与2014年版“企业所得税年度纳税申报表”相比，2017年版“视同销售和房地产开发企业特定业务纳税调整明细表”（A105010）修订内容主要有：

（1）“（四）用于职工奖励或福利视同销售收入”填报说明的修订为：填报发生将货物、财产用于职工奖励或福利，会计处理不确认销售收入，而税法规定确认为应税收入的金额。企业外购资产或服务不以销售为目的，用于替代职工福利费用支出，且购置后在一个纳税年度内处置的，以公允价值确定视同销售收入。

而在2014年版的填报说明为“企业外购资产或服务不以销售为目的，用于替代职工福利费用支出，且购置后在一个纳税年度内处置的，可以按照购入价格确认视同销售收入”。

这就是说，对于“企业外购资产或服务不以销售为目的，用于替代职工福利费用支出，且购置后在一个纳税年度内处置的”自2017年度起，与一般视同销售金额确定的原则一样，以公允价值确定视同销售收入。

（2）根据《财政部关于印发〈增值税会计处理规定〉的通知》（财会〔2016〕22号）将“营业税金及附加”会计科目名称调整为“税金及附加”的规定，将原第25行“3. 实际发生的营业税金及附加、土地增值税”项目名称调整为“3. 实际发生的税金及附加、土地增值税”，将原第29行“3. 转回实际发生的营业税金及附加、土地增值税”项目名称调整为“3. 转回实际发生的税金及附加、土地增值税”。

（二）视同销售（营业）收入的填报

表 A105010 第 1 行“一、视同销售收入”：填报会计处理不确认销售收入，而税法规定确认为应税收入的金额，本行为第 2 至 10 行小计数。第 1 列“税收金额”填报税收确认的应税收入金额；第 2 列“纳税调整金额”等于第 1 列“税收金额”。即：第 1 行 = 第 2 + 第 3 + … + 第 10 行。

并且，将第 1 行第 1 列填入表 A105000 第 2 行第 2 列。将第 1 行第 2 列填入表 A105000 第 2 行第 3 列。

1. 非货币性资产交换视同销售收入

表 A105010 第 2 行“（一）非货币性资产交换视同销售收入”：填报发生非货币性资产交换业务，会计处理不确认销售收入，而税法规定确认为应税收入的金额。第 1 列“税收金额”填报税收确认的应税收入金额；第 2 列“纳税调整金额”等于第 1 列“税收金额”。

2. 用于市场推广或销售视同销售收入

表 A105010 第 3 行“（二）用于市场推广或销售视同销售收入”：填报发生将货物、财产用于市场推广、广告、样品、集资、销售等，会计处理不确认销售收入，而税法规定确认为应税收入的金额。填列方法同第 2 行。

3. 用于交际应酬视同销售收入

表 A105010 第 4 行“（三）用于交际应酬视同销售收入”：填报发生将货物、财产用于交际应酬，会计处理不确认销售收入，而税法规定确认为应税收入的金额。填列方法同第 2 行。

4. 用于职工奖励或福利视同销售收入

表 A105010 第 5 行“（四）用于职工奖励或福利视同销售收入”：填报发生将货物、财产用于职工奖励或福利，会计处理不确认销售收入，而税法规定确认为应税收入的金额。企业外购资产或服务不以销售为目的，用于替代职工福利费用支出，且购置后在一个纳税年度内处置的，以公允价值确定视同销售收入。填列方法同第 2 行。

5. 用于股息分配视同销售收入

表 A105010 第 6 行“（五）用于股息分配视同销售收入”：填报发生将货物、财产用于股息分配，会计处理不确认销售收入，而税法规定确认为应税收入的金额。填列方法同第 2 行。

6. 用于对外捐赠视同销售收入

表 A105010 第 7 行“（六）用于对外捐赠视同销售收入”：填报发生将货物、财产用于对外捐赠或赞助，会计处理不确认销售收入，而税法规定确认为应税收入的金额。填列方法同第 2 行。

7. 用于对外投资项目视同销售收入

表 A105010 第 8 行“（七）用于对外投资项目视同销售收入”：填报发生将货物、财产用于对外投资，会计处理不确认销售收入，而税法规定确认为应税收入的金额。填列方法同第 2 行。

8. 提供劳务视同销售收入

表 A105010 第 9 行“（八）提供劳务视同销售收入”：填报发生对外提供劳务，会计处理不确认销售收入，而税法规定确认为应税收入的金额。填列方法同第 2 行。

9. 其他

表 A105010 第 10 行“（九）其他”：填报发生除上述列举情形外，会计处理不作为销售收入核算，而税法规定确认为应税收入的金额。填列方法同第 2 行。

（三）视同销售（营业）成本的填报

表 A105010 第 11 行“一、视同销售成本”：填报会计处理不确认销售收入，税法规定确认为应税收入的同时，确认的视同销售成本金额。本行为第 12 至 20 行小计数。第 1 列“税收金额”填报予以税前扣除的视同销售成本金额；将第 1 列税收金额以负数形式填报第 2 列“纳税调整金额”。即：第 11 行 = 第 12 + 第 13 + … + 第 20 行。

并且将第 11 行第 1 列填入表 A105000 第 13 行第 2 列。第 11 行第 2 列的绝对值填入表 A105000 第 13 行第 4 列。

1. 非货性资产交换视同销售成本

表 A105010 第 12 行“（一）非货性资产交换视同销售成本”：填报发生非货币性资产交换业务，会计处理不确认销售收入，税法规定确认为应税收入所对应的予以税前扣除视同销售成本金额。第 1 列“税收金额”填报予以扣除的视同销售成本金额；将第1列税收金额以负数形式填报第2列“纳税调整金额”。

2. 用于市场推广或销售视同销售成本

表A105010第13行“（二）用于市场推广或销售视同销售成本”：填报发生将货物、财产用于市场推广、广告、样品、集资、销售等，会计处理不确认销售收入，税法规定确认为应税收入时，其对应的予以税前扣除视同销售成本金额。填列方法同第12行。

3. 用于交际应酬视同销售成本

表A105010第14行“（三）用于交际应酬视同销售成本”：填报发生将货物、财产用于交际应酬，会计处理不确认销售收入，税法规定确认为应税收入时，其对应的予以税前扣除视同销售成本金额。填列方法同第12行。

4. 用于职工奖励或福利视同销售成本

表A105010第15行“（四）用于职工奖励或福利视同销售成本”：填报发生将货物、财产用于职工奖励或福利，会计处理不确认销售收入，税法规定确认为应税收入时，其对应的予以税前扣除视同销售成本金额。填列方法同第12行。

5. 用于股息分配视同销售成本

表A105010第16行“（五）用于股息分配视同销售成本”：填报发生将货物、财产用于股息分配，会计处理不确认销售收入，税法规定确认为应税收入时，其对应的予以税前扣除视同销售成本金额。填列方法同第12行。

6. 用于对外捐赠视同销售成本

表A105010第17行“（六）用于对外捐赠视同销售成本”：填报发生将货物、财产用于对外捐赠或赞助，会计处理不确认销售收入，税法规定确认为应税收入时，其对应的予以税前扣除视同销售成本金额。填列方法同第12行。

7. 用于对外投资项目视同销售成本

表A105010第18行“（七）用于对外投资项目视同销售成本”：填报会计处理发生将货物、财产用于对外投资，会计处理不确认销售收入，税法规定确认为应税收入时，其对应的予以税前扣除视同销售成本金额。填列方法同第12行。

8. 提供劳务视同销售成本

表A105010第19行“（八）提供劳务视同销售成本”：填报会计处理发生对外提供劳务，会计处理不确认销售收入，税法规定确认为应税收入时，其对应的予以税前扣除视同销售成本金额。填列方法同第12行。

9. 其他

表A105010第20行“（九）其他”：填报发生除上述列举情形外，会计处理不确认销售收入，税法规定确认为应税收入的同时，予以税前扣除视同销售成本金额。填列方法同第12行。

二、非货币性资产交换视同销售

企业发生非货币性资产交换，且非货币性资产交换不具有商业实质，或者虽具有商业实质，但换入或换出资产的公允价值均不能可靠计量的，会计上应采用成本模式核算，即换入资产的成本按换出资产的账面价值加上应支付的相关税费确定，不确认损益。此时，会计上换出资产按账面价值结转，不确认损益，而根据《企业所得税法》，除国务院财政、税务主管部门另有规定外，企业以非货币性资产与其他企业的资产相互交换，应当视同销售货物、转让财产，按公允价值确定资产转让所得。另外，换入资产的会计成本以换出资产的账面价值为基础确定；而根据《企业所得税法》，以非货币性资产交换方式取得的非现金资产的计税基础，按照该项资产的公允价值和应支付的相关税费确定。

需要说明的是，当标的物为固定资产、无形资产的非货币性资产交换，其公允价值与账面价值的差额，计入“营业外收入”或“营业外支出”或“资产处置收益”；标的物为长期股权投资的，其公允价值和账面价值的差额，计入“投资收益”。

（一）执行《企业会计准则》的处理

根据《企业会计准则》，在非货币性资产交换具有商业实质，并且换出资产或换入资产的公允价值能够可靠计量的情况下，会计上采用公允价值模式计量，此时，企业会计上已将该笔业务收入计入了营业收入或营业外收入或资产处置收益，并入了本年利润总额，会计与税务处理无差异不需纳税调整，不用填报附表 A105010。

在非货币性资产交换不具有商业实质，或者虽具有商业实质但换出资产和换入资产的公允价值均不能可靠计量的情况下，《企业会计准则》要求采用成本模式计量，会计上不确认收入，但按照《企业所得税法》规定应视同销售、确认所得纳税。

因此，执行《企业会计准则》的企业，需将不具有商业实质或虽具有商业实质但交换涉及资产的公允价值均不能可靠计量的非货币性资产交换，按照税法规定确认的视同销售收入、视同销售成本通过附表 A105010 进行纳税调整。即：将视同销售收入金额填入附表 A105010 第 2 行、视同销售成本填入附表 A105010 第 12 行，再填入“纳税调整项目明细表”相关行次。

（二）执行《企业会计制度》的处理

执行《企业会计制度》的企业，发生非货币性资产交换，按照税法规定应确认视同销售收入。此种情况下需填报附表 A105010 进行纳税调整。其中，视同销售收入金额填入表 A105010 第 2 行，视同销售成本填入表 A105010 第 12 行。

（三）案例解析

【例 2-2】2018 年 11 月甲企业以产品 A 换取乙企业机器设备 B，A 产品成本为 30 万元，公允价值为 46.4 万元（含增值税价），交易双方无补价，双方适用增值税税率都为 16%。该交易具有商业实质。

要求：进行甲企业相关会计与税务处理。

解析：

(1) 按照《企业会计准则》进行会计处理：

借：固定资产　　464 000

　　贷：主营业务收入　　400 000

　　　　应交税费——应交增值税（销项税额）　　64 000

《企业会计准则》下，税法与会计无差异不需调整。不用填报附表 A105010 也不用填入“纳税调整项目明细表”。

（2）执行《企业会计制度》的会计处理：

借：固定资产　　364 000

　　贷：产成品　　300 000

　　　　应交税费——应交增值税（销项税额）　　64 000

年度所得税纳税申报时，将400 000元视同销售收入填入附表A105010第2行“非货币性资产交换视同销售收入”第1列“税收金额”，并将该金额填入第2列“纳税调整金额”中；视同销售成本300 000元填入本表第12行“非货币性资产交换视同销售成本”第1列“税收金额”，并以负数填入第2列“纳税调整金额”，如表2－5所示。

表2－5　A105010　视同销售和房地产开发企业特定业务纳税调整明细表（部分）

金额单位：元

行次	项目	税收金额	纳税调整金额
		1	2
1	一、视同销售（营业）收入（2+3+4+5+6+7+8+9+10）	400 000	400 000
2	（一）非货币性资产交换视同销售收入	400 000	400 000
10	（九）其他		
11	二、视同销售（营业）成本（12+13+14+15+16+17+18+19+20）	300 000	－300 000
12	（一）非货币性资产交换视同销售成本	300 000	－300 000
13	（二）用于市场推广或销售视同销售成本		

然后，根据表A105010的第1行填报A105000表第2行，根据表A105010第11行填报A105000表第13行，如表2－6所示。

表2－6　A105000　纳税调整项目明细表（部分）

金额单位：元

行次	项目	账载金额	税收金额	调增金额	调减金额
		1	2	3	4
1	一、收入类调整项目（2+3+…+11）	*	*	400 000	
2	（一）视同销售收入（填写A105010）	*	400 000	400 000	*
12	二、扣除类调整项目（13+14+…+30）	*	*		
13	（一）视同销售成本（填写A105010）	*	300 000	*	300 000
45	合计（1+12+31+36+43+44）	*	*		

需要注意的是换入的 B 固定资产账载金额 36.4 万元，但计税基础应为 46.4 万元，在计提折旧时可以调减应纳税所得额，在资产转让时允许扣除的固定资产净值计算时以 46.4 万元为基数确定。

三、货物、财产、劳务视同销售

（一）财税处理

根据《企业所得税法》实施条例第二十五条的规定，企业将货物、财产、劳务用于捐赠、偿债、赞助、集资、广告、样品、职工福利和利润分配等用途的，应当视同销售货物、转让财产和提供劳务，但国务院财政、税务主管部门另有规定的除外。

企业发生上述业务，在会计处理时上述业务收入凡已体现在主营业务收入、其他业务收入或营业外收入中的，由于上述业务所得已计入会计利润总额，企业所得税上就不用再作视同销售收入处理。填表时直接填入对应的主营业务收入（主营业务成本）、其他业务收入（其他业务支出）或营业外收入（营业外支出）栏次。无需进行纳税调整，不用填报附表 A105010。凡会计上未作收入处理、未纳入当期会计利润总额的，根据企业所得税法规定应进行视同销售处理，并通过附表 A105010 进行相应的纳税调整。

（二）案例解析

【例 2－3】 2018 年 11 月，某毛巾厂（增值税一般纳税人）将本企业自制的一批毛巾作为福利发给职工（生产人员 35 人，管理人员 15 人），该批毛巾不含增值税金额为 60 000 元，成本 50 000 元，增值税税率为 16%。

要求：进行相关的会计与所得税处理。

解析：

（1）执行《企业会计准则》的处理：

借：生产成本	48 762	
管理费用	20 838	
贷：应付职工薪酬		69 600

借：应付职工薪酬　　69 600

　　贷：主营业务收入　　60 000

　　　　应交税费——应交增值税（销项税额）　　9 600

借：主营业务成本　　50 000

　　贷：库存商品　　50 000

执行《企业会计准则》的企业，此项业务税法与会计无差异。此种情况下，企业所得税年度纳税申报时主营业务收入、主营业务成本已反映该项业务，无需通过表A105010进行纳税调整。但应付职工薪酬中的福利费支出则要按税法规定在不超过合理工资薪金总额的14%范围内列支，否则要进行纳税调整。

（2）执行《企业会计制度》的处理：

借：生产成本　　41 720

　　管理费用——福利费　　17 880

　　贷：库存商品　　50 000

　　　　应交税金——应交增值税（销项税额）　　9 600

此时，根据《企业所得税法》相关规定，需要做视同销售处理，通过附表A105010相应行次进行纳税调整。即将视同销售收入60 000元填入第5行“（四）用于职工奖励或福利视同销售收入”；将视同销售成本50 000元填入第15行“（四）用于职工奖励或福利视同销售成本”，如表2-7所示。同时，还要关注福利费是否超过合理工资薪金总额的14%。

表2-7　A105010　视同销售和房地产开发企业特定业务纳税调整明细表（部分）

金额单位：元

行次	项目	税收金额	纳税调整金额
		1	2
1	一、视同销售（营业）收入（2+3+4+5+6+7+8+9+10）	60 000	60 000
2	（一）非货币性资产交换视同销售收入		
3	（二）用于市场推广或销售视同销售收入		
4	（三）用于交际应酬视同销售收入		
5	（四）用于职工奖励或福利视同销售收入	60 000	60 000

续表

行次	项目	税收金额	纳税调整金额
		1	2
11	二、视同销售（营业）成本（12 + 13 + 14 + 15 + 16 + 17 + 18 + 19 + 20）		
12	（一）非货币性资产交换视同销售成本		
13	（二）用于市场推广或销售视同销售成本		
14	（三）用于交际应酬视同销售成本		
15	（四）用于职工奖励或福利视同销售成本	50 000	-50 000

并据以填报表 A105000 相关行次，如表 2 - 8 所示。

表 2 - 8　A105000　　纳税调整项目明细表（部分）　　金额单价：元

行次	项　目	账载金额	税收金额	调增金额	调减金额
		1	2	3	4
1	一、收入类调整项目（2 + 3 + … + 11）	*	*	60 000	
2	（一）视同销售收入（填写 A105010）	*	60 000	60 000	*
12	二、扣除类调整项目（13 + 14 + … + 30）	*	*		
13	（一）视同销售成本（填写 A105010）	*	50 000	*	50 000
45	合计（1 + 12 + 31 + 36 + 43 + 44）	*	*	60 000	50 000

四、视同销售成本及其填报

视同销售成本是指纳税人会计上不作为销售核算，但按照税收规定视同销售确认的应税成本。企业按税法规定确认视同销售收入的同时，均应确认与之相配比的视同销售成本。

由于“视同销售成本”未参与企业利润总额的计算，所以企业所得税年度纳税申报时通过“纳税调整项目明细表”对视同销售收入调增应纳税所得额的同时，对视同销售成本要做调减应纳税所得额处理。但需要强调的是采用《企业会计准则》的企业，有些情况下已与税法处理一致，直接记入主营业务收入、主营业务成本，不需要再进行纳税调整。

第三节 增值税与土地增值税视同销售

一、增值税视同销售

（一）增值税视同销售范围

《中华人民共和国增值税暂行条例实施细则》（财政部国家税务总局第 50 号令）第四条规定，单位或个体经营者的下列行为，视同销售货物：将货物交付他人代销；销售代销货物；设有两个以上机构并实行统一核算的纳税人，将其货物从一个机构移送其他机构用于销售，但相关机构设在同一县（市）的除外；将自产或委托加工的货物用于非应税项目；将自产、委托加工或购买的货物作为投资，提供给其他单位或个体经营者；将自产、委托加工或购买的货物分配给股东或投资者；将自产、委托加工的货物用于集体福利或个人消费；将自产、委托加工或购买的货物无偿赠送他人。

根据《关于全面推开营业税改征增值税试点的通知》（财税〔2016〕36 号），下列情形视同销售服务、无形资产或者不动产：单位或者个体工商户向其他单位或者个人无偿提供服务，但用于公益事业或者以社会公众为对象的除外；单位或者个人向其他单位或者个人无偿转让无形资产或者不动产，但用于公益事业或者以社会公众为对象的除外；财政部和国家税务总局规定的其他情形。

（二）增值税视同销售的会计处理

对于增值税视同销售的情况中，设有两个以上机构并实行统一核算的纳税人，将货物从一个机构移送其他机构用于销售，但相关机构设在同一县（市）的除外；将自产或者委托加工的货物用于非增值税应税项目（全面营改增以后，一般企业几乎不会遇到）；将自产、委托加工或者购进的货物无偿赠送其他单位或者个人；单位或者个体工商户向其他单位或者个人无偿提供服务，但用于公益事业或者以社会公众为对象的除外；单位或者个人向其他单位或者个人无偿转让无形资产或者不动产，但用于公益事业或者以社会公众为对象的除外等五种情况，在会计处理中不确认收入，其他情况都应确认收入。

(1) 将自产的、委托加工的物资用于集体福利或个人消费。

借：应付职工薪酬

　　贷：主营业务收入/其他业务收入

　　　　应交税费——应交增值税（销项税额）

同时，结转成本：

借：主营业务成本/其他业务成本

　　存货跌价准备

　　贷：库存商品/原材料

借：营业税金及附加

　　贷：应交税费——应交消费税［如果涉及消费税］

(2) 将自产的、委托加工的物资和购买的物资用于对外投资。

借：长期股权投资

　　贷：主营业务收入/其他业务收入

　　　　应交税费——应交增值税（销项税额）

同时，结转成本：

借：主营业务成本/其他业务成本

　　存货跌价准备

　　贷：库存商品/原材料

借：营业税金及附加

　　贷：应交税费——应交消费税［如果涉及消费税］

(3) 将自产的、委托加工的物资和购买的物资用于分红。

借：应付股利

　　贷：主营业务收入/其他业务收入

　　　　应交税费——应交增值税（销项税额）

同时，结转成本：

借：主营业务成本/其他业务成本

　　存货跌价准备

贷：库存商品/原材料

借：营业税金及附加

贷：应交税费——应交消费税［如果涉及消费税］

（4）将自产的、委托加工的物资和购买的物资用于捐赠。

借：营业外支出

存货跌价准备

贷：库存商品［账面余额］

应交税费——应交增值税（销项税额）

——应交消费税［按计税价计算的消费税额］

（三）不属于增值税视同销售的特殊规定

将以公益活动为目的或者以社会公众为对象的无偿提供服务、无偿转让无形资产或者不动产，排除在视同销售增值税范围之外，主要是为了促进社会公益事业的发展。根据国家指令无偿提供的航空运输服务、铁路运输服务，属于以公益活动为目的的服务，不征收增值税。

药品生产企业销售自产创新药的销售额，为向购买方收取的全部价款和价外费用，其提供给患者后续免费使用的相同创新药，不属于增值税视同销售范围。

纳税人出租不动产，租赁合同中约定免租期的，不属于《营业税改征增值税试点实施办法》（财税〔2016〕36号文件印发）第十四条规定的视同销售服务。

此外，以支付价款为前提的“买一送一”“捆绑销售”等促销活动，不属于视同销售。

二、土地增值税视同销售

纳税人将开发产品用于职工福利、奖励、对外投资、分配给股东或投资人、抵偿债务、换取其他单位和个人的非货币性资产等，发生所有权转移时应视同销售房地产。房地产企业用建造的本项目房地产安置回迁户的，安置用房视同销售处理。

第三章

房地产开发企业特定业务计算的纳税调整额

第一节 房地产开发企业所得税处理

一、开发产品已完工的界定

除土地开发之外，其他开发产品符合下列条件之一的，应视为已经完工：

（1）开发产品竣工证明材料已报房地产管理部门备案。

（2）开发产品已开始投入使用。

（3）开发产品已取得了初始产权证明。

开发产品开始投入使用是指房地产开发企业开始办理开发产品交付手续（包括入住手续）或已开始实际投入使用。

《国家税务总局关于房地产企业开发产品完工标准税务确认条件的批复》

（国税函〔2009〕342号）明确，房地产开发企业建造、开发的开发产品无论工程质量是否通过验收合格，或是否办理完工（竣工）备案手续以及会计决算手续，当其开发产品开始投入使用时均应视为已经完工。房地产开发企业应按规定及时结算开发产品计税成本并计算此前以预售方式销售开发产品所取得收入的实际毛利额，同时将开发产品实际毛利额与其对应的预计毛利额之间的差额，计入当年（完工年度）应纳税所得额。

二、销售未完工开发产品按预计毛利额计算纳税

根据国税函〔2009〕31号文件第九条的规定，企业销售未完工开发产品取得的收入，应先按预计计税毛利率分季（或月）计算出预计毛利额，计入当期应纳税所得额。开发产品完工后，企业应及时结算其计税成本并计算此前销售收入的实际毛利额，同时将其实际毛利额与其对应的预计毛利额之间的差额，计入当年度企业本项目与其他项目合并计算的应纳税所得额。

在年度纳税申报时，企业须出具对该项开发产品实际毛利额与预计毛利额之间差异调整情况的报告以及税务机关需要的其他相关资料。

房地产开发企业对已达到完工条件的开发产品未按成本对象结算计税成本的，主管税务机关有权确定成本对象并核定其计税成本，企业据此进行纳税调整。

三、计税毛利率的确定

根据国税发〔2009〕31号文件第八条规定，企业销售未完工开发产品的计税毛利率由各省、自治区、直辖市国家税务局、地方税务局按下列规定进行确定：

（1）开发项目位于省、自治区、直辖市和计划单列市人民政府所在地城市城区和郊区的，不得低于15%。

（2）开发项目位于地及地级市城区及郊区的，不得低于10%。

（3）开发项目位于其他地区的，不得低于5%。

（4）属于经济适用房、限价房和危改房的，不得低于3%。

根据苏地税发〔2009〕53号文件的规定，经济适用房是指政府提供政策优惠，限定套型面积和销售价格，按照合理标准建设，面向城市低收入住房困难家庭供应，具有保障性质的政策性住房。房地产开发企业开发的经济适用房按规定的计税毛利率申报纳税时，需向主管税务机关报送以下资料：①立项批准机关对经济适用房立项的批准文件；②土地管理部门划拨土地的批准文件；③物价部门核定的有关经济适用房销售价格的批件；④住房保障主管部门为低收入住房困难家庭出具的购房资格证明；⑤列明该项目的政府经济适用房建设投资计划；⑥经济适用房销售清册（包括购房人姓名和身份证号码、准购面积、合同号、订立合同日期、楼栋号、实际购买面积、单价、销售金额）；⑦主管税务机关要求提供的其他资料。

房地产开发企业开发的限价房和危改房按规定的预计毛利率申报纳税，需符合政府有关部门的规定和要求。房地产开发企业在企业所得税纳税申报时，需向主管税务机关报送以下资料：①《国有建设用地使用权出让合同》和政府主管部门出具的其他能证明限价房和危改房的证明文件；②限价房和危改房销售清册（包括购房人姓名和身份证号码、准购面积、合同号、订立合同日期、楼栋号、实际购买面积、单价、销售金额）；③主管税务机关要求提供的其他资料。

对商品住宅小区配套建设经济适用房、限价房和危改房的，应分别核算销售收入，并按照对应的计税毛利率计算预计利润；不能分别核算的，一律从高适用计税毛利率。对经济适用房、限价房和危改房项目中配套建设的商铺、车库、车位等未完工产品取得的收入，不得按照经济适用房、限价房和危改房的计税毛利率执行。

根据《四川省地方税务局　四川省国家税务局关于确定房地产开发经营业务计税毛利率的公告》（2018年第3号），四川省内开发的经济适用房、限价房和危改房的计税毛利率按3%执行，其他开发项目的计税毛利率按照开发项目所在地分别确定，具体计税毛利率详见该文件附件。

四、预计毛利额（利润）可扣除税金及附加

根据《企业所得税法》实施条例规定，允许计算应纳税所得额时扣除的

税金，是指企业发生的除企业所得税和允许抵扣的增值税以外的各项税金及其附加。国税发〔2009〕31号文件也规定，企业发生的期间费用、已销开发产品计税成本、税金及附加、土地增值税准予当期按规定扣除。这里准予税前扣除的营业税金及附加应包含按预售收入计缴的营业税金及附加。在江苏省地方税务局转发《国家税务总局关于印发〈房地产开发经营业务企业所得税处理办法〉的通知》的通知（苏地税发〔2009〕53号）也对此进行了明确：房地产开发企业销售未完工开发产品取得的收入，按照规定的计税毛利率计算预计利润时，允许扣除税金及附加、土地增值税。

五、预售收入可作为计算招待费、广告费和宣传费的基数

房地产开发企业销售未完工开发产品取得的收入，可以作为计提业务招待费、广告费和业务宣传费的基数，但开发产品完工会计核算转销售收入时，已作为计提基数的未完工开发产品的销售收入不得重复计提业务招待费、广告费和业务宣传费。

第二节　房地产开发企业特定业务计算的纳税调整额

一、房地产开发企业特定业务计算的纳税调整额的填报

企业所得税年度纳税申报时，企业需将销售未完工开发产品纳税调整情况，通过“视同销售和房地产开发企业特定业务纳税调整明细表”（A105010）第三部分（见表3-1），分析填入“纳税调整项目明细表”第40行“房地产开发企业特定业务计算的纳税调整额”第3列“纳税调增”、第4列“纳税调减”栏次。

表 3－1 A105010 视同销售和房地产开发企业特定业务纳税调整明细表（部分）

行次	项 目	税收金额	纳税调整金额
		1	2
21	三、房地产开发企业特定业务计算的纳税调整额（22－26）		
22	（一）房地产企业销售未完工开发产品特定业务计算的纳税调整额（24－25）		
23	1. 销售未完工产品的收入		*
24	2. 销售未完工产品预计毛利额		
25	3. 实际发生的税金及附加、土地增值税		
26	（二）房地产企业销售的未完工产品转完工产品特定业务计算的纳税调整额（28－29）		
27	1. 销售未完工产品转完工产品确认的销售收入		*
28	2. 转回的销售未完工产品预计毛利额		
29	3. 转回实际发生的税金及附加、土地增值税		

（一）房地产开发企业特定业务计算的纳税调整额

表 A105010 第 21 行“三、房地产开发企业特定业务计算的纳税调整额”：填报房地产企业发生销售未完工产品、未完工产品结转完工产品业务，按照税收规定计算的特定业务的纳税调整额。第 1 列“税收金额”填报第 22 行“房地产开发企业特定业务计算的纳税调整额”第 1 列减去第 26 行“房地产企业销售的未完工产品转完工产品特定业务计算的纳税调整额”第 1 列的余额；第 2 列“纳税调整金额”等于第 1 列“税收金额”。

表 A105010 第 21 行“房地产开发企业特定业务计算的纳税调整额”第 1 列“税收金额 填入表 A105000 第 40 行第 2 列“税收金额”。

若表 A105000 第 21 行第 2 列“纳税调整金额”≥0，将第 21 行第 2 列填入表 A105000 第 40 行第 3 列“调整金额”；若第 21 行第 2 列＜0，第 21 行第 2 列的绝对值填入表 A105000 第 40 行第 4 列“调减金额”。

（二）销售未完工开发产品特定业务计算的纳税调整额

表 A105010 第 22 行“（一）房地产企业销售未完工开发产品特定业务计

算的纳税调整额”：填报房地产企业销售未完工开发产品取得销售收入，按税收规定计算的纳税调整额。第 1 列“税收金额”填报第 24 行第 1 列减去第 25 行第 1 列的余额；第 2 列“纳税调整金额”等于第 1 列“税收金额”。

表 A105010 第 23 行“1. 销售未完工产品的收入”：第 1 列“税收金额”填报房地产企业销售未完工开发产品，会计核算未进行收入确认的销售收入金额。

表 A105010 第 24 行“2. 销售未完工产品预计毛利额”：第 1 列“税收金额”填报房地产企业销售未完工产品取得的销售收入按税收规定预计计税毛利率计算的金额；第 2 列“纳税调整金额”等于第 1 列“税收金额”。

表 A105010 第 25 行“3. 实际发生的税金及附加、土地增值税”：第 1 列“税收金额”填报房地产企业销售未完工产品实际发生的税金及附加、土地增值税，且在会计核算中未计入当期损益的金额；第 2 列“纳税调整金额”等于第 1 列“税收金额”。

（三）未完工产品转完工产品特定业务计算的纳税调整额

表 A105010 第 26 行“（二）房地产企业销售的未完工产品转完工产品特定业务计算的纳税调整额”：填报房地产企业销售的未完工产品转完工产品，按税收规定计算的纳税调整额。第 1 列“税收金额”填报第 28 行第 1 列减去第 29 行第 1 列的余额；第 2 列“纳税调整金额”等于第 1 列“税收金额”。

表 A105010 第 27 行“1. 销售未完工产品转完工产品确认的销售收入”：第 1 列“税收金额”填报房地产企业销售的未完工产品，此前年度已按预计毛利额征收所得税，本年度结转为完工产品，会计上符合收入确认条件，当年会计核算确认的销售收入金额。

表 A105010 第 28 行“2. 转回的销售未完工产品预计毛利额”：第 1 列“税收金额”填报房地产企业销售的未完工产品，此前年度已按预计毛利额征收所得税，本年结转完工产品，会计核算确认为销售收入，转回原按税收规定预计计税毛利率计算的金额；第 2 列“纳税调整金额”等于第 1 列“税收金额”。

表 A105010 第 29 行“3. 转回实际发生的税金及附加、土地增值税”：填报房地产企业销售的未完工产品结转完工产品后，会计核算确认为销售收入，同时将对应实际发生的税金及附加、土地增值税转入当期损益的金额；第2列“纳税调整金额”等于第1列“税收金额”。

二、案例解析

【例3-1】 江苏省某市甲房地产开发公司，2016年2月开工的A住宅小区项目，2016年10月开始预售，当年第四季度收到的预售购房款10 500万元，公司选择简易计税方法缴纳增值税。2017年10月，该项目办理完工备案手续，当年会计将上年收取的预售房款10 500万元全部结转为销售开发产品收入。已知当地税务机关规定的土地增值税预征率为2%，销售未完工产品预计毛利率为15%。

要求：进行相关的财税处理，并填报企业所得税年度纳税申报表。

解析：

2016年收到预售购房款时：

借：银行存款　　105 000 000

　　贷：预收账款　　105 000 000

确认应预缴的增值税：

10 500 ÷ （1 +5%） ×3% =300（万元）

借：应交税费——预交增值税　　3 000 000

　　贷：银行存款　　3 000 000

预缴土地增值税：（10 500 - 300） ×2% =204（万元）

应缴城市维护建设税：300 ×7% =21（万元）

应缴教育费附加：300 ×3% =9（万元）

应缴地方教育附加：300 ×2% =6（万元）

借：应交税费——城市维护建设税　　210 000

　　——教育费附加　　90 000

　　——地方教育费附加　　60 000

　　——土地增值税　　2 040 000

　　贷：银行存款　　2 400 000

2016年度纳税申报时：

表 3－2 A105010 视同销售和房地产开发企业特定业务纳税调整明细表（部分）

金额单位：万元

行次	项目	税收金额	纳税调整金额
		1	2
21	三、房地产开发企业特定业务计算的纳税调整额（22－26）	1 260	1 260
22	（一）房地产企业销售未完工开发产品特定业务计算的纳税调整额（24－25）	1 260	1 260
23	1. 销售未完工产品的收入	10 000	*
24	2. 销售未完工产品预计毛利额	1 500	1 500
25	3. 实际发生的税金及附加、土地增值税	240	240
26	（二）房地产企业销售的未完工产品转完工产品特定业务计算的纳税调整额（28－29）		
27	1. 销售未完工产品转完工产品确认的销售收入		*
28	2. 转回的销售未完工产品预计毛利额		
29	3. 转回实际发生的税金及附加、土地增值税		

第四章

未按权责发生制确认收入纳税调整

会计处理按权责发生制确认收入、税收规定未按权责发生制确认收入的纳税调整涉及“纳税调整项目明细表”（A105000）第3行“（二）未按权责发生制原则确认的收入”和“未按权责发生制确认收入纳税调整明细表”（A105020，如表4－1所示）。未按权责发生制原则确认的收入分为：跨期收取的租金、利息、特许权使用费收入，分期确认收入，政府补助递延收入和其他未按权责发生制确认收入。

第一节　跨期收取的租金、利息和特许权使用费

一、未按权责发生制确认收入纳税调整表

“未按权责发生制确认收入纳税调整明细表”（A105020）适用于会计处理按权责发生制确认收入、税收规定未按权责发生制确认收入需纳税调整的纳税人填报。纳税人根据税法、《国家税务总局关于贯彻落实企业所得税法若

表 4－1　A105020　　未按权责发生制确认收入纳税调整明细表

行次	项　　目	合同金额（交易金额）	账载金额		税收金额		纳税调整金额
			本年	累计	本年	累计	
		1	2	3	4	5	6（4－2）
1	一、跨期收取的租金、利息、特许权使用费收入（2＋3＋4）						
2	（一）租金						
3	（二）利息						
4	（三）特许权使用费						
5	二、分期确认收入（6＋7＋8）						
6	（一）分期收款方式销售货物收入						
7	（二）持续时间超过 12 个月的建造合同收入						
8	（三）其他分期确认收入						
9	三、政府补助递延收入（10＋11＋12）						
10	（一）与收益相关的政府补助						
11	（二）与资产相关的政府补助						
12	（三）其他						
13	四、其他未按权责发生制确认收入						
14	合计（1＋5＋9＋13）						

干税收问题的通知》（国税函〔2010〕79 号）、《国家税务总局关于确认企业所得税收入若干问题的通知》（国税函〔2008〕875 号）等相关规定，以及国家统一企业会计制度，填报会计处理按照权责发生制确认收入、税收规定未按权责发生制确认收入的会计处理、税收规定，以及纳税调整情况。符合税收规定不征税收入条件的政府补助收入，本表不作调整，在“专项用途财政性资金纳税调整明细表”（A105040）中纳税调整。

（一）合同金额或交易金额的填报

表 A105020 第 1 列“合同金额或交易金额”：填报会计处理按照权责发生制确认收入、税收规定未按权责发生制确认收入的项目的合同总额或交易总额。

（二）账载金额的填报

表 A105020 第 2 列“账载金额－本年”：填报纳税人会计处理按权责发生制在本期确认金额。

并将表 A105020 第 14 行第 2 列（本年账载金额合计）填入表 A105000 第 3 行（未按权责发生制原则确认的收入）第 1 列（账载金额）中。

表 A105020 第 3 列“账载金额－累计”：填报纳税人会计处理按权责发生制累计确认金额（含本年）。

（三）税收金额的填报

表 A105020 第 4 列“税收金额－本年”：填报纳税人按税收规定未按权责发生制在本期确认金额。并将表 A105020 第 14 行第 4 列（本年税收金额合计）填入表 A105000 第 3 行（未按权责发生制原则确认的收入）第 2 列（税收金额）中。

表 A105020 第 5 列“税收金额－累计”：填报纳税人按税收规定未按权责发生制累计确认金额（含本年）。

（四）纳税调整金额的填报

表 A105020 第 6 列“纳税调整金额”：填报纳税人会计处理按权责发生制

确认收入、税收规定未按权责发生制确认收入的差异需纳税调整金额，为第4（税收金额-本年）-2列（账载金额-本年）的余额。即：表A105020第6列=第4-2列。

若第14行第6列≥0，第14行第6列=表A105000第3行第3列；若第14行第6列<0，第14行第6列绝对值=表A105000第3行第4列。

二、跨期收取的租金收入

（一）租金收入的处理

租金收入，是指企业提供固定资产、包装物或者其他有形资产的使用权取得的收入。租金收入是转让有形资产的使用权收入，不含转让无形资产的使用权，转让无形资产使用权称为特许权使用费收入。

2008年1月1日《企业所得税法》实施以前，根据《国家税务总局关于企业所得税若干业务问题的通知》（国税发〔1997〕191号）规定，对纳税人超过1年以上租赁期，一次收取的租赁费，出租方应按合同约定的租赁期分期计算收入，承租方应相应分期摊销租赁费。此种处理，税务与会计是一致的，但企业所得税法及其实施条例施行后，关于一次性收取或支付租赁费的处理，应适用新规定。

《企业所得税法实施条例》规定，租金收入按照合同约定的承租人应付租金的日期确认收入的实现。对承租方而言，《企业所得税法实施条例》第四十七条规定，企业根据生产经营活动的需要，以经营租赁方式租入固定资产发生的租赁费支出，按照租赁期限均匀扣除。这时，出租方与承租方对租赁费的处理就不对称了。

根据《企业所得税法实施条例》第十九条的规定，《国家税务总局关于贯彻落实企业所得税法若干税收问题的通知》（国税函〔2010〕79号）进一步明确，企业提供固定资产、包装物或者其他有形资产的使用权取得的租金收入，应按交易合同或协议规定的承租人应付租金的日期确认收入的实现。其中，如果交易合同或协议中规定租赁期限跨年度，且租金提前一次性支付的，根据企业所得税法实施条例第九条规定的收入与费用配比原则，出租人可对上述已确认的收入，在租赁期内分期均匀计入相关年度收入。出租方如为在我国境内设有机构场所且采取据实申报缴纳企业所得税的非居民企业，也按本条规定执行。

【例4－1】 位于市区的某公司出租房产，合同约定自2011年1月1日起租赁期5年，每年租金10万元，并约定2011年1月1日一次性向租赁方收取50万元房屋租金，一次性开具发票。

要求：

(1) 上述出租房产业务第1年的营业税和企业所得税应如何处理？

(2) 就第1年收取租金、计提营业税金及附加、结转收入和税费的业务做出账务处理。

(3) 请说明房产税的税务处理（该省规定房产原值扣除比例为30%）。

解析：

(1)《营业税暂行条例实施细则》第二十五条第二款规定，纳税人提供建筑业或者租赁业劳务，采取预收款方式的，其纳税义务发生时间为收到预收款的当天。营业税暂行条例及其实施细则对租赁业务收入缴纳营业税的规定，按照收付实现制原则，将收到预收账款的当天认定为营业税的纳税义务发生时间。所以本题中，该公司出租房产业务，第1年应纳营业税 $= 50 \times 5\% = 2.5$（万元）。

《企业所得税法实施条例》第十九条第二款规定，租金收入，按照合同约定的承租人应付租金的日期确认收入的实现。这一规定是一种“例外性规定”，即在计算企业所得税时，对于合同约定的租金收入的确认，已经不完全属于权责发生制，而更接近于收付实现制。因为在一项租赁合同中，租金的支付时间是租赁合同的重要条款，承租人应当按照租赁合同约定的租金支付时间履行支付义务，因此自合同约定支付租金之日起，不论出租人是否收到租金，该笔租金在法律上已经属于出租人所有，就相应会发生财产转移的法律效力，出租人即应相应确认收入的实现。《企业所得税法》对预收租金收入的规定不能完全按照权责发生制原则确认，而是更多地遵循收付实现制，在这种情况下，税收与会计的确认会产生暂时性差异，企业预收的租金收入在当年应作纳税调增处理，计入预收当年的应纳税所得额，计征所得税；反之，如果合同规定租赁期满一次性支付几年的租金，那么应在支付当年确认收入计征所得税。

为了协调预收租金收入确认产生的税会差异，2010 年，《国家税务总局关于贯彻落实企业所得税法若干税收问题的通知》（国税函〔2010〕79 号）进一步明确规定了租金收入确认问题：企业提供固定资产、包装物或者其他有形资产的使用权取得的租金收入，应按交易合同或协议规定的承租人应付租金的日期确认收入的实现。其中，如果交易合同或协议中规定租赁期限跨年度，且租金提前一次性支付的，根据《企业所得税法实施条例》第九条规定的收入与费用配比原则，出租人可对上述已确认的收入，在租赁期内，分期均匀计入相关年度收入。这里出租人可以选择分期均匀确认收入的租金必须同时具备两个条件：一是合同或协议规定租赁期限为跨年度；二是租金为提前一次性支付。可见国税函〔2010〕79 号文件的出台对租赁期限跨年度且提前一次性支付的租金收入允许在租赁期内分期均匀计入相关年度收入。在这种情况下，租金收入的确认则体现了权责发生制和配比原则，税法与会计准则的规定趋于一致，不会产生暂时性差异。另外，本条规定仅是明确出租人“可以”选择分期确认收入，这就给企业提供了一定的选择空间，企业可以根据自己的实际情况选择是否分期确认收入。

因此，本案例中该公司既可以在 2011 年将 50 万元的租赁收入全部确认为应税所得计算缴纳企业所得税；也可以选择将 50 万元租赁收入在租赁期 5 年内分期均匀计入相关年度，此时计算第 1 年的企业所得税时，应将 10 万元计入应纳税所得额中。

(2)《企业会计准则第 21 号——租赁》规定，经营租赁的租金应当在租赁期内的各个期间按直线法确认为收入；如果其他方法更合理，也可以采用其他方法。

收取租金时：

借：银行存款	500 000	
贷：预收账款		500 000

计提税金及附加时：

借：长期待摊费用	27 500	
贷：应交税费——应交营业税		25 000
——应交城建税		1 750
——应交教育附加费		750

结转收入和税费：

借：预收账款 100 000

　　贷：其他业务收入 100 000

借：税金及附加 5 500

　　贷：长期待摊费用 5 500

(3) 房产税的税务处理。

《国家税务总局关于房产税、城镇土地使用税有关政策规定的通知》(国税发〔2003〕89号）规定，纳税人出租、出借房产，自交付出租、出借房产之次月起计征房产税和城镇土地使用税。《江苏省地方税务局关于明确房屋出租房产税纳税义务发生时间的通知》(苏地税函〔2000〕135号）规定，出租房屋的纳税人，其纳税义务发生时间为实际取得租金收入的当天。

因此，2011年初收到5年的租金50万元时，应全额缴纳房产税：50×1.2% =0.6（万元)。

(二) 免租期的财税处理

1. 会计处理

根据《企业会计准则解释第1号》(财会〔2007〕14号）第三条的规定，出租人提供免租期的，承租人应将租金总额在不扣除免租期的整个租赁期内，按直线法或其他合理的方法进行分摊，免租期内应当确认租金费用；出租人应将租金总额在不扣除免租期的整个租赁期内，按直线法或其他合理的方法进行分配，免租期内出租人应当确认租金收入。

出租人承担了承租人某些费用的，出租人应将该费用自租金收入总额中扣除，按扣除后的租金收入余额在租赁期内进行分配；承租人应将该费用从租金费用总额中扣除，按扣除后的租金费用余额在租赁期内进行分摊。

2. 增值税的处理

根据《国家税务总局关于土地价款扣除时间等增值税征管问题的公告》(国家税务总局公告2016年第86号）第七条的规定，纳税人出租不动产，租赁合同中约定免租期的，不属于视同销售服务。

3. 房产税的处理

根据《财政部　国家税务总局关于安置残疾人就业单位城镇土地使用税

等政策的通知》（财税〔2010〕121 号）第二条“二、关于出租房产免收租金期间房产税问题”的规定，对出租房产，租赁双方签订的租赁合同约定有免收租金期限的，免收租金期间由产权所有人按照房产原值缴纳房产税。

4. 企业所得税的处理

《企业所得税法实施条例》第四十七条规定，企业根据生产经营活动的需要，以经营租赁方式租入固定资产发生的租赁费支出，按照租赁期限均匀扣除。

《企业所得税法实施条例》第十九条规定，租金收入按照合同约定的承租人应付租金的日期确认收入的实现。

根据《国家税务总局关于贯彻落实企业所得税法若干税收问题的通知》（国税函〔2010〕79 号）的规定，企业提供固定资产、包装物或者其他有形资产的使用权取得的租金收入，应按交易合同或协议规定的承租人应付租金的日期确认收入的实现。其中，如果交易合同或协议中规定租赁期限跨年度，且租金提前一次性支付的，根据《企业所得税法实施条例》第九条规定的收入与费用配比原则，出租人可对上述已确认的收入，在租赁期内，分期均匀计入相关年度收入。出租方如为在我国境内设有机构场所、且采取据实申报缴纳企业所得税的非居民企业，也按本条规定执行。

【例 4-2】 A 公司有 2015 年建成的闲置厂房 1 栋，原值 1 000 万元。2017 年 1 月 1 日将其出租给 B 公司用于生产经营，合同约定租期 27 个月（自 2017 年 1 月 1 日至 2019 年 3 月 31 日）。其中，前三个月为免租期，免收租金。

月租金 10.5 万元，2017 年 1 月 1 日合同签订之日一次性收取 2 年租金 252 万元。该厂房每月应计提折旧 4 万元。公司选择简易计税方法计算缴纳增值税。计征房产税时的扣除比例为 30%。

要求：

(1) 分析说明如何进行财税处理与纳税申报。

(2) 分析说明如何缴纳增值税，如何缴纳房产税，如何缴纳企业所得税。

解析：

1. 2017 年的处理

(1) 2017 年初收到租金时：

借：银行存款　　2 520 000

　　贷：预收账款——B 公司　　2 400 000

　　应交税费——简易计税　　120 000

（2）缴纳增值税时：

借：应交税费——简易计税　　120 000

　　贷：银行存款　　120 000

（3）会计确认当年收入：

240 ÷ 27 × 12 = 106.67（万元）

借：预收账款——B 公司　　1 066 700

　　贷：其他业务收入　　1 066 700

（4）计提折旧时：

借：其他业务成本　　480 000

　　贷：累计折旧　　480 000

（5）租金收入缴纳房产税：

240 × 12% = 28.8（万元）

借：应交税费——房产税　　288 000

　　贷：银行存款　　288 000

（6）本年应结转税金及附加：28.8 × 9 ÷ 24 = 10.8（万元）

借：税金及附加　　108 000

　　贷：应交税费——房产税　　108 000

（7）一季度从价计征房产税：

1 000 ×（1 − 30%）× 1.2% ÷ 4 = 2.1（万元）

借：税金及附加　　21 000

　　贷：银行存款　　21 000

（8）假设企业所得税处理时，选择一次确认收入。

税会差异需通过“未按权责发生制确认收入纳税调整明细表”（A105020）进行纳税调整，如表 4 − 2 所示。

同时，表 A105020 合计行填入上一级表“纳税调整项目明细表”（A105000）第 3 行“（二）未按权责发生制原则确认的收入（填写 A105020）”中，如表 4 − 3 所示。

2. 2018 年的处理

（1）按月确认收入：240 ÷ 27 = 8.89（万元）

表 4-2 A105020 **未按权责发生制确认收入纳税调整明细表（2017 年）** 金额单位：万元

行次	项目	合同金额（交易金额）	账载金额		税收金额		纳税调整金额
			本年	累计	本年	累计	
		1	2	3	4	5	6（4-2）
1	一、跨期收取的租金、利息、特许权使用费收入（2+3+4）	240	106.67	106.67	240	240	133.33
2	（一）租金	240	106.67	106.67	240	240	133.33
3	（二）利息						
4	（三）特许权使用费						
5	二、分期确认收入（6+7+8）						
6	（一）分期收款方式销售货物收入						
7	（二）持续时间超过 12 个月的建造合同收入						
8	（三）其他分期确认收入						
9	三、政府补助递延收入（10+11+12）						
10	（一）与收益相关的政府补助						
11	（二）与资产相关的政府补助						
12	（三）其他						
13	四、其他未按权责发生制确认收入						
14	合计（1+5+9+13）	240	106.67	106.67	240	240	133.33

表 4-3　A105000　　纳税调整项目明细表（部分）

金额单位：万元

行次	项　　目	账载金额	税收金额	调增金额	调减金额
		1	2	3	4
1	一、收入类调整项目（2+3+4+5+6+7+8+10+11）	*	*	133.33	
2	（一）视同销售收入（填写A105010）	*			*
3	（二）未按权责发生制原则确认的收入（填写A105020）	106.67	240	133.33	
4	（三）投资收益（填写A105030）				
5	（四）按权益法核算长期股权投资对初始投资成本调整确认收益	*	*	*	

借：预收账款　　　　　　　　　　　　　　　　　　88 900

　　贷：其他业务收入　　　　　　　　　　　　　　　　88 900

（2）每月计提折旧时：

借：其他业务成本　　　　　　　　　　　　　　　　40 000

　　贷：累计折旧　　　　　　　　　　　　　　　　　　40 000

2018 年共计确认收入 106.67 万元，计提折旧 48 万元。

税会差异需通过表 A105020、表 A105000 进行纳税调整，如表 4－4、表 4－5 所示。

3. 2019 年的处理

（1）按月确认收入：

借：预收账款　　　　　　　　　　　　　　　　　　88 900

　　贷：其他业务收入　　　　　　　　　　　　　　　　88 900

（2）每月计提折旧时：

借：其他业务成本　　　　　　　　　　　　　　　　40 000

　　贷：累计折旧　　　　　　　　　　　　　　　　　　40 000

2019 年共计确认租金收入 26.66 万元，计提租赁资产折旧 12 万元。

税会差异需通过表 A105020、表 A105000 进行纳税调整，如表 4－6、表 4－7 所示。

三、跨期收取的利息收入

利息收入，是指企业将资金提供他人使用但不构成权益性投资，或者因他人占用本企业资金取得的收入，包括存款利息、贷款利息、债券利息、欠款利息等收入。

（一）会计处理

根据《关于印发修订〈企业会计准则第 22 号——金融工具确认和计量〉的通知》（财会〔2017〕7 号）和《关于修订印发〈企业会计准则第 14 号——收入〉的通知》（财会〔2017〕22 号），利息收入的核算自 2018 年起发生较大变化，由《企业会计准则第 22 号——金融工具确认和计量》规范的

表 4-4　A105020　未按权责发生制确认收入纳税调整明细表（2018 年）

金额单位：万元

行次	项目	合同金额（交易金额）	账载金额		税收金额		纳税调整金额
			本年	累计	本年	累计	
		1	2	3	4	5	6（4-2）
1	一、跨期收取的租金、利息、特许权使用费收入（2+3+4）	240	106.67	213.34	0	240	-106.67
2	（一）租金	240	106.67	213.34	0	240	-106.67
3	（二）利息						
4	（三）特许权使用费						
5	二、分期确认收入（6+7+8）						
6	（一）分期收款方式销售货物收入						
7	（二）持续时间超过 12 个月的建造合同收入						
8	（三）其他分期确认收入						
9	三、政府补助递延收入（10+11+12）						
10	（一）与收益相关的政府补助						
11	（二）与资产相关的政府补助						
12	（三）其他						
13	四、其他未按权责发生制确认收入						
14	合计（1+5+9+13）	240	106.67	213.34	0	240	-106.67

表 4－5　A105000　　纳税调整项目明细表（部分）　　金额单位：万元

行次	项　目	账载金额	税收金额	调增金额	调减金额
		1	2	3	4
1	一、收入类调整项目（2+3+4+5+6+7+8+10+11）	*	*		106.67
2	（一）视同销售收入（填写 A105010）	*			*
3	（二）未按权责发生制原则确认的收入（填写 A105020）	106.67	0		106.67
4	（三）投资收益（填写 A105030）				
5	（四）按权益法核算长期股权投资对初始投资成本调整确认收益	*	*	*	

表4-6 A105020 未按权责发生制确认收入纳税调整明细表（2019年） 金额单位：万元

行次	项目	合同金额（交易金额）	账载金额		税收金额		纳税调整金额
			本年	累计	本年	累计	
		1	2	3	4	5	6（4-2）
1	一、跨期收取的租金、利息、特许权使用费收入（2+3+4）	240	26.66	240	0	240	-26.66
2	（一）租金	240	26.66	240	0	240	-26.66
3	（二）利息						
4	（三）特许权使用费						
5	二、分期确认收入（6+7+8）						
6	（一）分期收款方式销售货物收入						
7	（二）持续时间超过12个月的建造合同收入						
8	（三）其他分期确认收入						
9	三、政府补助递延收入（10+11+12）						
10	（一）与收益相关的政府补助						
11	（二）与资产相关的政府补助						
12	（三）其他						
13	四、其他未按权责发生制确认收入						
14	合计（1+5+9+13）	240	26.66	240	0	240	-26.66

表 4－7　A105000　　　纳税调整项目明细表（部分）

金额单位：万元

行次	项　　目	账载金额	税收金额	调增金额	调减金额
		1	2	3	4
1	一、收入类调整项目（2＋3＋4＋5＋6＋7＋8＋10＋11）	*	*		26.66
2	（一）视同销售收入（填写 A105010）	*			*
3	（二）未按权责发生制原则确认的收入（填写 A105020）	26.66	0		26.66
4	（三）投资收益（填写 A105030）				
5	（四）按权益法核算长期股权投资对初始投资成本调整确认收益	*	*	*	

金融工具及其他合同权利和义务，适用《企业会计准则第 22 号——金融工具确认和计量》，不再适用《企业会计准则第 14 号——收入》。

本金是指金融资产在初始确认时的公允价值，本金金额可能因提前还款等原因在金融资产的存续期内发生变动；利息包括对货币时间价值、与特定时期未偿付本金金额相关的信用风险以及其他基本借贷风险、成本和利润的对价。其中，货币时间价值是利息要素中仅因为时间流逝而提供对价的部分，不包括为所持有金融资产的其他风险或成本提供的对价，但货币时间价值要素有时可能存在修正。在货币时间价值要素存在修正的情况下，企业应当对相关修正进行评估，以确定其是否满足合同现金流量特征的要求。

企业应当按照实际利率法确认利息收入。利息收入应当根据金融资产账面余额乘以实际利率计算确定，但下列情况除外：①对于购入或源生的已发生信用减值的金融资产，企业应当自初始确认起，按照该金融资产的摊余成本和经信用调整的实际利率计算确定其利息收入。②对于购入或源生的未发生信用减值、但在后续期间成为已发生信用减值的金融资产，企业应当在后续期间，按照该金融资产的摊余成本和实际利率计算确定其利息收入。企业按照上述规定对金融资产的摊余成本运用实际利率法计算利息收入的，若该金融工具在后续期间因其信用风险有所改善而不再存在信用减值，并且这一改善在客观上可与应用上述规定之后发生的某一事件相联系（如债务人的信用评级被上调），企业应当转按实际利率乘以该金融资产账面余额来计算确定利息收入。

金融资产或金融负债的摊余成本，应当以该金融资产或金融负债的初始确认金额经下列调整后的结果确定：扣除已偿还的本金；加上或减去采用实际利率法将该初始确认金额与到期日金额之间的差额进行摊销形成的累计摊销额；扣除累计计提的损失准备（仅适用于金融资产）。实际利率法，是指计算金融资产或金融负债的摊余成本以及将利息收入或利息费用分摊计入各会计期间的方法。实际利率，是指将金融资产或金融负债在预计存续期的估计未来现金流量，折现为该金融资产账面余额或该金融负债摊余成本所使用的利率。在确定实际利率时，应当在考虑金融资产或金融负债所有合同条款（如提前还款、展期、看涨期权或其他类似期权等）的基础上估计预期现金流量，但不应当考虑预期信用损失。经信用调整的实际利率，是指将购入或源生的已发生信用减值的金融资产在预计存续期的估计未来现金流量，折现为该金融资产摊余成本的利率。在确定经信用调整的实际利率时，应当在考虑金融资产的所有合同条款（例如提前还款、展期、看涨期权或其他类似期权等）以及初始预期信用损失的基础上估计预期现金流量。

（二）税务处理

《企业所得税法实施条例》规定，利息收入，按照合同约定的债务人应付利息的日期确认收入的实现。

从税法规定可以看出，税收上不考虑款项能否收回。即在合同约定的收款日期，不论款项是否收到，都要确认为当期收入计算纳税。而《企业会计准则》则按照权责发生制分期确认收入。

《国家税务总局关于金融企业贷款利息收入确认问题的公告》（国家税务总局公告 2010 年第 23 号）对金融企业贷款利息收入所得税处理问题作出如下规定，自 2010 年 12 月 5 日施行：

（1）金融企业按规定发放的贷款，属于未逾期贷款（含展期，下同），应根据先收利息后收本金的原则，按贷款合同确定的利率和结算利息的期限计算利息，并于债务人应付利息的日期确认收入的实现；属于逾期贷款，其逾期后发生的应收利息，应于实际收到的日期，或者虽未实际收到，但会计上确认为利息收入的日期，确认收入的实现。

（2）金融企业已确认为利息收入的应收利息，逾期 90 天仍未收回，且会计上已冲减了当期利息收入的，准予抵扣当期应纳税所得额。

（3）金融企业已冲减了利息收入的应收未收利息，以后年度收回时，应计入当期应纳税所得额计算纳税。

而根据收入准则，利息收入金额，按照他人使用本企业货币资金的时间和实际利率计算确定。

四、跨期收取的特许权使用费收入

（一）会计处理

根据收入准则，使用费收入金额，按照有关合同或协议约定的收费时间和方法计算确定。

（二）税务处理

特许权使用费收入，是指企业提供专利权、非专利技术、商标权、著作权以及其他特许权的使用权取得的收入。特许权使用费收入是转让无形资产的使用权收入，而不是转让所有权收入，转让无形资产的所有权称为财产转让收入。

特许权使用费收入，按照合同约定的特许权使用人应付特许权使用费的日期确认收入的实现。由此可见，特许权使用费收入的确认时间与利息收入的确认原则是一致的。

《企业所得税法》实施前已按其他方式计入当期收入的利息收入、租金收入、特许权使用费收入，在新税法实施后，根据国家税务总局《关于企业所得税若干税务事项衔接问题的通知》（国税函〔2009〕98 号）规定，凡按合同约定支付时间确认的收入额发生变化的，应将该收入额减去以前年度已按照其他方式确认的收入额后的差额，确认为当期收入。

第二节　分期确认收入

一、分期收款方式销售货物收入

（一）财务处理

根据《企业会计准则第 14 号——收入》第五条，企业销售商品满足收入确认条件时，应当按照已收或应收合同或协议价款的公允价值确定销售商品收入金额。

收入准则应用指南规定：从购货方已收或应收的合同或协议价款，通常为公允价值。但在某些情况下，合同或协议明确规定，销售商品需要延期收取价款（通常为 3 年以上），如分期收款销售商品，实质上具有融资性质的，应当按照应收的合同或协议价款的公允价值确定收入金额。应收的合同或协议价款的公允价值，通常应当按照其未来现金流量现值或商品现销价格确定。应收的合同或协议价款与其公允价值之间的差额，应当在合同或协议期间内，按照应收款项的摊余成本和实际利率计算确定的金额进行摊销，冲减财务费用。应收的合同或协议价款与其公允价值之间的差额，按照实际利率法摊销与直线法摊销结果相差不大的，也可以采用直线法进行摊销。

对具有融资性质的分期收款销售商品满足收入确认条件的，企业按应收合同或协议价款，借记“长期应收款”科目，按应收合同或协议价款的公允价值（折现值），贷记“主营业务收入”科目，按其差额，贷记“未实现融资收益”科目。

（二）税务处理

根据《企业所得税》相关规定，企业应当按照从购货方已收或应收的合同或协议价款确定销售货物收入金额。以分期收款方式销售货物的，按照合同约定的收款日期确认收入的实现。

（三）案例解析

【例4-3】2017年1月1日，甲公司采用分期收款方式向乙公司销售一套大型设备，合同约定的销售价格为2 000万元，分5次于每年12月31日等额收取。该大型设备成本为1 560万元。在现销方式下，该设备销售价格为1 600万元。不考虑增值税等税费，本年中甲公司应当确认的销售商品收入为1 600万元。计算得到现值1 600万元、年金400万元、5年期折现率为7.93%。

每期计入财务费用的金额如表4-8所示。

要求：进行相关的财务处理与纳税调整。

解析：

根据表4-8计算结果，甲公司各年的账务处理及纳税调整如下：

（1）2017年1月1日销售实现时的财务处理为：

借：长期应收款　　20 000 000

　　贷：主营业务收入　　16 000 000

　　　　未实现融资收益　　4 000 000

表 4－8　　财务费用和已收本金计算表　　金额单位：万元

项目	未收本金 ①＝上期①－上期④	财务费用 ②＝①×7.93%	收现总额 ③	已收本金 ④＝③－②
2017 年 1 月 1 日	1 600			
2017 年 12 月 31 日	1 600	126.88	400	273.12
2018 年 12 月 31 日	1 326.88	105.22	400	294.78
2019 年 12 月 31 日	1 032.1	81.85	400	318.15
2020 年 12 月 31 日	713.95	56.62	400	343.38
2021 年 12 月 31 日	370.56	29.43	400	370.57
总额		400	2 000	1 600

借：主营业务成本　　15 600 000

　　贷：库存商品　　15 600 000

（2）2017 年 12 月 31 日收取货款时：

借：银行存款　　4 000 000

　　贷：长期应收款　　4 000 000

借：未实现融资收益　　1 268 800

　　贷：财务费用　　1 268 800

税务处理：以分期收款方式销售货物，根据《企业所得税法》相关规定，应按照合同约定的收款日期确认收入的实现。本年度企业所得税只能确认收入 400 万元，调减应纳税所得额 1 326.88 万元（1 600＋126.88－400）。“未按权责发生制确认收入纳税调整明细表”（A105020）第 6 行相关数据列填报如下：第 1 列“合同额（交易额）”填 2 000 万元，第 2 列第 3 列“账载金额”本期及累计都填 1 600 万元，第 4 列第 5 列“税收金额”本期及累计都填 400 万元，第 6 列“纳税调整金额”填－1 200 万元（纳税调减）。同时，“未实现融资收益”本期摊销抵减财务费用 126.88 万元，应调减应纳税所得额：填入“纳税调整项目明细表”（A105000）第 22 行，第 1 列－128.88 万元，第 2 列填 0，第 4 列填 128.88 万元。

税会差异需通过“未按权责发生制确认收入纳税调整明细表”（A105020）进行纳税调整，如表 4－9 所示。

表 4－9　A105020　　未按权责发生制确认收入纳税调整明细表（2017 年）

金额单位：元

行次	项　目	合同金额（交易金额）	账载金额		税收金额		纳税调整金额
			本年	累计	本年	累计	
		1	2	3	4	5	6（4－2）
1	一、跨期收取的租金、利息、特许权使用费收入（2＋3＋4）						
2	（一）租金						
3	（二）利息						
4	（三）特许权使用费						
5	二、分期确认收入（6＋7＋8）	20 000 000	16 000 000	16 000 000	4 000 000	4 000 000	－12 000 000
6	（一）分期收款方式销售货物收入	20 000 000	16 000 000	16 000 000	4 000 000	4 000 000	－12 000 000
7	（二）持续时间超过 12 个月的建造合同收入						
8	（三）其他分期确认收入						
9	三、政府补助递延收入（10＋11＋12）						
10	（一）与收益相关的政府补助						
11	（二）与资产相关的政府补助						
12	（三）其他						
13	四、其他未按权责发生制确认收入						
14	合计（1＋5＋9＋13）	20 000 000	16 000 000	16 000 000	4 000 000	4 000 000	－12 000 000

同时，将表4－9合计行填入“纳税调整项目明细表”（A105000）第3行“（二）未按权责发生制原则确认的收入（填写A105020）”中，如表4－10所示。

表4－10　A105000　　纳税调整项目明细表（部分）　　金额单位：元

行次	项　目	账载金额	税收金额	调增金额	调减金额
		1	2	3	4
1	一、收入类调整项目（2＋3＋…8＋10＋11）	*	*		12 000 000
2	（一）视同销售收入（填写A105010）	*			*
3	（二）未按权责发生制原则确认的收入（填写A105020）	16 000 000	4 000 000		12 000 000
4	（三）投资收益（填写A105030）				
11	（九）其他				
12	二、扣除类调整项目（13＋14＋…24＋26＋27＋28＋29＋30）	*	*		1 268 800
13	（一）视同销售成本（填写A105010）	*		*	
14	（二）职工薪酬（填写A105050）				
15	（三）业务招待费支出				*
16	（四）广告费和业务宣传费支出（填写A105060）	*	*		
17	（五）捐赠支出（填写A105070）				
18	（六）利息支出				
19	（七）罚金、罚款和被没收财物的损失		*		*
20	（八）税收滞纳金、加收利息		*		*
21	（九）赞助支出		*		*
22	（十）与未实现融资收益相关在当期确认的财务费用	－1 268 800	0		1 268 800
23	（十一）佣金和手续费支出				*
45	合计（1＋12＋31＋36＋43＋44）	*	*		13 268 800

（3）2018年12月31日收到货款时的账务处理为：

借：银行存款　　4 000 000

　　贷：长期应收款　　4 000 000

借：未实现融资收益　　1 052 200

贷：财务费用　　　　　　　　　　　　　　　　　　1 052 200

税务处理：以分期收款方式销售货物，根据《企业所得税法》相关规定，应按照合同约定的收款日期确认收入的实现。本年度只能确认收入 400 万元，同时未实现融资收益摊销应调减应纳税所得额 105.22 万元。“未按权责发生制确认收入纳税调整明细表”（A105020）第 6 行相关数据列填报如下：第 1 列“合同额（交易额）”填 2 000 万元；第 2 列“账载金额——本期”填 0，第 3 列“账载金额——累计”填 1 600 万元；第 4 列“税收金额——本期”填 400 万元，第 5 列“税收金额——累计”填 800 万元，第 6 列“纳税调整金额”填 400 万元（调增）。同时，“未实现融资收益”本期摊销抵减财务费用 105.22 万元，应调减应纳税所得额，填入附表 A105000 第 22 行。

税会差异需通过“未按权责发生制确认收入纳税调整明细表”（A105020）进行纳税调整，如表 4－11 所示。

同时，将表 4－11 合计行填入“纳税调整项目明细表”（A105000）第 3 行“（二）未按权责发生制原则确认的收入（填写 A105020）”中，如表 4－12 所示。

（4）2019 年 12 月 31 日收到货款时的账务处理为：

借：银行存款　　　　　　　　　　　　　　　4 000 000

　　贷：长期应收款　　　　　　　　　　　　　　4 000 000

借：未实现融资收益　　　　　　　　　　　　　818 500

　　贷：财务费用　　　　　　　　　　　　　　　818 500

税务处理：本年度只能确认收入 400 万元，同时调减应纳税所得额 81.85 万元。“未按权责发生制确认收入纳税调整明细表”第 6 行相关数据列填报如下：第 1 列“合同额（交易额）”填 2 000 万元；第 2 列“账载金额——本期”填 0，第 3 列“账载金额——累计”填 1 600 万元；第 4 列“税收金额——本期”填 400 万元，第 5 列“税收金额——累计”填 1 200 万元，第 6 列“纳税调整金额”填 400 万元（调增）。同时，“未实现融资收益”本期摊销抵减财务费用 81.85 万元，调减应纳税所得额，填入 A105000 第 22 行，如表 4－13 所示。

表 4-11 A105020 未按权责发生制确认收入纳税调整明细表（2018 年）

金额单位：元

行次	项目	合同金额（交易金额）	账载金额		税收金额		纳税调整金额
			本年	累计	本年	累计	
		1	2	3	4	5	6（4-2）
1	一、跨期收取的租金、利息、特许权使用费收入（2+3+4）						
2	（一）租金						
3	（二）利息						
4	（三）特许权使用费						
5	二、分期确认收入（6+7+8）	20 000 000	0	16 000 000	4 000 000	8 000 000	4 000 000
6	（一）分期收款方式销售货物收入	20 000 000	0	16 000 000	4 000 000	8 000 000	4 000 000
7	（二）持续时间超过 12 个月的建造合同收入						
8	（三）其他分期确认收入						
9	三、政府补助递延收入（10+11+12）						
10	（一）与收益相关的政府补助						
11	（二）与资产相关的政府补助						
12	（三）其他						
13	四、其他未按权责发生制确认收入						
14	合计（1+5+9+13）	20 000 000	0	16 000 000	4 000 000	4 000 000	4 000 000

同时，将表4－13合计行填入“纳税调整项目明细表”（A105000）第3行“（二）未按权责发生制原则确认的收入（填写A105020）”中，如表4－14所示。

表4－14　A105000　　纳税调整项目明细表（部分）　　金额单位：元

行次	项　目	账载金额	税收金额	调增金额	调减金额
		1	2	3	4
1	一、收入类调整项目（2＋3＋…8＋10＋11）	*	*	4 000 000	
2	（一）视同销售收入（填写A105010）	*			*
3	（二）未按权责发生制原则确认的收入（填写A105020）	0	4 000 000	4 000 000	
4	（三）投资收益（填写A105030）				
11	（九）其他				
12	二、扣除类调整项目（13＋14＋…24＋26＋27＋28＋29＋30）	*	*		818 500
13	（一）视同销售成本（填写A105010）	*		*	
14	（二）职工薪酬（填写A105050）				
15	（三）业务招待费支出				*
16	（四）广告费和业务宣传费支出（填写A105060）	*	*		
17	（五）捐赠支出（填写A105070）				
18	（六）利息支出				
19	（七）罚金、罚款和被没收财物的损失		*		*
20	（八）税收滞纳金、加收利息		*		*
21	（九）赞助支出		*		*
22	（十）与未实现融资收益相关在当期确认的财务费用	－818 500	0		818 500
23	（十一）佣金和手续费支出				*
45	合计（1＋12＋31＋36＋43＋44）	*	*	4 000 000	818 500

（5）2020年12月31日收到货款时的账务处理为：

借：银行存款　　　　4 000 000

　　贷：长期应收款　　　　4 000 000

借：未实现融资收益　　　　566 200

贷：财务费用 566 200

税务处理：根据《企业所得税法》相关规定，本年度只能确认收入400万元，同时调减应纳税所得额56.62万元。“未按权责发生制确认收入纳税调整明细表”第6行相关数据列填报如下：第1列“合同额（交易额）”填2 000万元；第2列“账载金额——本期”填0，第3列“账载金额——累计”填1 600万元；第4列“税收金额——本期”填400万元，第5列“税收金额——累计”填1 600万元，第6列“纳税调整金额”填400万元（调增）。同时，“未实现融资收益”本期摊销抵减财务费用56.62万元，调减应纳税所得额，填入A105000第22行，如表4－15所示。

同时，将表4－15合计行填入“纳税调整项目明细表”（A105000）第3行“（二）未按权责发生制原则确认的收入（填写A105020）”中，如表4－16所示。

（6）2021年12月31日收到货款时的账务处理为：

借：银行存款 4 000 000

贷：长期应收款 4 000 000

借：未实现融资收益 294 300

贷：财务费用 294 300

税务处理：根据《企业所得税法》相关规定，本年度只能确认收入400万元，同时调减应纳税所得额29.43万元。“未按权责发生制确认收入纳税调整明细表”第6行相关数据列填报如下：第1列“合同额（交易额）”填2 000万元；第2列“账载金额——本期”填0，第3列“账载金额——累计”填1 600万元；第4列“税收金额——本期”填400万元，第5列“税收金额——累计”填2 000万元，第6列“纳税调整金额”填400万元（调增）。同时，“未实现融资收益”本期摊销抵减财务费用29.43万元，调减应纳税所得额，填入A105000第22行，如表4－17所示。

表 4 - 15　A105020　　未按权责发生制确认收入纳税调整明细表（2019 年）

金额单位：元

行次	项　目	合同金额（交易金额）	账载金额		税收金额		纳税调整金额
			本年	累计	本年	累计	
		1	2	3	4	5	6（4 - 2）
1	一、跨期收取的租金、利息、特许权使用费收入（2 + 3 + 4）						
2	（一）租金						
3	（二）利息						
4	（三）特许权使用费						
5	二、分期确认收入（6 + 7 + 8）	20 000 000	0	16 000 000	4 000 000	16 000 000	4 000 000
6	（一）分期收款方式销售货物收入	20 000 000	0	16 000 000	4 000 000	16 000 000	4 000 000
7	（二）持续时间超过 12 个月的建造合同收入						
8	（三）其他分期确认收入						
9	三、政府补助递延收入（10 + 11 + 12）						
10	（一）与收益相关的政府补助						
11	（二）与资产相关的政府补助						
12	（三）其他						
13	四、其他未按权责发生制确认收入						
14	合计（1 + 5 + 9 + 13）	20 000 000	0	16 000 000	4 000 000	16 000 000	4 000 000

表 4－16　A105000　　纳税调整项目明细表（部分）　　　金额单位：元

行次	项　目	账载金额	税收金额	调增金额	调减金额
		1	2	3	4
1	一、收入类调整项目（2＋3＋…8＋10＋11）	*	*	4 000 000	
2	（一）视同销售收入（填写 A105010）	*			*
3	（二）未按权责发生制原则确认的收入（填写 A105020）	0	4 000 000	4 000 000	
4	（三）投资收益（填写 A105030）				
11	（九）其他				
12	二、扣除类调整项目（13＋14＋…24＋26＋27＋28＋29＋30）	*	*		566 200
13	（一）视同销售成本（填写 A105010）	*		*	
14	（二）职工薪酬（填写 A105050）				
15	（三）业务招待费支出				*
16	（四）广告费和业务宣传费支出（填写 A105060）	*	*		
17	（五）捐赠支出（填写 A105070）				
18	（六）利息支出				
19	（七）罚金、罚款和被没收财物的损失		*		*
20	（八）税收滞纳金、加收利息		*		*
21	（九）赞助支出		*		*
22	（十）与未实现融资收益相关在当期确认的财务费用	－566 200	0		566 200
23	（十一）佣金和手续费支出				*
45	合计（1＋12＋31＋36＋43＋44）	*	*	4 000 000	566 200

表 4-17　A105020　　未按权责发生制确认收入纳税调整明细表（2019 年）

金额单位：元

行次	项　目	合同金额（交易金额）	账载金额		税收金额		纳税调整金额
			本年	累计	本年	累计	
		1	2	3	4	5	6（4-2）
1	一、跨期收取的租金、利息、特许权使用费收入（2+3+4）						
2	（一）租金						
3	（二）利息						
4	（三）特许权使用费						
5	二、分期确认收入（6+7+8）	20 000 000	0	16 000 000	4 000 000	20 000 000	4 000 000
6	（一）分期收款方式销售货物收入	20 000 000	0	16 000 000	4 000 000	20 000 000	4 000 000
7	（二）持续时间超过 12 个月的建造合同收入						
8	（三）其他分期确认收入						
9	三、政府补助递延收入（10+11+12）						
10	（一）与收益相关的政府补助						
11	（二）与资产相关的政府补助						
12	（三）其他						
13	四、其他未按权责发生制确认收入						
14	合计（1+5+9+13）	20 000 000	0	16 000 000	4 000 000	20 000 000	4 000 000

同时，将表4-17合计行填入“纳税调整项目明细表”（A105000）第3行“（二）未按权责发生制原则确认的收入（填写A105020）”中，如表4-18所示。

表4-18　A105000　　纳税调整项目明细表（部分）　　金额单位：元

行次	项目	账载金额	税收金额	调增金额	调减金额
		1	2	3	4
1	一、收入类调整项目（2+3+…8+10+11）	*	*	4 000 000	
2	（一）视同销售收入（填写A105010）	*			*
3	（二）未按权责发生制原则确认的收入（填写A105020）	0	4 000 000	4 000 000	
4	（三）投资收益（填写A105030）				
11	（九）其他				
12	二、扣除类调整项目（13+14+…24+26+27+28+29+30）	*	*		294 300
13	（一）视同销售成本（填写A105010）	*		*	
14	（二）职工薪酬（填写A105050）				
15	（三）业务招待费支出				*
16	（四）广告费和业务宣传费支出（填写A105060）	*	*		
17	（五）捐赠支出（填写A105070）				
18	（六）利息支出				
19	（七）罚金、罚款和被没收财物的损失		*		*
20	（八）税收滞纳金、加收利息		*		*
21	（九）赞助支出		*		*
22	（十）与未实现融资收益相关在当期确认的财务费用	-294 300	0		294 300
23	（十一）佣金和手续费支出				*
45	合计（1+12+31+36+43+44）	*	*	4 000 000	294 300

二、持续时间超过12个月的建造合同收入

《小企业会计准则》第六十三条规定，劳务的开始和完成分属不同会计年

度的，应当按照完工进度确认提供劳务收入。年度资产负债表日，按照提供劳务收入总额乘以完工进度扣除以前会计年度累计已确认提供劳务收入后的金额，确认本年度的提供劳务收入；同时，按照估计的提供劳务成本总额乘以完工进度扣除以前会计年度累计已确认营业成本后的金额，结转本年度营业成本。

《企业所得税法实施条例》第二十三条规定：企业受托加工制造大型机械设备、船舶、飞机等，以及从事建筑、安装、装配工程业务或者提供劳务等，持续时间超过12个月的，按照纳税年度内完工进度或者完成的工作量确认收入的实现。

国税函〔2008〕875号文件规定：企业在各个纳税期末，提供劳务交易结果能够可靠估计的，应采用完工进度（完工百分比）法确认提供劳务收入。对于跨年度工程，如果持续时间不超过12个月，可按照规定按完工百分比法进行预缴，待工程全部完成后结清税款。

第三节　政府补助递延收入

一、政府补助递延收入

“未按权责发生制确认收入纳税调整明细表”（A105020）第9行“三、政府补助递延收入”填报企业取得的不符合条件没有作为不征税收入处理的政府补助，由于税务处理与会计核算存在差异而进行纳税调整的金额。

根据《企业所得税法》规定，企业取得的政府补助，不符合不征税收入条件、未作为不征税收入处理的，应计入取得当年的收入总额计算缴纳企业所得额。

根据《企业会计准则》规定，与资产相关的政府补助，应当确认为递延收益，并在相关资产使用寿命内平均分配，计入当期损益（营业外收入）。但是，按照名义金额计量的政府补助，直接计入当期损益（营业外收入）。

与收益相关的政府补助（其他政府补助），应当分别下列情况处理：

（1）用于补偿企业以后期间的相关费用或损失的，确认为递延收益，并在确认相关费用的期间，计入当期损益（营业外收入）。

（2）用于补偿企业已发生的相关费用或损失的，直接计入当期损益（营业外收入）。

上述政府补助税会差异，需通过附表 A105020 进行纳税调整。对符合条件作为不征税收入处理的政府补助，通过“专项用途财政性资金纳税调整明细表”填报，不在附表 A105020 中填报。

二、递延收益的税务处理

1. 上海自贸区企业资产评估增值，可在 5 年内分期计入应纳税所得额

《财政部、国家税务总局关于中国（上海）自由贸易试验区内企业以非货币性资产对外投资等资产重组行为有关企业所得税政策问题的通知》（财税〔2013〕91 号）规定：注册在试验区内的企业，因非货币性资产对外投资等资产重组行为产生资产评估增值，据此确认的非货币性资产转让所得，可在不超过 5 年期限内，分期均匀计入相应年度的应纳税所得额，按规定计算缴纳企业所得税。

企业以非货币性资产对外投资，应对非货币性资产进行评估并按评估后的公允价值扣除计税基础后的余额，计算确认非货币性资产转让所得。企业以非货币性资产对外投资，其取得股权的计税基础应以非货币性资产的原计税基础为基础，加上每年计入的非货币性资产转让所得，逐年进行调整。

2. 债务重组所得占应纳税所得额 50% 以上，可分 5 年计入所得额

《财政部、国家税务总局关于企业重组业务企业所得税处理若干问题的通知》（财税〔2009〕59 号）规定，企业债务重组符合特殊性税务处理条件并选择采用特殊性税务处理的，企业债务重组确认的应纳税所得额占该企业当年应纳税所得额 50% 以上，可以在 5 个纳税年度的期间内，均匀计入各年度的应纳税所得额。

3. 向 100% 直接控股非居民企业投资的转让收益，可在 10 年内计入应纳税所得额

财税〔2009〕59号文规定，居民企业以其拥有的资产或股权向其100%直接控股的非居民企业进行投资，其资产或股权转让收益如符合并选择特殊性税务处理，可以在10个纳税年度内均匀计入各年度应纳税所得额。

4. 新法实施前已按5年递延计入收入的所得项目，其余额可执行到期

《关于做好2007年度企业所得税汇算清缴工作的补充通知》（国税函〔2008〕264号）、《国家税务总局关于企业所得税若干税务事项衔接问题的通知》（国税函〔2009〕98号）等文件规定，企业按原税法规定已作递延所得确认的项目，其余额可在原规定的递延期间的剩余期间内继续均匀计入各纳税期间的应纳税所得额。

国家税务总局《关于企业股权投资业务若干所得税问题的通知》（国税发〔2000〕118号）、《关于做好已取消和下放管理的企业所得税审批项目后续管理工作的通知》（国税发〔2004〕82号）规定，企业在一个纳税年度发生的转让、处置持有5年以上的股权投资所得，非货币性资产投资转让所得，债务重组所得和捐赠所得，占当年应纳税所得50%及以上的，可在不超过5年的期间均匀计入各年度的应纳税所得额。

5. 取得未来期间补偿款，在当年及以后10年内计入应纳税所得

《国家税务总局关于广西合山煤业有限责任公司取得补偿款有关所得税处理问题的批复》（国税函〔2009〕18号）明确，根据《企业所得税法》及其实施条例规定的权责发生制原则，广西合山煤业有限责任公司取得的未来煤矿开采期间因增加排水或防止浸没支出等而获得的补偿款，应确认为递延收益，按直线法在取得补偿款当年及以后的10年内分期计入应纳税所得，如实际开采年限短于10年，应在最后一个开采年度将尚未计入应纳税所得的赔偿款全部计入应纳税所得。

6. 一次性取得的跨期租金，分期均匀计入相关年度收入

《国家税务总局关于贯彻落实企业所得税法若干税收问题的通知》（国税函〔2010〕79号）规定，根据《企业所得税法实施条例》第十九条的规定，企业提供固定资产、包装物或者其他有形资产的使用权取得的租金收入，应按交易合同或协议规定的承租人应付租金的日期确认收入的实现。其中，如果交易合同或协议中规定租赁期限跨年度，且租金提前一次性支付的，根据《企业所得税法实施条例》第九条规定的收入与费用配比原则，出租人可对上

述已确认的收入，在租赁期内，分期均匀计入相关年度收入。

三、纳税调整模型与应对（见表 4－19）

表 4－19

<table>
<tr><td>对应风险特征编号、名称</td><td colspan="2">财政补贴收入企业所得税识别风险</td><td>指标类型</td><td colspan="2">[　] 涉嫌偷逃骗税类
[√] 一般税收流失类
[　] 税收行为管理类</td></tr>
<tr><td>适用范围</td><td colspan="2">所有企业所得税地税征收企业</td><td>主题事项（指标分类）</td><td colspan="2">企业所得税与其他税种联动分析</td></tr>
<tr><td>适用税种、税目</td><td colspan="2">企业所得税</td><td>涉及会计科目</td><td colspan="2">应交税费、所得税、补贴收入、其他应付款、利润分配</td></tr>
<tr><td>税收政策依据及内容摘要</td><td colspan="5">1. 《企业所得税法》及其实施条例
2. 《财政部　国家税务总局关于专项用途财政性资金企业所得税处理问题的通知》财税〔2011〕70 号</td></tr>
<tr><td>相关法律（含行业管理规定）及内容摘要</td><td colspan="5">《企业会计准则》、《小企业会计准则》</td></tr>
<tr><td>数据来源（可多选）</td><td colspan="5">[　] 税务登记 [√] 认定信息 [　] 财务报表 [　] 代开发票信息 [√] 申报表 [　] 入库税款 [　] 国际税收情报交换数据 [√] 第三方数据（××局、互联网采集数据）[　] 其他数据</td></tr>
<tr><td>数据内容</td><td colspan="5">认定信息——企业所得税认定；申报表——企业所得税年度纳税申报表（A 表）表 A101010 第 20 行；第三方数据——财政部门——发放企业财政补贴信息</td></tr>
<tr><td rowspan="2">指标属性</td><td>积分度量类别</td><td>指标层级</td><td>指标性质</td><td>是否需要反馈</td><td>是否适用纳税提醒</td></tr>
<tr><td>[√] 计税依据 [　] 税款 [　] 比例 [　] 其他</td><td>[√] 一级指标 [　] 二级指标</td><td>[√] 主要 [　] 辅助</td><td>[√] 是 [　] 否</td><td>[　] 是 [√] 否</td></tr>
<tr><td>指标描述</td><td colspan="5">适应于上年度存在财政奖励、土地征收返还款、财政税收返还、再生资源企业增值税退税信息及国税即征即退的纳税人
比较财政返还收入与汇算清缴政府补助利得的差异值</td></tr>
</table>

续表

指标公式	【企业财政补贴收入】取第三方数据——财政部门中发放企业财政补贴收入数据 企业所得税查账征收： 【政府补助利得】企业所得税年度纳税申报表（A表）表A101010第20行政府补助利得 企业所得税核率征收： 【政府补助利得】企业所得税年度纳税申报表（B类）第2行不征税收入 【计税依据差额】=【企业财政补贴收入】-【政府补助利得】
风险识别条件	【计税依据差额】>【预警值】
预警参考值	1 000
加工周期	（与数据所属期不同）［　］月　［　］季　［　］半年　［√］年　［　］一次性
预警参考值维护级别	［√］省　［　］市　［　］县（市、区）
税务机关提示信息	如果是查账征收企业： 【纳税人名称】（【纳税人识别号】）：该单位在【年度】年企业所得税征收方式为查账征收，收到企业财政补贴为【企业财政补贴收入】元，企业所得税年度纳税申报表A101010中政府补助收入为【政府补助利得】元，差额【计税依据差额】元，可能存在少缴企业所得税的风险，请核查。 如果是核率征收企业： 【纳税人名称】（【纳税人识别号】）：该单位在【年度】年企业所得税征收方式为核率征收，收到企业财政补贴为【企业财政补贴收入】元，企业所得税年度纳税申报表（B类）中不征税收入为【政府补助利得】元，差额【计税依据差额】元，可能存在少缴企业所得税的风险，请核查。
纳税人提示信息	【纳税人名称】（【纳税人识别号】）：您单位【年度】年度收到企业财政补贴，是否足额缴纳企业所得税，请核实。
应对策略	一、风险数据的系统校验（案头审核） 1. 通过查询金三系统——查询统计（核心征管）——申报——企业所得税申报信息清册（通用查询岗）——企业所得税年度纳税申报表（A表）核实“政府补助利得”； 2. 通过第三方数据核实“企业财政补贴收入”。 二、询问约谈资料要求（报送资料） 1. 企业相关账务处理资料、记账凭证以及相关附件； 2. 政府部门拨付资金相关文件。 三、核查内容 1. 核查企业基础登记信息和认定信息的准确性； 2. 核查其款项是由哪一级财政返还，特别注意核对财政返还文件，按照要求核对返还资金的使用情况，对于符合不征税收入规定的奖励资金，尤其应注重核对其账务处理情况；

续表

应对策略	3. 如账面“补贴收入”无明确记载，注意核对单位“其他应收款”，“其他应付款”科目，以及“利润分配”科目，特别是往来科目的单位明细为政府部门的往来； 4. 核查实际到账金额与提示金额有差额的，应核实差额的去向，发票真实性； 5. 关注不征税收入，及其用于支出形成的费用、资产的折旧、摊销额是否已在税前列支； 6. 核查出口退税是否通过“其他应收款”核算，不属于财政税收返还； 7. 存在少缴纳税款情形的，通知纳税人补缴并按规定加滞纳金。
备注	财政部门中发放企业财政补贴收入数据

第五章

投资收益的纳税调整

第一节　投资收益纳税调整概述

一、投资资产

投资是企业为了获得收益或实现资本增值向被投资单位投放资金的经济行为。企业对外进行的投资，可以有不同的分类。从性质上划分，可以分为债权性投资与权益性投资等。

（一）企业所得税分类

根据《企业所得税法实施条例》第七十一条的规定，投资资产，是指企业对外进行权益性投资和债权性投资形成的资产。企业在转让或者处置投资资产时，投资资产的成本，准予扣除。

（二）《企业会计准则》分类

根据《企业会计准则》的相关规定，投资资产可以分为如下几类：

1. 长期股权投资

长期股权投资包括对子公司、合营企业和联营企业的股权性投资。

不能对被投资单位实施控制、共同控制或重大影响的股权性投资，属于金融资产，应按金融工具确认和计量准则进行会计处理。

2. 以摊余成本计量的金融资产

即持有至到期投资。

3. 以公允价值计量且其变动计入其他综合收益的金融资产

即可供出售金融资产。

4. 以公允价值计量且其变动计入当期损益的金融资产

即交易性金融资产。

二、投资收益的范围

根据《企业所得税法》第六条的规定，企业以货币形式和非货币形式从各种来源取得的收入，为收入总额。其包括：（1）销售货物收入；（2）提供劳务收入；（3）转让财产收入；（4）股息、红利等权益性投资收益；（5）利息收入；（6）租金收入；（7）特许权使用费收入；（8）接受捐赠收入；（9）其他收入。

与投资资产相关的收入主要包括：转让财产收入，股息、红利等权益性投资收益和利息收入。

（一）利息收入

根据《企业所得税法》第十八条的规定，利息收入，是指企业将资金提供他人使用但不构成权益性投资，或者因他人占用本企业资金取得的收入，包括存款利息、贷款利息、债券利息、欠款利息等收入。

利息收入，按照合同约定的债务人应付利息的日期确认收入的实现。

（二）股息、红利等权益性投资收益

根据《企业所得税法》第十七条的规定，股息、红利等权益性投资收益，是指企业因权益性投资从被投资方取得的收入。

股息、红利等权益性投资收益，除国务院财政、税务主管部门另有规定外，按照被投资方作出利润分配决定的日期确认收入的实现。

（三）转让财产收入

根据《企业所得税法》第十六条的规定，转让财产收入，是指企业转让固定资产、生物资产、无形资产、股权、债权等财产取得的收入。

因而，转让权益性资产和债权性资产等投资资产取得的收入，属于转让财产收入。

三、投资收益科目的核算

（一）《小企业会计准则》投资收益科目的核算

适用《小企业会计准则》的企业，应设置“投资收益”科目核算小企业确认的投资收益或投资损失。该科目应按照投资项目进行明细核算。投资收益的主要账务处理如下：

(1) 对于短期股票投资、短期基金投资和长期股权投资，小企业应当按照被投资单位宣告分派的现金股利或利润中属于本企业的部分，借记“应收股利”科目，贷记“投资收益”科目。

(2) 在长期债券投资或短期债券投资持有期间，在债务人应付利息日，按照分期付息、一次还本的长期债券投资或短期债券投资的票面利率计算的利息收入，借记“应收利息”科目，贷记“投资收益”科目；按照一次还本付息的长期债券投资票面利率计算的利息收入，借记“长期债券投资——应计利息”科目，贷记“投资收益”科目。

在债务人应付利息日，按照应分摊的债券溢折价金额，借记或贷记“投资收益”科目，贷记或借记“长期债券投资——溢折价”科目。

（3）出售短期投资、处置长期股权投资和长期债券投资，应当按照实际收到的价款或收回的金额，借记“银行存款”或“库存现金”科目，按照其账面余额，贷记“短期投资”、“长期股权投资”、“长期债券投资”科目，按照尚未领取的现金股利或利润、债券利息收入，贷记“应收股利”、“应收利息”科目，按照其差额，贷记或借记“投资收益”科目。

月末，可将“投资收益”科目余额转入“本年利润”科目，结转后应无余额。

（二）《会计企业准则》投资收益科目的核算

企业应设置“投资收益”科目，核算企业根据长期股权投资准则确认的投资收益或投资损失。企业处置交易性金融资产、交易性金融负债、可供出售金融资产实现的损益，企业的持有至到期投资和买入返售金融资产在持有期间取得的投资收益和处置损益，证券公司自营证券所取得的买卖价差收入，也在本科目核算。其主要账务处理为：

（1）长期股权投资采用成本法核算的，企业应按被投资单位宣告发放的现金股利或利润中属于本企业的部分，借记“应收股利”科目，贷记“投资收益”科目；2014 年 7 月 1 日之前，属于被投资单位在取得投资前实现净利润的分配额，应作为投资成本的收回，贷记“长期股权投资”科目。2014 年 7 月 1 日以后，新的长期股权投资准则规定，被投资单位宣告分派的现金股利或利润，应当确认为当期投资收益。

（2）长期股权投资采用权益法核算的，资产负债表日，应按根据被投资单位实现的净利润或经调整的净利润计算应享有的份额，借记“长期股权投资——损益调整”科目，贷记“投资收益”科目。

被投资单位发生亏损、分担亏损份额超过长期股权投资而冲减长期权益账面价值的，借记“投资收益”科目，贷记“长期股权投资”科目（损益调整）科目。发生亏损的被投资单位以后实现净利润的，企业计算的应享有的份额，如有未确认投资损失的，应先弥补未确认的投资损失，弥补损失后仍有余额的，借记“长期股权投资——损益调整”科目，贷记“投资收益”科目。

（3）出售长期股权投资时，应按实际收到的金额，借记“银行存款”等科目，原已计提减值准备的，借记“长期股权投资减值准备”科目，按其账面余额，贷记“长期股权投资”科目，按尚未领取的现金股利或利润，贷记“应收股利”科目，按其差额，贷记或借记“投资收益”科目。

出售采用权益法核算的长期股权投资时，还应按处置长期股权投资的投资成本比例结转原记入“资本公积——其他资本公积”科目的金额，借记或贷记“资本公积——其他资本公积”科目，贷记或借记“投资收益”科目。

期末，应将本科目余额转入“本年利润”科目，“投资收益”科目结转后应无余额。

四、涉及的申报表单

（一）企业基础信息表

企业对外进行的权益性投资业务，需要填报“企业基础信息表”（A000000）中的“109 从事股权投资业务”，从事股权投资业务的企业（包括集团公司总部、创业投资企业等），选择“是”，其余企业选择“否”。

（二）企业所得税年度纳税申报表

企业取得与对外投资相关的收益，可能会涉及“中华人民共和国企业所得税年度纳税申报表（A类）”（A100000）第7行“资产减值损失”、第8行“加：公允价值变动收益”、第9行“投资收益”、第15行“加：纳税调整增加额”、第16行“减：纳税调整减少额”、第17行“免税、减计收入及加计扣除”和第21行“减：抵扣应纳税所得额”等。

（三）纳税调整项目明细表

企业取得与投资资产相关的收益，可能会涉及“纳税调整项目明细表”（A105000，如表5－1所示）收入类调整项目中的“（二）未按权责发生制原则确认的收入”、“（三）投资收益”、“（四）按权益法核算长期股权投资对初始投资成本调整确认收益”、“（五）交易性金融资产初始投资调整”、“（六）公允价值变动净损益”，和资产类调整项目中的“（二）资产减值准备金”、

“（三）资产损失”等相关行次。

还可能涉及“未按权责发生制确认收入纳税调整明细表”（A105020）、“投资收益纳税调整明细表”（A105030）、“资产损失税前扣除及纳税调整明细表”（A105090）和“资产损失（专项申报）税前扣除及纳税调整明细表”（A105091）等明细表。

表 5－1　A105000　　纳税调整项目明细表（部分）

行次	项　目	账载金额	税收金额	调增金额	调减金额
		1	2	3	4
1	一、收入类调整项目（2＋3＋…8＋10＋11）	*	*		
3	（二）未按权责发生制原则确认的收入（填写 A105020）				
4	（三）投资收益（填写 A105030）				
5	（四）按权益法核算长期股权投资对初始投资成本调整确认收益	*	*	*	
6	（五）交易性金融资产初始投资调整	*	*		*
7	（六）公允价值变动净损益		*		
12	二、扣除类调整项目（13＋14＋…24＋26＋27＋28＋29＋30）	*	*		
31	三、资产类调整项目（32＋33＋34＋35）	*	*		
33	（二）资产减值准备金		*		
34	（三）资产损失（填写 A105090）				
35	（四）其他				
36	四、特殊事项调整项目（37＋38＋…＋42）	*	*		
41	（五）有限合伙企业法人合伙方应分得的应纳税所得额				
45	合计（1＋12＋31＋36＋43＋44）	*	*		

（四）税收优惠表

与投资收益相关的税收优惠类申报表单主要有：“免税、减计收入及加计扣除优惠明细表”（A107010）、“符合条件的居民企业之间的股息、红利等权益性投资收益优惠明细表”（A107011）和“抵扣应纳税所得额明细表”（A107030）等。

五、投资收益纳税调整明细表及其填报

（一）投资收益纳税调整明细表及其适用

“投资收益纳税调整明细表”（A105030，如表5－2所示）适用于发生投资收益纳税调整项目的纳税人及从事股权投资业务的纳税人填报。纳税人根据税法、《国家税务总局关于贯彻落实企业所得税法若干税收问题的通知》（国税函〔2010〕79号）等相关规定，以及国家统一企业会计制度，填报投资收益的会计处理、税收规定，以及纳税调整情况。发生持有期间投资收益，并按税收规定为减免税收入的（如国债利息收入等），本表不作调整。处置投资项目按税收规定确认为损失的，本表不作调整，在“资产损失税前扣除及纳税调整明细表”（A105090）中进行纳税调整。处置投资项目符合企业重组且适用特殊性税务处理规定的，本表不作调整，在“企业重组及递延纳税事项纳税调整明细表”（A105100）进行纳税调整。

本表为“纳税调整项目明细表”（A105000）的附表，反映持有投资收益、处置投资收益税会差异的纳税调整情况。在行次设置上，通过正列举方式，分“交易性金融资产”、“可供出售金融资产”、“持有至到期投资”、“衍生工具”、“交易性金融负债”、“长期股权投资”、“短期投资”、“长期债券投资”8个投资项目，其他需纳税调整的投资收益项目填报第9行“其他”。数据栏设置“持有收益”、“处置收益”、“纳税调整金额”三大栏次。对于投资的初始投资，考虑到就目前现有政策，仅涉及交易性金融资产初始投资调整，在本表不作列示调整。

部分投资收益可能涉及税收优惠、资产处置损失交叉处理，为更清晰地反映调整过程，理顺表间关系，在调整范围上进行了明确，对持有期间投资收益，按税收规定为免税收入的（如国债利息收入等），本表不作调整，在“符合条件的居民企业之间的股息红利等权益性投资收益情况明细表”进行纳税调整。处置投资项目并按税收规定计算为损失的，对该投资项目处置收益，本表不作调整，而在《资产损失税前扣除及纳税调整明细表》进行纳税调整，避免重复填报。

表5-2　A105030　投资收益纳税调整明细表

行次	项目	持有收益			处置收益							纳税调整金额
		账载金额	税收金额	纳税调整金额	会计确认的处置收入	税收计算的处置收入	处置投资的账面价值	处置投资的计税基础	会计确认的处置所得或损失	税收计算的处置所得	纳税调整金额	
		1	2	3（2-1）	4	5	6	7	8（4-6）	9（5-7）	10（9-8）	11（3+10）
1	一、交易性金融资产											
2	二、可供出售金融资产											
3	三、持有至到期投资											
4	四、衍生工具											
5	五、交易性金融负债											
6	六、长期股权投资											
7	七、短期投资											
8	八、长期债券投资											
9	九、其他											
10	合计（1+2+3+4+5+6+7+8+9）											

（二）持有收益的填报

表 A105030 第 1 列“账载金额”：填报纳税人持有投资项目，会计核算确认的投资收益。

表 A105030 第 2 列“税收金额”：填报纳税人持有投资项目，按照税收规定确认的投资收益。

表 A105030 第 3 列“纳税调整金额”：填报纳税人持有投资项目，会计核算确认投资收益与税收规定投资收益的差异需纳税调整金额，为第 2－1 列的余额。即：持有收益的纳税调整金额＝税收金额－账载金额。

（三）处置收益的填报

表 A105030 第 4 列“会计确认的处置收入”：填报纳税人收回、转让或清算处置投资项目，会计核算确认的扣除相关税费后的处置收入金额。

表 A105030 第 5 列“税收计算的处置收入”：填报纳税人收回、转让或清算处置投资项目，按照税收规定计算的扣除相关税费后的处置收入金额。

表 A105030 第 6 列“处置投资的账面价值”：填报纳税人收回、转让或清算处置的投资项目，会计核算的处置投资的账面价值。

表 A105030 第 7 列“处置投资的计税基础”：填报纳税人收回、转让或清算处置的投资项目，按税收规定计算的处置投资的计税金额。

表 A105030 第 8 列“会计确认的处置所得或损失”：填报纳税人收回、转让或清算处置投资项目，会计核算确认的处置所得或损失，为第 4－6 列的余额，损失以“－”号填列。即：会计确认的处置所得或损失＝会计确认的处置收入－处置投资的账面价值。

表 A105030 第 9 列“税收计算的处置所得”：填报纳税人收回、转让或清算处置投资项目，按照税收规定计算的处置所得，为第 5－7 列的余额。即：税收计算的处置所得＝税收计算的处置收入－处置投资的计税基础。

表 A105030 第 10 列“纳税调整金额”：填报纳税人收回、转让或清算处置投资项目，会计处理与税收规定不一致需纳税调整金额，为第 9－8 列的余额。

即：处置收益的纳税调整金额＝税收计算的处置所得－会计确认的处置

所得或损失。

（四）纳税调整金额

表 A105030 第 11 列“纳税调整金额”：填报第 3 + 10 列金额。即：投资收益纳税调整金额等于持有收益的纳税调整金额加处置收益的纳税调整金额合计。

同时，将表 A105030 第 10 行 1 + 8 列入表 A105000 第 4 行第 1 列。将表 A105030 第 10 行 2 + 9 列填入表 A105000 第 4 行第 2 列。

若第 10 行第 11 列≥0，第 10 行第 11 列填入表 A105000 第 4 行第 3 列；若第 10 行第 11 列 <0，第 10 行第 11 列绝对值填入表 A105000 第 4 行第 4 列。

第二节　债权性投资收益纳税调整

一、利息收入的税务处理

（一）利息收入的企业所得税处理

1. 利息收入的企业所得税处理

根据《企业所得税法》第十八条的规定，利息收入，是指企业将资金提供他人使用但不构成权益性投资，或者因他人占用本企业资金取得的收入，包括存款利息、贷款利息、债券利息、欠款利息等收入。

利息收入，按照合同约定的债务人应付利息的日期确认收入的实现。

2. 国债利息收入为免税收入

根据《企业所得税法》第二十六条的规定，企业的下列收入为免税收入：

（1）国债利息收入；

（2）符合条件的居民企业之间的股息、红利等权益性投资收益；

（3）在中国境内设立机构、场所的非居民企业从居民企业取得与该机构、场所有实际联系的股息、红利等权益性投资收益；

（4）符合条件的非营利组织的收入。

根据《企业所得税法实施条例》第八十二条的规定，属于免税收入的国债利息收入，是指企业持有国务院财政部门发行的国债取得的利息收入。对于投资于外国政府国债的利息不免税。

（二）地方政府债券利息免征所得税

1. 地方政府债券利息免征所得税

根据《财政部　国家税务总局关于地方政府债券利息免征所得税问题的通知》（财税〔2013〕5 号）的规定，对企业和个人取得的 2012 年及以后年度发行的地方政府债券利息收入，免征企业所得税和个人所得税。地方政府债券是指经国务院批准同意，以省、自治区、直辖市和计划单列市政府为发行和偿还主体的债券。

在此之前，根据《财政部　国家税务总局关于地方政府债券利息所得免征所得税问题的通知》（财税〔2011〕76 号）的规定，对企业和个人取得的 2009 年、2010 年和 2011 年发行的地方政府债券利息所得，免征企业所得税和个人所得税。

2. 优惠管理

企业取得的地方政府债券利息收入（所得）免征企业所得税，采取“自行判别、申报享受、相关资料留存备查”的办理方式。企业应当根据经营情况以及相关税收规定自行判断是否符合优惠事项规定的条件，符合条件的可以按照规定时间自行计算减免税额，并通过填报企业所得税纳税申报表享受税收优惠。同时，归集和留存以下资料备查：

（1）购买地方政府债券证明，包括持有时间、票面金额、利率等相关材料；

（2）应收利息（投资收益）科目明细账或按月汇总表；

（3）减免税计算过程的说明。

（三）铁路债券利息收入减半征收企业所得税

1. 铁路债券利息收入减半征收优惠

根据《财政部　国家税务总局关于铁路债券利息收入所得税政策问题的通知》（财税〔2016〕30号）的规定，投资者取得中国铁路总公司发行的铁路债券利息收入有关所得税政策如下：

（1）对企业投资者持有2016～2018年发行的铁路债券取得的利息收入，减半征收企业所得税。

（2）对个人投资者持有2016～2018年发行的铁路债券取得的利息收入，减按50%计入应纳税所得额计算征收个人所得税。税款由兑付机构在向个人投资者兑付利息时代扣代缴。

这里所称的铁路债券是指以中国铁路总公司为发行和偿还主体的债券，包括中国铁路建设债券、中期票据、短期融资券等债务融资工具。

此外，根据《财政部　国家税务总局关于2014年、2015年铁路建设债券利息收入企业所得税政策的通知》（财税〔2014〕2号）的规定，对企业持有2014年和2015年发行的中国铁路建设债券取得的利息收入，减半征收企业所得税。中国铁路建设债券是指经国家发展改革委核准，以中国铁路总公司为发行和偿还主体的债券。

根据《财政部　国家税务总局关于铁路建设债券利息收入企业所得税政策的通知》（财税〔2011〕99号）的规定，对企业持有2011～2013年发行的中国铁路建设债券取得的利息收入，减半征收企业所得税。这里所称的中国铁路建设债券是指经国家发展改革委核准，以原铁道部为发行和偿还主体的债券。

2. 优惠管理

企业持有中国铁路建设等企业债券取得的利息收入，减半征收企业所得税优惠，采取“自行判别、申报享受、相关资料留存备查”的办理方式。企业应当根据经营情况以及相关税收规定自行判断是否符合优惠事项规定的条件，符合条件的可以按照规定时间自行计算减免税额，并通过填报企业所得税纳税申报表享受税收优惠。同时，归集和留存以下资料备查：

（1）购买铁路建设债券、其他企业债券证明。包括持有时间，票面金额，利率等相关材料；

（2）应收利息（投资收益）科目明细账或按月汇总表；

（3）减免税计算过程的说明。

（四）利息的个人所得税优惠

1. 国债和国家发行的金融债券利息免税

根据《个人所得税法》第四条第二项的规定，国债和国家发行的金融债券利息，免征个人所得税。

2. 地方政府债券利息免征个人所得税

根据《财政部 国家税务总局关于地方政府债券利息免征所得税问题的通知》(财税〔2013〕5号）第一条和《财政部 国家税务总局关于地方政府债券利息所得免征所得税问题的通知》（财税〔2011〕76号）的规定，对企业和个人取得的2009年、2010年、2011年和2012年及以后年度发行的地方政府债券利息收入，免征企业所得税和个人所得税。

地方政府债券是指经国务院批准同意，以省、自治区、直辖市和计划单列市政府为发行和偿还主体的债券。

3. 铁路债券利息减半征收个人所得税

根据《财政部 国家税务总局关于铁路债券利息收入所得税政策问题的通知》(财税〔2016〕30号）的规定，对个人投资者持有2016~2018年发行的铁路债券取得的利息收入，减按50%计入应纳税所得额计算征收个人所得税。税款由兑付机构在向个人投资者兑付利息时代扣代缴。

铁路债券是指以中国铁路总公司为发行和偿还主体的债券，包括中国铁路建设债券、中期票据、短期融资券等债务融资工具。

在此之前，个人持有2015年及以前年度发行的铁路债券取得的利息收入应纳个人所得税。

（五）利息的增值税处理

1. 利息收入按贷款服务缴纳增值税

根据《销售服务、无形资产、不动产注释》第一条第（五）项有关“金融服务”的规定，金融服务是指经营金融保险的业务活动。包括贷款服务、直接收费金融服务、保险服务和金融商品转让。

贷款，是指将资金贷与他人使用而取得利息收入的业务活动。各种占用、拆借资金取得的收入，包括金融商品持有期间（含到期）的利息（保本收益、报酬、资金占用费、补偿金等）收入、信用卡透支利息收入、买入返售金融商品利息收入、融资融券收取的利息收入，以及融资性售后回租、押汇、罚息、票据贴现、转贷等业务取得的利息及利息性质的收入，按照贷款服务缴纳增值税。

以货币资金投资收取的固定利润或者保底利润，按照贷款服务缴纳增值税。

根据上述规定，企业债权性投资取得的利息性质的收入，应按贷款服务缴纳增值税。

2. 存款利息不征增值税

根据《营业税改征增值税试点有关事项的规定》第一条第（二）项的规定，存款利息收入不征收增值税。

3. 国债利息免征增值税

根据《营业税改征增值税试点过渡政策的规定》第一条第（十九）项的规定，以下利息收入免征增值税：

（1）国家助学贷款。

（2）国债、地方政府债。

（3）人民银行对金融机构的贷款。

（4）住房公积金管理中心用住房公积金在指定的委托银行发放的个人住房贷款。

（5）外汇管理部门在从事国家外汇储备经营过程中，委托金融机构发放的外汇贷款。

（6）统借统还业务中按规定取得的利息收入。

统借统还业务中，企业集团或企业集团中的核心企业以及集团所属财务公司按不高于支付给金融机构的借款利率水平或者支付的债券票面利率水平，向企业集团或者集团内下属单位收取的利息。

统借方向资金使用单位收取的利息，高于支付给金融机构借款利率水平或者支付的债券票面利率水平的，应全额缴纳增值税。

统借统还业务，是指：

①企业集团或者企业集团中的核心企业向金融机构借款或对外发行债券取得资金后，将所借资金分拨给下属单位（包括独立核算单位和非独立核算

单位，下同），并向下属单位收取用于归还金融机构或债券购买方本息的业务。

②企业集团向金融机构借款或对外发行债券取得资金后，由集团所属财务公司与企业集团或者集团内下属单位签订统借统还贷款合同并分拨资金，并向企业集团或者集团内下属单位收取本息，再转付企业集团，由企业集团统一归还金融机构或债券购买方的业务。

由此可见，对于铁路建设债券利息不免增值税，但可以减半征收所得税。

二、划为交易性金融资产的处理

（一）金融资产的分类

根据新《企业会计准则第22号——金融工具确认和计量》（财会〔2017〕7号）第十六条的规定，企业应当根据其管理金融资产的业务模式和金融资产的合同现金流量特征，将金融资产划分为以下三类：

（1）以摊余成本计量的金融资产。

（2）以公允价值计量且其变动计入其他综合收益的金融资产。

（3）以公允价值计量且其变动计入当期损益的金融资产。

（二）初始计量与计税基础

企业取得交易性金融资产的目的，主要是为了近期内出售。例如，企业以赚取差价为目的从二级市场购入的股票、债券和基金等准备近期内出售。

1. 金融资产的初始计量

根据《企业会计准则第22号——金融工具确认和计量》（财会〔2006〕3号）第三十条的规定，企业初始确认金融资产或金融负债，应当按照公允价值计量。对于以公允价值计量且其变动计入当期损益的金融资产或金融负债，相关交易费用应当直接计入当期损益；对于其他类别的金融资产或金融负债，相关交易费用应当计入初始确认金额。

交易费用，是指可直接归属于购买、发行或处置金融工具新增的外部费用。新增的外部费用，是指企业不购买、发行或处置金融工具就不会发生的费用。交易费用包括支付给代理机构、咨询公司、券商等的手续费和佣金及其他必要支出，不包括债券溢价、折价、融资费用、内部管理成本及其他与交易不直接相关的费用。

划为交易性金融资产的债权类投资，应当按照公允价值进行初始计量。相关交易费用应当直接计入当期损益（投资收益）；支付的价款中包含的已到付息期但尚未领取的债券利息，应当单独确认为应收项目进行处理。

企业取得划为交易性金融资产的债券投资时，其会计处理为：

借：交易性金融资产——成本［公允价值］

投资收益［交易费用］

应收利息［已到付息期但尚未领取的利息］

贷：银行存款［实际支付的金额］

2. 计税基础

根据《企业所得税法实施条例》第七十一条的规定，投资资产按照以下方法确定成本（计税基础）：

（1）通过支付现金方式取得的投资资产，以购买价款为成本；

（2）通过支付现金以外的方式取得的投资资产，以该资产的公允价值和支付的相关税费为成本。

取得作为交易性金融资产核算的债券等投资，交易费用应计入计税基础，而不计入会计成本，造成会计与税法存在差异。年终汇算清缴时，需要进行纳税调整增加应纳税所得额。

（三）后续计量与纳税调整

1. 后续计量

企业应当按照公允价值对划为交易性金融资产的债权类投资进行后续计量，且其变动计入当期损益（公允价值变动损益）。

2. 税务处理

根据《企业所得税法实施条例》第五十六条的规定，企业的各项资产，包括固定资产、生物资产、无形资产、长期待摊费用、投资资产、存货等，以历史成本为计税基础。历史成本，是指企业取得该项资产时实际发生的支出。

企业持有各项资产期间资产增值或者减值，除国务院财政、税务主管部门规定可以确认损益外，不得调整该资产的计税基础。

会计按公允价值变动计入当期损益的金额，不用在当期缴纳企业所得税（损失也不允许在当期税前扣除）。

3. 会计核算与纳税调整

（1）持有期间计息的会计处理。

分期付息、一次还本的债券，资产负债表日计算利息：

借：应收利息［面值×票面利率］

　　贷：投资收益

所得税处理时，应在应付利息日确认利息收入，缴纳所得税。

（2）资产负债表日的处理。

①资产负债表日，交易性金融资产的公允价值高于其账面余额的差额：

借：交易性金融资产——公允价值变动

　　贷：公允价值变动损益

税务处理：交易性金融资产的公允价值高于其账面余额的差额，不用在当期缴纳企业所得税，需要调减应纳税所得额。

②资产负债表日，交易性金融资产的公允价值低于其账面余额的差额：

借：公允价值变动损益

　　贷：交易性金融资产——公允价值变动

税务处理：交易性金融资产的公允价值低于其账面余额的差额，不得在当期税前扣除，需要调增应纳税所得额。

（四）出售金融资产的处理

1. 出售交易性金融资产的会计处理

出售交易性金融资产的会计处理为：

借：银行存款［应按实际收到的金额］

　　公允价值变动损益（或在贷方）

　　贷：交易性金融资产——成本

　　　　　　　　　　　——公允价值变动（或在借方）

　　　　投资收益

公允价值变动损益（或在借方）

税务处理：出售收入扣除计税基础计算出的所得，在当期缴纳所得税。与会计处理存在的差异，需调整应纳税所得额。

2. 转让金融资产的增值税处理

（1）应按金融服务缴纳增值税。

金融商品转让属于增值税金融服务的征税范围，应按规定征收增值税。

金融商品转让，是指转让外汇、有价证券、非货物期货和其他金融商品所有权的业务活动。其他金融商品转让包括基金、信托、理财产品等各类资产管理产品和各种金融衍生品的转让。

（2）销售额的确定。

金融商品转让，按照卖出价扣除买入价后的余额为销售额。

转让金融商品出现的正负差，按盈亏相抵后的余额为销售额。若相抵后出现负差，可结转下一纳税期与下期转让金融商品销售额相抵，但年末时仍出现负差的，不得转入下一个会计年度。

金融商品的买入价，可以选择按照加权平均法或者移动加权平均法进行核算，选择后36个月内不得变更。

金融商品转让，不得开具增值税专用发票。

（3）免征增值税的金融商品转让。

根据《营业税改征增值税试点过渡政策的规定》第一条第二十二项的规定，下列金融商品转让收入，免征增值税。

①合格境外投资者（QFII）委托境内公司在我国从事证券买卖业务。

②香港市场投资者（包括单位和个人）通过沪港通买卖上海证券交易所上市A股。

③对香港市场投资者（包括单位和个人）通过基金互认买卖内地基金份额。

④证券投资基金（封闭式证券投资基金，开放式证券投资基金）管理人运用基金买卖股票、债券。

⑤个人从事金融商品转让业务。

3. 转让金融商品的会计处理

（1）科目设置。

小规模纳税人需在“应交税费”科目下设置“应交增值税”、“转让金融商品应交增值税”、“代扣代交增值税”明细科目核算相关增值税业务。

增值税一般纳税人应当在“应交税费”科目下设置“转让金融商品应交增值税”明细科目，核算增值税纳税人转让金融商品发生的增值税税额。

（2）账务处理。

金融商品转让按规定以盈亏相抵后的余额作为销售额的账务处理为：

金融商品实际转让月末，如产生转让收益，则按应纳税额借记“投资收益”等科目，贷记“应交税费——转让金融商品应交增值税”科目；如产生转让损失，则按可结转下月抵扣税额，借记“应交税费——转让金融商品应交增值税”科目，贷记“投资收益”等科目。

交纳增值税时，应借记“应交税费——转让金融商品应交增值税”科目，贷记“银行存款”科目。

年末，本科目如有借方余额，则借记“投资收益”等科目，贷记“应交税费——转让金融商品应交增值税”科目。

【例5-1】根据甲公司下列与债券投资相关的业务，进行相关会计处理与纳税调整：

1. 2016年4月1日，甲公司从二级市场购入丙公司发行的永续债，该永续债为2015年1月1日发行，次年1月5日付息，票面年利率为4%。甲公司支付价款合计205万元，其中包括2016年一季度的债券利息2万元；另付交易费用1万元，该债券面值总额为200万元，甲公司取得后准备近期出售。

解析：

（1）会计处理。

该作为交易性金融资产核算的债券投资，其取得成本为：205－2＝203（万元），交易费用1万元计入投资收益。

借：交易性金融资产——成本	2 030 000
应收利息	20 000
投资收益	10 000
贷：银行存款	2 060 000

（2）税务处理。

根据《企业所得税法实施条例》第七十一条的规定，通过支付现金方式取得的债权投资，以购买价款为计税基础。交易费用1万元应计入该债券投资的计税基础，即计税基础：205－2＋1＝204（万元）。会计处理时计入投资收益的交易费用不得在税前扣除，应通过“纳税调整项目明细表”（A105000）第6行“（五）交易性金融资产初始投资调整”调增应纳税所得额1万元，如表5－3所示。

表5－3　A105000　　纳税调整项目明细表（部分）　　金额单位：元

行次	项　目	账载金额	税收金额	调增金额	调减金额
		1	2	3	4
1	一、收入类调整项目	*	*	10 000	
2	（一）视同销售收入（填写A105010）	*			*
3	（二）未按权责发生制原则确认的收入（填写A105020）				
4	（三）投资收益（填写A105030）				
5	（四）按权益法核算长期股权投资对初始投资成本调整确认收益	*	*	*	
6	（五）交易性金融资产初始投资调整	*	*	10 000	*
7	（六）公允价值变动净损益		*		
43	合计（1＋12＋31＋36＋43＋44）	*	*	10 000	

2. 2016年12月31日，该债券的公允价值为210万元。

(1) 会计处理。

公允价值变动：210－203＝7（万元）

借：交易性金融资产——公允价值变动　　70 000

　　贷：公允价值变动损益　　70 000

确认债券投资利息收入：200×4%×9/12＝6（万元）

借：应收利息　　60 000

　　贷：投资收益　　60 000

(2) 税务处理。

根据《企业所得税法实施条例》第五十六条的规定，企业的债权类资产，以历史成本为计税基础。企业持有各项资产期间的资产增值或者减值，除国务院财政、税务主管部门规定可以确认损益外，不得调整该资产的计税基础。

因而，2016 年末该债券投资的计税基础仍为 204 万元，公允价值变动 7 万元不用缴纳企业所得税，计入"公允价值变动损益"的 7 万元，需通过"纳税调整项目明细表"（A105000）第 7 行"（六）公允价值变动净损益"调减应纳税所得额。

根据《企业所得税法》第十八条的规定，利息收入按照合同约定的债务人应付利息的日期确认收入的实现。本例中应在"次年 1 月 5 日付息"日确认企业所得税收入。2016 年底会计上计入"投资收益"科目核算的利息收入 6 万元，应计入 2017 年度的应纳税所得额，需要通过"投资收益纳税调整明细表"（A105030）第 1 行"一、交易性金融资产"和"纳税调整项目明细表"（A105000）第 4 行"（三）投资收益"纳税调减 2016 年度的应纳税所得额（也可通过"未按权责发生制确认收入纳税调整明细表"（A105020）第 3 行"（二）利息"和"纳税调整项目明细表"（A105000）第 3 行"（二）未按权责发生制原则确认的收入"纳税调减 2016 年度的应纳税所得额），如表 5－4至表 5－7 所示。

3. 2017 年 1 月 5 日收到 2016 年的债券利息。

2017 年 1 月 5 日收到债券利息：

借：银行存款　　　　80 000

　　贷：应收利息　　　　80 000

4. 2017 年 12 月 31 日，丙公司债券的公允价值为 208 万元。

（1）会计处理。

2017 年底计算债券的公允价值变动损益：208－210＝－2（万元）；

借：公允价值变动损益　　　　20 000

　　贷：交易性金融资产——公允价值变动　　　　20 000

计提债券投资的利息收入为：200×4%＝8（万元）。

借：应收利息　　　　80 000

　　贷：投资收益　　　　80 000

（2）税务处理。

表 5-4　A105030

投资收益纳税调整明细表

金额单位：万元

行次	项　目	持有收益			处置收益							纳税调整金额
		账载金额	税收金额	纳税调整金额	会计确认的处置收入	税收计算的处置收入	处置投资的账面价值	处置投资的计税基础	会计确认的处置所得或损失	税收计算的处置所得	纳税调整金额	
		1	2	3（2-1）	4	5	6	7	8（4-6）	9（5-7）	10（9-8）	11（3+10）
1	一、交易性金融资产	6	0	-6								-6
2	二、可供出售金融资产											
3	三、持有至到期投资											
4	四、衍生工具											
5	五、交易性金融负债											
6	六、长期股权投资											
7	七、短期投资											
8	八、长期债券投资											
9	九、其他											
10	合计	6	0	-6								-6

表 5－5　A105000　　纳税调整项目明细表（部分）　　金额单位：万元

行次	项　目	账载金额	税收金额	调增金额	调减金额
		1	2	3	4
1	一、收入类调整项目	*	*		13
2	（一）视同销售收入（填写 A105010）	*			*
3	（二）未按权责发生制原则确认的收入（填写 A105020）				
4	（三）投资收益（填写 A105030）	6	0		6
5	（四）按权益法核算长期股权投资对初始投资成本调整确认收益	*	*	*	
6	（五）交易性金融资产初始投资调整	*	*		*
7	（六）公允价值变动净损益	7	*		7
43	合计（1＋12＋31＋36＋43＋44）	*	*		13

表 5－6　A105020　　未按权责发生制确认收入纳税调整明细表（部分）　　金额单位：万元

行次	项　目	合同金额（交易金额）	账载金额		税收金额		纳税调整金额
			本年	累计	本年	累计	
		1	2	3	4	5	6（4－2）
1	一、跨期收取的租金、利息、特许权使用费收入		6	6	0		－6
2	（一）租金						
3	（二）利息		6	6	0	0	－6
4	（三）特许权使用费						
14	合计（1＋5＋9＋13）		6	6	0	0	－6

表 5－7　A105000　　纳税调整项目明细表（部分）　　金额单位：万元

行次	项　目	账载金额	税收金额	调增金额	调减金额
		1	2	3	4
1	一、收入类调整项目	*	*		13
2	（一）视同销售收入（填写 A105010）	*			*

续表

行次	项　目	账载金额	税收金额	调增金额	调减金额
		1	2	3	4
3	（二）未按权责发生制原则确认的收入（填写 A105020）	6	0		6
4	（三）投资收益（填写 A105030）				
5	（四）按权益法核算长期股权投资对初始投资成本调整确认收益	*	*	*	
6	（五）交易性金融资产初始投资调整	*	*		*
7	（六）公允价值变动净损益		*		7
43	合计（1+12+31+36+43+44）	*	*		13

根据《企业所得税法》第十八条的规定，利息收入按照合同约定的债务人应付利息的日期确认收入的实现。因此，2017 年应确认企业所得税收入 8 万元，会计核算计入投资收益的当年计提债券利息收入 8 万元。

根据《企业所得税法实施条例》第五十六条的规定，企业持有债券等各项资产期间的资产增值或者减值，除国务院财政、税务主管部门规定可以确认损益外，不得调整该资产的计税基础。因而，2017 年末该债券投资的计税基础仍为 204 万元，公允价值变动 -2 万元不允许在企业所得税前扣除，计入“公允价值变动损益”借方的 2 万元，需通过“纳税调整项目明细表”（A105000）第 7 行“（六）公允价值变动净损益”调增应纳税所得额，如表5-8所示。

表 5-8　A105000　　纳税调整项目明细表（部分）　　金额单位：万元

行次	项　目	账载金额	税收金额	调增金额	调减金额
		1	2	3	4
1	一、收入类调整项目	*	*	2	
2	（一）视同销售收入（填写 A105010）	*			*
3	（二）未按权责发生制原则确认的收入（填写 A105020）				
4	（三）投资收益（填写 A105030）				
5	（四）按权益法核算长期股权投资对初始投资成本调整确认收益	*	*	*	
6	（五）交易性金融资产初始投资调整	*	*		*

续表

行次	项　　目	账载金额	税收金额	调增金额	调减金额
		1	2	3	4
7	（六）公允价值变动净损益		*	2	
45	合计（1+12+31+36+43+44）	*	*	2	

5. 2018 年 1 月 5 日，收到 2017 年的债券利息 8 万元。

（1）会计处理。

2018 年 1 月 5 日收到债券利息：

借：银行存款　　80 000

　贷：应收利息　　80 000

（2）税务处理。

企业所得税处理时应在应付利息日确认利息收入 8 万元。

6. 2018 年 2 月 10 日，以 209 万元卖出该债券。

（1）会计处理。

借：银行存款　　2 090 000

　贷：交易性金融资产——成本　　2 030 000

　　　　　　　　——公允价值变动　　50 000

　　投资收益　　10 000

借：公允价值变动损益　　50 000

　贷：投资收益　　50 000

（2）税务处理。

根据《企业所得税法》第十八条的规定，利息收入，按照合同约定的债务人应付利息的日期确认收入的实现。因此，2018 年企业所得税应确认债券利息收入 8 万元，会计核算的利息收入 0，需要通过“投资收益纳税调整明细表”（A105030）第 1 行“一、交易性金融资产”和“纳税调整项目明细表”（A105000）第 4 行“（三）投资收益”纳税调增 2016 年度的应纳税所得额（或“未按权责发生制确认收入纳税调整明细表”（A105020）第 3 行“（二）利息”和“纳税调整项目明细表”（A105000）第 3 行“（二）未按权责发生制原则确认的收入”纳税调增应纳税所得额），如表 5－9 至表 5－13 所示。

表 5-9 A105030 **投资收益纳税调整明细表**

金额单位：万元

行次	项目	持有收益			处置收益							纳税调整金额
		账载金额	税收金额	纳税调整金额	会计确认的处置收入	税收计算的处置收入	处置投资的账面价值	处置投资的计税基础	会计确认的处置所得或损失	税收计算的处置所得	纳税调整金额	
		1	2	3（2-1）	4	5	6	7	8（4-6）	9（5-7）	10（9-8）	11（3+10）
1	一、交易性金融资产	5	8	3	209	209	208	204	1	5	4	7
2	二、可供出售金融资产											
3	三、持有至到期投资											
4	四、衍生工具											
5	五、交易性金融负债											
6	六、长期股权投资											
7	七、短期投资											
8	八、长期债券投资											
9	九、其他											
10	合计	5	8	3	209	209	208	204	1	5	4	7

表 5－10　A105000　　纳税调整项目明细表（部分）　　金额单位：万元

行次	项　目	账载金额	税收金额	调增金额	调减金额
		1	2	3	4
1	一、收入类调整项目	*	*		
2	（一）视同销售收入（填写 A105010）	*			*
3	（二）未按权责发生制原则确认的收入（填写 A105020）				
4	（三）投资收益（填写 A105030）	6	13		7
5	（四）按权益法核算长期股权投资对初始投资成本调整确认收益	*	*	*	
6	（五）交易性金融资产初始投资调整	*	*		*
7	（六）公允价值变动净损益	－5	*	5	
43	合计（1＋12＋31＋36＋43＋44）	*	*	5	7

表 5－11　A105020　　未按权责发生制确认收入纳税调整明细表（部分）　　金额单位：万元

行次	项　目	合同金额（交易金额）	账载金额		税收金额		纳税调整金额
			本年	累计	本年	累计	
		1	2	3	4	5	6（4－2）
1	一、跨期收取的租金、利息、特许权使用费收入		0	0	8	8	8
2	（一）租金						
3	（二）利息		0	0	8	8	8
4	（三）特许权使用费						
14	合计（1＋5＋9＋13）		0	0	8	8	8

税收计算的处置债券所得为：209－204＝5（万元），会计核算的处理收益为：209－208＝1（万元），需调增应纳税所得额 4 万元。公允价值变动损益转入投资收益的 5 万元，不用缴纳企业所得税，需要调减应纳税所得额。

表 5－12　A105030　　投资收益纳税调整明细表

金额单位：万元

行次	项　目	持有收益			处置收益							纳税调整金额
		账载金额	税收金额	纳税调整金额	会计确认的处置收入	税收计算的处置收入	处置投资的账面价值	处置投资的计税基础	会计确认的处置所得或损失	税收计算的处置所得	纳税调整金额	
		1	2	3（2－1）	4	5	6	7	8（4－6）	9（5－7）	10（9－8）	11（3＋10）
1	一、交易性金融资产	5	0	－5	209	209	208	204	1	5	4	－1
2	二、可供出售金融资产											
3	三、持有至到期投资											
4	四、衍生工具											
5	五、交易性金融负债											
6	六、长期股权投资											
7	七、短期投资											
8	八、长期债券投资											
9	九、其他											
10	合计	5	0	－5	209	209	208	204	1	5	4	－1

会计上公允价值变动损益借方发生额为5万元，不得税前扣除，需要调增应纳税所得额。

表5－13　A105000　　纳税调整项目明细表（部分）　　金额单位：万元

行次	项　目	账载金额	税收金额	调增金额	调减金额
		1	2	3	4
1	一、收入类调整项目	*	*	13	1
2	（一）视同销售收入（填写A105010）	*			*
3	（二）未按权责发生制原则确认的收入（填写A105020）	0	8	8	
4	（三）投资收益（填写A105030）	6	5		1
5	（四）按权益法核算长期股权投资对初始投资成本调整确认收益	*	*	*	
6	（五）交易性金融资产初始投资调整	*	*		*
7	（六）公允价值变动净损益	5	*	5	
45	合计（1＋12＋31＋36＋43＋44）	*	*	13	1

（五）减免增值税的会计处理

1. 销售实现时的处理

企业销售货物、加工修理修配劳务、服务、无形资产或不动产，应当按应收或已收的金额，借记“应收账款”、“应收票据”、“银行存款”等科目，按取得的收入金额，贷记“主营业务收入”、“其他业务收入”、“固定资产清理”、“工程结算”等科目，按现行增值税制度规定计算的销项税额（或采用简易计税方法计算的应纳增值税税额），贷记“应交税费——应交增值税（销项税额）”或“应交税费——简易计税”科目（小规模纳税人应贷记“应交税费——应交增值税”科目）。发生销售退回的，应根据按规定开具的红字增值税专用发票做相反的会计分录。

按照国家统一的会计制度确认收入或利得的时点早于按照增值税制度确认增值税纳税义务发生时点的，应将相关销项税额计入“应交税费——待转销项税额”科目，待实际发生纳税义务时再转入“应交税费——应交增值税

（销项税额）”或“应交税费——简易计税”科目。

按照增值税制度确认增值税纳税义务发生时点早于按照国家统一的会计制度确认收入或利得的时点的，应将应纳增值税税额，借记“应收账款”科目，贷记“应交税费——应交增值税（销项税额）”或“应交税费——简易计税”科目，按照国家统一的会计制度确认收入或利得时，应按扣除增值税销项税额后的金额确认收入。

2. 减免增值税的处理

对于当期直接减免的增值税，借记“应交税金——应交增值税（减免税款）”科目，贷记损益类相关科目。

【例 5-2】 甲公司是增值税一般纳税人，2015 年投资某国债，持有至到期，2017 年 4 月 18 日收到国债到期兑付的利息 106 万元。

解析：

借：银行存款	1 060 000	
贷：投资收益		1 000 000
应交税费——应交增值税		60 000
借：应交税费——应交增值税（减免税款）	60 000	
贷：营业外收入		60 000

三、划为持有至到期投资的处理

（一）初始计量与计税基础

划为持有至到期投资的债权性投资初始计量时，应当按照公允价值和相关交易费用之和作为初始确认金额。这与企业所得税计税基础的规定一致。

企业取得金融资产所支付的价款中包含的已到付息期但尚未领取的债券利息，应当单独确认为应收项目进行处理。

企业取得的持有至到期投资时的会计处理为：

借：持有至到期投资——成本［面值］

　　应收利息［支付的价款中包含的已到付息期但尚未领取的利息］

　　持有至到期投资——利息调整［按其差额］

贷：银行存款［按实际支付的金额］

持有至到期投资——利息调整［按其差额］

（二）后续计量与纳税调整

1. 后续计量

持有至到期投资应按摊余成本进行后续计量。

企业在初始确认以摊余成本计量的金融资产时，应当计算确定实际利率，并在相关金融资产预期存续期间或适用的更短期间内保持不变。

金融资产或金融负债的摊余成本，是指该金融资产或金融负债的初始确认金额经下列调整后的结果：

（1）扣除已偿还的本金；

（2）加上或减去采用实际利率法将该初始确认金额与到期日金额之间的差额进行摊销形成的累计摊销额（加折价摊销额，减溢价摊销额）；

（3）扣除已发生的减值损失（仅适用于金融资产）。

2. 纳税调整

根据《企业所得税法》第十八条的规定，利息收入，按照合同约定的债务人应付利息的日期确认收入的实现。

税法上按债券面值与票面利率计算的利息收入金额，与会计上按摊余成本和实际利率计算的金额之间的差额，应在年终汇算清缴时进行纳税调整。

3. 持有期间的处理

持有至到期投资在持有期间应当按照摊余成本和实际利率计算确认利息收入，计入投资收益。公式如下：

实际利息收入 = 期初债券摊余成本 × 实际利率［贷：投资收益］

应收利息 = 债券面值 × 票面利率［借：应收利息］

利息调整的摊销 = 实际利息收入 − 应收利息

（1）分期付息、到期还本债券。

如果持有至到期投资为分期付息、到期一次还本债券，会计上按期确认利息收入时的会计处理为：

借：应收利息［债券面值 × 票面利率］

持有至到期投资——利息调整［差额］

贷：投资收益［期初债券摊余成本×实际利率］

持有至到期投资——利息调整［差额］

根据《企业所得税法》规定，利息收入按照合同约定的债务人应付利息的日期确认收入的实现（时间差异）。税收上应按债券面值和票面利率计算的应收利息金额确认所得税收入，与会计上按期初债券摊余成本和实际利率计算的投资收益之间的差额（口径差异），应在年终汇算清缴时进行纳税调整。

（2）到期一次还本付息债券。

如果持有至到期投资为到期一次还本付息债券，会计上按期计提利息时的会计处理为：

借：持有至到期投资——应计利息［债券面值×票面利率］

持有至到期投资——利息调整［差额］

贷：投资收益［期初债券摊余成本×实际利率］

持有至到期投资——利息调整［差额］

根据《企业所得税法》规定，利息收入按照合同约定的债务人应付利息的日期确认收入的实现。即对到期一次还本付息债券，税收上应于到期时一次性确认企业所得税收入。对于会计上按权责发生制根据期初债券摊余成本和实际利率计算的投资收益，应在年终汇算清缴时进行纳税调整。

（三）出售持有至到期投资的处理

1. 会计处理

企业出售持有至到期投资的会计处理为：

借：银行存款［按实际收到的金额］

投资收益［差额］

贷：持有至到期投资——成本、利息调整、应计利息［按其账面余额］

投资收益［差额］

如果已计提减值准备的，还应同时结转减值准备。

2. 税务处理

企业出售划为持有至到期投资核算的债券投资，出售价款扣除计税基础后的差额，应确认为转让债券所得（或损失），并入当期应纳税所得额缴纳企业所得税。所得税上计算的处置所得或损失金额与会计上确认的处置损益之间的差额，应在年终汇算清缴时进行纳税调整。

【例5-3】甲公司为上市公司，每年年末计提债券利息。甲公司发生的有关持有至到期投资业务如下，要求进行相关账务处理与纳税调整，不考虑所得税以外的其他税收。

1. 2013年12月31日，以21 909.19万元（包括交易费用9.19万元）的价格购入乙公司于2013年1月1日发行的5年期一次还本、分期付息债券，债券面值总额为20 000万元，付息日为每年1月5日，票面年利率为6%。2018年1月5日收到本金和最后一期利息。甲公司将该债券划分为持有至到期投资。已知实际利率为5%。

解析：

1. 2013年12月31日购入债券。

（1）会计处理。

借：持有至到期投资——成本　　200 000 000

应收利息　　12 000 000

持有至到期投资——利息调整　　7 091 900

贷：银行存款　　219 091 900

2013年12月31日摊余成本为：20 000 + 709.19 = 20 709.19（万元）

（2）税务处理。

该债券的计税基础为：20 709.19万元；

各年摊余成本、实际利息收入和应收利息计算如表5-14所示。

表5-14　　各年摊余成本、实际利息收入和应收利息计算表　　单位：万元

年份	期初摊余成本（a）	实际利息（b）（按5%算）	收到现金（c）	期末摊余成本（d = a + b − c）
2014	20 709.19	1 035.46	1 200	20 544.65
2015	20 544.65	1 027.23	1 200	20 371.88
2016	20 371.88	1 018.59	1 200	20 190.47
2017	20 190.47	1 009.53	21 200	0

2. 2014年1月5日，收到乙公司支付的债券利息，存入银行。

借：银行存款　　12 000 000

贷：应收利息　　12 000 000

3. 2014 年 12 月 31 日，确认利息收入。

（1）会计处理。

应收利息 =20 000 ×6% =1 200（万元）

实际利息收入 =20 709.19 ×5% =1 035.46（万元）

利息调整 =1 200 -1 035.46 =164.54（万元）

2014 年 12 月 31 日摊余成本为：20 709.19 - 164.54 = 20 544.65（万元）。

借：应收利息　　12 000 000

　贷：持有至到期投资——利息调整　　1 645 400

　　投资收益　　10 354 600

（2）税务处理。

根据《企业所得税法》的规定，利息收入应在应付利息日确认收入的实现，会计上根据权责发生制确认的收入，应在年终汇算清缴时调减应纳税所得额，如表 5 -15、表 5 -16 所示。

4. 2015 年 1 月 5 日，收到利息。

（1）会计处理。

借：银行存款　　12 000 000

　贷：应收利息　　12 000 000

（2）税务处理。

应在应付利息日（1 月 5 日）确认企业所得税收入 1 200 万元。税会差异需在年终汇算清缴时，调增应纳税所得额。

5. 2015 年 12 月 31 日，确认实际利息收入。

（1）会计处理。

应收利息 =20 000 ×6% =1 200（万元）

实际利息收入 =20 544.65 ×5% =1 027.23（万元）

利息调整 =1 200 -1 027.23 =172.77（万元）

2015 年 12 月 31 日，摊余成本为：20 544.65 -172.77 =20 371.88（万元）。

表 5－15　A105030　　投资收益纳税调整明细表（2014 年）

金额单位：万元

行次	项　目	持有收益			处置收益							纳税调整金额
		账载金额	税收金额	纳税调整金额	会计确认的处置收入	税收计算的处置收入	处置投资的账面价值	处置投资的计税基础	会计确认的处置所得或损失	税收计算的处置所得	纳税调整金额	
		1	2	3（2－1）	4	5	6	7	8（4－6）	9（5－7）	10（9－8）	11（3＋10）
1	一、交易性金融资产											
2	二、可供出售金融资产											
3	三、持有至到期投资	1 035.46	0	－1 035.46								－1 035.46
4	四、衍生工具											
5	五、交易性金融负债											
6	六、长期股权投资											
7	七、短期投资											
8	八、长期债券投资											
9	九、其他											
10	合计	1 035.46	0	－1 035.46								－1 035.46

表 5-16　A105000　　纳税调整项目明细表（部分）　　金额单位：万元

行次	项　　目	账载金额	税收金额	调增金额	调减金额
		1	2	3	4
1	一、收入类调整项目	*	*		1 035.46
2	（一）视同销售收入（填写 A105010）	*			*
3	（二）未按权责发生制原则确认的收入（填写 A105020）				
4	（三）投资收益（填写 A105030）	1 035.46	0		1 035.46
5	（四）按权益法核算长期股权投资对初始投资成本调整确认收益	*	*	*	
6	（五）交易性金融资产初始投资调整	*	*		*
7	（六）公允价值变动净损益		*		
45	合计（1+12+31+36+43+44）	*	*		1 035.46

借：应收利息　　12 000 000

　　贷：持有至到期投资——利息调整　　1 727 700

　　　　投资收益　　10 272 300

（2）纳税调整与申报。

根据《企业所得税法》的规定，利息收入应在应付利息日确认收入的实现，因此，2015 年企业所得税处理时应确认收入 1 200 万元；会计上根据权责发生制确认的计入投资收益科目的金额为 1 027.23 万元，差额 172.77 万元应在年终汇算清缴时，调增应纳税所得额，如表 5-17、表 5-18 所示。

6. 2016 年 1 月 5 日，收到利息。

（1）会计处理。

借：银行存款　　12 000 000

　　贷：应收利息　　12 000 000

表 5－17 A105030 投资收益纳税调整明细表（2015 年）

金额单位：万元

行次	项目	持有收益			处置收益							纳税调整金额
		账载金额	税收金额	纳税调整金额	会计确认的处置收入	税收计算的处置收入	处置投资的账面价值	处置投资的计税基础	会计确认的处置所得或损失	税收计算的处置所得	纳税调整金额	
		1	2	3（2－1）	4	5	6	7	8（4－6）	9（5－7）	10（9－8）	11（3＋10）
1	一、交易性金融资产											
2	二、可供出售金融资产											
3	三、持有至到期投资	1 027.23	1 200	172.77								172.77
4	四、衍生工具											
5	五、交易性金融负债											
6	六、长期股权投资											
7	七、短期投资											
8	八、长期债券投资											
9	九、其他											
10	合计	1 027.23	1 200	172.77								172.77

表 5-18　A105000　　纳税调整项目明细表（部分）　　金额单位：万元

行次	项　目	账载金额	税收金额	调增金额	调减金额
		1	2	3	4
1	一、收入类调整项目	*	*	172.77	
2	（一）视同销售收入（填写 A105010）	*			*
3	（二）未按权责发生制原则确认的收入（填写 A105020）				
4	（三）投资收益（填写 A105030）	1 027.23	1 200	172.77	
5	（四）按权益法核算长期股权投资对初始投资成本调整确认收益	*	*	*	
6	（五）交易性金融资产初始投资调整	*	*		*
7	（六）公允价值变动净损益		*		
45	合计（1+12+31+36+43+44）	*	*	172.77	

（2）税务处理。

在应付利息日（1月5日）确认企业所得税收入1 200万元。税会差异需要在年终汇算清缴时调增应纳税所得额。

7. 2016年12月31日，确认利息收入。

（1）会计处理。

应收利息 = 20 000 × 6% = 1 200（万元）

实际利息收入 = 20 371.88 × 5% = 1 018.59（万元）

利息调整 = 1 200 - 1 018.59 = 181.41（万元）

借：应收利息　　12 000 000

　　贷：持有至到期投资——利息调整　　1 814 100

　　　　投资收益　　10 185 900

（2）税务处理。

根据《企业所得税法》的规定，利息收入应在应付利息日确认收入的实现，因此，2016年企业所得税处理时应确认收入1 200万元；会计上根据权责发生制确认的计入投资收益科目的金额为1 018.59万元，差额181.41万元应在年终汇算清缴时调增应纳税所得额，如表5-19、表5-20所示。

表 5－19 A105030 **投资收益纳税调整明细表（2016 年）** 金额单位：万元

行次	项目	持有收益			处置收益							纳税调整金额
		账载金额	税收金额	纳税调整金额	会计确认的处置收入	税收计算的处置收入	处置投资的账面价值	处置投资的计税基础	会计确认的处置所得或损失	税收计算的处置所得	纳税调整金额	
		1	2	3（2－1）	4	5	6	7	8（4－6）	9（5－7）	10（9－8）	11（3＋10）
1	一、交易性金融资产											
2	二、可供出售金融资产											
3	三、持有至到期投资	1 018.59	1 200	181.41								181.41
4	四、衍生工具											
5	五、交易性金融负债											
6	六、长期股权投资											
7	七、短期投资											
8	八、长期债券投资											
9	九、其他											
10	合计	1 018.59	1 200	181.41								181.41

表5-20 A105000 纳税调整项目明细表（部分） 金额单位：万元

行次	项目	账载金额	税收金额	调增金额	调减金额
		1	2	3	4
1	一、收入类调整项目	*	*	181.41	
2	（一）视同销售收入（填写A105010）	*			*
3	（二）未按权责发生制原则确认的收入（填写A105020）				
4	（三）投资收益（填写A105030）	1 018.59	1 200	181.41	
5	（四）按权益法核算长期股权投资对初始投资成本调整确认收益	*	*	*	
6	（五）交易性金融资产初始投资调整	*	*		*
7	（六）公允价值变动净损益		*		
45	合计（1+12+31+36+43+44）	*	*	181.41	

8. 2017年1月5日，收到利息。

（1）会计处理。

借：银行存款 12 000 000

贷：应收利息 12 000 000

（2）税务处理。

在应付利息日确认企业所得税收入1 200万元。税会差异需要在年终汇算清缴时调增应纳税所得额。

9. 2017年12月31日，确认利息收入。

（1）会计处理。

应收利息 =20 000 ×6% =1 200（元）

利息调整 =709.19 -164.54 -172.77 -181.41 =190.47（元）

实际利息收入 =1 200 -190.47 =1 009.53（元）

借：应收利息 12 000 000

贷：持有至到期投资——利息调整 1 904 700

投资收益 10 095 300

（2）税务处理。

根据《企业所得税法》的规定，利息收入应在应付利息日确认收入的实现，因此，2016年企业所得税处理时应确认收入1 200万元；会计上根据权责发生制确认的计入投资收益科目的金额为 1 009. 53 万元，差额 190. 47 万元应在年终汇算清缴时调增应纳税所得额。

10. 2018 年 1 月 5 日，收到利息和本金。

（1）会计处理。

借：银行存款　　212 000 000

　贷：应收利息　　12 000 000

　　持有至到期投资——成本　　200 000 000

（2）税务处理。

企业所得税上应在应付利息日（1 月 5 日）确认利息收入 1 200 万元，在年终汇汇算清缴时调增应纳税所得额。

【例 5 – 4】 接例 5 – 3，假定甲公司购买的债券不是分次付息，而是到期一次还本付息，且利息不是以复利计算。实际利率为 4. 38%。

要求：进行相关的账务与税务处理。

1. 2013 年 12 月 31 日购入债券。

（1）会计处理。

借：持有至到期投资——成本　　200 000 000

　　——应计利息　　12 000 000

　　——利息调整　　7 091 900

　贷：银行存款　　219 091 900

（2）税务处理。

该划为持有至到期投资的债券投资的计税基础为 21 909. 19 万元，各年摊余成本、实际利息收入和应收利息计算如表 5 – 21 所示。

表 5 – 21　　各年摊余成本、实际利息收入和应计利息计算表　　单位：万元

年份	期初摊余成本（a）	实际利息（b）（按 4. 38% 算）	现金流量（c）	期末摊余成本（d = a + b – c）
2014	21 909. 19	959. 62	0	22 868. 81
2015	22 868. 81	1 001. 65	0	23 870. 46
2016	23 870. 46	1 045. 53	0	24 915. 99
2017	24 915. 99	1 084. 01	26 000	0

2. 2014 年 12 月 31 日，确认利息收入。

(1) 会计处理。

应计利息 =20 000 ×6% =1 200（万元）

实际利息收入 =21 909. 19 ×4. 38% =959. 62（万元）

利息调整 =1 200 －959. 62 =240. 38（万元）

2014 年 12 月 31 日摊余成本 =21 909. 19 +1 200 －240. 38 =22 868. 81（万元）

借：持有至到期投资——应计利息　　12 000 000

　　贷：持有至到期投资——利息调整　　2 403 800

　　　　投资收益　　9 596 200

(2) 税务处理。

根据《企业所得税法》的规定，利息收入应在应付利息日确认收入的实现。因此，对于到期还本付息债券，企业所得税应在到期日确认利息收入；会计上根据权责发生制按年确认的计入投资收益科目的金额，应在年终汇算清缴时，通过“投资收益纳税调整明细表”（A105030）第 3 行“三、持有至到期投资”和“纳税调整项目明细表”（A105000）第 4 行“（三）投资收益”调减应纳税所得额，如表 5 －22、表 5 －23 所示。

3. 2015 年 12 月 31 日，确认实际利息收入。

(1) 会计处理。

应计利息 =20 000 ×6% =1 200（万元）

实际利息收入 =22 868. 81 ×4. 38% =1 001. 65（万元）

利息调整 =1 200 －1 001. 65 =198. 35（万元）

2015 年 12 月 31 日摊余成本 =22 868. 81 +1 200 －198. 35 =23 870. 46（万元）

借：持有至到期投资——应计利息　　12 000 000

　　贷：持有至到期投资——利息调整　　1 983 500

　　　　投资收益　　10 016 500

(2) 税务处理。

表 5-22 A105030 投资收益纳税调整明细表（2014 年）

金额单位：万元

行次	项目	持有收益			处置收益							纳税调整金额
		账载金额	税收金额	纳税调整金额	会计确认的处置收入	税收计算的处置收入	处置投资的账面价值	处置投资的计税基础	会计确认的处置所得或损失	税收计算的处置所得	纳税调整金额	
		1	2	3（2-1）	4	5	6	7	8（4-6）	9（5-7）	10（9-8）	11（3+10）
1	一、交易性金融资产											
2	二、可供出售金融资产											
3	三、持有至到期投资	959.62	0	-959.62								-959.62
4	四、衍生工具											
5	五、交易性金融负债											
6	六、长期股权投资											
7	七、短期投资											
8	八、长期债券投资											
9	九、其他											
10	合计	959.62	0	-959.62								-959.62

表 5-23 A105000 纳税调整项目明细表（部分） 金额单位：万元

行次	项目	账载金额	税收金额	调增金额	调减金额
		1	2	3	4
1	一、收入类调整项目	*	*		959.62
2	（一）视同销售收入（填写 A105010）	*			*
3	（二）未按权责发生制原则确认的收入（填写 A105020）				
4	（三）投资收益（填写 A105030）	959.62	0		959.62
5	（四）按权益法核算长期股权投资对初始投资成本调整确认收益	*	*	*	
6	（五）交易性金融资产初始投资调整	*	*		*
7	（六）公允价值变动净损益		*		
45	合计（1+12+31+36+43+44）	*	*		959.62

根据《企业所得税法》的规定，利息收入应在应付利息日确认收入的实现，因而，对于到期还本付息债券，企业所得税应在到期日确认利息收入；会计上根据权责发生制按年确认的计入投资收益科目的金额，应在年终汇算清缴时，通过“投资收益纳税调整明细表”（A105030）第 3 行“三、持有至到期投资”和“纳税调整项目明细表”（A105000）第 4 行“（三）投资收益”调减应纳税所得额 1 001.65 万元。

4. 2016 年 12 月 31 日，确认利息收入。

(1) 会计处理。

应计利息 = 20 000 × 6% = 1 200（万元）

实际利息收入 = 23 870.46 × 4.38% = 1 045.53（万元）

利息调整 = 1 200 − 1 045.53 = 154.47（万元）

2016 年 12 月 31 日摊余成本 = 23 870.46 + 1 200 − 154.47 = 24 915.99（万元）

借：持有至到期投资——应计利息 12 000 000

　　贷：持有至到期投资——利息调整 1 544 700

　　　　投资收益 10 455 300

(2) 税务处理。

根据《企业所得税法》的规定，利息收入应在应付利息日确认收入的实现，因此，对于到期还本付息债券，企业所得税应在到期日确认利息收入；

会计上根据权责发生制按年确认的计入投资收益科目的金额，应在年终汇算清缴时，通过“投资收益纳税调整明细表”（A105030）第3行“三、持有至到期投资”和“纳税调整项目明细表”（A105000）第4行“（三）投资收益”调减应纳税所得额1 045.53万元。

5. 2017年12月31日，确认利息收入。

（1）会计处理。

应计利息＝20 000×6%＝1 200（万元）

利息调整＝709.19－240.38－198.35－154.47＝115.99（万元）

实际利息收入＝1 200－115.99＝1 084.01（万元）

借：持有至到期投资——应计利息　　12 000 000

　　贷：持有至到期投资——利息调整　　1 159 900

　　　　投资收益　　10 840 100

（2）税务处理。

根据《企业所得税法》的规定，利息收入应在应付利息日确认收入的实现，因此，对于到期还本付息债券，企业所得税应在到期日确认利息收入；会计上根据权责发生制按年确认的计入投资收益科目的金额，应在年终汇算清缴时，通过“投资收益纳税调整明细表”（A105030）第3行“三、持有至到期投资”和“纳税调整项目明细表”（A105000）第4行“（三）投资收益”调减应纳税所得额1 084.01万元。

6. 2018年1月5日，收到利息和本金。

（1）会计处理。

借：银行存款　　260 000 000

　　贷：持有至到期投资——成本　　200 000 000

　　　　　　　　　　　——应计利息　　60 000 000

（2）税务处理。

根据《企业所得税法》的规定，利息收入应在应付利息日确认收入的实现，因此，对于到期还本付息债券，企业所得税应在到期日一次确认全部利息收入，通过“投资收益纳税调整明细表”（A105030）第3行“三、持有至到期投资”和“纳税调整项目明细表”（A105000）第4行“（三）投资收益”调增应纳税所得额，如表5－24、表5－25所示。

表 5－24　A105030　　投资收益纳税调整明细表

金额单位：万元

行次	项目	持有收益			处置收益							纳税调整金额
		账载金额	税收金额	纳税调整金额	会计确认的处置收入	税收计算的处置收入	处置投资的账面价值	处置投资的计税基础	会计确认的处置所得或损失	税收计算的处置所得	纳税调整金额	
		1	2	3（2－1）	4	5	6	7	8（4－6）	9（5－7）	10（9－8）	11（3＋10）
1	一、交易性金融资产											
2	二、可供出售金融资产											
3	三、持有至到期投资	0	6 000	6 000								6 000
4	四、衍生工具											
5	五、交易性金融负债											
6	六、长期股权投资											
7	七、短期投资											
8	八、长期债券投资											
9	九、其他											
10	合计	0	6 000	6 000								6 000

表 5 - 25　A105000　　纳税调整项目明细表（部分）　　金额单位：万元

行次	项　目	账载金额	税收金额	调增金额	调减金额
		1	2	3	4
1	一、收入类调整项目	*	*	6 000	
2	（一）视同销售收入（填写 A105010）	*			*
3	（二）未按权责发生制原则确认的收入（填写 A105020）				
4	（三）投资收益（填写 A105030）	0	6 000	6 000	
5	（四）按权益法核算长期股权投资对初始投资成本调整确认收益	*	*	*	
6	（五）交易性金融资产初始投资调整	*	*		*
7	（六）公允价值变动净损益		*		
45	合计（1 + 12 + 31 + 36 + 43 + 44）	*	*	6 000	

（四）《小企业会计准则》长期债券投资的处理

根据《小企业会计准则》的规定，长期债券投资应当按照购买价款和相关税费作为成本进行计量。实际支付价款中包含的已到付息期但尚未领取的债券利息，应当单独确认为应收利息，不计入长期债券投资的成本。长期债券投资在持有期间发生的应收利息应当确认为投资收益。

1. 分期付息、一次还本的长期债券投资

分期付息、一次还本的长期债券投资，在债务人应付利息日按照票面利率计算的应收未收利息收入应当确认为应收利息，不增加长期债券投资的账面余额。

这种情况下，税会处理一致。

2. 一次还本付息的长期债券投资

一次还本付息的长期债券投资，在债务人应付利息日按照票面利率计算的应收未收利息收入应当增加长期债券投资的账面余额。

税会计差异需在年终汇算清缴时调整应纳税所得额。

3. 折价或者溢价的摊销

债券的折价或者溢价在债券存续期间内于确认相关债券利息收入时采用直线法进行摊销。

长期债券投资到期，小企业收回长期债券投资，应当冲减其账面余额。处置长期债券投资，处置价款扣除其账面余额、相关税费后的净额应当计入投资收益。小企业长期债券投资符合规定条件的，减除可收回的金额后确认的无法收回的长期债券投资，作为长期债券投资损失。长期债券投资损失应当于实际发生时计入营业外支出，同时冲减长期债券投资账面余额。

四、划为可供出售金融资产的处理

（一）初始计量与计税基础

划为可供出售金融资产的债权投资，应当按公允价值和交易费用计量。

相关交易费用应当计入初始确认金额。企业取得金融资产所支付的价款中包含的已到付息期但尚未领取的债券利息，应当单独确认为应收项目进行处理。

这与企业所得税有关计税基础的规定一致。

企业取得作为可供出售金融资产的债券投资的会计处理为：

借：可供出售金融资产——成本［债券面值］

　　应收利息［包含的已到付息期但尚未领取的利息］

　　可供出售金融资产——利息调整［按差额］

　　贷：银行存款［按实际支付的金额］

　　　　可供出售金融资产——利息调整［按差额］

（二）后续计量与会计核算

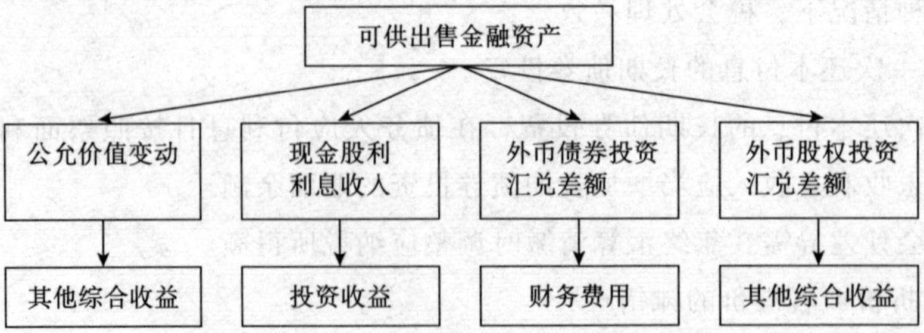

图 5－1　可供出售金额资产后续计量示意图

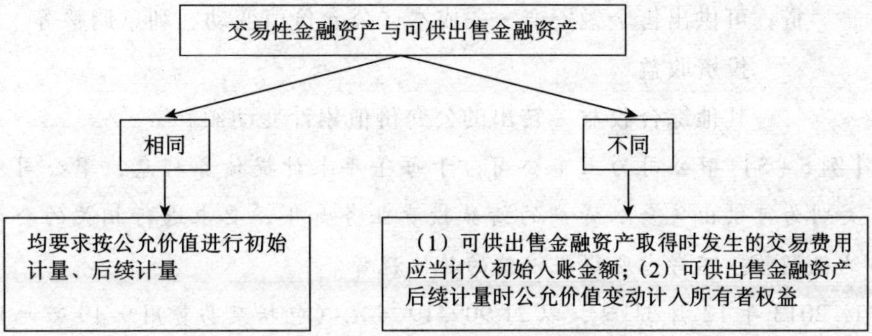

图 5－2　交易性金融资产与可供出售金融资产的会计计量比较

1. 资产负债表日，可供出售金融资产为债券的应确认利息收入

（1）可供出售金融资产为分期付息、一次还本债券。

借：应收利息［面值×票面利率］

　　可供出售金融资产——利息调整［按其差额］

　　贷：投资收益［期初摊余成本×实际利率］

　　　　可供出售金融资产——利息调整［按其差额］

（2）可供出售金融资产为一次还本付息债券。

借：可供出售金融资产——应计利息［面值×票面利率］

　　可供出售金融资产——利息调整［按其差额］

　　贷：投资收益［期初摊余成本×实际利率］

　　　　可供出售金融资产——利息调整［按其差额］

2. 资产负债表日确认公允价值变动

（1）可供出售金融资产的公允价值高于其账面余额的差额。

借：可供出售金融资产——公允价值变动

　　贷：其他综合收益

（2）公允价值低于其账面余额的差额，做相反的会计分录。

借：其他综合收益

　　贷：可供出售金融资产——公允价值变动

3. 可供出售金融资产的处置

借：银行存款［应按实际收到的金额］

　　其他综合收益［转出的公允价值累计变动额］

贷：可供出售金融资产——成本、公允价值变动、利息调整等

投资收益

其他综合收益［转出的公允价值累计变动额］

【例5-5】甲公司为上市公司，于每年年末计提债券利息，甲公司发生的有关划为可供出售金融资产的债券投资业务如下，要求进行相关的会计处理与纳税调整，不考虑所得税以外的其他税费。

1. 2013年12月31日，以21 909.19万元（包括交易费用9.19万元）的价格购入乙公司于2013年1月1日发行的5年期到期还本、分期付息债券，债券面值总额为20 000万元，付息日为每年1月5日，票面年利率为6%。甲公司将债券划分为可供出售金融资产。实际利率为5%。

解析：

1. 2013年12月31日购入债券。

（1）会计处理。

借：可供出售金融资产——成本	200 000 000	
应收利息	12 000 000	
可供出售金融资产——利息调整	7 091 900	
贷：银行存款		219 091 900

（2）税务处理。

划为可供出售金融资产的债券投资的计税基础为20 709.19万元。

2. 2014年1月5日，收到乙公司支付的债券利息，存入银行。

借：银行存款	12 000 000	
贷：应收利息		12 000 000

3. 2014年12月31日，确认利息收入。

（1）会计处理。

应收利息 = 20 000 × 6% = 1 200（元）

实际利息收入 = 20 709.19 × 5% = 1 035.46（万元）

利息调整 = 1 200 - 1 035.46 = 164.54（万元）

借：应收利息	12 000 000	
贷：可供出售金融资产——利息调整		1 645 400
投资收益		10 354 600

（2）税务处理。

企业所得税处理时，应在应付利息日确认利息收入，即应在到期付息时一次性确认到期还本付息债券的利息收入。会计上按实际利率法计算确认的利息收入应在年终汇算清缴时调减应纳税所得额。

4. 2014 年年末该债券的公允价值为 21 000 万元。

（1）会计处理。

2014 年年末可供出售金融资产摊余成本为：20 709.19 − 164.54 = 20 544.65（万元）；2014 年年末可供出售金融资产的账面价值为 21 000（万元）。

公允价值变动 = 21 000 −（20 709.19 − 164.54）= 455.35（万元）

借：可供出售金融资产——公允价值变动　　　　455.35

　　贷：其他综合收益　　　　455.35

（2）税务处理。

计税基础仍为 20 709.19 万元。

根据《企业所得税法》的规定，利息收入应在应付利息日确认收入的实现，因此，2014 年年末会计上按实际利率计提的利息收入 1 035.46 万元，应在应付利息日 2015 年 1 月 5 日确认企业所得税收入，税会差异应通过“投资收益纳税调整明细表”（A105030）第 2 行“二、可供出售金融资产”和“纳税调整项目明细表”（A105000）第 4 行“（三）投资收益”调增应纳税所得额，如表 5 − 26、表 5 − 27 所示。

5. 2015 年 1 月 5 日，收到利息。

（1）会计处理。

借：银行存款　　　　12 000 000

　　贷：应收利息　　　　12 000 000

（2）税务处理。

企业所得税应在应付利息日即 2015 年 1 月 5 日确认利息收入 1 200 万元，会计上冲减应收利息，税会差异应在年终汇算清缴时调整应纳税所得额。

6. 2015 年 12 月 31 日，确认利息收入。

表 5-26　A105030　　**投资收益纳税调整明细表**　　金额单位：万元

行次	项目	持有收益			处置收益							纳税调整金额
		账载金额	税收金额	纳税调整金额	会计确认的处置收入	税收计算的处置收入	处置投资的账面价值	处置投资的计税基础	会计确认的处置所得或损失	税收计算的处置所得	纳税调整金额	
		1	2	3（2-1）	4	5	6	7	8（4-6）	9（5-7）	10（9-8）	11（3+10）
1	一、交易性金融资产											
2	二、可供出售金融资产	1 035.46	0	-1 035.46								-1 035.46
3	三、持有至到期投资											
4	四、衍生工具											
5	五、交易性金融负债											
6	六、长期股权投资											
7	七、短期投资											
8	八、长期债券投资											
9	九、其他											
10	合计	1 035.46	0	-1 035.46								-1 035.46

表 5 - 27　A105000　　纳税调整项目明细表（部分）　　金额单位：万元

行次	项　　目	账载金额	税收金额	调增金额	调减金额
		1	2	3	4
1	一、收入类调整项目	*	*		1 035.46
2	（一）视同销售收入（填写 A105010）	*			*
3	（二）未按权责发生制原则确认的收入（填写 A105020）				
4	（三）投资收益（填写 A105030）	1 035.46	0		1 035.46
5	（四）按权益法核算长期股权投资对初始投资成本调整确认收益	*	*	*	
6	（五）交易性金融资产初始投资调整	*	*		*
7	（六）公允价值变动净损益		*		
45	合计（1 + 12 + 31 + 36 + 43 + 44）	*	*		

（1）会计处理。

应收利息 = 20 000 × 6% = 1 200（万元）

实际利息收入 = 20 544.65 × 5% = 1 027.23（万元）

利息调整 = 1 200 - 1 027.23 = 172.77（万元）

借：应收利息　　　　12 000 000

　　贷：可供出售金融资产——利息调整　　　　1 727 700

　　　　投资收益　　　　10 272 300

（2）税务处理。

企业所得税应在应付利息日确认利息收入，对会计上计提的投资收益金额，应在年终汇算清缴时，调减应纳税所得额 1 027.23 万元。

7. 2015 年 12 月 31 日公允价值为 20 700 万元。为暂时性下跌。

（1）会计处理。

公允价值变动 = 20 700 -（21 000 - 172.77）= - 127.23（万元）

借：其他综合收益　　　　1 272 300

　　贷：可供出售金融资产——公允价值变动　　　　1 272 300

2015 年年末可供出售金融资产的摊余成本：

20 544.65 - 172.77 = 20 371.88（万元）

2015 年年末可供出售金融资产的账面价值 = 20 700（万元）；

计税基础为 20 709.19 万元。

（2）税务处理。

根据《企业所得税法》的规定，利息收入应在应付利息日确认收入的实现，即 2015 年应确认利息收入 1 200 万元；2015 年年末会计上按实际利率计提的利息收入 1 027.23 万元，税会差异应在汇算清缴时通过“投资收益纳税调整明细表”（A105030）第 2 行“二、可供出售金融资产”和“纳税调整项目明细表”（A105000）第 4 行“（三）投资收益”调增应纳税所得额，如表 5－28、表 5－29 所示。

8. 2016 年 1 月 5 日，收到利息。

借：银行存款	12 000 000	
贷：应收利息		12 000 000

9. 2016 年 1 月 6 日，甲公司出售全部该债券，取得价款 20 800 万元。

（1）会计处理。

可供出售金融资产科目各明细科目余额为：

“成本” = 20 000（万元）

“利息调整” = 709.19 － 164.54 － 172.77 = 371.88（万元）

“公允价值变动” = 455.35 － 127.23 = 328.12（万元）

借：银行存款	208 000 000	
贷：可供出售金融资产——成本		200 000 000
——利息调整		3 718 800
——公允价值变动		3 281 200
投资收益		1 000 000
借：其他综合收益	3 281 200	
贷：投资收益		3 281 200

（2）税务处理。

根据《企业所得税法》的规定，利息收入应在应付利息日确认收入的实现，即 2016 年应确认利息收入 1 200 万元；会计上“其他综合收益”转入“投资收益”328.12 万元，不用在当期缴纳企业所得税。

表 5－28 A105030 投资收益纳税调整明细表

金额单位：万元

行次	项目	持有收益			处置收益							纳税调整金额
		账载金额	税收金额	纳税调整金额	会计确认的处置收入	税收计算的处置收入	处置投资的账面价值	处置投资的计税基础	会计确认的处置所得或损失	税收计算的处置所得	纳税调整金额	
		1	2	3（2－1）	4	5	6	7	8（4－6）	9（5－7）	10（9－8）	11（3＋10）
1	一、交易性金融资产											
2	二、可供出售金融资产	1 027.23	1 200	172.77								172.77
3	三、持有至到期投资											
4	四、衍生工具											
5	五、交易性金融负债											
6	六、长期股权投资											
7	七、短期投资											
8	八、长期债券投资											
9	九、其他											
10	合计	1 027.23	1 200	172.77								172.77

表 5-29 A105000 纳税调整项目明细表（部分） 金额单位：万元

行次	项目	账载金额	税收金额	调增金额	调减金额
		1	2	3	4
1	一、收入类调整项目	*	*	172.77	
2	（一）视同销售收入（填写 A105010）	*			*
3	（二）未按权责发生制原则确认的收入（填写 A105020）				
4	（三）投资收益（填写 A105030）	1 027.23	1 200	172.77	
5	（四）按权益法核算长期股权投资对初始投资成本调整确认收益	*	*	*	
6	（五）交易性金融资产初始投资调整	*	*		*
7	（六）公允价值变动净损益		*		
45	合计（1+12+31+36+43+44）	*	*	172.77	

处置债券投资的税收处置所得为：20 800 - 20 709.19 = 90.81（万元），会计上处置所得为100万元，税会差异应在汇算清缴时通过“投资收益纳税调整明细表”（A105030）第2行“二、可供出售金融资产”和“纳税调整项目明细表”（A105000）第4行“（三）投资收益”调增应纳税所得额，如表5-30、表5-31所示。

（三）转让国债减免增值税的会计处理

金融商品实际转让月末，如产生转让收益，则按应纳税额借记“投资收益”等科目，贷记“应交税费——转让金融商品应交增值税”科目；如产生转让损失，则按可结转下月抵扣税额，借记“应交税费——转让金融商品应交增值税”科目，贷记“投资收益”等科目。

【例5-6】 A公司将其取得成本为3 300万元的国债，在二级市场以4 000万元转让出去，则转让金融商品应交增值税：（4 000 - 3 300）×6% = 42（万元）。

借：投资收益 420 000

　　贷：应交税费——转让金融商品应交增值税 420 000

表 5－30 A105030 **投资收益纳税调整明细表** 金额单位：万元

行次	项 目	持有收益			处置收益							纳税调整金额
		账载金额	税收金额	纳税调整金额	会计确认的处置收入	税收计算的处置收入	处置投资的账面价值	处置投资的计税基础	会计确认的处置所得或损失	税收计算的处置所得	纳税调整金额	
		1	2	3（2－1）	4	5	6	7	8（4－6）	9（5－7）	10（9－8）	11（3＋10）
1	一、交易性金融资产											
2	二、可供出售金融资产	328.12	1 200	872.88	20 800	20 800	20 700	20 709.19	100	90.81	－9.19	863.69
3	三、持有至到期投资											
4	四、衍生工具											
5	五、交易性金融负债											
6	六、长期股权投资											
7	七、短期投资											
8	八、长期债券投资											
9	九、其他											
10	合计	328.12	1 200	872.88	20 800	20 800	20 700	20 709.19	100	90.81	－9.19	863.69

表 5-31　A105000　　纳税调整项目明细表（部分）　　金额单位：万元

行次	项　目	账载金额	税收金额	调增金额	调减金额
		1	2	3	4
1	一、收入类调整项目	*	*		862.69
2	（一）视同销售收入（填写 A105010）	*			*
3	（二）未按权责发生制原则确认的收入（填写 A105020）				
4	（三）投资收益（填写 A105030）	428.12	1 290.81		862.69
5	（四）按权益法核算长期股权投资对初始投资成本调整确认收益	*	*	*	
6	（五）交易性金融资产初始投资调整	*	*		*
7	（六）公允价值变动净损益		*		
45	合计（1+12+31+36+43+44）	*	*		862.69

根据规定，减免转让国债应纳增值税：

借：应交税费——应交增值税（减免税款）　　420 000

　　贷：营业外收入　　420 000

（四）购买银行理财产品的处理

【例 5-7】 甲上市公司利用自有资金购买银行理财产品。该理财产品为保本保收益型，期限为 6 个月，不可转让交易，也不可提前赎回，实际收益超过保证收益的部分由银行享有。甲公司购买该理财产品的主要目的在于取得理财产品利息收入。甲公司未打算将该理财产品指定为以公允价值计量且其变动计入当期损益的金融资产。

解析： 该理财产品可以划分为应收款项类金融资产，甲公司也可以将该理财产品指定为可供出售债务工具。

该理财产品不可转让交易或提前赎回，且甲公司的主要目的在于取得理财产品利息收入，表明其不是为了近期内出售或采用短期获利方式进行管理，因此，不应当划分为交易性金融资产。

该理财产品不可转让交易或提前赎回，表明该理财产品在活跃市场中没有报价，所以不应当划分为持有至到期投资。

由于该理财产品保本保收益，且实际收益超过保证收益的部分由银行享有，表明回收金额固定或可确定，且在活跃市场中没有报价，甲公司可以将其划分为应收款项类金融资产。与此同时，如果该理财产品的公允价值能够可靠计量，甲公司也可以将该理财产品指定为可供出售债务工具。

第三节　权益性投资收益纳税调整

权益性投资按对被投资单位的影响程度，可以分为对子公司投资、对合营企业投资和对联营企业投资等。《企业会计准则第 2 号——长期股权投资》规范了符合条件的权益性投资的确认和计量。其他投资适用《企业会计准则第 22 号——金融工具确认和计量》，如表 5－32 所示。

表 5－32　　权益性投资的分类

	按对被投资单位的影响程度	适用的会计准则	会计科目
权益性投资	对子公司投资	会计准则第 2 号——长期股权投资	长期股权投资
	对合营企业投资		
	对联营企业投资		
	公允价值计量且其变动计入当期损益的金融资产	会计准则第 22 号——金融工具确认与计量	交易性金融资产
	公允价值计量且其变动计入其他综合收益的金融资产		可供出售金额资产

一、权益性投资收益的税务处理

（一）股息、红利等权益性投资收益

1. 权益性投资收益的界定

根据《企业所得税法》第十七条的规定，股息、红利等权益性投资收益，是指企业因权益性投资从被投资方取得的收入。

根据《国家税务总局关于贯彻落实企业所得税法若干税收问题的通知》（国税函〔2010〕79号）第四条的规定，被投资企业将股权（票）溢价所形成的资本公积转为股本的，不作为投资方企业的股息、红利收入，投资方企业也不得增加该项长期投资的计税基础。

企业所得税处理时计入收入总额的股息、红利等权益性投资收益，包括现金股利、股票股利、盈余公积转增股本以及除股权（票）溢价所形成的资本公积以外其他资本公积转增股本收入等。

2. 权益性投资收益收入的确认

根据《企业所得税法》第十七条的规定，股息、红利等权益性投资收益，除国务院财政、税务主管部门另有规定外，按照被投资方作出利润分配决定的日期确认收入的实现。

根据国税函〔2010〕79号文第四条“关于股息、红利等权益性投资收益收入确认问题”的进一步规定，企业权益性投资取得股息、红利等收入，应以被投资企业股东会或股东大会作出利润分配或转股决定的日期，确定收入的实现。

被投资企业将股权（票）溢价所形成的资本公积转为股本的，不作为投资方企业的股息、红利收入，投资方企业也不得增加该项长期投资的计税基础，如表5－33所示。

表5－33　股息、红利等权益性投资收益

界定	内容	股息、红利等权益性投资收益的收入确认	
股息、红利等权益性投资收益，是指企业因权益性投资从被投资方取得的收入。	现金股利（利润）	《企业所得税法》第十七条	除国务院财政、税务主管部门另有规定外，按照被投资方作出利润分配决定的日期确认收入的实现。
	股票股利		
	盈余公积转增股本收入	国税函〔2010〕79号第四条	应以被投资企业股东会或股东大会作出利润分配或转股决定的日期，确定收入的实现。
	资本（股本）溢价以外的其他资本公积转增股本收入		被投资企业将股权（票）溢价所形成的资本公积转为股本的，不作为投资方企业的股息、红利收入，投资方企业也不得增加该项长期投资的计税基础。

（二）符合条件的股息、红利为免税收入

1. 符合条件的股息、红利等权益性投资收益优惠

根据《企业所得税法》第二十六条第（二）项和第（三）项的规定，符合条件的居民企业之间的股息、红利等权益性投资收益以及在中国境内设立机构、场所的非居民企业从居民企业取得与该机构、场所有实际联系的股息、红利等权益性投资收益为免税收入，如表 5－34 所示。

表 5－34 符合条件的居民企业之间的股息、红利等权益性投资收益为免税收入

<table>
<tr><th>《企业所得税法》</th><th>免税的股息、红利的界定</th></tr>
<tr><td>第二十六条　企业的下列收入为免税收入：</td><td rowspan="3">符合条件的居民企业之间的股息、红利等权益性投资收益，是指居民企业直接投资于其他居民企业取得的投资收益。</td></tr>
<tr><td>（一）国债利息收入；</td></tr>
<tr><td>（二）符合条件的居民企业之间的股息、红利等权益性投资收益；</td></tr>
<tr><td>（三）在中国境内设立机构、场所的非居民企业从居民企业取得与该机构、场所有实际联系的股息、红利等权益性投资收益；</td><td rowspan="2">不包括连续持有居民企业公开发行并上市流通的股票不足 12 个月取得的投资收益。</td></tr>
<tr><td>（四）符合条件的非营利组织的收入。</td></tr>
</table>

根据《企业所得税法实施条例》第八十三条的规定，这里所称符合条件的居民企业之间的股息、红利等权益性投资收益，是指居民企业直接投资于其他居民企业取得的投资收益。股息、红利等权益性投资收益，不包括连续持有居民企业公开发行并上市流通的股票不足 12 个月取得的投资收益。

这里的不足 12 个月，是指从取得股票之日到分配股息、红利决定之日不足 12 个月。

2. 免税收入优惠管理

符合条件的居民企业之间的股息、红利等权益性投资收益免征企业所得税优惠，采取“自行判别、申报享受、相关资料留存备查”的办理方式。企业应当根据经营情况以及相关税收规定自行判断是否符合优惠事项规定的条件，符合条件的可以按照规定时间自行计算减免税额，并通过填报企业所得税纳税申报表享受税收优惠。同时，归集和留存以下资料备查：

（1）被投资企业的最新公司章程（企业在证券交易市场购买上市公司股票获得股权的，提供相关记账凭证、本公司持股比例以及持股时间超过12个月情况说明）；

（2）被投资企业股东会（或股东大会）利润分配决议或公告、分配表；

（3）被投资企业进行清算所得税处理的，留存被投资企业填报的加盖主管税务机关受理章的“中华人民共和国清算所得税申报表”及附表三“剩余财产计算和分配明细表”复印件；

（4）投资收益、应收股利科目明细账或按月汇总表。

3. 免税收入所对应费用的扣除

国税函〔2010〕79号文第六条“关于免税收入所对应的费用扣除问题”规定，根据《企业所得税法实施条例》第二十七条、第二十八条的规定，企业取得的各项免税收入所对应的各项成本费用，除另有规定者外，可以在计算企业应纳税所得额时扣除。

4. 从合伙企业分回的投资收益不免征

需要说明的是，法人合伙人从合伙企业分回的股息、红利等权益性投资收益，不属于符合条件的居民企业之间的股息、红利，不免征企业所得税。

（三）撤回或减少投资的处理

根据《国家税务总局关于企业所得税若干问题的公告》（国家税务总局公告2011年第34号）第五条的规定，投资企业从被投资企业撤回或减少投资，其取得的资产中，相当于初始出资的部分，应确认为投资收回；相当于被投资企业累计未分配利润和累计盈余公积按减少实收资本比例计算的部分，应确认为股息所得；其余部分确认为投资资产转让所得。被投资企业发生的经营亏损，由被投资企业按规定结转弥补；投资企业不得调整减低其投资成本，也不得将其确认为投资损失。

先收回投资成本，再确认股息、红利所得，最后确认资产转让所得。

【例5-8】2012年1月，A公司投资200万元于甲企业（持股40%）。2016年12月1日，A公司从甲企业取得撤回投资款560万元。此时，甲企业所有者权益为：股本500万元，留存收益100万元。不考虑其他因素的影响。

要求：进行相关会计与税务处理。

解析：

（1）会计处理。

借：银行存款　　5 600 000

　　贷：长期股权投资——投资成本　　2 000 000

　　　　投资收益　　3 600 000

（2）税务处理。

A 公司从甲企业取得撤回投资款 560 万元，其中，相当于初始出资的 200 万元，应确认为投资收回，不缴纳企业所得税；相当于被投资企业累计未分配利润和累计盈余公积按减少实收资本比例计算的 40 万元（100×40%），应确认为股息所得，可按居民企业间权益性投资收益作免税处理；其余 320 万元确认为投资资产转让所得，依法缴纳企业所得税。

（四）分得清算剩余资产的处理

1. 分得清算剩余资产的处理

根据《企业所得税法实施条例》第十一条的规定，投资方企业从被清算企业分得的剩余资产，其中相当于从被清算企业累计未分配利润和累计盈余公积中应当分得的部分，应当确认为股息所得。

剩余资产减除上述股息所得后的余额，超过或者低于投资成本的部分，应当确认为投资资产转让所得或者损失。

根据《财政部 国家税务总局关于企业清算业务企业所得税处理若干问题的通知》（财税〔2009〕60 号）的规定，被清算企业的股东分得的剩余资产的金额，其中相当于被清算企业累计未分配利润和累计盈余公积中按该股东所占股份比例计算的部分，应确认为股息所得；剩余资产减除股息所得后的余额，超过或低于股东投资成本的部分，应确认为股东的投资转让所得或损失。

可见，先确认股息、红利所得，再收回投资成本，最后确认财产转让所得或损失。

【例 5-9】2012 年 5 月 8 日，A 公司向甲公司投资 1 000 万元，占甲公司 30% 的股份，2016 年甲公司进行清算，清算时甲公司未分配利润和盈余公积余额为 3 000 万元，A 公司分得的清算剩余资产为 2 500 万元。

要求：

1. A公司分回的清算剩余资产应如何进行财税处理？

2. 如果A公司分得的清算剩余资产为800万元，应如何处理？

解析：

1. A公司分回的剩余清算资产的财税处理

（1）会计处理。

取得清算剩余资产：

借：银行存款　　25 000 000

　　贷：长期股权投资　　10 000 000

　　　　投资收益　　15 000 000

（2）税务处理。

首先，根据3 000万元累计留存收益按分配比例30%确认股息所得900万元（3 000×30%），此为免税收入。

其次，按照分回剩余资产2 500万元剔除股息900万元后的余额1 600万元，与投资成本1 000万元比较，确认投资资产转让所得600万元（1 600－1 000）。

2. 如果A公司分得的清算剩余资产800万元。

（1）会计处理。

取得清算剩余资产：

借：银行存款　　8 000 000

　　投资收益　　2 000 000

　　贷：长期股权投资　　10 000 000

（2）税务处理。

首先，根据累计留存收益按分配比例30%计算股息所得最高金额900万元（3 000×30%）。

其次，比较计算值900万元与收回的剩余资产金额800万元，按孰小值确定免税收入金额800万元。

最后，确认投资转让所得为0。

（五）股权转让所得

1. 股权转让所得的确认和计算

根据《国家税务总局关于贯彻落实企业所得税法若干税收问题的通知》（国税函〔2010〕79号）第三条“关于股权转让所得确认和计算问题”的规定，企业转让股权收入，应于转让协议生效、且完成股权变更手续时，确认收入的实现。转让股权收入扣除为取得该股权所发生的成本后，为股权转让所得。企业在计算股权转让所得时，不得扣除被投资企业未分配利润等股东留存收益中按该项股权所可能分配的金额。

《国家税务总局关于企业重组业务企业所得税征收管理若干问题的公告》（国家税务总局公告2015年第48号）第三条规定，股权收购，以转让合同（协议）生效且完成股权变更手续日为重组日。关联企业之间发生股权收购，转让合同（协议）生效后12个月内尚未完成股权变更手续的，应以转让合同（协议）生效日为重组日。

根据《国家税务总局关于企业取得财产转让等所得企业所得税处理问题的公告》（国家税务总局公告2010年第19号）第一条的规定，企业取得财产（包括各类资产、股权、债权等）转让收入、债务重组收入、接受捐赠收入、无法偿付的应付款收入等，不论是以货币形式、还是非货币形式体现，除另有规定外，均应一次性计入确认收入的年度计算缴纳企业所得税。

2. 核定征收

根据《国家税务总局关于企业所得税核定征收有关问题的公告》（国家税务总局公告2012年第27号）第一条的规定，专门从事股权（股票）投资业务的企业，不得核定征收企业所得税。

该公告第二条进一步规定，依法按核定应税所得率方式核定征收企业所得税的企业，取得的转让股权（股票）收入等转让财产收入，应全额计入应税收入额，按照主营项目（业务）确定适用的应税所得率计算征税；若主营项目（业务）发生变化，应在当年汇算清缴时，按照变化后的主营项目（业务）重新确定适用的应税所得率计算征税。

（六）股权投资损失的扣除

企业进行股权投资要么产生投资收益，要么导致投资损失，其中股权投资损失包括股权持有损失和股权处置损失。关于股权投资损失税务处理的政策依据，主要有《财政部 国家税务总局关于企业资产损失税前扣除政策的通知》（财税〔2009〕57号）、《企业资产损失所得税税前扣除管理办法》（国家税务总局公告2011年第25号）、《关于企业所得税资产损失资料留存备查有关事项的公告》（国家税务总局公告2018年第15号）等一系列相关文件。

1. 税前扣除“老政”

2008年1月1日以后，根据《企业所得税法》及其实施条例，企业对外投资期间，对投资资产的成本，在计算应纳税所得额时不得扣除。企业在转让或者处置投资资产时，投资资产的成本，准予扣除。根据财税〔2009〕57号文件规定，股权投资损失可以作为资产损失处理。对发生在2008年及其以后年度的股权投资处置损失可在发生的当年一次性扣除。

根据《国家税务总局关于企业股权投资损失所得税处理问题的公告》（国家税务总局公告2010年第6号，自2010年1月1日起执行）第一条的规定，企业对外进行权益性（以下简称股权）投资所发生的损失，在经确认的损失发生年度，作为企业损失在计算企业应纳税所得额时一次性扣除。

2. 税前扣除“新政”

根据《企业资产损失所得税税前扣除管理办法》，企业实际资产损失，应当在其实际发生且会计上已作损失处理的年度申报扣除；法定资产损失，应当在符合法定资产损失确认条件，且会计上已作损失处理的年度申报扣除。其中，实际资产损失是指企业在实际处置、转让上述资产过程中发生的合理损失；法定资产损失是指企业虽未实际处置、转让上述资产，但符合财税〔2009〕57号文和本办法规定条件计算确认的损失。

3. 股权投资损失税前扣除的申报

企业股权投资损失应依据以下相关证据材料确认：股权投资计税基础证明材料；被投资企业破产公告、破产清偿文件；工商行政管理部门注销、吊销被投资单位营业执照文件；政府有关部门对被投资单位的行政处理决定文件；被投资企业终止经营、停止交易的法律或其他证明文件；被投资企业资产处置方案、成交及入账材料；企业法定代表人、主要负责人和财务负责人签章证实有关投资（权益）性损失的书面申明；会计核算资料等其他相关证据材料。

企业向税务机关申报扣除资产损失，仅需填报企业所得税年度纳税申报表“资产损失税前扣除及纳税调整明细表”，不再报送资产损失相关资料。相关资料由企业留存备查。

二、长期股权投资的处理

（一）长期股权投资的范围

《企业会计准则第 2 号——长期股权投资》（以下简称长期股权投资准则）第二条规定，本准则所称长期股权投资，是指投资方对被投资单位实施控制、重大影响的权益性投资，以及对其合营企业的权益性投资。

1. 对子公司的权益性投资

投资方能够对被投资单位实施控制的权益性投资，即对子公司投资。控制，是指投资方拥有对被投资单位的权力，通过参与被投资单位的相关活动而享有可变回报，并且有能力运用对被投资单位的权力影响其回报金额。

在确定能否对被投资单位实施控制时，投资方应当按照《企业会计准则第 33 号——合并财务报表》的有关规定进行判断。投资方能够对被投资单位实施控制的，被投资单位为其子公司。投资方属于《企业会计准则第 33 号——合并财务报表》规定的投资性主体且子公司不纳入合并财务报表的情况除外。

2. 对合营企业的权益性投资

投资方与其他合营方一同对被投资单位实施共同控制且对被投资单位净资产享有权利的权益性投资，即对合营企业投资。共同控制，是指按照相关约定对某项安排所共有的控制，并且该安排的相关活动必须经过分享控制权的参与方一致同意后才能决策。

在确定被投资单位是否为合营企业时，应当按照《企业会计准则第 40 号——合营安排》的有关规定进行判断。

3. 对联营企业的权益性投资

投资方对被投资单位具有重大影响的权益性投资，即对联营企业投资。重大影响，是指对一个企业的财务和经营政策有参与决策的权力，但并不能够控制或者与其他方一起共同控制这些政策的制定。实务中，较为常见的重大影响体现为在被投资单位的董事会或类似权力机构中派有代表，通过在被投资单位财务和经营决策制定过程中的发言权实施重大影响。

投资方直接或通过子公司间接持有被投资单位20%以上但低于50%的表决权时，一般认为对被投资单位具有重大影响，除非有明确的证据表明该种情况下不能参与被投资单位的生产经营决策，不形成重大影响。在确定能否对被投资单位施加重大影响时，一方面应考虑投资方直接或间接持有被投资单位的表决权股份，同时要考虑投资方及其他方持有的当期可执行潜在表决权在假定转换为对被投资单位的股权后产生的影响，如被投资单位发行的当期可转换的认股权证、股份期权及可转换公司债券等的影响。

对被投资单位不具有控制、共同控制或重大影响的股权性投资，属于金融资产，应按金融工具确认和计量准则进行会计处理，如表5－35所示。

表5－35　长期股权投资的范围

会计科目	按影响程度	界定	
长期股权投资	对子公司投资（控制）	投资方能够对被投资单位实施控制的权益性投资，被投资单位为其子公司。	控制，是指投资方拥有对被投资单位的权力，通过参与被投资单位的相关活动而享有可变回报，并且有能力运用对被投资单位的权力影响其回报金额。
	对合营企业投资（共同控制）	投资方与其他合营方一同对被投资单位实施共同控制且对被投资单位净资产享有权利的权益性投资，即对合营企业投资。	共同控制，是指按照相关约定对某项安排所共有的控制，并且该安排的相关活动必须经过分享控制权的参与方一致同意后才能决策。
	对联营企业投资（重大影响）	投资方对被投资单位具有重大影响的权益性投资，即对联营企业投资。	重大影响，是指对一个企业的财务和经营政策有参与决策的权力，但并不能够控制或者与其他方一起共同控制这些政策的制定。

（二）企业合并形成的长期股权投资

根据《企业会计准则第20号——企业合并》（以下简称企业合并准则）

第二条的规定，企业合并，是指将两个或者两个以上单独的企业合并形成一个报告主体的交易或事项。企业合并分为同一控制下的企业合并和非同一控制下的企业合并。

企业合并准则第四条还规定，本准则不涉及下列企业合并：

①两方或者两方以上形成合营企业的企业合并。

②仅通过合同而不是所有权份额将两个或者两个以上单独的企业合并形成一个报告主体的企业合并。

1. 初始计量与计税基础

(1) 初始计量。

根据长期股权投资准则第五条的规定，企业合并形成的长期股权投资，应当按照下列规定确定其初始投资成本：

①同一控制下的企业合并。

同一控制下的企业合并，合并方以支付现金、转让非现金资产或承担债务方式作为合并对价的，应当在合并日按照被合并方所有者权益在最终控制方合并财务报表中的账面价值的份额作为长期股权投资的初始投资成本。长期股权投资初始投资成本与支付的现金、转让的非现金资产以及所承担债务账面价值之间的差额，应当调整资本公积；资本公积不足冲减的，调整留存收益。

合并方以发行权益性证券作为合并对价的，应当在合并日按照被合并方所有者权益在最终控制方合并财务报表中的账面价值的份额作为长期股权投资的初始投资成本。按照发行股份的面值总额作为股本，长期股权投资初始投资成本与所发行股份面值总额之间的差额，应当调整资本公积；资本公积不足冲减的，调整留存收益。

②非同一控制下的企业合并。

非同一控制下的企业合并，购买方在购买日应当按照《企业会计准则第20号——企业合并》的有关规定确定的合并成本作为长期股权投资的初始投资成本。

③中介费用与相关管理费用处理。

合并方或购买方为企业合并发生的审计、法律服务、评估咨询等中介费用以及其他相关管理费用，应当于发生时计入当期损益。

（2）计税基础。

根据《企业所得税法实施条例》第七十一条的规定，长期股权投资的计税基础按照以下方法确定：①通过支付现金方式取得的长期股权投资，以购买价款为计税基础，包括与取得长期股权投资直接相关的费用、税金及其他必要支出；②通过支付现金以外的方式取得的长期股权投资，以该资产的公允价值和支付的相关税费为成本。

2. 后续计量与纳税调整

（1）后续计量。

根据长期股权投资准则第八条的规定，采用成本法核算的长期股权投资应当按照初始投资成本计价。追加或收回投资应当调整长期股权投资的成本。被投资单位宣告分派的现金股利或利润，应当确认为当期投资收益。

收到被投资单位发放的股票股利，不进行账务处理，但应在备查簿中登记。

企业应设置“应收股利”科目，核算企业应收取的现金股利和应收取其他单位分配的利润。本科目应当按照被投资单位进行明细核算。

被投资单位宣告发放现金股利或利润，按应归本企业享有的金额，借记本科目，贷记“投资收益”或“长期股权投资——损益调整”科目。

收到现金股利或利润，借记“银行存款”等科目，贷记本科目。

本科目期末借方余额，反映企业尚未收回的现金股利或利润。

（2）纳税调整。

《国家税务总局关于贯彻落实企业所得税法若干税收问题的通知》（国税函〔2010〕79号）第四条“关于股息、红利等权益性投资收益收入确认问题”规定，企业权益性投资取得股息、红利等收入，应以被投资企业股东会或股东大会作出利润分配或转股决定的日期，确定收入的实现。

被投资企业将股权（票）溢价所形成的资本公积转为股本的，不作为投资方企业的股息、红利收入，投资方企业也不得增加该项长期投资的计税基础。

因而，对于被投资企业发放的股票股利，投资方企业应在被投资单位宣告分派股票股利时，应当确认为当期股息、红利收入，税会差异应进行纳税调整。

3. 成本法的适用

(1) 对子公司长期股权投资采用成本法核算。

根据长期股权投资准则第七条的规定，投资方能够对被投资单位实施控制的长期股权投资应当采用成本法核算。

(2)《小企业会计准则》采用成本法。

根据《小企业会计准则》的规定，长期股权投资应当按照成本进行计量。

以支付现金取得的长期股权投资，应当按照购买价款和相关税费作为成本进行计量。实际支付价款中包含的已宣告但尚未发放的现金股利，应当单独确认为应收股利，不计入长期股权投资的成本。

通过非货币性资产交换取得的长期股权投资，应当按照换出非货币性资产的评估价值和相关税费作为成本进行计量。

根据《小企业会计准则》的规定，长期股权投资应当采用成本法进行会计处理。在长期股权投资持有期间，被投资单位宣告分派的现金股利或利润，应当按照应分得的金额确认为投资收益。处置长期股权投资，处置价款扣除其成本、相关税费后的净额，应当计入投资收益。

4. 长期股权投资减值的核算

企业应设置“长期股权投资减值准备”科目，核算企业长期股权投资发生减值时计提的减值准备。本科目应当按照被投资单位进行明细核算。

资产负债表日，企业根据《企业会计准则第 8 号——资产减值》确定长期股权投资发生减值的，按应减记的金额，借记“资产减值损失”科目，贷记本科目。

处置长期股权投资时，应同时结转已计提的长期股权投资减值准备。

本科目期末贷方余额，反映企业已计提但尚未转销的长期股权投资减值准备。

5. 投资收益的核算

企业应设置“投资收益”科目，核算企业根据长期股权投资准则确认的投资收益或投资损失。本科目应当按照投资项目进行明细核算。

(1) 分配股利或利润。

长期股权投资采用成本法核算的，企业应按被投资单位宣告发放的现金股利或利润中属于本企业的部分，借记“应收股利”科目，贷记本科目。

权益法核算下，取得长期股权投资后，被投资单位宣告发放现金股利或利润时，企业计算应分得的部分，借记“应收股利”科目，贷记本科目（损益调整）。

借：应收股利

　　贷：长期股权投资——损益调整

（2）处置长期股权投资。

处置长期股权投资时，应按实际收到的金额，借记“银行存款”等科目，原已计提减值准备的，借记“长期股权投资减值准备”科目，按其账面余额，贷记“长期股权投资”科目，按尚未领取的现金股利或利润，贷记“应收股利”科目，按其差额，贷记或借记“投资收益”科目。

借：银行存款

　　长期股权投资减值准备

　　投资收益

　　贷：长期股权投资

　　　　应收股利

　　　　投资收益

6. 会计处理与纳税调整

企业应设置“长期股权投资”科目，核算企业持有的长期股权投资。本科目应当按照被投资单位进行明细核算。长期股权投资的主要账务处理为：

（1）同一控制下企业合并形成的长期股权投资。

同一控制下企业合并形成的长期股权投资，合并方以支付现金、转让非现金资产或承担债务方式作为合并对价的，应在合并日按取得被合并方所有者权益在最终控制方合并财务报表中的账面价值的份额，借记本科目（投资成本），按支付的合并对价的账面价值，贷记或借记有关资产、负债科目，按其差额，贷记“资本公积——资本溢价或股本溢价”科目；如为借方差额，借记“资本公积——资本溢价或股本溢价”科目，资本公积（资本溢价或股本溢价）不足冲减的，应依次借记“盈余公积”、“利润分配——未分配利润”科目。

合并方以发行权益性证券作为合并对价的，应当在合并日按照被合并方所有者权益在最终控制方合并财务报表中的账面价值的份额，借记“长期股权投资（投资成本）”，按照发行股份的面值总额，贷记“股本”，按其差额，贷记“资本公积——资本溢价或股本溢价”；如为借方差额，借记“资本公积——资本溢价或股本溢价”科目，资本公积（资本溢价或股本溢价）不足冲减的，应依次借记“盈余公积”、“利润分配——未分配利润”科目。

（2）非同一控制下企业合并形成的长期股权投资。

非同一控制下企业合并形成的长期股权投资，购买方以支付现金、转让非现金资产或承担债务方式等作为合并对价的，应在购买日按照《企业会计准则第20号——企业合并》确定的合并成本，借记“长期股权投资（投资成本）”科目，按付出的合并对价的账面价值，贷记或借记有关资产、负债科目，按发生的直接相关费用（如资产处置费用），贷记“银行存款”等科目，按其差额，贷记“主营业务收入”“营业外收入”“投资收益”等科目或借记“管理费用”“营业外支出”“主营业务成本”等科目。

购买方以发行权益性证券作为合并对价的，应在购买日按照发行的权益性证券的公允价值，借记“长期股权投资（投资成本）”，按照发行的权益性证券的面值总额，贷记“股本”，按其差额，贷记“资本公积——资本溢价或股本溢价”。

（3）合并费用的处理。

企业为企业合并发生的审计、法律服务、评估咨询等中介费用以及其他相关管理费用，应当于发生时借记“管理费用”科目，贷记“银行存款”等科目。

（4）被投资单位宣告发放股利的处理。

长期股权投资采用成本法核算的，应按被投资单位宣告发放的现金股利或利润中属于本企业的部分，借记“应收股利”科目，贷记“投资收益”科目。

收到被投资单位发放的股票股利，不进行账务处理，但应在备查簿中登记。

（三）其他方式取得的长期股权投资

1. 初始计量与计税基础的确定

（1）初始计量。

根据长期股权投资准则第六条的规定，除企业合并形成的长期股权投资以外，其他方式取得的长期股权投资，应当按照下列规定确定其初始投资成本：

以支付现金取得的长期股权投资，应当按照实际支付的购买价款作为初始投资成本。初始投资成本包括与取得长期股权投资直接相关的费用、税金及其他必要支出。

以发行权益性证券取得的长期股权投资，应当按照发行权益性证券的公允价值作为初始投资成本。与发行权益性证券直接相关的费用，应当按照《企业会计准则第37号——金融工具列报》的有关规定确定。

通过非货币性资产交换取得的长期股权投资，其初始投资成本应当按照《企业会计准则第7号——非货币性资产交换》的有关规定确定。

通过债务重组取得的长期股权投资，其初始投资成本应当按照《企业会计准则第12号——债务重组》的有关规定确定。

以支付现金、非现金资产等其他方式取得的长期股权投资，应按现金、非现金资产的公允价值或按照《企业会计准则第7号——非货币性资产交换》、《企业会计准则第12号——债务重组》的有关规定确定的初始投资成本，借记“长期股权投资”科目，贷记“银行存款”等科目，贷记“营业外收入”或借记“营业外支出”等处置非现金资产相关的科目。

（2）计税基础。

根据《企业所得税法实施条例》第七十一条的规定，长期股权投资的计税基础按照以下方法确定：

通过支付现金方式取得的长期股权投资，以购买价款为计税基础，包括与取得长期股权投资直接相关的费用、税金及其他必要支出；

通过支付现金以外的方式取得的长期股权投资，以该资产的公允价值和支付的相关税费为成本。

2. 后续计量与会计核算

（1）对联营和合营企业的长期股权投资采用权益法。

根据长期股权投资准则第九条的规定，投资方对联营企业和合营企业的长期股权投资，应当采用权益法核算。

投资方对联营企业的权益性投资，其中一部分通过风险投资机构、共同基金、信托公司或包括投连险基金在内的类似主体间接持有的，无论以上主体是否对这部分投资具有重大影响，投资方都可以按照《企业会计准则第22号——金融工具确认和计量》的有关规定，对间接持有的该部分投资选择以公允价值计量且其变动计入损益，并对其余部分采用权益法核算。

（2）初始投资成本的调整与会计处理。

①初始投资成本的调整。

根据长期股权投资准则第十条的规定，长期股权投资的初始投资成本大于投资时应享有被投资单位可辨认净资产公允价值份额的，不调整长期股权投资的初始投资成本；长期股权投资的初始投资成本小于投资时应享有被投资单位可辨认净资产公允价值份额的，其差额应当计入当期损益，同时调整长期股权投资的成本。

被投资单位可辨认净资产的公允价值，应当比照《企业会计准则第20号——企业合并》的有关规定确定。

②初始投资成本调整的会计处理。

企业应设置“长期股权投资”科目，核算企业持有的长期股权投资。本科目应当按照被投资单位进行明细核算。长期股权投资核算采用权益法的，应当分别“投资成本”、“损益调整”、“其他综合收益”、“其他权益变动”进行明细核算。

长期股权投资的初始投资成本大于投资时应享有被投资单位可辨认净资产公允价值份额的，不调整已确认的初始投资成本；长期股权投资的初始投资成本小于投资时应享有被投资单位可辨认净资产公允价值份额的，应按其差额，借记本科目（投资成本），贷记“营业外收入”科目。

借：长期股权投资——投资成本

　　贷：营业外收入

③初始投资成本调整的纳税调整。

长期股权投资的初始投资成本小于投资时应享有被投资单位可辨认净资产公允价值份额的，会计上应按其差额，贷记“营业外收入”科目的金额，不用缴纳企业所得税，需要进行纳税调减处理。

（3）被投资单位实现净损益的确认与核算。

①被投资单位实现净损益的确认。

根据长期股权投资准则第十一条的规定，投资方取得长期股权投资后，应当按照应享有或应分担的被投资单位实现的净损益和其他综合收益的份额，分别确认投资收益和其他综合收益，同时调整长期股权投资的账面价值；投资方按照被投资单位宣告分派的利润或现金股利计算应享有的部分，相应减少长期股权投资的账面价值；投资方对于被投资单位除净损益、其他综合收益和利润分配以外所有者权益的其他变动，应当调整长期股权投资的账面价值并计入所有者权益。

投资方在确认应享有被投资单位净损益的份额时，应当以取得投资时被投资单位可辨认净资产的公允价值为基础，对被投资单位的净利润进行调整后确认。

被投资单位采用的会计政策及会计期间与投资方不一致的，应当按照投资方的会计政策及会计期间对被投资单位的财务报表进行调整，并据以确认投资收益和其他综合收益等。

②会计核算。

资产负债表日，企业应按被投资单位实现的净利润（以取得投资时被投资单位可辨认净资产的公允价值为基础计算）中企业享有的份额，借记“长期股权投资（损益调整）”，贷记“投资收益”科目。

借：长期股权投资——损益调整

　　贷：投资收益

收到被投资单位发放的股票股利，不进行账务处理，但应在备查簿中登记。

税务处理：被投资单位宣告发放现金股利和股票股利，投资方应在作出利润分配决定的日期按规定确认企业所得税收入，税法与会计之间的差异应在年终汇算清缴时，调整应纳税所得额。

（4）被投资单位净亏损的确认与会计核算。

①被投资单位净亏损的确认。

根据长期股权投资准则第十二条的规定，投资方确认被投资单位发生的净亏损，应当以长期股权投资的账面价值以及其他实质上构成对被投资单位净投资的长期权益减记至零为限，投资方负有承担额外损失义务的除外。

被投资单位以后实现净利润的，投资方在其收益分享额弥补未确认的亏损分担额后，恢复确认收益分享额。

②会计处理。

被投资单位发生净亏损的，投资方按约定比例计算应分担的亏损额，借记“投资收益”，贷记“长期股权投资（损益调整）”科目，但以“长期股权投资”科目的账面价值减记至零为限；还需承担的投资损失，应将其他实质上构成对被投资单位净投资的“长期应收款”等的账面价值减记至零为限；除按照以上步骤已确认的损失外，按照投资合同或协议约定将承担的损失，确认为预计负债。除上述情况仍未确认的应分担被投资单位的损失，应在账外备查登记。

发生亏损的被投资单位以后实现净利润的，应按与上述相反的顺序进行处理。

(5) 其他综合收益和所有者权益的其他变动的处理。

被投资单位除净损益、利润分配以外的其他综合收益变动和所有者权益的其他变动，企业按持股比例计算应享有的份额，借记本科目（其他综合收益和其他权益变动），贷记“其他综合收益”和“资本公积——其他资本公积”科目。

这与企业所得税的处理相同。

3. 处置长期股权投资的处理

(1) 处置长期股权投的处理。

根据长期股权投资准则第十七条的规定，处置长期股权投资，其账面价值与实际取得价款之间的差额，应当计入当期损益。采用权益法核算的长期股权投资，在处置该项投资时，采用与被投资单位直接处置相关资产或负债相同的基础，按相应比例对原计入其他综合收益的部分进行会计处理。

(2) 处置长期股权投资的核算。

处置长期股权投资时，应按实际收到的金额，借记“银行存款”等科目，原已计提减值准备的，借记“长期股权投资减值准备”科目，按其账面余额，贷记“长期股权投资”科目，按尚未领取的现金股利或利润，贷记“应收股利”科目，按其差额，贷记或借记“投资收益”科目。

借：银行存款等科目

　　长期股权投资减值准备

投资收益（转让损失）

贷：长期股权投资

应收股利

投资收益

处置采用权益法核算的长期股权投资时，应当采用与被投资单位直接处置相关资产或负债相同的基础，对相关的其他综合收益进行会计处理。按照规定可以转入当期损益的其他综合收益，应按结转的长期股权投资的投资成本比例结转原记入“其他综合收益”科目的金额，借记或贷记“其他综合收益”科目，贷记或借记“投资收益”科目。

处置采用权益法核算的长期股权投资时，还应按结转的长期股权投资的投资成本比例结转原记入“资本公积——其他资本公积”科目的金额，借记或贷记“资本公积——其他资本公积”科目，贷记或借记“投资收益”科目。

4. 权益法下投资收益的核算

企业应设置“投资收益”科目，核算企业根据长期股权投资准则确认的投资收益或投资损失。

（1）确认被投资单位实现的净利润。

长期股权投资采用权益法核算的，资产负债表日，应按被投资单位实现的净利润（以取得投资时被投资单位可辨认净资产的公允价值为基础计算）中企业享有的份额，借记“长期股权投资——损益调整”科目，贷记本科目。

（2）确认被投资单位发生的亏损额。

被投资单位发生亏损、分担亏损份额未超过长期股权投资账面价值或分担亏损份额超过长期股权投资账面价值而冲减实质上构成对被投资单位长期净投资的，借记本科目，贷记“长期股权投资——损益调整”、“长期应收款”。除按照上述步骤已确认的损失外，按照投资合同或协议约定企业将承担的损失，借记本科目，贷记“预计负债”。发生亏损的被投资单位以后实现净利润的，企业计算的应享有的份额，如有未确认投资损失的，应先弥补未确认的投资损失，弥补损失后仍有余额的，借记“预计负债”、“长期应收款”、“长期股权投资——损益调整”等科目，贷记本科目。

（3）处置长期股权投资。

处置长期股权投资时，应按实际收到的金额，借记“银行存款”等科目，原已计提减值准备的，借记“长期股权投资减值准备”科目，按其账面余额，贷记“长期股权投资”科目，按尚未领取的现金股利或利润，贷记“应收股利”科目，按其差额，贷记或借记本科目。

处置采用权益法核算的长期股权投资时，应当采用与被投资单位直接处置相关资产或负债相同的基础，对相关的其他综合收益进行会计处理。按照上述原则可以转入当期损益的其他综合收益，应按结转长期股权投资的投资成本比例结转原记入“其他综合收益”科目的金额，借记或贷记“其他综合收益”科目，贷记或借记“投资收益”科目。

处置采用权益法核算的长期股权投资时，还应按结转长期股权投资的投资成本比例结转原记入“资本公积——其他资本公积”科目的金额，借记或贷记“资本公积——其他资本公积”科目，贷记或借记“投资收益”科目。

期末，应将本科目余额转入“本年利润”科目，本科目结转后应无余额。

【例5-10】2015年7月，甲公司（境内居民企业）以900万元的价款投资取得A居民企业30%的股权，取得股权时被投资单位净资产账面价值为3 600万元 。假定甲公司和A企业会计政策、会计期间一致。同时，被投资单位各项可辨认资产、负债的公允价值与其账面价值相同。因能够对A企业实施重大影响，甲公司对该长期股权投资采用权益法核算。

2015年度，A企业实现净利润300万元；

2016年5月，经股东会决议分配现金股利200万元；

2016年度，A企业发生亏损600万元，甲公司对该项股权投资计提了股权投资减值准备100万元。

2017年2月，甲公司将该股权转让给乙公司，取得股权转让收入800万元。

要求：

1. 进行相关的会计处理并进行纳税调整；

2. 2017年2月如果甲公司转让股权收入950万元，则应如何进行财税处理。

解析：

1. 2015年7月取得投资。

(1) 会计处理。

①投资取得股权时：

借：长期股权投资——投资成本　　9 000 000

　　贷：银行存款　　9 000 000

②初始投资成本的调整。

根据长期股权投资准则第十条的规定，长期股权投资的初始投资成本大于投资时应享有被投资单位可辨认净资产公允价值份额的，不调整长期股权投资的初始投资成本；长期股权投资的初始投资成本小于投资时应享有被投资单位可辨认净资产公允价值份额的，其差额应当计入当期损益，同时调整长期股权投资的成本。

该项对A企业的长期股权投资的初始投资成本900万元，小于投资时应享有被投资单位可辨认净资产公允价值份额1 080万元（3 600×30%），其差额180万元应当计入当期损益（营业外收入），同时调整长期股权投资的成本。

借：长期股权投资——投资成本　　1 800 000

　　贷：营业外收入　　1 800 000

(2) 税务处理。

长期股权投资权益法核算对初始投资成本的调整产生的利得180万元，不属于企业所得税收入总额的范围，不征收企业所得税，在汇算清缴时应通过“纳税调整项目明细表”（A105000）第5行“（四）按权益法核算长期股权投资对初始投资成本调整确认收益”调减应纳税所得额，如表5-36所示。

表5-36　A105000　　纳税调整项目明细表（部分）　　金额单位：万元

行次	项　目	账载金额	税收金额	调增金额	调减金额
		1	2	3	4
1	一、收入类调整项目（2+3+4+5+6+7+8+10+11）	*	*		180
3	（二）未按权责发生制原则确认的收入（填写A105020）				
4	（三）投资收益（填写A105030）				

续表

行次	项　　目	账载金额	税收金额	调增金额	调减金额
		1	2	3	4
5	（四）按权益法核算长期股权投资对初始投资成本调整确认收益	*	*	*	180
6	（五）交易性金融资产初始投资调整	*	*		*
7	（六）公允价值变动净损益		*		
31	三、资产类调整项目（31 + 32 + 33 + 34）	*	*		
33	（二）资产减值准备金		*		
34	（三）资产损失（填写 A105090）				
45	合计（1 + 12 + 31 + 36 + 43 + 44）	*	*		180

根据《企业所得税法实施条例》第五十六条的规定，企业的各项资产，包括固定资产、生物资产、无形资产、长期待摊费用、投资资产、存货等，以历史成本为计税基础。历史成本，是指企业取得该项资产时实际发生的支出。企业持有各项资产期间资产增值或者减值，除国务院财政、税务主管部门规定可以确认损益外，不得调整该资产的计税基础。

甲公司取得 A 公司的长期股权投资的计税基础为 900 万元，而账面价值为1 080 万元，账面价值大于计税基础 180 万元，应确认递延所得税负债：$180\times25\% =45$（万元）。

借：所得税费用　　　　　　　　　　　　　　　　　450 000

　　贷：递延所得税负债　　　　　　　　　　　　　　　450 000

2. 2015 年度被投资企业盈利的处理

(1) 会计处理。

根据长期股权投资准则第十一条的规定，投资方取得长期股权投资后，应当按照应享有或应分担的被投资单位实现的净损益和其他综合收益的份额，分别确认投资收益和其他综合收益，同时调整长期股权投资的账面价值；投资方按照被投资单位宣告分派的利润或现金股利计算应享有的部分，相应减少长期股权投资的账面价值；投资方对于被投资单位除净损益、其他综合收益和利润分配以外所有者权益的其他变动，应当调整长期股权投资的账面价值并计入所有者权益。

投资方在确认应享有被投资单位净损益的份额时，应当以取得投资时被投资单位可辨认净资产的公允价值为基础，对被投资单位的净利润进行调整后确认。

被投资单位采用的会计政策及会计期间与投资方不一致的，应当按照投资方的会计政策及会计期间对被投资单位的财务报表进行调整，并据以确认投资收益和其他综合收益等。

因此，A 企业 2015 年实现净利润 300 万元，资产负债表日甲公司按持股比例计算确认应享有的份额 90 万元（300×30%），其会计处理为：

借：长期股权投资——损益调整　　900 000

　　贷：投资收益　　900 000

甲公司对 A 企业的长期股权投资账面价值增加 90 万元后会计账面价值为：1 080+90=1 170（万元）；计税基础不变仍为 900 万元，应确认递延所得税负债与所得税费用：90×25%=22.5（万元）。

借：所得税费用　　225 000

　　贷：递延所得税负债　　225 000

（2）税务处理。

会计上按权益法核算确认的投资收益 90 万元，根据企业所得税法的规定，不需在当期缴纳企业所得税，应通过“投资收益纳税调整明细表”（A105030）第 6 行“六、长期股权投资”和“纳税调整项目明细表”（A105000）第 4 行“（三）投资收益”调减应纳税所得额，如表 5－37、表 5－38所示。

3. 2016 年分配利润的处理

（1）会计处理。

根据长期股权投资准则第十一条的规定，投资方按照被投资单位宣告分派的利润或现金股利计算应享有的部分，相应减少长期股权投资的账面价值；投资方对于被投资单位除净损益、其他综合收益和利润分配以外所有者权益的其他变动，应当调整长期股权投资的账面价值并计入所有者权益。

因此，2016 年 5 月 A 企业分配现金股利 200 万元，甲公司按持股比例 30% 计算应享有 200×30%=60 万元，其会计处理为：

借：应收股利　　600 000

　　贷：长期股权投资——损益调整　　600 000

收到分回的现金股利时：

表 5-37 A105030 **投资收益纳税调整明细表** 金额单位：万元

行次	项目	持有收益			处置收益							纳税调整金额
		账载金额	税收金额	纳税调整金额	会计确认的处置收入	税收计算的处置收入	处置投资的账面价值	处置投资的计税基础	会计确认的处置所得或损失	税收计算的处置所得	纳税调整金额	
		1	2	3（2-1）	4	5	6	7	8（4-6）	9（5-7）	10（9-8）	11（3+10）
1	一、交易性金融资产											
2	二、可供出售金融资产											
3	三、持有至到期投资											
4	四、衍生工具											
5	五、交易性金融负债											
6	六、长期股权投资	90	0	-90								-90
7	七、短期投资											
8	八、长期债券投资											
9	九、其他											
10	合计	90	0	-90								-90

表 5-38　A105000　　纳税调整项目明细表（部分）　　金额单位：万元

行次	项　目	账载金额	税收金额	调增金额	调减金额
		1	2	3	4
1	一、收入类调整项目	*	*		90
2	（一）视同销售收入（填写 A105010）	*			*
3	（二）未按权责发生制原则确认的收入（填写 A105020）				
4	（三）投资收益（填写 A105030）	90	0		90
5	（四）按权益法核算长期股权投资对初始投资成本调整确认收益	*	*	*	
6	（五）交易性金融资产初始投资调整	*	*		*
7	（六）公允价值变动净损益		*		
45	合计（1+12+31+36+43+44）	*	*		

借：银行存款　　　　600 000

　贷：应收股利　　　　600 000

长期股权投资的账面价值减少 60 万元，余额为：1 080+90-60=1 110（万元）；计税基础不变仍为 900 万元，应转销递延所得税负债：60×25%=15（万元），递延所得税负债余额为：22.5-15=7.5（万元）。

借：递延所得税负债　　　　150 000

　贷：所得税费用　　　　150 000

（2）税务处理。

根据《国家税务总局关于贯彻落实企业所得税法若干税收问题的通知》（国税函〔2010〕79 号）第四条“关于股息、红利等权益性投资收益收入确认问题”的规定，企业权益性投资取得股息、红利等收入，应以被投资企业股东会或股东大会作出利润分配或转股决定的日期，确定收入的实现。被投资企业将股权（票）溢价所形成的资本公积转为股本的，不作为投资方企业的股息、红利收入，投资方企业也不得增加该项长期投资的计税基础。

因此，甲公司应于 2016 年 5 月 A 企业作出利润分配决定日，确认股息、红利等权益性投资收益 60 万元，而会计上冲减长期股权投资成本，税会差异需在年终汇算清缴时通过填报“投资收益纳税调整明细表”（A105030）第 6 行“六、长期股权投资”和“纳税调整项目明细表”（A105000）第 4 行“（三）投资收益”调增应纳税所得额，如表 5-39、表 5-40 所示。

表 5-39 A105030 投资收益纳税调整明细表

金额单位：万元

行次	项目	持有收益			处置收益							纳税调整金额
		账载金额	税收金额	纳税调整金额	会计确认的处置收入	税收计算的处置收入	处置投资的账面价值	处置投资的计税基础	会计确认的处置所得或损失	税收计算的处置所得	纳税调整金额	
		1	2	3（2-1）	4	5	6	7	8（4-6）	9（5-7）	10（9-8）	11（3+10）
1	一、交易性金融资产											
2	二、可供出售金融资产											
3	三、持有至到期投资											
4	四、衍生工具											
5	五、交易性金融负债											
6	六、长期股权投资	0	60	60								60
7	七、短期投资											
8	八、长期债券投资											
9	九、其他											
10	合计	0	60	60								60

表 5-40 A105000 纳税调整项目明细表（部分） 金额单位：万元

行次	项目	账载金额	税收金额	调增金额	调减金额
		1	2	3	4
1	一、收入类调整项目	*	*	60	
2	（一）视同销售收入（填写 A105010）	*			*
3	（二）未按权责发生制原则确认的收入（填写 A105020）				
4	（三）投资收益（填写 A105030）	0	60	60	
5	（四）按权益法核算长期股权投资对初始投资成本调整确认收益	*	*	*	
6	（五）交易性金融资产初始投资调整	*	*		*
7	（六）公允价值变动净损益		*		
45	合计（1+12+31+36+43+44）	*	*	60	

（3）免税收入的申报。

根据《企业所得税法》第二十六条第（二）项的规定，符合条件的居民企业之间的股息、红利等权益性投资收益为免税收入。符合条件的居民企业之间的股息、红利等权益性投资收益，是指居民企业直接投资于其他居民企业取得的投资收益。股息、红利等权益性投资收益，不包括连续持有居民企业公开发行并上市流通的股票不足 12 个月取得的投资收益。

因此，税收上确认的股息红利收入 60 万元，可以享受免税收入优惠，并需在年终汇算清缴时填报“符合条件的居民企业之间的股息、红利等权益性投资收益优惠明细表”（A107011）和“免税、减计收入及加计扣除优惠明细表”（A107010）表第 3 行“（二）符合条件的居民企业之间的股息、红利等权益性投资收益”和主表 A100000 第 17 行“减：免税、减计收入及加计扣除”，如表 5-41、表 5-42 所示。

4. 2016 年 A 企业发生亏损的处理

（1）会计处理。

根据长期股权投资准则第十二条的规定，投资方确认被投资单位发生的净亏损，应当以长期股权投资的账面价值以及其他实质上构成对被投资单位净投资的长期权益减记至零为限，投资方负有承担额外损失义务的除外。

表 5-41 A107011 符合条件的居民企业之间的股息、红利等权益性投资收益优惠明细表

金额单位：万元

行次	被投资企业	投资性质	投资成本	投资比例	被投资企业利润分配确认金额		被投资企业清算确认金额			撤回或减少投资确认金额						合计
					被投资企业做出利润分配或转股决定时间	依决定归属于本公司的股息、红利等权益性投资收益金额	分得的被投资企业清算剩余资产	被清算企业累计未分配利润和累计盈余公积应享有部分	应确认的股息所得	从被投资企业撤回或减少投资取得的资产	减少投资比例	收回初始投资成本	取得资产中超过收回初始投资成本部分	撤回或减少投资应享有被投资企业累计未分配利润和累计盈余公积	应确认的股息所得	
	1	2	3	4	5	6	7	8	9（7与8孰小）	10	11	12（3×11）	13（10－12）	14	15（13与14孰小）	16（6+9+15）
1	A企业	直接投资	900	30%	2 016.5	60										60
2																
10	合计	*	*	*	*	60	*	*		*	*	*	*	*		60

表 5－42　A107010　免税、减计收入及加计扣除优惠明细表　金额单位：万元

行次	项　目	金额
1	一、免税收入（2+3+4+5）	60
2	（一）国债利息收入	
3	（二）符合条件的居民企业之间的股息、红利等权益性投资收益（填写 A107011）	60
4	（三）符合条件的非营利组织的收入	
5	（四）其他专项优惠（6+7+8+9+10+11+12+13+14）	
15	二、减计收入（16+17）	
16	（一）综合利用资源生产产品取得的收入（填写 A107012）	
17	（二）其他专项优惠（18+19+20）	
18	1. 金融、保险等机构取得的涉农利息、保费收入（填写 A107013）	
19	2. 取得的中国铁路建设债券利息收入	
20	3. 其他	
21	三、加计扣除（22+23+26）	
27	合计（1+15+21）	60

因此，A 企业年度亏损 600 万元，甲公司在资产负债表日按持股比例计算应分担金额为：600×30%＝180（万元）。

借：投资收益　　1 800 000

　　贷：长期股权投资——损益调整　　1 800 000

会计上账面价值为：1 080＋90－60－180＝930（万元）。

（2）税务处理。

根据《国家税务总局关于企业所得税若干问题的公告》（国家税务总局公告 2011 年第 34 号）第五条的规定，被投资企业发生的经营亏损，由被投资企业按规定结转弥补；投资企业不得调整减低其投资成本，也不得将其确认为投资损失。

因此，甲公司对 A 企业的长期股权投资的计税基础仍为 900 万元。会计上确认的长期股权投资损失不得在税前扣除，需在年终汇算清缴时通过“投资收益纳税调整明细表”（A105030）第 6 行“六、长期股权投资”和“纳税调整项目明细表”（A105000）第 4 行“（三）投资收益”调增应纳税所得额，如表 5－43、表 5－44 所示。

表 5－43 A105030 **投资收益纳税调整明细表** 金额单位：万元

行次	项目	持有收益			处置收益							纳税调整金额
		账载金额	税收金额	纳税调整金额	会计确认的处置收入	税收计算的处置收入	处置投资的账面价值	处置投资的计税基础	会计确认的处置所得或损失	税收计算的处置所得	纳税调整金额	
		1	2	3(2－1)	4	5	6	7	8（4－6）	9（5－7）	10（9－8）	11（3＋10）
1	一、交易性金融资产											
2	二、可供出售金融资产											
3	三、持有至到期投资											
4	四、衍生工具											
5	五、交易性金融负债											
6	六、长期股权投资	－180	0	180								180
7	七、短期投资											
8	八、长期债券投资											
9	九、其他											
10	合计	－180	0	180								180

表 5-44　A105000　　纳税调整项目明细表（部分）　　金额单位：万元

行次	项　　目	账载金额	税收金额	调增金额	调减金额
		1	2	3	4
1	一、收入类调整项目	*	*	180	
2	（一）视同销售收入（填写 A105010）	*			*
3	（二）未按权责发生制原则确认的收入（填写 A105020）				
4	（三）投资收益（填写 A105030）	-180	0	180	
5	（四）按权益法核算长期股权投资对初始投资成本调整确认收益	*	*	*	
6	（五）交易性金融资产初始投资调整	*	*		*
7	（六）公允价值变动净损益		*		
45	合计（1+12+31+36+43+44）	*	*	180	

5. 2016 年计提股权投资减值准备

（1）会计处理。

根据《企业会计准则第 8 号——资产减值》第十五条的规定，可收回金额的计量结果表明，资产的可收回金额低于其账面价值的，应当将资产的账面价值减记至可收回金额，减记的金额确认为资产减值损失，计入当期损益，同时计提相应的资产减值准备。

甲公司对该项股权投资计提了股权投资减值准备 100 万元，其会计处理为：

借：资产减值损失　　1 000 000

　　贷：长期股权投资减值准备　　1 000 000

计提减值准备后，长期股权投资的账面价值为：1 080+90-60-180-100=830（万元），计税基础仍为 900 万元，应转回原已确认的递延所得税负债余额 7.5 万元，同时确认递延所得税资产 17.5 万元（70×25%）。

借：递延所得税资产　　175 000

　　贷：所得税费用　　175 000

（2）税务处理。

根据《企业所得税法》第十条的规定，在计算应纳税所得额时，未经核定的准备金支出不得扣除。

因此，年终汇算清缴时，需填报“纳税调整项目明细表”（A105000）第32行“（二）资产减值准备金”调增应纳税所得额，如表5-45所示。

表5-45 A105000 纳税调整项目明细表（部分） 金额单位：万元

行次	项目	账载金额	税收金额	调增金额	调减金额
		1	2	3	4
1	一、收入类调整项目（2+3+4+5+6+7+8+10+11）	*	*		
3	（二）未按权责发生制原则确认的收入（填写A105020）				
4	（三）投资收益（填写A105030）				
5	（四）按权益法核算长期股权投资对初始投资成本调整确认收益	*	*	*	
6	（五）交易性金融资产初始投资调整	*	*		*
7	（六）公允价值变动净损益		*		
31	三、资产类调整项目（31+32+33+34）	*	*	100	
33	（二）资产减值准备金	100	*	100	
34	（三）资产损失（填写A105090）				
45	合计（1+12+31+36+43+44）	*	*	100	

6. 2017年以800万元转让股权

（1）会计处理。

根据长期股权投资准则第十七条的规定，处置长期股权投资，其账面价值与实际取得价款之间的差额，应当计入当期损益。采用权益法核算的长期股权投资，在处置该项投资时，采用与被投资单位直接处置相关资产或负债相同的基础，按相应比例对原计入其他综合收益的部分进行会计处理。

因此，2017年2月，甲公司将该股权转让给乙公司，取得股权转让收入800万元。“长期股权投资”科目的余额：830（万元）。

借：银行存款	8 000 000
长期股权投资——损益调整	1 500 000
长期股权投资减值准备	1 000 000

投资收益　　300 000
　　贷：长期股权投资——成本　　10 800 000

结转递延所得税资产：

借：所得税费用　　175 000
　　贷：递延所得税资产　　175 000

（2）税务处理。

根据《国家税务总局关于贯彻落实企业所得税法若干税收问题的通知》（国税函〔2010〕79 号）第三条的规定，企业转让股权收入，应于转让协议生效、且完成股权变更手续时，确认收入的实现。转让股权收入扣除为取得该股权所发生的成本 900 万元后，为股权转让所得。企业在计算股权转让所得时，不得扣除被投资企业未分配利润等股东留存收益中按该项股权所可能分配的金额。

根据《国家税务总局关于企业取得财产转让等所得企业所得税处理问题的公告》（国家税务总局公告 2010 年第 19 号）第一条的规定，企业取得财产（包括各类资产、股权、债权等）转让收入、债务重组收入、接受捐赠收入、无法偿付的应付款收入等，不论是以货币形式、还是非货币形式体现，除另有规定外，均应一次性计入确认收入的年度计算缴纳企业所得税。

甲公司处置股权取得收入 800 万元，处置的长期股权投资的账面价值为 830 万元（900 + 180 + 90 - 60 - 180 - 100），会计确认的处置损失 30 万元；处置投资的计税基础为 900 万元，税收计算的处置损失 100 万元。

根据《国家税务总局关于企业股权投资损失所得税处理问题的公告》（国家税务总局公告 2010 年第 6 号，自 2010 年 1 月 1 日起执行）第一条的规定，企业对外进行权益性（以下简称股权）投资所发生的损失，在经确认的损失发生年度，作为企业损失在计算企业应纳税所得额时一次性扣除。

甲公司处置股权会计确认的处置损失 30 万元，税收计算的处置损失 100 万元，差额 70 万元，在年终汇算清缴时应通过“资产损失（专项申报）税前扣除及纳税调整明细表”（A105091）、“资产损失税前扣除及纳税调整明细表”（A105090）第 12 行“（三）投资损失”以及“纳税调整项目明细表”（A105000）第 34 行“（三）资产损失”调减应纳税所得额，如表 5 - 46、表 5 - 47 所示。

表 5-46 A105090　　资产损失税前扣除及纳税调整明细表

行次	项目	资产损失的账载金额	资产处置收入	赔偿收入	资产计税基础	资产损失的税收金额	纳税调整金额
		1	2	3	4	5（4-2-3）	6（1-5）
1	一、清单申报资产损失（2+3+4+5+6+7+8）						
2	（一）正常经营管理活动中，按照公允价格销售、转让、变卖非货币资产的损失						
3	（二）存货发生的正常损耗						
4	（三）固定资产达到或超过使用年限而正常报废清理的损失						
5	（四）生产性生物资产达到或超过使用年限而正常死亡发生的资产损失						
6	（五）按照市场公平交易原则，通过各种交易场所、市场等买卖债券、股票、期货、基金以及金融衍生产品等发生的损失						
7	（六）分支机构上报的资产损失						
8	（七）其他						
9	二、专项申报资产损失（10+11+12+13）						
10	（一）货币资产损失						
11	（二）非货币资产损失						
12	（三）投资损失	30	800	0	900	100	-70
13	（四）其他						
14	合计（1+9）						

表 5－47　A105000　　　　纳税调整项目明细表

行次	项　目	账载金额	税收金额	调增金额	调减金额
		1	2	3	4
1	一、收入类调整项目（2+3+4+5+6+7+8+10+11）	*	*		
3	（二）未按权责发生制原则确认的收入（填写A105020）				
4	（三）投资收益（填写A105030）				
5	（四）按权益法核算长期股权投资对初始投资成本调整确认收益	*	*	*	
6	（五）交易性金融资产初始投资调整	*	*		*
7	（六）公允价值变动净损益		*		
31	三、资产类调整项目（31+32+33+34）	*	*		70
33	（二）资产减值准备金		*		
34	（三）资产损失（填写A105090）	30	100		70
45	合计（1+12+30+35+41+42）	*	*		70

7. 如果转让股权收入为950万元。

（1）会计处理。

借：银行存款　　9 500 000

　　长期股权投资——损益调整　　1 500 000

　　长期股权投资减值准备　　1 000 000

　　贷：长期股权投资——成本　　10 800 000

　　　　投资收益　　1 200 000

（2）税务处理。

甲公司处置股权取得收入950万元，处置的长期股权投资的账面价值为830万元（900+180+90－60－180－100），会计确认的处置所得为120万元；处置投资的计税基础为900万元，税收计算的处置所得为50万元；差额70万元，在年终汇算清缴时应通过“投资收益纳税调整明细表”（A105030）第6行“六、长期股权投资”和“纳税调整项目明细表”（A105000）第4行“（三）投资收益”调减应纳税所得额，如表5－48、表5－49所示。

表 5－48　A105030　　投资收益纳税调整明细表

金额单位：万元

行次	项目	持有收益			处置收益							纳税调整金额
		账载金额	税收金额	纳税调整金额	会计确认的处置收入	税收计算的处置收入	处置投资的账面价值	处置投资的计税基础	会计确认的处置所得或损失	税收计算的处置所得	纳税调整金额	
		1	2	3(2－1)	4	5	6	7	8（4－6）	9（5－7）	10（9－8）	11（3＋10）
1	一、交易性金融资产											
2	二、可供出售金融资产											
3	三、持有至到期投资											
4	四、衍生工具											
5	五、交易性金融负债											
6	六、长期股权投资				950	950	830	900	120	50	－70	－70
7	七、短期投资											
8	八、长期债券投资											
9	九、其他											
10	合计				950	950	830	900	120	50	－70	－70

表 5-49　A105000　　纳税调整项目明细表（部分）　　金额单位：万元

行次	项　目	账载金额	税收金额	调增金额	调减金额
		1	2	3	4
1	一、收入类调整项目	*	*		70
2	（一）视同销售收入（填写 A105010）	*			*
3	（二）未按权责发生制原则确认的收入（填写 A105020）				
4	（三）投资收益（填写 A105030）	120	50		70
5	（四）按权益法核算长期股权投资对初始投资成本调整确认收益	*	*	*	
6	（五）交易性金融资产初始投资调整	*	*		*
7	（六）公允价值变动净损益		*		
45	合计（1+12+31+36+43+44）	*	*		70

（四）股权转让风险及其应对

股权转让的主要风险点有：

（1）股权转让后未及时办理税务变更登记、未申报纳税。

（2）计税依据明显偏低（如平价或低价转让等）且无正当理由的情况、计算股权转让所得方法错误或适用税率不正确。

（3）股权转让收入扣减了不应扣减的留存收益。

（4）股权转让其他收入未计入收入总额纳税，如未包括违约金收入、补偿金、赔偿金等。

（5）股权交易相关费用不合理。

（6）分期支付转让价款产生的利息收入未依法申报纳税。

（7）个人转让股权未依法履行代扣代缴个人所得税。

（8）未正确进行所得税汇算清缴申报。

（9）按核定应税所得率方式核定征收企业所得税的企业，取得的转让股权收入是否全额计入应税收入额，按照主营项目（业务）确定适用的应税所得率计算征税。

三、划分为交易性金融资产的处理

（一）划分为交易性金融资产股权投资的处理

1. 初始计量与计税基础

（1）初始计量。

划分为交易性金融资产股权类投资，应当按照公允价值进行初始计量。相关交易费用应当直接计入当期损益（投资收益）；支付的价款中包含的已宣告但尚未发放的现金股利，应当单独确认为应收项目进行处理（应收股利）。

企业取得作为可供出售金融资产的股票等股权投资时：

借：交易性金融资产——成本［公允价值］

　　应收股利［包含的已宣告但尚未发放的现金股利］

　　投资收益［交易费用］

　　贷：银行存款［按实际支付的金额］

（2）计税基础。

根据《企业所得税法实施条例》第七十一条的规定，投资资产按照以下方法确定成本（计税基础）：通过支付现金方式取得的投资资产，以购买价款为成本；通过支付现金以外的方式取得的投资资产，以该资产的公允价值和支付的相关税费为成本。

划分为交易性金融资产的股权投资，按照取得时支付的对价作为计税基础，包括交易费用，被投资单位已宣告但尚未支付的现金股利计入应收股利。税会差异需要进行纳税调整。

2. 后续计量与纳税调整

（1）后续计量。

企业应当按照公允价值对划分为交易性金融资产的权益类投资进行后续计量，且其变动计入当期损益（公允价值变动损益）。

（2）税务处理。

根据《企业所得税法实施条例》第五十六条的规定，企业的各项资产，包括固定资产、生物资产、无形资产、长期待摊费用、投资资产、存货等，以历史成本为计税基础。历史成本，是指企业取得该项资产时实际发生的支出。

企业持有各项资产期间资产增值或者减值，除国务院财政、税务主管部门规定可以确认损益外，不得调整该资产的计税基础。

会计按公允价值变动计入当期损益的金额，不用在当期缴纳企业所得税（损失也不允许在当期税前扣除）。

（二）案例解析

【例 5-11】 A 公司为非上市公司，按年对外提供财务报告，有关股票投资业务如下，要求进行相关会计处理与纳税调整。

1. 2015 年 11 月 6 日，A 公司购买 B 公司发行的股票 100 万股，成交价为每股 25.2 元，其中包含已宣告但尚未发放的现金股利每股 0.2 元，另付交易费用 6 万元，占 B 公司表决权股份的 1%。A 公司准备近期内出售，划分为交易性金融资产核算。

解析：

初始入账金额为：100 ×（25.2 - 0.2）= 2 500（万元）。

借：交易性金融资产——成本　　25 000 000

　　投资收益　　60 000

　　应收股利　　200 000

　　贷：银行存款　　25 260 000

2. 2015 年 11 月 10 日，收到上述现金股利。

借：银行存款　　200 000

　　贷：应收股利　　200 000

3. 2015 年 12 月 31 日，该股票每股市价为 28 元。

（1）会计处理。

公允价值变动 = 100 × 28 - 2 500 = 300（万元）

借：交易性金融资产——公允价值变动　　3 000 000

　　贷：公允价值变动损益　　3 000 000

（2）税务处理。

公允价值变动会计上计入损益的 300 万元，应在汇算清缴时调减应纳税所得额。

4. 2016 年 4 月 3 日，B 公司宣告发放现金股利每股 0.3 元。

借：应收股利　　　　　　　　　　　　　　（100 ×0.3）300 000

　　贷：投资收益　　　　　　　　　　　　　　　　　300 000

5. 4 月 30 日，A 公司收到现金股利。

借：银行存款　　　　　　　　　　　　　　　　　300 000

　　贷：应收股利　　　　　　　　　　　　　　　　　300 000

6. 2016 年 12 月 31 日，该股票每股市价为 26 元。

（1）会计处理。

公允价值变动 =100 ×（26 －28）= －200（万元）

借：公允价值变动损益　　　　　　　　　　　　2 000 000

　　贷：交易性金融资产——公允价值变动　　　　　　2 000 000

（2）税务处理。

会计按公允价值变动计入当期损益的损失金额，不允许在当期税前扣除。因此，公允价值变动会计上计入损益借方的 200 万元，应在汇算清缴时调增应纳税所得额。

7. 2017 年 2 月 6 日，A 公司出售 B 公司全部股票，出售价格为每股 30 元，另支付交易费用 8 万元。

（1）会计处理。

交易性金融资产科目的各明细科目余额为：

成本 =2 500（万元）；

公允价值变动 =300 －200 =100（万元）。

借：银行存款　　　　　　　　　　（100 ×30 －8）29 920 000

　　贷：交易性金融资产——成本　　　　　　　　　25 000 000

　　　　　　　　　　　——公允价值变动　　　　　　1 000 000

　　　　投资收益　　　　　　　　　　　　　　　　　3 920 000

借：公允价值变动损益　　　　　　　　　　　　1 000 000

　　贷：投资收益　　　　　　　　　　　　　　　　　1 000 000

（2）税务处理。

税收上的处置收益为：100 ×30 －2 500 －8 =492（万元）。会计确认的处置收益 392 元，持有期间公允价值变动转入处置期间的投资收益 100 万元。

对公允价值变动损益科目的借方金额 100 万元，不得在税前扣除，应调增应纳税所得额。

四、划分为可供出售金融资产的处理

（一）划分为可供出售金融资产股权投资的处理

企业取得作为可供出售金融资产的股票等股权投资的会计处理为：

借：可供出售金融资产——成本［公允价值+交易费用］

　　应收股利［包含的已宣告但尚未发放的现金股利］

　　贷：银行存款［按实际支付的金额］

（二）案例解析

【例 5-12】A 公司为非上市公司，按年对外提供财务报告，有关股票投资业务如下，所得税税率为 25%。

1. 2015 年 11 月 6 日，A 公司购买 B 公司发行的股票 100 万股，成交价为每股 25.2 元，其中包含已宣告但尚未发放的现金股利每股 0.2 元，另付交易费用 6 万元，占 B 公司有表决权股份的 1%。将其划分为可供出售金融资产核算。

解析：

（1）会计处理。

初始成本：100×（25.2-0.2）+6=2 506（万元）。

借：可供出售金融资产——成本　　25 060 000

　　应收股利　　200 000

　　贷：银行存款　　25 260 000

（2）税务处理。

可供出售金融资产的计税基础为 2 506 万元，与会计成本相同。

2. 2015 年 11 月 10 日，收到上述现金股利。

借：银行存款　　200 000

贷：应收股利 200 000

3. 2015 年 12 月 31 日，该股票每股市价为 28 元。

公允价值变动：100 ×28 －2 506 =294（万元）

借：可供出售金融资产——公允价值变动 2 940 000

贷：其他综合收益 2 940 000

需要说明的是：划分为可供出售金融资产的股权投资，持有期间公允价值变动不需要进行纳税调整；会计上确认递延税所得税负债，不确认递延所得税费用。

划分为交易性金融资产股权投资，持有期间公允价值变动需要进行纳税调整；会计上需要确认递延所得税负债，确认递延所得税费用。

4. 2016 年 4 月 3 日，B 公司宣告发放现金股利每股 0. 3 元。

借：应收股利 （100 ×0. 3）300 000

贷：投资收益 300 000

5. 4 月 30 日，A 公司收到现金股利。

借：银行存款 300 000

贷：应收股利 300 000

6. 2016 年 12 月 31 日，该股票每股市价为 26 元，假定为暂时性下跌。

公允价值变动 =100 × （26 －28） = －200（万元）

借：其他综合收益 2 000 000

贷：可供出售金融资产——公允价值变动 2 000 000

7. 2017 年 2 月 6 日，A 公司出售 B 公司全部股票，出售价格为每股 30 元，另支付交易费用 8 万元。

（1）会计处理。

可供出售金融资产各明细科目余额为：

①成本 =2 506（万元）

②公允价值变动 =294 －200 =94（万元）

借：银行存款 （100 ×30 －8）29 920 000

贷：可供出售金融资产——成本 25 060 000

——公允价值变动 940 000

投资收益 3 920 000

借：其他综合收益　　　　　　　　　　　　　　　　　　940 000

　　贷：投资收益　　　　　　　　　　　　　　　　　　　　940 000

（2）税务处理。

按《企业所得税法》规定计算的处置收益也为392万元，与会计确认的金额相同。对会计上其他综合收益转入投资收益的94万元，不用在当期缴纳企业所得税，应在年终汇算清缴时调减应纳税所得额。

第四节　混合性投资纳税调整

一、混合性投资的税务处理

一般而言，企业对外投资的法律形式要件都体现了其实质的投资意图和性质。然而，在当前市场经济条件下，企业投资模式日趋多元化，除传统的纯粹债权或者纯粹权益投资外，不少企业的投资模式同时具备债权性投资和权益性投资的特点，增大了识别和判断的难度。

例如，A公司于2016年1月出资1.2亿元对B合伙企业进行增资，增资后A公司持有B合伙企业30%的权益，同时约定B合伙企业在2016年12月31日、2017年12月31日两个时点分别以固定价格6 000万元和1.2亿元向A公司赎回10%、20%的权益。上述交易从表面形式看为权益性投资，A公司办理了正常的出资手续，符合法律上出资的形式要件。然而，从投资的性质而言，该投资并不具备权益性投资的普遍特征。上述A公司的投资在其出资之日，就约定了在固定的时间以固定的金额退出，退出时间也较短（全部退出日距初始投资日也仅有2年）。从风险角度分析，A公司实际上仅承担了B合伙企业的信用风险而不是B合伙企业的经营风险，其交易实质更接近于A公司接受B合伙企业的权益作为质押物，向其提供资金并收取资金占用费，该投资的实质为债权性投资，应按照金融工具确认和计量准则等相关准则进行会计处理。

企业混合性投资业务，是指兼具权益和债权双重特性的投资业务。现行企业所得税制不同类投资业务取得回报的税务处理是不同的。权益性投资取得回报，一般体现为股息收入，按照规定可以免征企业所得税；同时，被投资企业支付的股息不能作为费用在税前扣除；债权性投资取得回报为利息收入，按照规定应当缴纳企业所得税；同时，被投资企业支付的利息也准予在税前扣除。

二、混合性投资按债权投资处理应具备的条件

由于混合性投资业务兼具权益性投资和债权性投资双重特征，需要统一此类投资业务政策执行口径。因此，鉴于混合性投资业务的特点，《国家税务总局关于企业混合性投资业务企业所得税处理问题的公告》（国家税务总局公告2013年第41号）将同时符合下列条件的混合性投资业务，归属于债权投资业务，并要求按照债权投资业务进行企业所得税处理。

（1）被投资企业接受投资后，需要按投资合同或协议约定的利率定期支付利息（或定期支付保底利息、固定利润、固定股息，下同）。也就是说，此类投资回报不与被投资企业的经营业绩挂钩，不是按企业的投资效益进行分配，也不是按投资者的股份份额取得回报。投资者没有或很少承担投资风险的一种投资，实际为企业一种融资形式。

（2）有明确的投资期限或特定的投资条件，并在投资期满或者满足特定投资条件后，被投资企业需要赎回投资或偿还本金。也就是说，投资期限无论是否届满，只要合同或协议约定的、需要由被投资企业偿还本金或赎回投资的条件已经满足，被投资企业必须偿还本金或赎回投资。被投资企业偿还本金或赎回投资后，作减资处理。

（3）投资企业对被投资企业净资产不拥有所有权。被投资企业如果依法停止生产经营活动需要清算的，投资企业的投资额可以按债权进行优先清偿，但对被投资企业净资产不能按投资份额拥有所有权。

（4）投资企业不具有选举权和被选举权。被投资企业在选举董事会、监事会成员时，投资企业不能按持有股份比例进行表决或被选为成员。

（5）投资企业不参与被投资企业日常生产经营活动。但是，投资资金如果指定了专门用途的，投资方企业可以监督其资金运用情况。

三、混合性投资业务的所得税处理

符合税务总局2013年第41号公告第一条规定的混合性投资业务，按下列规定进行企业所得税处理。

（一）被投资企业支付利息的税务处理

对于被投资企业支付的利息，投资企业应于被投资企业应付利息的日期，确认收入的实现并计入当期应纳税所得额；被投资企业应于应付利息的日期，确认利息支出，并按税法和《国家税务总局关于企业所得税若干问题的公告》（2011年第34号）第一条规定的限定利率，进行税前扣除。

（二）被投资企业赎回投资的税务处理

对于被投资企业赎回的投资，投资双方应于赎回时将赎价与投资成本之间的差额确认为债务重组损益，分别计入当期应纳税所得额。也就是说，投资期满或满足特定条件后，由被投资企业按投资合同或协议约定价格赎回的，应区分下列情况分别进行处理：

（1）当实际赎价高于投资成本时，投资企业应将赎价与投资成本之间的差额，在赎回时确认为债务重组收益，并计入当期应纳税所得额；被投资企业应将赎价与投资成本之间的差额，在赎回当期确认为债务重组损失，并准予在税前扣除。

（2）当实际赎价低于投资成本时，投资企业应将赎价与投资成本之间的差额，在赎回当期按规定确认为债务重组损失，并准予在税前扣除；被投资企业应将赎价与投资成本之间的差额，在赎回当期确认为债务重组收益，并计入当期应纳税所得额。

（三）以前年度混合性投资业务税务处理衔接

税务总局2013年第41号公告自2013年9月1日起执行，此前发生的已进行税务处理的混合性投资业务，不再进行纳税调整。即生效后，以前年度的混合性投资业务税务事项，不论是按照股息收入、还是按照利息收入进行税务处理，均不再调整。没有处理的，按照该公告规定处理。

第六章

政府补助与不征税收入纳税调整

第一节　财政补助的会计处理

政府补助是一个会计概念，是指企业从政府无偿取得货币性资产或非货币性资产，但不包括政府作为企业所有者投入的资本。《企业会计准则》将政府补助分为与资产相关的政府补助和与收益相关的政府补助。与资产相关的政府补助，是指企业取得的、用于购建或以其他方式形成长期资产的政府补助。与收益相关的政府补助，是指除与资产相关的政府补助之外的政府补助。而《小企业会计准则》将政府补助划分为与资产相关的政府补助和其他政府补助。其他政府补助，是指除与资产相关的政府补助之外的政府补助。

一、政府补助的主要形式

（一）财政拨款

会计上所称的财政拨款是政府无偿拨付给企业的资金，通常在拨款时明确规定资金用途，比如财政部门拨付给企业用于购建固定资产或进行技术改造的专项资金，鼓励企业安置职工就业而给予的奖励款项，拨付企业的粮食定额补贴，拨付企业开展研发活动的研发经费等。

会计上的财政拨款与《企业所得税法》里的财政拨款内涵不同。会计中的财政拔款是对企业的拨款；《企业所得税法》中的财政拨款是对纳入预算管理的事业单位、社会团体等的拨款。

（二）财政贴息

财政贴息，是指政府为支持特定领域或区域发展，根据国家宏观经济形势和政策目标，对承贷企业的银行贷款利息给予的补贴。如财政将贴息资金直接拨付给受益企业，或者财政将贴息资金拨付给贷款银行，由贷款银行以政策性优惠利率向企业提供贷款，受益企业按照实际发生的利率计算和确认利息费用。

（三）税收返还

税收返还，是指政府按照国家有关规定采取先征后返（退）、即征即退等办法向企业返还的税款，属于以税收优惠形式给予的一种政府补助。除税收返还外，税收优惠还包括直接减征、免征、增加计税抵扣额、抵免部分税额等形式。这类税收优惠并未直接向企业无偿提供资产，不作为会计规范的政府补助。

增值税出口退税不属于政府补助。根据税收相关规定，对出口货物实现增值税零税率，即对出口环节的增值部分免征增值税，同时退还出口货物前道环节所征的进项税额。由于增值税属于价外税，出口货物前道环节所含的进项税额是抵扣项目，体现为企业垫付的资金，增值税出口退税实质上是政府归还企业事先垫付的资金，因而不属于政府补助。

上述会计中的“财政拨款、财政贴息和税收返还”与税法中的财政性资金相对应，企业所得税中“财政性资金”的概念范围基本上相当于会计中的“财政拨款、财政贴息和税收返还”。

（四）无偿划拨非货币性资产

例如行政划拨土地使用权、天然起源的天然林等。

二、政府补助的特征与分类

（一）政府补助的特征

政府补助具有下列特征：

1. 来源于政府的经济资源

对于企业收到的来源于其他方的补助，有确凿证据表明政府是补助的实际拨付者，其他方只起到代收代付作用的，该项补助也属于来源于政府的经济资源。

2. 无偿性

即企业取得来源于政府的经济资源，不需要向政府交付商品或服务等对价。

（二）与资产相关和与收益相关的政府补助

政府补助分为与资产相关的政府补助和与收益相关的政府补助。

1. 与资产相关的政府补助

与资产相关的政府补助，是指企业取得的、用于购建或以其他方式形成长期资产的政府补助。

2. 与收益相关的政府补助

与收益相关的政府补助，是指除与资产相关的政府补助之外的政府补助。

（三）与日常活动相关和无关的政府补助

与企业日常活动相关的政府补助，应当按照经济业务实质，计入其他收益或冲减相关成本费用。与企业日常活动无关的政府补助，应当计入营业外收支。

政府补助准则不对“日常活动”进行界定。通常情况下，若政府补助补偿的成本费用是营业利润之中的项目，或该补助与日常销售等经营行为密切相关（如增值税即征即退等），则认为该政府补助与日常活动相关。

（四）总额法与净额法

1. 总额法和净额法

政府补助有两种会计处理方法：总额法和净额法。

总额法是在确认政府补助时，将其全额一次或分次确认为收益，而不是作为相关资产账面价值或者成本费用等的扣减。净额法是将政府补助确认为对相关资产账面价值或者所补偿成本费用等的扣减。

企业应当根据经济业务的实质，判断某一类政府补助业务应当采用总额法还是净额法。通常情况下，对同类或类似政府补助业务只能选用一种方法，同时，企业对该业务应当一贯地运用该方法，不得随意变更。企业对某些补助只能采用一种方法，例如，对一般纳税人增值税即征即退只能采用总额法进行会计处理。

2. “其他收益”科目的核算

企业选择总额法对与日常活动相关的政府补助进行会计处理的，应增设“6 117 其他收益”科目进行核算。“其他收益”科目核算总额法下与日常活动相关的政府补助以及其他与日常活动相关且应直接计入本科目的项目。对于总额法下与日常活动相关的政府补助，企业在实际收到或应收时，或者将先确认为“递延收益”的政府补助分摊计入收益时，借记“银行存款”、“其他应收款”、“递延收益”等科目，贷记“其他收益”科目。期末，应将本科目余额转入“本年利润”科目，本科目结转后应无余额。

三、政府补助的确认和计量

（一）政府补助的确认

政府补助同时满足下列条件的，才能予以确认：

（1）企业能够满足政府补助所附条件；

（2）企业能够收到政府补助。

（二）政府补助的计量

政府补助为货币性资产的，应当按照收到或应收的金额计量。政府补助为非货币性资产的，应当按照公允价值计量；公允价值不能可靠取得的，按照名义金额计量。

1. 与资产相关的政府补助

与资产相关的政府补助，应当冲减相关资产的账面价值或确认为递延收益。与资产相关的政府补助确认为递延收益的，应当在相关资产使用寿命内按照合理、系统的方法分期计入损益。按照名义金额计量的政府补助，直接计入当期损益。相关资产在使用寿命结束前被出售、转让、报废或发生毁损的，应当将尚未分配的相关递延收益余额转入资产处置当期的损益。

如果企业先取得与资产相关的政府补助，再确认所购建的长期资产，总额法下应当在开始对相关资产计提折旧或进行摊销时按照合理、系统的方法将递延收益分期计入当期收益；净额法下应当在相关资产达到预定可使用状态或预定用途时，将递延收益冲减资产账面价值。如果相关长期资产投入使用后企业再取得与资产相关的政府补助，总额法下应当在相关资产的剩余使用寿命内按照合理、系统的方法将递延收益分期计入当期收益；净额法下应当在取得补助时冲减相关资产的账面价值，并按照冲减后的账面价值和相关资产的剩余使用寿命计提折旧或进行摊销。

2. 与收益相关的政府补助

与收益相关的政府补助，应当分情况按照以下规定进行会计处理：

（1）用于补偿企业以后期间的相关成本费用或损失的，确认为递延收益，并在确认相关成本费用或损失的期间，计入当期损益或冲减相关成本；

（2）用于补偿企业已发生的相关成本费用或损失的，直接计入当期损益或冲减相关成本。

3. 同时包含与资产相关部分和与收益相关部分的处理

对于同时包含与资产相关部分和与收益相关部分的政府补助，应当区分不同部分分别进行会计处理；难以区分的，应当整体归类为与收益相关的政府补助。

（三）政策性优惠贷款贴息的处理

企业取得政策性优惠贷款贴息的，应当区分财政将贴息资金拨付给贷款银行和财政将贴息资金直接拨付给企业两种情况，分别按照下列规定进行会计处理。

1. 财政将贴息资金拨付给贷款银行

财政将贴息资金拨付给贷款银行，由贷款银行以政策性优惠利率向企业提供贷款的，企业可以选择下列方法之一进行会计处理：

（1）以实际收到的借款金额作为借款的入账价值，按照借款本金和该政策性优惠利率计算相关借款费用。

（2）以借款的公允价值作为借款的入账价值并按照实际利率法计算借款费用，实际收到的金额与借款公允价值之间的差额确认为递延收益。递延收益在借款存续期内采用实际利率法摊销，冲减相关借款费用。

企业选择了上述两种方法之一后，应当一致地运用，不得随意变更。

2. 财政将贴息资金直接拨付给企业

财政将贴息资金直接拨付给企业，企业应当将对应的贴息冲减相关借款费用。

（四）政府补助需要退回的处理

已确认的政府补助需要退回的，应当在需要退回的当期分情况按照以下规定进行会计处理：

（1）初始确认时冲减相关资产账面价值的，调整资产账面价值；

（2）存在相关递延收益的，冲减相关递延收益账面余额，超出部分计入当期损益；

（3）属于其他情况的，直接计入当期损益。

第二节　作为不征税收入的纳税调整

政府补助按照适用的税收待遇不同，可以分为作为不征税收入处理与作为征税收入处理的政府补助。不征税收入是我国 2008 年 1 月 1 日起实施的《企业所得税法》创设的一个新概念，是指从企业所得税原理上讲应永不列入征税范围的收入范畴。规定不征税收入，其主要目的是从收入总额中排除非经营活动或非营利活动带来的经济利益流入。企业所得税中的“不征税收入”与“免税收入”不是同一概念。免税收入是指属于企业所得税征税范围，但可以享受免税优惠的收入。

一、不征税收入

《企业所得税法》第七条规定，收入总额中的下列收入为不征税收入：①财政拨款；②依法收取并纳入财政管理的行政事业性收费、政府性基金；③

国务院规定的其他不征税收入。

（一）财政拨款

企业所得税中的财政拨款，是指各级人民政府对纳入预算管理的事业单位、社会团体等组织拨付的财政资金，但国务院和国务院财政、税务主管部门另有规定的除外。

（二）依法收取并纳入财政管理的行政事业性收费、政府性基金

行政事业性收费，是指依照法律法规等有关规定，按照国务院规定程序批准，在实施社会公共管理，以及在向公民、法人或者其他组织提供特定公共服务过程中，向特定对象收取并纳入财政管理的费用。

政府性基金，是指企业根据法律、行政法规等有关规定，代政府收取的具有专项用途的财政资金。

《财政部 国家税务总局关于财政性资金、行政事业性收费、政府性基金有关企业所得税政策问题的通知》（财税〔2008〕151 号）规定，企业按照规定缴纳的、由国务院或财政部批准设立的政府性基金以及由国务院和省、自治区、直辖市人民政府及其财政、价格主管部门批准设立的行政事业性收费，准予在计算应纳税所得额时扣除。企业缴纳的不符合上述审批管理权限设立的基金、收费，不得在计算应纳税所得额时扣除。企业收取的各种基金、收费，应计入企业当年收入总额。对企业依照法律、法规及国务院有关规定收取并上缴财政的政府性基金和行政事业性收费，准予作为不征税收入，于上缴财政的当年在计算应纳税所得额时从收入总额中减除；未上缴财政的部分，不得从收入总额中减除。

（三）国务院规定的其他不征税收入

国务院规定的其他不征税收入，是指企业取得的，由国务院财政、税务主管部门规定专项用途并经国务院批准的财政性资金。

二、专项用途财政性资金

财政性资金，是指企业取得的来源于政府及其有关部门的财政补助、补贴、

贷款贴息，以及其他各类财政专项资金，包括直接减免的增值税和即征即退、先征后退、先征后返的各种税收，但不包括企业按规定取得的出口退税款。

（一）企业取得财政性资金的税务处理

企业取得的各类财政性资金，除属于国家投资和资金使用后要求归还本金的以外，均应计入企业当年收入总额。国家投资，是指国家以投资者身份投入企业、并按有关规定相应增加企业实收资本（股本）的直接投资。

对企业取得的由国务院财政、税务主管部门规定专项用途并经国务院批准的财政性资金，准予作为不征税收入，在计算应纳税所得额时从收入总额中减除。

纳入预算管理的事业单位、社会团体等组织按照核定的预算和经费报领关系收到的由财政部门或上级单位拨入的财政补助收入，准予作为不征税收入，在计算应纳税所得额时从收入总额中减除，但国务院和国务院财政、税务主管部门另有规定的除外。

（二）专项用途财政性资金作为不征税收入需符合三个条件

根据财政部、国家税务总局《关于专项用途财政性资金有关企业所得税处理问题的通知》（财税〔2009〕87号）、《关于专项用途财政性资金企业所得税处理问题的通知》（财税〔2011〕70号）规定，企业从县级以上各级人民政府财政部门及其他部门取得的应计入收入总额的财政性资金，凡同时符合以下条件的，可以作为不征税收入，在计算应纳税所得额时从收入总额中减除：

（1）企业能够提供规定资金专项用途的资金拨付文件；

（2）财政部门或其他拨付资金的政府部门对该资金有专门的资金管理办法或具体管理要求；

（3）企业对该资金以及以该资金发生的支出单独进行核算。

根据《企业所得税法实施条例》第二十八条的规定，企业的不征税收入用于支出所形成的费用或者财产，不得扣除或者计算对应的折旧、摊销扣除。即上述不征税收入用于支出所形成的费用，不得在计算应纳税所得额时扣除；用于支出所形成的资产，其计算的折旧、摊销不得在计算应纳税所得额时扣除。

需要说明的是，企业应将不征税收入与免税收入区别开来。《企业所得税法》首次引入免税收入这一概念，它是指对企业的某些收入免予征税，即允许企业计算应纳税所得额时将这些收入从收入总额中减除。免税收入属于税收优惠，而不征税收入则不属于税收优惠政策。且免税收入所形成的费用或资产，可以扣除或者计算对应的折旧、摊销扣除。

（三）专项用途财政性资金作为不征税收入处理的后续管理

企业将符合上述规定条件的财政性资金作不征税收入处理后，在5年（60个月）内未发生支出且未缴回财政部门或其他拨付资金的政府部门的部分，应计入取得该资金第六年的应税收入总额；计入应税收入总额的财政性资金发生的支出，允许在计算应纳税所得额时扣除。

《国家税务总局关于企业所得税应纳税所得额若干税务处理问题的公告》（国家税务总局公告2012年第15号）第七条关于企业不征税收入管理问题进一步明确：企业取得的不征税收入，应按照财税〔2011〕70号文件的规定进行处理。凡未按照该文件规定进行管理的，应作为企业应税收入计入应纳税所得额，依法缴纳企业所得税。

在管理方式上，专项用途财政性资金延迟计入应纳税所得额通常属于自行申报类项目，不需要经税务机关的审批、备案。

（四）可作不征税收入处理的即征即退增值税

符合条件的软件企业按照《财政部 国家税务总局关于软件产品增值税政策的通知》（财税〔2008〕100号）规定取得的即征即退增值税款，由企业专项用于软件产品研发和扩大再生产并单独进行核算，可以作为不征税收入，在计算应纳税所得额时从收入总额中减除。

根据《财政部 国家税务总局关于企业所得税若干优惠政策的通知》（财税〔2008〕1号）的规定，软件生产企业实行增值税即征即退政策所退还的税款，由企业用于研究开发软件产品和扩大再生产，不作为企业所得税应税收入，不予征收企业所得税。

《财政部　国家税务总局关于核电行业税收政策有关问题的通知》（财税〔2008〕38号）规定，核力发电企业取得的增值税退税款，专项用于还本付息，不征收企业所得税。

三、不征税收入用于支出所形成的费用不得扣除

根据《企业所得税法实施条例》第十条的规定，企业在计算应纳税所得额时，要将不征税收入予以事先减除，如果允许将不征税收入用于支出所形成的费用在税前扣除，这等于不征税收入得到了重复税前扣除，享受了两次税收优待。因此，《企业所得税法实施条例》第二十八条规定，企业的不征税收入用于支出所形成的费用不得扣除。

财税〔2008〕151号文件规定，企业的不征税收入用于支出所形成的费用，不得在计算应纳税所得额时扣除；企业的不征税收入用于支出所形成的资产，其计算的折旧、摊销不得在计算应纳税所得额时扣除。

四、政府补助收入的会计与税法差异

政府补助收入的会计与税务处理方面的差异主要表现在：

（1）根据税法规定，企业收到政府补助，在收到政府补助的当期计入应纳税所得额，不在以后期间内递延确认收入，因此税法与会计存在暂时性差异。

（2）《企业所得税法》规定，企业以不征税收入购买资产，在计算应纳税所得额时不得扣除相关资产的折旧、摊销费用。这就造成资产会计成本与计税基础之间存在差异。

政府补助收入的税会差异如表6－1所示。

五、专项用途财政性资金纳税调整明细表及其填报

（一）专项用途财政性资金纳税调整明细表

“专项用途财政性资金纳税调整明细表”（A105040，如表6－2所示）适用于发生符合不征税收入条件的专项用途财政性资金纳税调整项目的纳税人填报。纳税人根据税法、《财政部 国家税务总局关于专项用途财政性资金企

表 6－1　　　　政府补助的税会差异

<table>
<tr><th rowspan="2"></th><th rowspan="2" colspan="3">会计处理</th><th colspan="2">企业所得税处理</th></tr>
<tr><th>作为不征税收入处理</th><th>作为征税收入处理</th></tr>
<tr><td rowspan="5">政府补助</td><td colspan="2">与资产相关的</td><td rowspan="3">取得当期确认为递延收益，分摊计入收益或冲资产或费用账面金额</td><td>取得时不计入收入总额，取得补助当期税会无差异</td><td>计入取得当期收入总额，会计计入递延收益金额，需调增应纳税所得额</td></tr>
<tr><td rowspan="4">与收益相关的</td><td rowspan="2">用于补偿企业以后期间的相关费用或损失的</td><td>以后期间会计分摊计入收益的金额，无需缴纳所得税，需调减应纳税所得额</td><td>以后期间会计分期计入收益的金额，无需缴纳所得税，需调减应纳税所得额</td></tr>
<tr><td>用于支出形成的费用或资产的折旧、摊销不得税前扣除，需调增应纳税所得额</td><td>用于支出形成的费用或资产的折旧、摊销可以税前扣除</td></tr>
<tr><td rowspan="2">用于补偿企业已发生的相关费用或损失的</td><td rowspan="2">取得当期直接计入当期损益</td><td>不计入收入总额，会计计入当期损益的金额需调减应纳税所得额</td><td rowspan="2">税会无差异</td></tr>
<tr><td>用于支出形成的费用不得税前扣除，需调增应纳税所得额</td></tr>
</table>

业所得税处理问题的通知》（财税〔2011〕70号）等相关规定，以及国家统一企业会计制度，填报纳税人专项用途财政性资金会计处理、税收规定，以及纳税调整情况。本表对不征税收入用于费用化的支出进行调整，资本化支出通过“资产折旧、摊销及纳税调整明细表”（A105080）进行纳税调整。

有关项目的填报：

1. 取得年度

表A105040第1列“取得年度”：填报取得专项用途财政性资金的公历年度。第5行至第1行依次从6行往前倒推，第6行为申报年度。

2. 财政性资金

表A105040第2列“财政性资金”：填报纳税人相应年度实际取得的财政性资金金额。

表A105040第3列“其中：符合不征税收入条件的财政性资金”：填报纳税人相应年度实际取得的符合不征税收入条件且已作不征税收入处理的财政性资金金额。

表A105040第4列“其中：计入本年损益的金额”：填报第3列“其中：符合不征税收入条件的财政性资金”中，会计处理时计入本年（申报年度）损益的金额。本列第7行金额为“纳税调整项目明细表”（A105000）第9行“其中：专项用途财政性资金”的第4列“调减金额”。

3. 以前年度支出情况

表A105040第5列至第9列“以前年度支出情况”：填报纳税人作为不征税收入处理的符合条件的财政性资金，在申报年度以前的5个纳税年度发生的支出金额。前一年度，填报本年的上一纳税年度，以此类推。

4. 本年支出情况

表A105040第10列“支出金额”：填报纳税人历年作为不征税收入处理的符合条件的财政性资金，在本年（申报年度）用于支出的金额。

表A105040第11列“其中：费用化支出金额”：填报纳税人历年作为不征税收入处理的符合条件的财政性资金，在本年（申报年度）用于支出计入本年损益的费用金额，本列第7行金额为“纳税调整项目明细表”（A105000）第25行“其中：专项用途财政性资金用于支出所形成的费用”的第3列“调增金额”。

表 6－2　A105040　　　　专项用途财政性资金纳税调整明细表

行次	项目	取得年度	财政性资金	其中：符合不征税收入条件的财政性资金		以前年度支出情况					本年支出情况		本年结余情况		
				金额	其中：计入本年损益的金额	前五年度	前四年度	前三年度	前二年度	前一年度	支出金额	其中：费用化支出金额	结余金额	其中：上缴财政金额	应计入本年应税收入金额
		1	2	3	4	5	6	7	8	9	10	11	12	13	14
1	前五年度														
2	前四年度					*									
3	前三年度					*	*								
4	前二年度					*	*	*							
5	前一年度					*	*	*	*						
6	本　　年					*	*	*	*	*					
7	合计（1＋2＋…＋6）	*				*	*	*	*	*					

5. 本年结余情况

表 A105040 第 12 列“结余金额”：填报纳税人历年作为不征税收入处理的符合条件的财政性资金，减除历年累计支出（包括费用化支出和资本化支出）后尚未使用的不征税收入余额。

表 A105040 第 13 列“其中：上缴财政金额”：填报第 12 列“结余金额”中向财政部门或其他拨付资金的政府部门缴回的金额。

表 A105040 第 14 列“应计入本年应税收入金额”：填报企业以前年度取得财政性资金且已作为不征税收入处理后，在 5 年（60 个月）内未发生支出且未缴回财政部门或其他拨付资金的政府部门，应计入本年应税收入的金额。本列第 7 行金额为“纳税调整项目明细表”（A105000）第 9 行“其中：专项用途财政性资金”的第 3 列“调增金额”。

同时，将表 A105040 第 7 行第 4 列填入表 A105000 第 9 行第 4 列；将第 7 行第 11 列填入表 A105000 第 25 行第 3 列；将第 7 行第 14 列填入表 A105000 第 9 行第 3 列。

（二）案例解析

【例 6－1】 2017 年 3 月 1 日，A 公司收到政府拨款 1 200 万元，用于购买科研设备；2017 年 6 月 10 日，A 公司以银行存款 1 170 万元购入研发设备，当月底交付研发新产品使用，预计使用寿命为 5 年，预计净残值为 40 万元，采用年数总和法计提折旧额。

2019 年 6 月 30 日，A 公司出售了该设备，取得价款 700 万元（不考虑处置增值税）。直到 2022 年，结余的财政拨款未使用也未上缴政府部门。A 公司对该项政府补助采用总额法核算，并采用直线法摊销递延收益。

要求：

1. 进行相关会计处理；

2. 假设符合不征税收入条件下的相关处理与纳税调整。

解析：

1. 会计处理

（1）2017 年 3 月收到财政拨款。

借：银行存款　　　　12 000 000

贷：递延收益 12 000 000

（2）2017 年 6 月购入设备。

借：固定资产 10 000 000

应交税费——应交增值税（进项税额） 1 700 000

贷：银行存款 11 700 000

（3）计提 2017 年折旧。

（1 000 - 40）×5/15 ÷ 2 = 160（万元）

借：研发支出——费用化支出 1 600 000

贷：累计折旧 1 600 000

（4）分配递延收益。

1 000 ÷ 5 ÷ 2 = 100（万元）

借：递延收益 1 000 000

贷：营业外收入 1 000 000

（5）2018 年会计处理。

计提折旧：

借：研发支出 2 880 000（160 + 128）

贷：累计折旧 2 880 000

分配递延收益：1 000 ÷ 5 = 200（万元）

借：递延收益 2 000 000

贷：营业外收入 2 000 000

2. 作为不征税收入处理与纳税调整

如符合不征税收入的三个条件，A 公司作为不征税收入处理，则不计入 2017 年应纳税所得额缴所得税。

“递延收益”转入“营业外收入”的 100 万元，需要调减应纳税所得额。

用该不征税收入购置的固定资产折旧不得在税前扣除。会计折旧 160 万元需调增应纳税所得额。

（1）作为不征税收入处理的纳税调整。

①取得财政补助收入年度（2017 年）的处理的纳税调整如表 6 - 3、表 6 - 4 所示。

表 6-3　A105040　　专项用途财政性资金纳税调整明细表　　金额单位：万元

行次	项目	取得年度	财政性资金	其中：符合不征税收入条件的财政性资金		以前年度支出情况					本年支出情况		本年结余情况		
				金额	其中：计入本年损益的金额	前五年度	前四年度	前三年度	前二年度	前一年度	支出金额	其中：费用化支出金额	结余金额	其中：上缴财政金额	应计入本年应税收入金额
		1	2	3	4	5	6	7	8	9	10	11	12	13	14
1	前五年度														
2	前四年度					*									
3	前三年度					*	*								
4	前二年度					*	*	*							
5	前一年度					*	*	*	*						
6	本　　年	2 017	1 200	1 200	100	*	*	*	*	*	1 000	0	200	0	0
7	合计（1+2+…+6）	*	1 200	1 200	100	*	*	*	*	*	1 000	0	200	0	0

表 6－4　A105000　　纳税调整项目明细表（部分）

金额单位：万元

行次	项　目	账载金额	税收金额	调增金额	调减金额
		1	2	3	4
1	一、收入类调整项目（2＋3＋4＋5＋6＋7＋8＋10＋11）	*	*		100
8	（七）不征税收入	*	*		100
9	其中：专项用途财政性资金（填写 A105040）	*	*		100
12	二、扣除类调整项目	*	*		
24	（十二）不征税收入用于支出所形成的费用	*	*		*
25	其中：专项用途财政性资金用于支出所形成的费用（填写 A105040）	*	*		*
31	三、资产类调整项目（31＋32＋33＋34）	*	*	160	
32	（一）资产折旧、摊销（填写 A105080）	160	0	160	
45	合计（1＋12＋31＋36＋43＋44）	*	*	160	100

②2018 年度纳税调整，如表 6－5、表 6－6、表 6－7 所示。

表 6－5　A105040　　专项用途财政性资金纳税调整明细表

金额单位：万元

行次	项目	取得年度	财政性资金	其中：符合不征税收入条件的财政性资金		以前年度支出情况					本年支出情况		本年结余情况		
				金额	其中：计入本年损益的金额	前五年度	前四年度	前三年度	前二年度	前一年度	支出金额	其中：费用化支出金额	结余金额	其中：上缴财政金额	应计入本年应税收入金额
		1	2	3	4	5	6	7	8	9	10	11	12	13	14
1	前五年度														
2	前四年度					*									
3	前三年度					*	*								
4	前二年度					*	*	*							
5	前一年度	2 017	1 200	1 200	200	*	*	*	*	1 000	0	0	200	0	0
6	本　年	2 018	0	0		*	*	*	*	*	0	0	200	0	0
7	合计（1＋2＋…＋6）	*	1 200	1 200	200	*	*	*	*	*	0	0	200	0	0

表 6－6　A105080　　**资产折旧、摊销及纳税调整明细表**　　金额单位：万元

行次	项目		账载金额			税收金额					纳税调整金额
			资产原值	本年折旧、摊销额	累计折旧、摊销额	资产计税基础	税收折旧额	享受加速折旧政策的资产按税收一般规定计算的折旧、摊销额	加速折旧统计额	累计折旧、摊销额	
			1	2	3	4	5	6	7＝5－6	8	9（2－5）
1	一、固定资产（2＋3＋4＋5＋6＋7）		1 000	288	488	0	0	*	*	0	288
2	所有固定资产	（一）房屋、建筑物						*	*		
3		（二）飞机、火车、轮船、机器、机械和其他生产设备						*	*		
4		（三）与生产经营活动有关的器具、工具、家具等						*	*		
5		（四）飞机、火车、轮船以外的运输工具						*	*		
6		（五）电子设备						*	*		
7		（六）其他	1 000	288	488	0	0	*	*	0	288
8	其中：享受固定资产加速折旧及一次性扣除政策的资产加速折旧额大于一般折旧额的部分	（一）重要行业固定资产加速折旧（不含一次性扣除）									*
9		（二）其他行业研发设备加速折旧									*
10		（三）允许一次性扣除的固定资产（11＋12＋13）									*
11		1. 单价不超过 100 万元专用研发设备									*

续表

行次	项目		账载金额			税收金额					纳税调整金额
			资产原值	本年折旧、摊销额	累计折旧、摊销额	资产计税基础	税收折旧额	享受加速折旧政策的资产按税收一般规定计算的折旧、摊销额	加速折旧统计额	累计折旧、摊销额	
			1	2	3	4	5	6	7 = 5 - 6	8	9（2 - 5）
12	其中：享受固定资产加速折旧及一次性扣除政策的资产加速折旧额大于一般折旧额的部分	2. 重要行业小型微利企业单价不超过 100 万元研发生产共用设备									*
13		3. 5 000 元以下固定资产									*
14		（四）技术进步、更新换代固定资产									*
15		（五）常年强震动、高腐蚀固定资产									*
16		（六）外购软件折旧									*
17		（七）集成电路企业生产设备									*
39	合计（1 + 18 + 21 + 31 + 37 + 38）		1 000	288	488	0	0	*	*	0	288
附列资料		全民所有制改制资产评估增值政策资产						*	*		

表 6－7　A105000　　纳税调整项目明细表（部分）

金额单位：万元

行次	项　目	账载金额	税收金额	调增金额	调减金额
		1	2	3	4
1	一、收入类调整项目（2+3+4+5+6+7+8+10+11）	*	*		200
8	（七）不征税收入	*	*		
9	其中：专项用途财政性资金（填写 A105040）	*	*		200
12	二、扣除类调整项目	*	*		
24	（十二）不征税收入用于支出所形成的费用	*	*		*
25	其中：专项用途财政性资金用于支出所形成的费用（填写 A105040）	*	*		*
31	三、资产类调整项目（32+33+34+35）	*	*	288	
32	（一）资产折旧、摊销（填写 A105080）	288	0	288	
45	合计（1+12+31+36+43+44）	*	*	288	200

③2019 年纳税调整，如表 6－8、表 6－9 所示。

表 6－8　A105040　　专项用途财政性资金纳税调整明细表

金额单位：万元

行次	项目	取得年度	财政性资金	其中：符合不征税收入条件的财政性资金		以前年度支出情况					本年支出情况		本年结余情况		
				金额	其中：计入本年损益的金额	前五年度	前四年度	前三年度	前二年度	前一年度	支出金额	其中：费用化支出金额	结余金额	其中：上缴财政金额	应计入本年应税收入金额
		1	2	3	4	5	6	7	8	9	10	11	12	13	14
1	前五年度														
2	前四年度					*									
3	前三年度					*	*								
4	前二年度	2 017	1 200	1 200	700	*	*	*	1 000				200		
5	前一年度	2 018	0			*	*	*	*		0	0	0	0	0
6	本　　年	2 019	0			*	*	*	*	*	0	0	0	0	0
7	合计（1+2+…+6）	*	1 200	1 200	700	*	*	*	*	*	0	0	200	0	0

表 6－9　A105000　　　纳税调整项目明细表（部分）　　　金额单位：万元

行次	项　目	账载金额	税收金额	调增金额	调减金额
		1	2	3	4
1	一、收入类调整项目（2+3+4+5+6+7+8+10+11）	*	*		700
8	（七）不征税收入	*	*		700
9	其中：专项用途财政性资金（填写 A105040）	*	*		700
12	二、扣除类调整项目	*	*		
24	（十二）不征税收入用于支出所形成的费用	*	*		*
25	其中：专项用途财政性资金用于支出所形成的费用（填写 A105040）	*	*		*
31	三、资产类调整项目（31+32+33+34）	*	*	128	
32	（一）资产折旧、摊销（填写 A105080）	128	0	128	
45	合计（1+12+31+36+43+44）	*	*	128	700

④2022 年纳税调整，如表 6－10、表 6－11 所示。

表 6－10　A105040　　专项用途财政性资金纳税调整明细表

金额单位：万元

行次	项目	取得年度	财政性资金	其中：符合不征税收入条件的财政性资金		以前年度支出情况					本年支出情况		本年结余情况		
				金额	其中：计入本年损益的金额	前五年度	前四年度	前三年度	前二年度	前一年度	支出金额	其中：费用化支出金额	结余金额	其中：上缴财政金额	应计入本年应税收入金额
		1	2	3	4	5	6	7	8	9	10	11	12	13	14
1	前五年度	2 017	1 200	1 200	0	1 000					0		200		200
2	前四年度	2 018				*									
3	前三年度	2 019				*	*								
4	前二年度	2 020				*	*	*							
5	前一年度	2 021				*	*	*	*		0	0	0	0	0
6	本　　年	2 022				*	*	*	*	*	0	0	0	0	0
7	合计（1＋2＋…＋6）	*	1 200	1 200	0	*	*	*	*	*	0	0	200	0	200

表 6-11　A105000　　纳税调整项目明细表（部分）　　金额单位：万元

行次	项　目	账载金额	税收金额	调增金额	调减金额
		1	2	3	4
1	一、收入类调整项目（2+3+4+5+6+7+8+10+11）	*	*	200	
8	（七）不征税收入	*	*	200	
9	其中：专项用途财政性资金（填写 A105040）	*	*	200	
12	二、扣除类调整项目	*	*		
24	（十二）不征税收入用于支出所形成的费用	*	*		*
25	其中：专项用途财政性资金用于支出所形成的费用（填写 A105040）	*	*		*
31	三、资产类调整项目（32+33+34+35）	*	*		
32	（一）资产折旧、摊销（填写 A105080）				
45	合计（1+12+31+36+43+44）	*	*	200	

（2）2019 年 6 月处置设备。

①累计折旧额 =（1 000 - 40）×5/15 +（1 000 - 40）×4/15 = 576（万元）

递延收益累计摊销 = 1 000 ÷ 5 × 2 = 400（万元）

②出售设备的会计处理。

借：固定资产清理	4 240 000	
累计折旧	5 760 000	
贷：固定资产		10 000 000
借：银行存款	7 000 000	
贷：固定资产清理		7 000 000
借：固定资产清理	2 760 000	
贷：营业外收入		2 760 000
借：递延收益　　（1 000 - 400）	6 000 000	
贷：营业外收入		6 000 000

③税务处理。

处置固定资产应确认的税法利得 276 万元，与会计处置利得 276 万元相同，税会无差异。

但是，“递延收益”转入“营业外收入”的 700 万元（上半年转入 100 万元，处置时转入 600 万元），需要调减应纳税所得额，如表 6 - 12、表 6 - 13 所示。

表 6 - 12　A105020 未按权责发生制确认收入纳税调整明细表　　金额单位：万元

行次	项　目	合同金额（交易金额）	账载金额		税收金额		纳税调整金额
			本年	累计	本年	累计	
		1	2	3	4	5	6（4 - 2）
1	一、跨期收取的租金、利息、特许权使用费收入（2 + 3 + 4）						
2	（一）租金						
3	（二）利息						
4	（三）特许权使用费						
5	二、分期确认收入（6 + 7 + 8）						
6	（一）分期收款方式销售货物收入						

续表

行次	项　目	合同金额（交易金额）	账载金额		税收金额		纳税调整金额
			本年	累计	本年	累计	
		1	2	3	4	5	6（4－2）
7	（二）持续时间超过12个月的建造合同收入						
8	（三）其他分期确认收入						
9	三、政府补助递延收入（10＋11＋12）	1 200	700	1 000	0	1 200	－700
10	（一）与收益相关的政府补助						
11	（二）与资产相关的政府补助	1 200	700	1 000	0	1 200	－700
12	（三）其他						
13	四、其他未按权责发生制确认收入						
14	合计（1＋5＋9＋13）	1 200	700	1 000	0	1 200	－700

表6－13　A105000　　纳税调整项目明细表　　金额单位：万元

行次	项　目	账载金额	税收金额	调增金额	调减金额
		1	2	3	4
1	一、收入类调整项目		*		700
2	（一）视同销售收入（填写A105010）	*			*
3	（二）未按权责发生制原则确认的收入（填写A105020）	700	0		700
4	（三）投资收益（填写A105030）				

六、纳税调整模型与应对（见表6－14）

表6－14

对应风险特征编号、名称	财政补贴收入企业所得税识别风险	指标类型	[ ] 涉嫌偷逃骗税类 [√] 一般税收流失类 [ ] 税收行为管理类
适用范围	所有企业所得税地税征收企业	主题事项（指标分类）	企业所得税与其他税种联动分析

续表

<table>
<tr><td>适用税种、税目</td><td colspan="2">企业所得税</td><td colspan="2">涉及会计科目</td><td>应交税费、所得税、补贴收入、其他应付款、利润分配</td></tr>
<tr><td>税收政策依据及内容摘要</td><td colspan="5">1. 《企业所得税法》及其实施条例
2. 《财政部 国家税务总局关于专项用途财政性资金企业所得税处理问题的通知》（财税〔2011〕70号）</td></tr>
<tr><td>相关法律（含行业管理规定）及内容摘要</td><td colspan="5">《企业会计准则》、《小企业会计准则》</td></tr>
<tr><td>数据来源（可多选）</td><td colspan="5">[ ] 税务登记 [√] 认定信息 [ ] 财务报表 [ ] 代开发票信息 [√] 申报表 [ ] 入库税款 [ ] 国际税收情报交换数据 [√] 第三方数据（××局、互联网采集数据）[ ] 其他数据</td></tr>
<tr><td>数据内容</td><td colspan="5">认定信息——企业所得税认定；申报表——企业所得税年度纳税申报表（A表）表A101010第20行；第三方数据——财政部门——发放企业财政补贴信息</td></tr>
<tr><td rowspan="2">指标属性</td><td>积分度量类别</td><td>指标层级</td><td>指标性质</td><td>是否需要反馈</td><td>是否适用纳税提醒</td></tr>
<tr><td>[√] 计税依据 [ ] 税款 [ ] 比例 [ ] 其他</td><td>[√] 一级指标 [ ] 二级指标</td><td>[√] 主要 [ ] 辅助</td><td>[√] 是 [ ] 否</td><td>[ ] 是 [√] 否</td></tr>
<tr><td>指标描述</td><td colspan="5">适应于上年度存在财政奖励、土地征收返还款、财政税收返还、再生资源企业增值税退税信息及即征即退的纳税人
比较财政返还收入与汇算清缴政府补助利得的差异值</td></tr>
<tr><td>指标公式</td><td colspan="5">【企业财政补贴收入】取第三方数据——财政部门中发放企业财政补贴收入数据
企业所得税查账征收：
【政府补助利得】企业所得税年度纳税申报表（A表）表A101010第20行政府补助利得
企业所得税核率征收：
【政府补助利得】企业所得税年度纳税申报表（B类）第2行不征税收入
【计税依据差额】=【企业财政补贴收入】-【政府补助利得】</td></tr>
<tr><td>风险识别条件</td><td colspan="5">【计税依据差额】>【预警值】</td></tr>
</table>

续表

预警参考值	1 000
加工周期	（与数据所属期不同）[ ] 月　[ ] 季　[ ] 半年　[√] 年 [ ] 一次性
警参考值 维护级别	[√] 省　[ ] 市　[ ] 县（市、区）
税务机关提示信息	如果是查账征收企业： 【纳税人名称】（【纳税人识别号】）：该单位在【年度】年企业所得税征收方式为查账征收，收到企业财政补贴为【企业财政补贴收入】元，企业所得税年度纳税申报表 A101010 中政府补助收入为【政府补助利得】元，差额【计税依据差额】元，可能存在少缴企业所得税的风险，请核查。 如果是核率征收企业： 【纳税人名称】（【纳税人识别号】）：该单位在【年度】年企业所得税征收方式为核率征收，收到企业财政补贴为【企业财政补贴收入】元，企业所得税年度纳税申报表（B 类）中不征税收入为【政府补助利得】元，差额【计税依据差额】元，可能存在少缴企业所得税的风险，请核查。
纳税人提示信息	【纳税人名称】（【纳税人识别号】）：您单位【年度】年度收到企业财政补贴，是否足额缴纳企业所得税，请核实。
应对策略	风险数据的系统校验（案头审核） 1. 通过查询金三系统——查询统计（核心征管）——申报——企业所得税申报信息清册（通用查询岗）——企业所得税年度纳税申报表（A 表）核实“政府补助利得”； 2. 通过第三方数据核实“企业财政补贴收入”。 二、询问约谈资料要求（报送资料） 1. 企业相关账务处理资料、记账凭证以及相关附件； 2. 政府部门拨付资金相关文件。 三、核查内容 1. 核查企业基础登记信息和认定信息的准确性； 2. 核查其款项是由哪一级财政返还，特别注意核对财政返还文件，按照要求核对返还资金的使用情况，对于符合不征税收入规定的奖励资金，尤其应注重核对其账务处理情况； 3. 如账面“补贴收入”无明确记载，注意核对单位“其他应收款”、“其他应付款”科目，以及“利润分配”科目，特别是往来科目的单位明细为政府部门的往来； 4. 核查实际到账金额与提示金额有差额的，应核实差额的去向，发票真实性； 5. 关注不征税收入及其用于支出形成的费用、资产的折旧、摊销额是否已在税前列支； 6. 核查出口退税是否通过“其他应收款”核算，不属于财政税收返还； 7. 存在少缴纳税款情形的，通知纳税人补缴并按规定加滞纳金。
备注	财政部门中发放企业财政补贴收入数据

第三节　作为征税收入的纳税调整

一、作为征税收入的处理

政府补助作为征税收入处理的，涉及的填报表单如表 6－15 所示。

表 6－15　　政府补助与不征税收入

	按适用税收待遇	涉及的填报表单
会计上政府补助收入	应税收入	表 A105000 第 3 行“（二）未按权责发生制原则确认的收入”（填写 A105020），第 38 行“（二）政策性搬迁”；
		表 A105020“未按权责发生制确认收入纳税调整明细表”；
		表 A105110“政策性搬迁纳税调整明细表”。
	不征税收入	表 A105000 第 8、9 行，第 24、25 行，第 32 行资产折旧、摊销；表 A105040“专项用途财政性资金纳税调整明细表”

二、案例解析

【例 6－2】2017 年 5 月 18 日，A 上市公司从财政取得贷款贴息补助收入 100 万元（不符合不征税收入条件），2017 年 12 月 10 日支付贷款贴息 80 万元，2018 年 2 月支付贷款贴息 20 万元。该公司采用净额法核算该类政府补助收入。

要求：进行相关财税处理，并填报年度纳税申报表。

解析：

1. 2017 年度

2017 年 5 月 18 日，取得补助收入时：

借：银行存款　　　　　　　　　　1 000 000

　　贷：递延收益　　1 000 000

2017 年 12 月 10 日，支付贷款贴息时：

借：财务费用　　800 000

　　贷：银行存款　　800 000

借：递延收益　　800 000

　　贷：财务费用　　800 000

年度汇缴申报时，先填“未按权责发生制确认收入纳税调整明细表”(A105020)；再据以填报“纳税调整项目明细表”第3行“(二) 未按权责发生制原则确认的收入”，如表6－16、表6－17所示。

2. 2018 年度

2018 年 2 月支付贷款贴息时：

借：财务费用　　200 000

　　贷：银行存款　　200 000

借：递延收益　　200 000

　　贷：财务费用　　200 000

“未按权责发生制确认收入纳税调整明细表（A105020)”和“纳税调整项目明细表（A105000)”的填报分别如表6－18、表6－19所示。

如作为征税收入处理，财政补助应当计入 A 公司 2017 年度应纳税所得额缴所得税。

会计处理计入了“递延收益”（按扣除已转入“营业外收入”金额），需调增应纳税所得额。

用该财政性资金购置固定资产的折旧可以税前扣除。

表 6－16　A105020　　未按权责发生制确认收入纳税调整明细表

金额单位：万元

行次	项　目	合同金额（交易金额）	账载金额		税收金额		纳税调整金额
			本年	累计	本年	累计	
		1	2	3	4	5	6（4－2）
1	一、跨期收取的租金、利息、特许权使用费收入						
2	（一）租金						
3	（二）利息						
4	（三）特许权使用费						
5	二、分期确认收入（6＋7＋8）						
6	（一）分期收款方式销售货物收入						
7	（二）持续时间超过 12 个月的建造合同收入						
8	（三）其他分期确认收入						
9	三、政府补助递延收入（10＋11＋12）	100	80	80	100	100	20
10	（一）与收益相关的政府补助	100	80	80	100	100	20
11	（二）与资产相关的政府补助						
12	（三）其他						
13	四、其他未按权责发生制确认收入						
14	合计（1＋5＋9＋13）	100	80	80	100	100	20

表 6－17　A105000　　纳税调整项目明细表（部分）

金额单位：万元

行次	项　目	账载金额	税收金额	调增金额	调减金额
		1	2	3	4
1	一、收入类调整项目（2＋3＋4＋5＋6＋7＋8＋10＋11）	*	*	20	
2	（一）视同销售收入（填写 A105010）	*			*
3	（二）未按权责发生制原则确认的收入（填写 A105020）	80	100	20	

表 6-18 A105020 未按权责发生制确认收入纳税调整明细表

金额单位：万元

行次	项 目	合同金额（交易金额）	账载金额		税收金额		纳税调整金额
			本年	累计	本年	累计	
		1	2	3	4	5	6（4-2）
1	一、跨期收取的租金、利息、特许权使用费收入						
5	二、分期确认收入（6+7+8）						
6	（一）分期收款方式销售货物收入						
7	（二）持续时间超过12个月的建造合同收入						
8	（三）其他分期确认收入						
9	三、政府补助递延收入（10+11+12）	100	20	100	0	100	-20
10	（一）与收益相关的政府补助	100	20	100	0	100	-20
11	（二）与资产相关的政府补助						
12	（三）其他						
13	四、其他未按权责发生制确认收入						
14	合计（1+5+9+13）	100	20	100	0	100	-20

表 6-19 A105000 纳税调整项目明细表

金额单位：万元

行次	项 目	账载金额	税收金额	调增金额	调减金额
		1	2	3	4
1	一、收入类调整项目（2+3+4+5+6+7+8+10+11）	*	*		
2	（一）视同销售收入（填写A105010）	*			*
3	（二）未按权责发生制原则确认的收入（填写A105020）	20	0		20

第七章

职工薪酬支出的纳税调整

第一节　职工薪酬支出及纳税调整表

一、职工薪酬的界定

（一）《小企业会计准则》的界定

根据《小企业会计准则》第四十九条的规定，应付职工薪酬是指小企业为获得职工提供的服务而应付给职工的各种形式的报酬以及其他相关支出。小企业的职工薪酬包括：

（1）职工工资、奖金、津贴和补贴。

（2）职工福利费。

（3）医疗保险费、养老保险费、失业保险费、工伤保险费和生育保险费等社会保险费。

（4）住房公积金。

（5）工会经费和职工教育经费。

（6）非货币性福利。

（7）因解除与职工的劳动关系给予的补偿。

（8）其他与获得职工提供的服务相关的支出等。

（二）《企业会计准则》的界定

根据《企业会计准则第 9 号——职工薪酬》（财会〔2014〕8 号，自 2014 年 7 月 1 日起施行，以下简称职工薪酬准则）第二条的规定，职工薪酬是指企业为获得职工提供的服务或解除劳动关系而给予的各种形式的报酬或补偿。职工薪酬包括短期薪酬、离职后福利、辞退福利和其他长期职工福利。企业提供给职工配偶、子女、受赡养人、已故员工遗属及其他受益人等的福利，也属于职工薪酬。

1. 短期薪酬

短期薪酬，是指企业在职工提供相关服务的年度报告期间结束后 12 个月内需要全部予以支付的职工薪酬，因解除与职工的劳动关系给予的补偿除外。短期薪酬具体包括：职工工资、奖金、津贴和补贴，职工福利费，医疗保险费、工伤保险费和生育保险费等社会保险费，住房公积金，工会经费和职工教育经费，短期带薪缺勤，短期利润分享计划，非货币性福利以及其他短期薪酬。

带薪缺勤，是指企业支付工资或提供补偿的职工缺勤，包括年休假、病假、短期伤残、婚假、产假、丧假、探亲假等。利润分享计划，是指因职工提供服务而与其达成的基于利润或其他经营成果提供薪酬的协议。

2. 离职后福利

离职后福利，是指企业为获得职工提供的服务而在职工退休或与企业解除劳动关系后，提供的各种形式的报酬和福利，短期薪酬和辞退福利除外。

3. 辞退福利

辞退福利，是指企业在职工劳动合同到期之前解除与职工的劳动关系，或者为鼓励职工自愿接受裁减而给予的补偿。

4. 其他长期职工福利

其他长期职工福利，是指除短期薪酬、离职后福利、辞退福利之外所有的职工薪酬，包括长期带薪缺勤、长期残疾福利、长期利润分享计划等。

二、职工薪酬支出及纳税调整明细表

为解决职工薪酬支出的账载金额与实际发生额有可能存在差异的问题，2017 年版“职工薪酬支出及纳税调整明细表”（A105050）增加第 2 列“实际发生额”填报列次；并调整相关列次的计算规则和逻辑关系，如表 7－1 所示。

“职工薪酬支出及纳税调整明细表”（A105050）纳税人根据税法相关规定，以及国家统一企业会计制度，填报纳税人职工薪酬会计处理、税收规定，以及纳税调整情况。纳税人只要发生相关支出，不论是否纳税调整，均需填报。

表 A105050 第 13 行“合计”：填报第 1＋3＋4＋7＋8＋9＋10＋11＋12 行的合计金额。即：第 13 行＝第 1＋3＋4＋7＋8＋9＋10＋11＋12 行。

同时，将第 13 行第 1 列（账载金额合计）填入表 A105000 第 14 行（职工薪酬）第 1 列（账载金额）。第 13 行第 5 列（税收金额合计）填入表 A105000 第 14 行第 2 列（税收金额）。

若第 13 行第 6 列（纳税调整金额）≥0，第 13 行第 6 列（纳税调整金额）填入表 A105000 第 14 行（职工薪酬）第 3 列；若第 13 行第 6 列＜0，第 13 行第 6 列（纳税调整金额）的绝对值填入表 A105000 第 14 行第 4 列。

表 7－1　A105050　　　职工薪酬支出及纳税调整明细表

行次	项目	账载金额	实际发生额	税收规定扣除率	以前年度累计结转扣除额	税收金额	纳税调整金额	累计结转以后年度扣除额
		1	2	3	4	5	6（1－5）	7（1＋4－5）
1	一、工资薪金支出			*	*			*
2	其中：股权激励			*	*			*
3	二、职工福利费支出				*			*
4	三、职工教育经费支出			*				
5	其中：按税收规定比例扣除的职工教育经费							
6	按税收规定全额扣除的职工培训费用				*			*
7	四、工会经费支出				*			*
8	五、各类基本社会保障性缴款			*	*			*
9	六、住房公积金			*	*			*
10	七、补充养老保险				*			*
11	八、补充医疗保险				*			*
12	九、其他			*	*			*
13	合计（1＋3＋4＋7＋8＋9＋10＋11＋12）			*				

第二节　职工薪酬税前扣除的纳税调整

一、工资薪金支出

（一）财务处理

1.《小企业会计准则》的处理

根据《小企业会计准则》第五十条的规定，小企业应当在职工为其提供服务的会计期间，将应付的职工薪酬确认为负债，并根据职工提供服务的受益对象，分别下列情况进行会计处理：

（1）应由生产产品、提供劳务负担的职工薪酬，计入产品成本或劳务成本。

（2）应由在建工程、无形资产开发项目负担的职工薪酬，计入固定资产成本或无形资产成本。

（3）其他职工薪酬（含因解除与职工的劳动关系给予的补偿），计入当期损益。

小企业应设置“应付职工薪酬”科目，核算小企业根据有关规定应付给职工的各种薪酬。外商投资小企业按照规定从净利润中提取的职工奖励及福利基金，也通过该科目核算。小企业应按照“职工工资”“奖金、津贴和补贴”“职工福利费”“社会保险费”“住房公积金”“工会经费”“职工教育经费”“非货币性福利”“辞退福利”等进行明细核算。

（1）月末，小企业应当将本月发生的职工薪酬区分以下情况进行分配：

生产部门（提供劳务）人员的职工薪酬，借记“生产成本”“制造费用”等科目，贷记“应付职工薪酬”科目。

应由在建工程、无形资产开发项目负担的职工薪酬，借记“在建工程”“研发支出”等科目，贷记“应付职工薪酬”科目。

管理部门人员的职工薪酬和因解除与职工的劳动关系给予的补偿，借记“管理费用”科目，贷记“应付职工薪酬”科目。

销售人员的职工薪酬，借记“销售费用”科目，贷记“应付职工薪酬”科目。

（2）小企业发放职工薪酬应当区分以下情况进行处理：

向职工支付工资、奖金、津贴、福利费等，从应付职工薪酬中扣还的各种款项（代垫的家属药费、个人所得税等），借记“应付职工薪酬”科目，贷记“库存现金”“银行存款”“其他应收款”“应交税费——应交个人所得税”等科目。

支付工会经费和职工教育经费用于工会活动和职工培训，借记“应付职工薪酬”科目，贷记“银行存款”等科目。

按照国家有关规定缴纳的社会保险费和住房公积金，借记“应付职工薪酬”科目，贷记“银行存款”科目。

以其自产产品发放给职工的，按照其销售价格，借记“应付职工薪酬”科目，贷记“主营业务收入”科目；同时，还应结转产成品的成本。涉及增值税销项税额的，还应进行相应的账务处理。

支付的因解除与职工的劳动关系给予职工的补偿，借记“应付职工薪酬”科目，贷记“库存现金”、“银行存款”等科目。

2.《企业会计准则》的处理

根据职工薪酬准则第五条的规定，企业应当在职工为其提供服务的会计期间，将实际发生的短期薪酬确认为负债，并计入当期损益，其他会计准则要求或允许计入资产成本的除外。

（二）工资薪金的税前扣除

1. 工薪薪金的税前扣除

工资薪金，是指企业每一纳税年度支付给在本企业任职或者受雇的员工的所有现金或者非现金形式的劳动报酬，包括基本工资、奖金、津贴、补贴、年终加薪、加班工资，以及与员工任职或者受雇有关的其他支出。

《企业所得税法实施条例》第三十四条规定，企业发生的合理的工资薪金，准予扣除。

2. 合理工资薪金的界定

根据《国家税务总局关于企业工资薪金及职工福利费扣除问题的通知》(国税函〔2009〕3号)的规定，合理工资薪金是指企业按照股东大会、董事会、薪酬委员会或相关管理机构制定的工资薪金制度规定实际发放给员工的工资薪金。税务机关对工资、薪金进行合理性确认时，应掌握如下五项原则：

(1) 企业制定了较为规范的员工工资薪金制度；

(2) 企业所制定的工资薪金制度符合行业及地区水平；

(3) 企业在一定时期所发放的工资薪金是相对固定的，工资薪金的调整是有序进行的；

(4) 企业对实际发放的工资薪金，已依法履行了代扣代缴个人所得税义务；

(5) 有关工资薪金的安排，不以减少或逃避税款为目的。

国税函〔2009〕3号文件对工资薪金的税前扣除强调实际发放，其范围也仅指工资薪金，也就是说，工资薪金总额必须是实际发放的，而且实际发放的工资薪金总和，不包括通常所说的“三费、五险、一金”，这与《小企业会计准则》所规范的“职工薪酬”范围明显不同。企业在计算企业所得税工资薪金总额时，务必把握以下几点：①实际工资薪金总额是计算税法规定的职工福利费、职工教育经费、工会经费以及其他相关指标税前扣除限额的基本依据。企业应当通过“应付职工薪酬——工资”科目对工资薪金总额进行单独核算；②不合理的工资薪金即使实际发放也不得扣除，如国有性质的企业超过政府有关部门给予的限定数额部分的工资薪金，不得扣除；③超标的工资薪金本身不得包括在所得税税前扣除的“工资薪金总额”之中，因此也不能将其作为计算职工福利费、职工教育经费、工会经费等税前扣除限额的依据。

(三) 汇算清缴结束前支付汇缴年度工资薪金的税前扣除

根据《国家税务总局关于企业工资薪金和职工福利费等支出税前扣除问题的公告》(国家税务总局公告2015年第34号)第二条“二、企业年度汇算清缴结束前支付汇缴年度工资薪金税前扣除问题”的规定，企业在年度汇算清缴结束前向员工实际支付的已预提汇缴年度工资薪金，准予在汇缴年度按规定扣除。

（四）接受外部劳务派遣用工支出税前扣除

根据国家税务总局公告 2015 年第 34 号第三条“企业接受外部劳务派遣用工支出税前扣除问题”的规定，企业接受外部劳务派遣用工所实际发生的费用，应分两种情况按规定在税前扣除：按照协议（合同）约定直接支付给劳务派遣公司的费用，应作为劳务费支出；直接支付给员工个人的费用，应作为工资薪金支出和职工福利费支出。其中，属于工资薪金支出的费用，准予计入企业工资薪金总额的基数，作为计算其他各项相关费用扣除的依据。

（五）股权激励

股权激励，是指《上市公司股权激励管理办法（试行）》中规定的上市公司以本公司股票为标的，对其董事、监事、高级管理人员及其他员工（以下简称“激励对象”）进行的长期性激励。股权激励实行方式包括授予限制性股票、股票期权以及其他法律法规规定的方式。限制性股票，是指《上市公司股权激励管理办法（试行）》中规定的激励对象按照股权激励计划规定的条件，从上市公司获得的一定数量的本公司股票。股票期权，是指《上市公司股权激励管理办法（试行）》中规定的上市公司按照股权激励计划授予激励对象在未来一定期限内，以预先确定的价格和条件购买本公司一定数量股票的权利。

《国家税务总局关于我国居民企业实行股权激励计划有关企业所得税处理问题的公告》（国家税务总局公告 2012 年第18 号）规定，上市公司依照《上市公司股权激励管理办法（试行）》要求建立职工股权激励计划，并按我国企业会计准则的有关规定，在股权激励计划授予激励对象时，按照该股票的公允价格及数量，计算确定作为上市公司相关年度的成本或费用，作为换取激励对象提供服务的对价。上述企业建立的职工股权激励计划，其企业所得税的处理，按以下规定执行：

（1）对股权激励计划实行后立即可以行权的，上市公司可以根据实际行权时该股票的公允价格与激励对象实际行权支付价格的差额和数量，计算确定作为当年上市公司工资薪金支出，依照税法规定进行税前扣除。

(2) 对股权激励计划实行后，需待一定服务年限或者达到规定业绩条件（以下简称等待期）方可行权的。上市公司等待期内会计上计算确认的相关成本费用，不得在对应年度计算缴纳企业所得税时扣除。在股权激励计划可行权后，上市公司方可根据该股票实际行权时的公允价格与当年激励对象实际行权支付价格的差额及数量，计算确定作为当年上市公司工资薪金支出，依照税法规定进行税前扣除。这里所指股票实际行权时的公允价格，以实际行权日该股票的收盘价格确定。

目前，有关部门仅对在我国境内上市的公司建立的职工股权激励计划作出具体规定和要求，但考虑到一些在我国境外上市的公司以及非上市公司，也依照上市公司的做法，建立职工股权激励计划，为了体现税收政策的公平性，国家税务总局公告 2012 年第 18 号还进一步明确规定：在我国境外上市的居民企业和非上市公司，凡比照《上市公司股权激励管理办法（试行）》的规定建立职工股权激励计划，且在企业会计处理上，也按我国会计准则的有关规定处理的，其股权激励计划有关企业所得税处理问题，可以按照上述规定执行。即：对这些公司，如果其所建立的职工股权激励计划，是参照上市公司的做法建立的，也可以按照上市公司的税务处理办法进行企业所得税处理。

(六) 工资薪金支出的填报

1. 工资薪金支出

表 A105050 第 1 行“一、工资薪金支出”：填报纳税人本年度支付给在本企业任职或者受雇的员工的所有现金形式或非现金形式的劳动报酬及其会计核算、纳税调整等金额，具体如下：

(1) 第 1 列“账载金额”：填报纳税人会计核算计入成本费用的职工工资、奖金、津贴和补贴金额。

(2) 第 2 列“实际发生额”：分析填报纳税人“应付职工薪酬”会计科目借方发生额（实际发放的工资薪金）。

(3) 第 5 列“税收金额”：填报纳税人按照税收规定允许税前扣除的金额，按照第 1 列和第 2 列分析填报。

(4) 第 6 列“纳税调整金额”：填报第 1 – 5 列的余额。即：纳税调整金

额＝账载金额－税收金额

2. 股权激励

表 A105050 第 2 行"其中：股权激励"：本行由执行《上市公司股权激励管理办法》（中国证券监督管理委员会令第 126 号）的纳税人填报，具体如下：

（1）第 1 列"账载金额"：填报纳税人按照国家有关规定建立职工股权激励计划，会计核算计入成本费用的金额。

（2）第 2 列"实际发生额"：填报纳税人根据本年实际行权时股权的公允价格与激励对象实际行权支付价格的差额和数量计算确定的金额。

（3）第 5 列"税收金额"：填报行权时按照税收规定允许税前扣除的金额。按照第 1 列和第 2 列孰小值填报。

（4）第 6 列"纳税调整金额"：填报第 1－5 列的余额。

二、职工福利费

（一）职工福利费的财务处理

2006 年修订的《企业财务通则》（财政部令 41 号）取消了企业职工福利费按标准提取的政策，财务处理上企业可据实开支职工福利费，不再按照工资总额的 14% 计提。同时将原来应当由职工福利费开支的职工基本医疗保险费、补充医疗和补充养老保险费等内容，直接列入成本（费用），不再列作职工福利费管理。

1. 职工福利费的开支范围

根据《财政部关于企业加强职工福利费财务管理的通知》（财企〔2009〕242 号）规定，企业职工福利费是指企业为职工提供的除职工工资、奖金、津贴、纳入工资总额管理的补贴、职工教育经费、社会保险费和补充养老保险费（年金）、补充医疗保险费及住房公积金以外的福利待遇支出，包括发放给职工或为职工支付的以下各项现金补贴和非货币性集体福利：

（1）为职工卫生保健、生活等发放或支付的各项现金补贴和非货币性福利，包括职工因公外地就医费用、暂未实行医疗统筹企业职工医疗费用、职工供养直系亲属医疗补贴、职工疗养费用、自办职工食堂经费补贴或未办职工食堂统一供应午餐支出、符合国家有关财务规定的供暖费补贴、防暑降温费等。

（2）企业尚未分离的内设集体福利部门所发生的设备、设施和人员费用，包括职工食堂、职工浴室、理发室、医务所、托儿所、疗养院、集体宿舍等集体福利部门设备、设施的折旧、维修保养费用以及集体福利部门工作人员的工资薪金、社会保险费、住房公积金、劳务费等人工费用。

（3）职工困难补助，或者企业统筹建立和管理的专门用于帮助、救济困难职工的基金支出。

（4）离退休人员统筹外费用，包括离休人员的医疗费及离退休人员其他统筹外费用。企业重组涉及的离退休人员统筹外费用，按照《财政部关于企业重组有关职工安置费用财务管理问题的通知》（财企〔2009〕117号）规定执行，国家另有规定的，从其规定。

（5）按规定发生的其他职工福利费，包括丧葬补助费、抚恤费、职工异地安家费、独生子女费、探亲假路费，以及符合企业职工福利费定义但没有包括在上述项目中的其他支出。

按照《企业财务通则》第四十六条的规定，企业不得承担属于个人的下列支出：

①娱乐、健身、旅游、招待、购物、馈赠等支出；

②购买商业保险、证券、股权、收藏品等支出；

③个人行为导致的罚款、赔偿等支出；

④购买住房、支付物业管理费等支出；

⑤应由个人承担的其他支出。

2. 会计核算

职工薪酬准则第六条规定，企业发生的职工福利费，应当在实际发生时根据实际发生额计入当期损益或相关资产成本。职工福利费为非货币性福利的，应当按照公允价值计量。

（二）职工福利费的企业所得税处理

职工福利费支出是指满足职工共同需要的集体生活、文化、体育等方面的支出。国税函〔2009〕3号文件对其税法上的范畴进行了明确。企业在财务、会计处理时按照财企〔2009〕242号文件执行；在进行纳税调整等税务处理时，按国税函〔2009〕3号文件执行。

根据《企业所得税法实施条例》第四十条的规定，企业发生的职工福利费支出，不超过工资薪金总额14%的部分，准予扣除。

1. 工资薪金总额的界定

根据国税函〔2009〕3号文件规定，工资薪金总额，是指企业按照规定实际发放的工资薪金总和，不包括企业的职工福利费、职工教育经费、工会经费以及养老保险费、医疗保险费、失业保险费、工伤保险费、生育保险费等社会保险费和住房公积金。

属于国有性质的企业，其工资薪金，不得超过政府有关部门给予的限定数额；超过部分，不得计入企业工资薪金总额，也不得在计算企业应纳税所得额时扣除。

工资薪金总额与工资总额不同。按照《国家统计局关于工资总额组成的规定》（国家统计局1990年第1号令）规定，工资总额由计时工资、计件工资、奖金、津贴和补贴、加班加点工资、特殊情况下支付的工资等六个部分组成。工资总额组成范围的各种奖金、津贴和补贴等，均计算在内。

2. 职工福利费开支内容

企业所得税所称的职工福利费的开支内容，包括：

（1）尚未实行分离办社会职能的企业，其内设福利部门所发生的设备、设施和人员费用，包括职工食堂、职工浴室、理发室、医务所、托儿所、疗养院等集体福利部门的设备、设施及维修保养费用和福利部门工作人员的工资薪金、社会保险费、住房公积金、劳务费等。

（2）为职工卫生保健、生活、住房、交通等所发放的各项补贴和非货币性福利，包括企业向职工发放的因公外地就医费用、未实行医疗统筹企业职工医疗费用、职工供养直系亲属医疗补贴、供暖费补贴、职工防暑降温费、职工困难补贴、救济费、职工食堂经费补贴、职工交通补贴等。

（3）按照其他规定发生的其他职工福利费，包括丧葬补助费、抚恤费、安家费、探亲假路费等。

值得注意的是，下列费用不属于企业所得税所称职工福利费的开支范围：

①退休职工的费用；②被辞退职工的补偿金；③职工劳动保护费；④职工在病假、生育假、探亲假期间领取到的补助；⑤职工的学习费；⑥职工的伙食补助费（包括职工在企业的午餐补助和出差期间的伙食补助）等。

可见，国税函〔2009〕3 号文件所规定的职工福利费包括的范围，与我们通常所说的"企业职工福利"相比大大缩小，如企业发给员工的年货、过节费、节假日物资及组织员工旅游支出等都不在此列。

3. 职工福利费的核算要求

企业发生的职工福利费，应该单独设置账册，进行准确核算。没有单独设置账册准确核算的，税务机关应责令企业在规定的期限内进行改正。逾期仍未改正的，税务机关可对企业发生的职工福利费进行合理的核定。

4. 以前年度余额的处理

原内资企业所得税暂行条例规定，职工福利费按照计税工资总额的 14% 计提并允许在税前扣除。即不管企业是否盈利，也不管企业是否发生了职工福利费支出，其仍可按工资总额的 14% 计提职工福利费。而新企业所得税法对职工福利费取消了计提的规定，而采取在比例限额内据实扣除。

对 2008 年 1 月 1 日以前已计提，但尚未使用的职工福利费余额如何处理问题。《国家税务总局关于企业所得税若干税务事项衔接问题的通知》（国税函〔2009〕98 号）规定：企业 2008 年以前按照规定计提但尚未使用的职工福利费余额，2008 年及以后年度发生的职工福利费，应首先冲减上述职工福利费余额，不足部分按新税法规定扣除；仍有余额的，继续留在以后年度使用。企业 2008 年以前节余的职工福利费，已在税前扣除，属于职工权益，如果改变用途的，应调整增加企业应纳税所得额。

对上述政策规定，可从两方面理解：一是如果企业 2008 年以前按规定计提了职工福利费有尚未使用的余额，那么 2008 年及以后年度发生的职工福利费，应先使用原有职工福利费结余部分，不足部分再按新税法规定扣除。二是 2008 年以前节余的职工福利费，如果改变了职工权益属性，已在税前扣除的，则必须调整增加应纳税所得额。

（三）企业福利性补贴支出税前扣除

根据《国家税务总局关于企业工资薪金和职工福利费等支出税前扣除问

题的公告》（国家税务总局公告 2015 年第 34 号）第一条“企业福利性补贴支出税前扣除问题”的规定，列入企业员工工资薪金制度、固定与工资薪金一起发放的福利性补贴，符合《国家税务总局关于企业工资薪金及职工福利费扣除问题的通知》（国税函〔2009〕3 号）第一条规定的，可作为企业发生的工资薪金支出，按规定在税前扣除。

不能同时符合上述条件的福利性补贴，应作为国税函〔2009〕3 号文件第三条规定的职工福利费，按规定计算限额税前扣除。

（四）职工福利费支出的填报

表 A105050 第 3 行“二、职工福利费支出”：填报纳税人本年度发生的职工福利费及其会计核算、纳税调整等金额，具体如下：

（1）第 1 列“账载金额”：填报纳税人会计核算计入成本费用的职工福利费的金额。

（2）第 2 列“实际发生额”：分析填报纳税人“应付职工薪酬”会计科目下的职工福利费用实际发生额。

（3）第 3 列“税收规定扣除率”：填报税收规定的扣除比例（14%）。

（4）第 5 列“税收金额”：填报按照税收规定允许税前扣除的金额，按第 1 行第 5 列“工资薪金支出/税收金额”×14%、本表第 3 行第 1 列（账载金额）、本表第 3 行第 2 列（实际发生额）三者孰小值填报。

（5）第 6 列“纳税调整金额”：填报第 1－5 列的余额。

【例 7－1】 甲企业 2017 年度“应付职工薪酬——职工福利费”贷方余额 20 万元，2018 年度计提并支付合理的工资薪金为 100 万元，发生的职工福利费支出额为 45 万元。

请问：甲企业在 2018 年度所得税申报时应如何调整应纳税所得额？

解析：

该企业无论采用《企业会计准则》还是《企业会计制度》，2018 年度所得税申报时，计算允许扣除的福利费金额 = 100 × 14% = 14（万元），该企业在税前扣除的福利费为 25 万元，差额 11 万元进行调增处理。将上述金额填入《职工薪酬纳税调整明细表》第 3 行“二、职工福利费支出”中。

假设企业将本年度发生的福利费支出 45 万元全部计入成本费用中，则第

1 列“账载金额”应填 45 万元，“纳税调整金额”列应填 31 万元。

（五）企业员工服饰费用支出

企业根据其工作性质和特点，由企业统一制作并要求员工工作时统一着装所发生的工作服饰费用，可以作为企业合理的支出给予税前扣除。

三、职工教育经费

（一）职工教育经费的列支范围

根据《关于企业职工教育经费提取与使用管理的意见》（财建〔2006〕317 号）规定，企业职工教育培训经费列支范围包括：

（1）上岗和转岗培训；

（2）各类岗位适应性培训；

（3）岗位培训、职业技术等级培训、高技能人才培训；

（4）专业技术人员继续教育；

（5）特种作业人员培训；

（6）企业组织的职工外送培训的经费支出；

（7）职工参加的职业技能鉴定、职业资格认证等经费支出；

（8）购置教学设备与设施；

（9）职工岗位自学成才奖励费用；

（10）职工教育培训管理费用；

（11）有关职工教育的其他开支。

（二）一般行业职工教育经费的税前扣除

根据《企业财务通则》第四十四条的规定，职工教育经费按照国家规定的比例提取，专项用于企业职工后续职业教育和职业培训。

根据《企业所得税法实施条例》第四十二条的规定，除国务院财政、税务主管部门另有规定外，企业发生的职工教育经费支出，不超过工资薪金总额 2.5% 的部分，准予扣除；超过部分，准予在以后纳税年度结转扣除。

可见，在财务上职工教育经费仍按照国家规定的比例提取，专项用于企业职工后续职业教育和职业培训。从2008年1月1日起，对企业已提取而当年没有用完的职工教育经费，企业所得税汇算清缴时应进行纳税调增处理。

自2018年1月1日起，根据《财政部 税务总局关于企业职工教育经费税前扣除政策的通知》（财税〔2018〕51号）的规定，企业发生的职工教育经费支出，不超过工资薪金总额8%的部分，准予在计算企业所得税应纳税所得额时扣除；超过部分，准予在以后纳税年度结转扣除。

【例7-2】 乙公司2017年通过“应付职工薪酬”科目核算的，已计入成本费用的职工教育经费支出为10万元，税法允许扣除的工资、薪金总额为200万元。则本年职工教育经费扣除限额为5万元（200×2.5%），当年需纳税调增5万元，准予在以后纳税年度结转扣除。

假定2018年税法允许扣除的工资、薪金总额为300万元，当年职工教育经费支出为2万元，2018年职工教育经费扣除限额为7.5万元（300×2.5%），可以扣除当年的2万元外，还可以扣除2017年未扣除完的5万元职工教育经费，因此，2018年需调减应纳税所得额5万元。

（三）特定行业职工教育经费的税前扣除

1. 技术先进型服务企业教育经费扣除

根据《财政部 税务总局 商务部 科技部 国家发展改革委关于将技术先进型服务企业所得税政策推广至全国实施的通知》（财税〔2017〕79号）的规定，经认定的技术先进型服务企业发生的职工教育经费支出，不超过工资薪金总额8%的部分，准予在计算应纳税所得额时扣除；超过部分，准予在以后纳税年度结转扣除。

2. 高新技术企业职工教育经费支出

根据《财政部 国家税务总局关于高新技术企业职工教育经费税前扣除政策的通知》（财税〔2015〕63号）的规定，自2015年1月1日起，高新技术企业发生的职工教育经费支出，不超过工资薪金总额8%的部分，准予在计算企业所得税应纳税所得额时扣除；超过部分，准予在以后纳税年度结转扣除。

3. 软件生产企业职工培训费据实扣除

《财政部 国家税务总局关于企业所得税若干优惠政策的通知》（财税

〔2008〕1号）规定，软件生产企业的职工培训费用，可按实际发生额在计算应纳税所得额时扣除。

国税函〔2009〕202号文件进一步明确，软件生产企业应准确划分职工教育经费中的职工培训费支出，对于不能准确划分的，以及准确划分后职工教育经费中扣除职工培训费用的余额，一律按照《企业所得税法实施条例》第四十二条规定的比例扣除。即软件生产企业发生的扣除职工培训费后的教育经费支出，不超过工资、薪金总额2.5%的部分准予扣除；超过部分，准予在以后年度结转扣除。

（四）职工教育经费支出的填报

表A105050第4行"三、职工教育经费支出"：填报第5行或者第5+6行金额。即：第4行=第5行或第5+6行。

1. 按税收规定比例扣除的职工教育经费

表A105050第5行"其中：按税收规定比例扣除的职工教育经费"：适用于按照税收规定职工教育经费按比例税前扣除的纳税人填报，具体如下：

（1）第1列"账载金额"填报纳税人会计核算计入成本费用的金额，不包括第6行可全额扣除的职工培训费用金额。

（2）第2列"实际发生额"：分析填报纳税人"应付职工薪酬"会计科目下的职工教育经费实际发生额，不包括第6行可全额扣除的职工培训费用金额。

（3）第3列"税收规定扣除率"：填报税收规定的扣除比例。

（4）第4列"以前年度累计结转扣除额"：填报纳税人以前年度累计结转准予扣除的职工教育经费支出余额。

（5）第5列"税收金额"：填报纳税人按照税收规定允许税前扣除的金额（不包括第6行可全额扣除的职工培训费用金额），按第1行第5列"工资薪金支出—税收金额"×扣除比例与本行第1+4列之和的孰小值填报。

（6）第6列"纳税调整金额"：填报第1-5列的余额。

（7）第7列"累计结转以后年度扣除额"：填报第1+4-5列的金额。

2. 按税收规定全额扣除的职工培训费用

表A105050第6行"其中：按税收规定全额扣除的职工培训费用"：适用于按照税收规定职工培训费用允许全额税前扣除的纳税人填报，具体如下：

（1）第1列“账载金额”：填报纳税人会计核算计入成本费用。

（2）第2列“实际发生额”：分析填报纳税人“应付职工薪酬”会计科目下的职工教育经费本年实际发生额（可全额扣除的职工培训费用金额）。

（3）第3列“税收规定扣除率”：填报税收规定的扣除比例（100%）。

（4）第5列“税收金额”：填报按照税收规定允许税前扣除的金额。

（5）第6列“纳税调整金额”：填报第1－5列的余额。

【例7－3】 A企业2017～2020年度每年支付职工的合理的工资薪金均为100万元，实际发生的职工教育经费支出及扣除限额如表7－2所示，以前年度无结转待扣除余额。

表7－2　　单位：万元

年度	工资总额	扣除限额	会计计提	实际发生
2017	100	2.5	2.5	6
2018	100	2.5	2.5	1
2019	100	2.5	2.5	10
2020	100	2.5	2.5	2

要求：根据以上资料，分析说明企业在2017～2020年度每年企业所得税申报时如何就职工教育经费调整应纳税所得额。

解析：

（1）2017年职工教育经费的纳税调整与申报。

企业2017年度企业所得税年度纳税申报时，实际发生数大于扣除限额，调增应纳税所得额3.5万元（6－2.5），3.5万元的职工教育经费可结转以后年度抵扣。

（2）2018年职工教育经费的纳税调整与申报。

企业2018年度企业所得税年度纳税申报时，扣除限额2.5万元大于实际发生额1万元，两者之间的差额1.5万元可以抵扣上年结转下来的3.5万元中的1.5万元，所以应调减应纳税所得额1.5万元，结转以后年度扣除的职工教育经费余额为2万元。

（3）2019年职工教育经费的纳税调整与申报。

企业2019年职工教育经费实际发生数大于扣除限额，调增应纳税所得额：10－2.5＝7.5（万元），7.5万元的职工教育经费可结转以后年度扣除；

截至2019年累计向以后年度结转扣除的职工教育经费是9.5万元。

（4）2020年职工教育经费的纳税调整与申报。

企业2020年职工教育经费扣除限额2.5万元大于实际发生额2万元，两者之间的差额0.5万元可以抵扣上年结转下来的9.5万元中的0.5万元，所以应调减应纳税所得额0.5万元，结转以后年度的职工教育经费余额为9万元。

（五）航空企业空勤训练费的税前扣除

航空企业实际发生的飞行员养成费、飞行训练费、乘务训练费、空中保卫员训练费等空勤训练费用，可以作为航空企业运输成本在税前扣除。

四、工会经费

（一）财务处理

《企业财务通则》第44条规定，工会经费按照国家规定比例提取并拨缴工会。

（二）税前扣除

根据《企业所得税法实施条例》第四十一条的规定，企业拨缴的职工工会经费，不超过工资薪金总额2%的部分，准予扣除。

根据《工会法》、《中国工会章程》和财政部颁布的《工会会计制度》，以及财政票据管理的有关规定，全国总工会决定从2010年7月1日起，启用财政部统一印制并套印财政部票据监制章的《工会经费收入专用收据》，同时废止《工会经费拨缴款专用收据》。为加强对工会经费企业所得税税前扣除的管理，《国家税务总局关于工会经费企业所得税税前扣除凭据问题的公告》（国家税务总局公告2010年第24号）规定，自2010年7月1日起，企业拨缴的职工工会经费，不超过工资薪金总额2%的部分，凭工会组织开具的《工会经费收入专用收据》在企业所得税税前扣除。

自2010年1月1日起，根据《国家税务总局关于税务机关代收工会经费企业所得税税前扣除凭据问题的公告》（国家税务总局公告2011年第30号）

的规定，在委托税务机关代收工会经费的地区，企业拨缴的工会经费，也可凭合法、有效的工会经费代收凭据依法在税前扣除。

（三）工会经费支出的填报

表 A105050 第 7 行“四、工会经费支出”：填报纳税人本年度拨缴工会经费及其会计核算、纳税调整等金额，具体如下：

（1）第 1 列“账载金额”：填报纳税人会计核算计入成本费用的工会经费支出金额；

（2）第 2 列“实际发生额”：分析填报纳税人“应付职工薪酬”会计科目下的工会经费本年实际发生额。

（3）第 3 列“税收规定扣除率”：填报税收规定的扣除比例（2%）。

（4）第 5 列“税收金额”：填报按照税收规定允许税前扣除的金额，按第 1 行第 5 列“工资薪金支出/税收金额”×2% 与本行第 1 列、本行第 2 列三者孰小值填报。

（5）第 6 列“纳税调整金额”：填报第 1－5 列的余额。

五、基本社会保障性缴款

（一）会计处理

根据《企业财务通则》第四十三条的规定，企业应当依法为职工支付基本医疗、基本养老、失业、工伤等社会保险费，所需费用直接作为成本（费用）列支。

职工薪酬准则第七条规定，企业为职工缴纳的医疗保险费、工伤保险费、生育保险费等社会保险费和住房公积金，以及按规定提取的工会经费和职工教育经费，应当在职工为其提供服务的会计期间，根据规定的计提基础和计提比例计算确定相应的职工薪酬金额，并确认相应负债，计入当期损益或相关资产成本。

《企业财务通则》还规定，企业应当按照劳动合同及国家有关规定支付职工报酬，并为从事高危作业的职工缴纳团体人身意外伤害保险费，所需费用直接作为成本（费用）列支。

（二）税前扣除

1.“五险一金”的税前扣除

根据《企业所得税法实施条例》第三十五条的规定，企业按照国务院有关主管部门或者省级人民政府规定的范围和标准为职工缴纳的基本养老保险费、基本医疗保险费、失业保险费、工伤保险费、生育保险费等基本社会保险费和住房公积金（简称“五险一金”），准予扣除。

目前，我国各类基本社会保障性缴款未做实个人账户，个人缴存额与其未来受益关系不直接挂钩，企业和个人都不存在超交各类基本社会保险费的利益动机，因而很少有企业和个人超标准缴存基本社会保险费。

2. 商业保险费的税前扣除

根据《企业所得税法实施条例》第三十六条的规定，除企业按照国家有关规定为特殊工种职工支付的人身安全保险费和国务院财政、税务主管部门规定可以扣除的其他商业保险费外，企业为投资者或者职工支付的商业保险费，不得扣除。

根据《国家税务总局关于企业所得税有关问题的公告》（国家税务总局公告2016年第80号）第一条的规定，企业职工因公出差乘坐交通工具发生的人身意外保险费支出，准予企业在计算应纳税所得额时扣除。

3. 财产保险费的税前扣除

根据《企业所得税法实施条例》第四十六条的规定，企业参加财产保险，按照规定缴纳的保险费，准予扣除。

（三）各类基本社会保障性缴款的填报

表A105050第8行“五、各类基本社会保障性缴款”：填报纳税人依照国务院有关主管部门或者省级人民政府规定的范围和标准为职工缴纳的基本社会保险费及其会计核算、纳税调整金额，具体如下：

（1）第1列“账载金额”：填报纳税人会计核算的各类基本社会保障性缴款的金额。

（2）第2列“实际发生额”：分析填报纳税人“应付职工薪酬”会计科目下的各类基本社会保障性缴款本年实际发生额。

（3）第5列“税收金额”：填报按照税收规定允许税前扣除的各类基本社会保障性缴款的金额，按本行第1列、第2列以及税收规定允许税前扣除的各类基本社会保障性缴款的金额孰小值填报。

（4）第6列“纳税调整金额”：填报第1－5列的余额。

六、住房公积金

住房公积金，是指国家机关、国有企业、城镇集体企业、外商投资企业、城镇私营企业及其他城镇企业、事业单位及其在职职工缴存的长期住房储金。根据《住房公积金管理条例》的规定，所有企业都有缴纳住房公积金的权利，企业应积极为职工缴纳住房公积金。

（一）会计处理

根据《企业财务通则》第四十四条的规定，企业为职工缴纳住房公积金以及职工住房货币化分配的财务处理，按照国家有关规定执行。

（二）税前扣除

根据《企业所得税法实施条例》第三十五条的规定，企业按照国务院有关主管部门或者省级人民政府规定的范围和标准为职工缴纳的住房公积金，准予扣除。

（三）住房公积金的填报

表A105050第9行“六、住房公积金”：填报纳税人依照国务院有关主管部门或者省级人民政府规定的范围和标准为职工缴纳的住房公积金及其会计核算、纳税调整金额，具体如下：

（1）第1列“账载金额”：填报纳税人会计核算的住房公积金金额。

（2）第2列“实际发生额”：分析填报纳税人“应付职工薪酬”会计科目下的住房公积金本年实际发生额。

（3）第5列“税收金额”：填报按照税收规定允许税前扣除的住房公积金金额，按本行第1列、第2列以及税收规定允许税前扣除的住房公积金的金额孰小值填报。

（4）第6列“纳税调整金额”：填报第1－5列的余额。

七、补充养老与补充医疗保险

（一）财务处理

根据《企业财务通则》第四十三条的规定，已参加基本医疗、基本养老保险的企业，具有持续盈利能力和支付能力的，可以为职工建立补充医疗保险和补充养老保险，所需费用按照省级以上人民政府规定的比例从成本（费用）中提取。超出规定比例的部分，由职工个人负担。

《财政部关于企业新旧财务制度衔接有关问题的通知》（财企〔2008〕34号）规定，补充养老保险属于企业职工福利范畴，由企业缴费和个人缴费共同组成。补充养老保险的企业缴费总额在工资总额4%以内的部分，从成本（费用）中列支。企业缴费总额超出规定比例的部分，不得由企业负担，企业应当从职工个人工资中扣缴。个人缴费全部由个人负担，企业不得提供任何形式的资助。新《企业财务通则》施行以前提取的应付福利费有结余的，符合规定的企业缴费应当先从应付福利费中列支。

企业缴费与职工缴费共同形成的补充养老保险基金，属于参加补充养老保险计划的职工所有，应当单独设账，与本企业及其他当事人的资产、业务严格分开。企业应当依法委托具有相应资质的基金管理机构对补充养老保险基金实施管理，并定期向职工公开补充养老保险基金的相关财务状况和会计信息。

对于建立补充养老保险之前已经离退休或者按照国家规定办理内退而未纳入补充养老保险计划的职工，企业按照国家有关规定向其支付的养老费用，从管理费用中列支。

（二）税前扣除

根据《企业所得税法实施条例》第三十五条的规定，企业为投资者或职工支付的补充养老保险费、补充医疗保险费，在国务院财政、税务主管部门规定的范围和标准内，准予扣除。

目前，补充养老保险（企业年金基金）、补充医疗保险等均已做实个人账户，个人账户缴存数额与其未来收益直接相关，单位和个人存在超标准缴存补充性保险的利益动机。因而，《财政部 国家税务总局关于补充养老保险费、补充医疗保险费有关企业所得税政策问题的通知》（财税〔2009〕27 号）规定，企业根据国家有关政策规定，为在本企业任职或者受雇的全体员工支付的补充养老保险费、补充医疗保险费，分别在不超过职工工资总额 5% 标准内的部分，在计算应纳税所得额时准予扣除；超过的部分，不予扣除。

根据《企业所得税法实施条例》第三十五条的规定，补充养老（医疗）保险费可以在企业所得税前扣除的对象有投资者和职工两类。而财税〔2009〕27 号文件只明确了"在本企业任职或者受雇的全体员工支付"的补充养老（医疗）保险费的扣除问题，对企业为投资者支付的上述补充险是否允许扣除，以及如何扣除，尚待财政部和国家税务总局进一步明确。

（三）补充养老与补充医疗保险的填报

1. 补充养老保险

表 A105050 第 10 行"七、补充养老保险"：填报纳税人为投资者或者职工支付的补充养老保险费的会计核算、纳税调整金额，具体如下：

第 1 列"账载金额"：填报纳税人会计核算的补充养老保险金额。

第 2 列"实际发生额"：分析填报纳税人"应付职工薪酬"会计科目下的补充养老保险本年实际发生额。

第 3 列"税收规定扣除率"：填报税收规定的扣除比例（5%）。

第 5 列"税收金额"：填报按照税收规定允许税前扣除的补充养老保险的金额，按第 1 行第 5 列"工资薪金支出 - 税收金额" ×5%、本行第 1 列、本行第 2 列的孰小值填报。

第 6 列"纳税调整金额"：填报第 1 - 5 列的余额。

2. 补充医疗保险

表 A105050 第 11 行"八、补充医疗保险"：填报纳税人为投资者或者职工支付的补充医疗保险费的会计核算、纳税调整金额，具体如下：

第 1 列"账载金额"：填报纳税人会计核算的补充医疗保险金额。

第2列“实际发生额”：分析填报纳税人“应付职工薪酬”会计科目下的补充医疗保险本年实际发生额。

第3列“税收规定扣除率”：填报税收规定的扣除比例（5%）。

第5列“税收金额”：填报按照税收规定允许税前扣除的补充医疗保险的金额，按第1行第5列“工资薪金支出－税收金额”×5%、本行第1列、本行第2列的孰小值填报。

第6列“纳税调整金额”：填报第1－5列的余额。即：第6列（纳税调整金额）＝第1（账载金额）－5列（税收金额）。

第7列（累计结转以后年度扣除额）＝第1（账载金额）＋4（职工教育经费以前年度累计结转扣除额）－5列（税收金额）。

八、纳税调整模型与应对（见表7－3）

表7－3

对应风险特征编号、名称	股权激励信息分析	指标类型	[ ] 涉嫌偷逃骗税类 [√] 一般税收流失类 [ ] 税收行为管理类
适用范围	企业所得税查账征收企业	主题事项（指标分类）	企业所得税汇缴申报资料复审
适用税种、税目	企业所得税	涉及会计科目	应付职工薪酬、递延所得税资产、递延所得税负债、资本公积
税收政策依据及内容摘要	《国家税务总局关于我国居民企业实行股权激励计划有关企业所得税处理问题的公告》（国家税务总局公告2012年第18号），上市公司依照《管理办法》要求建立职工股权激励计划，并按我国《企业会计准则》的有关规定，在股权激励计划授予激励对象时，按照该股票的公允价格及数量，计算确定作为上市公司相关年度的成本或费用，作为换取激励对象提供服务的对价。对股权激励计划实行后，需待一定服务年限或者达到规定业绩条件（以下简称等待期）方可行权的。上市公司等待期内会计上计算确认的相关成本费用，不得在对应年度计算缴纳企业所得税时扣除。在股权激励计划可行权后，上市公司方可根据该股票实际行权时的公允价格与当年激励对象实际行权支付价格的差额及数量，计算确定作为当年上市公司工资薪金支出，依照税法规定进行税前扣除。		

续表

<table>
<tr><td>相关法律（含行业管理规定）及内容摘要</td><td colspan="5">《企业会计准则》、《上市公司股权激励管理办法》（证监公司字【2005】151号）</td></tr>
<tr><td>数据来源（可多选）</td><td colspan="5">[] 税务登记 [√] 认定信息 [] 财务报表 [] 代开发票信息 [√] 申报表 [] 入库税款 [] 国际税收情报交换数据 [] 第三方数据（××局、互联网采集数据）[] 其他数据</td></tr>
<tr><td>数据内容</td><td colspan="5">认定信息——企业所得税查账征收；申报表——企业所得税年度纳税申报表（A表）A105050 第2行第1列</td></tr>
<tr><td rowspan="2">指标属性</td><td>积分度量类别</td><td>指标层级</td><td>指标性质</td><td>是否需要反馈</td><td>是否适用纳税提醒</td></tr>
<tr><td>[] 计税依据 [] 税款 [] 比例 [√] 其他</td><td>[√] 一级指标 [] 二级指标</td><td>[] 主要 [√] 辅助</td><td>[√] 是 [] 否</td><td>[ ] 是 [√] 否</td></tr>
<tr><td>指标描述</td><td colspan="5">本指标主要反映纳税人股权激励支出税前扣除情况。对股权激励计划实行后有等待期的，上市公司在等待期内按《企业会计准则》计算确认的相关成本费用，不得在对应年度计算缴纳企业所得税时扣除。在股权激励可行权后，上市公司可根据该股票实际行权时的公允价格与当年激励对象实际行权支付价格的差额及数量，计算确认作为当年上市公司工资薪金支出，依据税法规定进行税前扣除。</td></tr>
<tr><td>指标公式</td><td colspan="5">股权激励账载金额【A105050 第2行第1列】>0</td></tr>
<tr><td>风险识别条件</td><td colspan="5">股权激励账载金额【A105050 第2行第1列】大于预警参考值</td></tr>
<tr><td>预警参考值</td><td colspan="5">0</td></tr>
<tr><td>加工周期</td><td colspan="5">（与数据所属期不同）[] 月　[] 季　[] 半年　[√] 年 [] 一次性</td></tr>
<tr><td>警参考值维护级别</td><td colspan="5">[√] 省　[] 市　[] 县（市、区）</td></tr>
<tr><td>税务机关提示信息</td><td colspan="5">【纳税人名称】（【纳税人识别号】）：该单位在【年度】年度填列职工薪酬纳税调整明细表（A105050）工资薪金支出——股权激励金额【A105050 第2行第1列】，请核实具体情况，确认该股权激励计划是立即可行权还是需经过等待期后方可行权，对股权激励计划在等待期内的，应进行纳税调整，可能存在少缴企业所得税风险，请核查。</td></tr>
<tr><td>纳税人提示信息</td><td colspan="5">【纳税人名称】（【纳税人识别号】）：您单位在【年度】年有股权激励，在等待期内应进行纳税调整，可能存在税前多扣除工资薪金情况，请提供相关资料核实。</td></tr>
</table>

续表

应对策略	一、风险数据的系统校验（案头审核） 通过“查询统计（核心征管）”——“申报”——“企业所得税年度纳税申报信息清册［通用查询岗］”——企业所得税年度纳税申报表（A类）——职工薪酬纳税调整表中股权激励。 二、询问约谈资料要求（报送资料） 单位制定的职工股权激励计划、账务处理。 三、核查内容 1. 核查企业基础登记信息和认定信息的准确性。 2. 核实上市公司制定的职工股权激励计划是实行后立即可以行权的还是股权激励计划实行后，需待一定服务年限或者达到规定业绩条件（以下简称等待期）方可行权的，对股权激励计划实行后立即可以行权的，上市公司可以根据实际行权时该股票的公允价格与激励对象实际行权支付价格的差额和数量，计算确定作为当年上市公司工资薪金支出，依照税法规定进行税前扣除；对股权激励计划实行后，需待一定服务年限或者达到规定业绩条件（以下简称等待期）方可行权的。上市公司等待期内会计上计算确认的相关成本费用，不得在对应年度计算缴纳企业所得税时扣除。在股权激励计划可行权后，上市公司方可根据该股票实际行权时的公允价格与当年激励对象实际行权支付价格的差额及数量，计算确定作为当年上市公司工资薪金支出，依照税法规定进行税前扣除。 3. 核实对于在等待期内按《企业会计准则》计算确认的相关成本费用，是否违规在对应年度计算缴纳企业所得税时扣除。 4. 存在少缴纳税款情形的，通知纳税人补缴并按规定加滞纳金。
备注	

第八章

广告和业务宣传费税前扣除的纳税调整

第一节　广告费和业务宣传费的税前扣除与纳税调整

一、税前扣除的一般规定

（一）税前扣除的一般规定

根据《企业所得税法实施条例》第四十四条的规定，企业每一纳税年度发生的符合条件的广告费和业务宣传费，除国务院财政、税务主管部门另有规定外，不超过当年销售（营业）收入15%的部分，准予扣除；超过部分，准予在以后纳税年度结转扣除。

（二）广告性赞助支出的税前扣除

根据《财政部关于加强企业对外捐赠财务管理的通知》（财企〔2003〕

95 号）的规定，为宣传企业形象、推介企业产品发生的赞助性支出，应当按照广告费用进行管理。

在企业所得税中，赞助支出分为广告性赞助性支出和非广告性赞助支出，对于广告性赞助性支出作为广告费和业务宣传费在税前扣除，而对于非广告性赞助支出则作为赞助支出不得税前扣除。

二、税前扣除的特殊规定

（一）烟草广告费和业务宣传费支出不得税前扣除

根据《财政部　税务总局关于广告费和业务宣传费支出税前扣除政策的通知》（财税〔2012〕48 号，自 2011 年 1 月 1 日起至 2015 年 12 月 31 日止）和《财政部　税务总局关于广告费和业务宣传费支出税前扣除政策的通知》（财税〔2017〕41 号，自 2016 年 1 月 1 日起至 2020 年 12 月 31 日止）的规定，烟草企业的烟草广告费和业务宣传费支出，一律不得在计算应纳税所得额时扣除。

（二）化妆品、医药和饮料制造扣除比例为 30%

对化妆品制造与（或）销售、医药制造和饮料制造（不含酒类制造）企业发生的广告费和业务宣传费支出，不超过当年销售（营业）收入 30% 的部分，准予扣除；超过部分，准予在以后纳税年度结转扣除。

（三）广告费和业务宣传费分摊扣除

对签订广告费和业务宣传费分摊协议（以下简称分摊协议）的关联企业，其中一方发生的不超过当年销售（营业）收入税前扣除限额比例内的广告费和业务宣传费支出可以在本企业扣除，也可以将其中的部分或全部按照分摊协议归集至另一方扣除。另一方在计算本企业广告费和业务宣传费支出企业所得税税前扣除限额时，可将按照上述办法归集至本企业的广告费和业务宣传费不计算在内。

关联企业之间签订广告宣传费分摊协议，可根据分摊协议自由选择是在本企业扣除或归集至另一方扣除。关联方归集到另一方扣除的广告费和业务宣传费，必须在按其销售收入的规定比例计算的限额内，且该转移费用与在本企业（被分摊方）扣除的费用之和，不得超过按规定计算的限额。接受归集扣除的关联企业不占用本企业原扣除限额，即本企业可扣除的广告宣传费按规定照常计算扣除限额，另外还可以将关联企业未扣除而归集来的广告宣传费在本企业扣除。但被分摊方不得重复计算扣除。

三、筹办期广告费和业务宣传费的扣除

根据《国家税务总局关于企业所得税应纳税所得额若干税务处理问题的公告》（国家税务总局公告 2012 年第 15 号）的规定，企业在筹建期间，发生的广告费和业务宣传费，可按实际发生额计入企业筹办费，并按有关规定在税前扣除。

第二节　广告费和业务宣传费跨年度纳税调整表的填报

一、广告费和业务宣传费跨年度纳税调整明细表

“广告费和业务宣传费跨年度纳税调整明细表”（A105060）适用于发生广告费和业务宣传费纳税调整项目（含广告费和业务宣传费结转）的纳税人填报。纳税人根据《企业所得税法》、《财政部　税务总局关于广告费和业务宣传费支出税前扣除政策的通知》（财税〔2017〕41 号）等相关规定以及国家统一企业会计制度，填报广告费和业务宣传费会计处理、税收规定以及跨年度纳税调整情况，如表 8－1 所示。

1. 本年符合条件的广告费和业务宣传费支出

表 A105060 第 1 行“一、本年广告费和业务宣传费支出”：填报纳税人会计核算计入本年损益的广告费和业务宣传费金额。

表 8-1 A105060 广告费和业务宣传费跨年度纳税调整明细表

行次	项目	金额
1	一、本年广告费和业务宣传费支出	
2	减：不允许扣除的广告费和业务宣传费支出	
3	二、本年符合条件的广告费和业务宣传费支出（1-2）	
4	三、本年计算广告费和业务宣传费扣除限额的销售（营业）收入	
5	乘：税收规定扣除率	
6	四、本企业计算的广告费和业务宣传费扣除限额（4×5）	
7	五、本年结转以后年度扣除额（3>6，本行=3-6；3≤6，本行=0）	
8	加：以前年度累计结转扣除额	
9	减：本年扣除的以前年度结转额［3>6，本行=0；3≤6，本行=8与（6-3）孰小值］	
10	六、按照分摊协议归集至其他关联方的广告费和业务宣传费（10≤3与6孰小值）	
11	按照分摊协议从其他关联方归集至本企业的广告费和业务宣传费	
12	七、本年广告费和业务宣传费支出纳税调整金额 （3>6，本行=2+3-6+10-11；3≤6，本行=2+10-11-9）	
13	八、累计结转以后年度扣除额（7+8-9）	

表 A105060 第 2 行"减：不允许扣除的广告费和业务宣传费支出"：填报税收规定不允许扣除的广告费和业务宣传费支出金额。

表 A105060 第 3 行"二、本年符合条件的广告费和业务宣传费支出"：填报第 1-2 行的余额。即：表 A105060 第 3 行（本年符合条件的广告费和业务宣传费支出）=第 1（本年广告费和业务宣传费支出）-2 行（不允许扣除的广告费和业务宣传费支出）。

2. 本企业计算的广告费和业务宣传费扣除限额

表 A105060 第 4 行"三、本年计算广告费和业务宣传费扣除限额的销售（营业）收入"：填报按照税收规定计算广告费和业务宣传费扣除限额的当年销售（营业）收入。

表 A105060 第 5 行"税收规定扣除率"：填报税收规定的扣除比例（15% 或 30%）。

表 A105060 第 6 行"四、本企业计算的广告费和业务宣传费扣除限额"：填报第 4×5 行的金额。即：表 A105060 第 6 行=第 4×5 行。

3. 跨年度结转扣除

表 A105060 第 7 行"五、本年结转以后年度扣除额"：若第 3 行（本年符合条件的广告费和业务宣传费支出）>第 6 行（本企业计算的广告费和业务宣传费扣除限额），填报第 3－6 行的余额；若第 3 行≤第 6 行，填报 0。即：若第 3>6 行，第 7 行＝第 3－6 行；若第 3≤6 行，第 7 行＝0。

表 A105060 第 8 行"加：以前年度累计结转扣除额"：填报以前年度允许税前扣除但超过扣除限额未扣除、结转扣除的广告费和业务宣传费的金额。

表 A105060 第 9 行"减：本年扣除的以前年度结转额"：若第 3 行>第 6 行，填 0；若第 3 行≤第 6 行，填报第 6－3 行与第 8 行的孰小值。即：若第 3>6 行，第 9 行＝0；若第 3≤6 行，第 9 行＝第 8 行与第 6－3 行的孰小值。

4. 广告费和业务宣传费的分摊扣除

表 A105060 第 10 行"六、按照分摊协议归集至其他关联方的广告费和业务宣传费"：填报签订广告费和业务宣传费分摊协议（以下简称分摊协议）的关联企业的一方，按照分摊协议，将其发生的不超过当年销售（营业）收入税前扣除限额比例内的广告费和业务宣传费支出归集至其他关联方扣除的广告费和业务宣传费，本行应≤第 3 行（本年符合条件的广告费和业务宣传费支出）与第 6 行（本企业计算的广告费和业务宣传费扣除限额）的孰小值。

表 A105060 第 11 行"按照分摊协议从其他关联方归集至本企业的广告费和业务宣传费"：填报签订广告费和业务宣传费分摊协议（以下简称分摊协议）的关联企业的一方，按照分摊协议，从其他关联方归集至本企业的广告费和业务宣传费。

5. 纳税调整额与结转以后年度扣除额

表 A105060 第 12 行"七、本年广告费和业务宣传费支出纳税调整金额"：若第 3 行>第 6 行，填报第 2＋3－6＋10－11 行的金额；若第 3 行≤第 6 行，填报第 2＋10－11－9 行的金额。即：若第 3>6 行，第 12 行＝2＋3－6＋10－11 行；若第 3≤6 行，第 12 行＝第 2－9＋10－11 行。

若第 12 行≥0，将第 12 行填入表 A105000 第 16 行（广告费和业务宣传费支出）第 3 列（调增金额）；若第 12 行<0，将第 12 行的绝对值填入表 A105000 第 16 行第 4 列（调减金额）。

表 A105060 第 13 行"八、累计结转以后年度扣除额"：填报第 7＋8－9

行的金额。即：第 13 行 = 第 7 + 8 − 9 行。

【例 8 − 1】甲服装销售公司 2017 年度与 2018 年度相关财务数据如表 8 − 2 所示。

表 8 − 2　　　　金额单位：万元

项　目	2017 年	2018 年
主营业务收入	4 000	5 000
其他业务收入	1 900	2 000
营业外收入	500	
投资收益		600
视同销售收入	100	
广告费与业务宣传费	1 200	1 100
其中：不符合规定的广告费和业务宣传费	100	190

要求：进行纳税调整并填报相关企业所得税年度纳税申报表。

解析：

1. 2017 年度

本年符合条件的广告费和业务宣传费支出为：1 200 − 100 = 1 100（万元）；

本年计算广告费和业务宣传费扣除限额的销售（营业）收入为：4 000 + 1 900 + 100 = 6 000（万元）；

本企业计算的广告费和业务宣传费扣除限额为：6 000 × 15% = 900（万元）；

当年超标：1 100 − 900 = 200（万元），需调增应纳税所得额，该超标金额可结转以后年度税前扣除。

本年广告费和业务宣传费支出纳税调整金额为：200 + 100 = 300（万元）。

"广告费和业务宣传费跨年度纳税调整明细表"（A105060）如表 8 − 3 所示。

"纳税调整项目明细表"（A105000）如表 8 − 4 所示。

表 8-3　A105060　广告费和业务宣传费跨年度纳税调整明细表（2017）

金额单位：万元

行次	项目	金额
1	一、本年广告费和业务宣传费支出	1 200
2	减：不允许扣除的广告费和业务宣传费支出	100
3	二、本年符合条件的广告费和业务宣传费支出（1-2）	1 100
4	三、本年计算广告费和业务宣传费扣除限额的销售（营业）收入	6 000
5	乘：税收规定扣除率	15%
6	四、本企业计算的广告费和业务宣传费扣除限额（4×5）	900
7	五、本年结转以后年度扣除额（3>6，本行=3-6；3≤6，本行=0）	200
8	加：以前年度累计结转扣除额	0
9	减：本年扣除的以前年度结转额［3>6，本行=0；3≤6，本行=8与（6-3）孰小值］	0
10	六、按照分摊协议归集至其他关联方的广告费和业务宣传费（10≤3与6孰小值）	0
11	按照分摊协议从其他关联方归集至本企业的广告费和业务宣传费	0
12	七、本年广告费和业务宣传费支出纳税调整金额（3>6，本行=2+3-6+10-11；3≤6，本行=2+10-11-9）	300
13	八、累计结转以后年度扣除额（7+8-9）	200

表 8-4　A105000　纳税调整项目明细表（部分）

金额单位：万元

行次	项　　目	账载金额	税收金额	调增金额	调减金额
		1	2	3	4
1	一、收入类调整项目（2+3+4+5+6+7+8+10+11）	*	*		
12	二、扣除类调整项目（13+14+15+…+29）	*	*	300	0
16	（四）广告费和业务宣传费支出（填写 A105060）	*	*	300	0
17	（五）捐赠支出（填写 A105070）				*

2. 2018 年度

2018 年度“广告费和业务宣传费跨年度纳税调整明细表”（A105060）、“纳税调整项目明细表”分别如表 8-5、表 8-6 所示。

表 8－5　A105060　　广告费和业务宣传费跨年度纳税调整明细表（2018）　　金额单位：万元

行次	项　目	金额
1	一、本年广告费和业务宣传费支出	1 100
2	减：不允许扣除的广告费和业务宣传费支出	190
3	二、本年符合条件的广告费和业务宣传费支出（1－2）	910
4	三、本年计算广告费和业务宣传费扣除限额的销售（营业）收入	7 000
5	乘：税收规定扣除率	15%
6	四、本企业计算的广告费和业务宣传费扣除限额（4×5）	1 050
7	五、本年结转以后年度扣除额（3＞6，本行＝3－6；3≤6，本行＝0）	0
8	加：以前年度累计结转扣除额	200
9	减：本年扣除的以前年度结转额［3＞6，本行＝0；3≤6，本行＝8 或（6－3）孰小值］	140
10	六、按照分摊协议归集至其他关联方的广告费和业务宣传费（10≤3 或 6 孰小值）	0
11	按照分摊协议从其他关联方归集至本企业的广告费和业务宣传费	0
12	七、本年广告费和业务宣传费支出纳税调整金额（3＞6，本行＝2＋3－6＋10－11；3≤6，本行＝2＋10－11－9）	50
13	八、累计结转以后年度扣除额（7＋8－9）	60

表 8－6　A105000　　纳税调整项目明细表（部分）　　金额单位：万元

行次	项　目	账载金额	税收金额	调增金额	调减金额
		1	2	3	4
1	一、收入类调整项目（2＋3＋4＋5＋6＋7＋8＋10＋11）	*	*		
12	二、扣除类调整项目（13＋14＋15＋…＋29）	*	*	50	0
16	（四）广告费和业务宣传费支出（填写 A105060）	*	*	50	0
17	（五）捐赠支出（填写 A105070）				*

【例 8－2】2017 年甲服装销售公司与关联企业 B 服装厂签订广告费分摊协议，将 50% 广告费分摊到 B 厂扣除。当年甲服装销售公司与 B 服装厂相关财务数据如表 8－7 所示。

表 8 - 7

金额单位：万元

项　　目	B 服务厂	甲服装销售公司
主营业务收入	4 000	5 000
其他业务收入	1 900	2 000
营业外收入	500	
投资收益		600
视同销售收入	100	
广告费与业务宣传费	1 200	1 100
其中：不符合规定的广告费和业务宣传费	100	190
以前年度累计结转扣除额		200

要求：填报与广告费和业务宣传费支出相关的纳税申报表。

解析：

甲服装销售公司广告费和业务宣传费扣除限额：（5 000 + 2 000） × 15% = 1 050（万元）；

实际发生符合条件的广告费用：1 100 - 190 = 910（万元）；

可扣除以前年度结转扣除额：1 050 - 910 = 140（万元）；

向 B 厂分摊扣除：1 100 × 50% = 550（万元） < 1 050 万元（限额）；

应调增应纳税所得额：190 + 550 - 140 = 600（万元）。

甲服装销售公司广告费与业务宣传费纳税调整如表 8 - 8 所示。

表 8 - 8　A105060　　广告费和业务宣传费跨年度纳税调整明细表

金额单位：万元

行次	项　　目	金额
1	一、本年广告费和业务宣传费支出	1 100
2	减：不允许扣除的广告费和业务宣传费支出	190
3	二、本年符合条件的广告费和业务宣传费支出（1 - 2）	910
4	三、本年计算广告费和业务宣传费扣除限额的销售（营业）收入	7 000
5	乘：税收规定扣除率	15%
6	四、本企业计算的广告费和业务宣传费扣除限额（4 × 5）	1 050
7	五、本年结转以后年度扣除额（3 > 6，本行 = 3 - 6；3 ≤ 6，本行 = 0）	0
8	加：以前年度累计结转扣除额	200

续表

行次	项　目	金额
9	减：本年扣除的以前年度结转额［3 >6，本行 =0；3≤6，本行 =8 或（6 -3）孰小值］	140
10	六、按照分摊协议归集至其他关联方的广告费和业务宣传费（10≤3 或 6 孰小值）	550
11	按照分摊协议从其他关联方归集至本企业的广告费和业务宣传费	0
12	七、本年广告费和业务宣传费支出纳税调整金额（3 >6，本行 =2 +3 -6 +10 -11；3≤6，本行 =2 +10 -11 -9）	600
13	八、累计结转以后年度扣除额（7 +8 -9）	60

B 服装厂实际发生的不符合条件的广告费与业务宣传费 100 万元应调增；

符合条件的广告费和业务宣传费支出：1 200 -100 =1 100（万元）；

当年广告费和业务宣传费税前扣除限额：（4 000 +1 900 +100）×15% =900（万元）；

超标：1 100 -900 =200（万元），应调增应纳税所得额；

关联企业分摊入本企业扣除 550 万元，可全额扣除；

应纳税调整合计：100 +200 -550 = -250（万元）；

累计结转以后年度扣除：1 100 -900 =200（万元）。

B 服装厂广告费与业务宣传费纳税调整如表 8 -9 所示。

表 8 -9　A105060　广告费和业务宣传费跨年度纳税调整明细表 金额单位：万元

行次	项　目	金额
1	一、本年广告费和业务宣传费支出	1 200
2	减：不允许扣除的广告费和业务宣传费支出	100
3	二、本年符合条件的广告费和业务宣传费支出（1 -2）	1 100
4	三、本年计算广告费和业务宣传费扣除限额的销售（营业）收入	6 000
5	乘：税收规定扣除率	15%
6	四、本企业计算的广告费和业务宣传费扣除限额（4 ×5）	900
7	五、本年结转以后年度扣除额（3 >6，本行 =3 -6；3≤6，本行 =0）	200
8	加：以前年度累计结转扣除额	0
9	减：本年扣除的以前年度结转额［3 >6，本行 =0；3≤6，本行 =8 或（6 -3）孰小值］	0
10	六、按照分摊协议归集至其他关联方的广告费和业务宣传费（10≤3 或 6 孰小值）	0

续表

行次	项　　目	金额
11	按照分摊协议从其他关联方归集至本企业的广告费和业务宣传费	550
12	七、本年广告费和业务宣传费支出纳税调整金额（3>6，本行=2+3-6+10-11；3≤6，本行=2+10-11-9）	-250
13	八、累计结转以后年度扣除额（7+8-9）	200

二、纳税调整模型与应对（见表8-10）

表8-10

对应风险特征编号、名称	广告费和业务宣传费支出核对	指标类型	[ ] 涉嫌偷逃骗税类 [√] 一般税收流失类 [ ] 税收行为管理类
适用范围	企业所得税查账征收企业	主题事项（指标分类）	企业所得税汇缴申报表表间逻辑分析
适用税种、税目	企业所得税	涉及会计科目	主营业务收入、销售费用、管理费用
税收政策依据及内容摘要	1.《中华人民共和国企业所得税法实施条例》 第四十四条　企业发生的符合条件的广告费和业务宣传费支出，除国务院财政、税务主管部门另有规定外，不超过当年销售（营业）收入15%的部分，准予扣除；超过部分，准予在以后纳税年度结转扣除。 第五十四条　企业所得税法第十条第（六）项所称赞助支出，是指企业发生的与生产经营活动无关的各种非广告性质支出。 2.《财政部　国家税务总局关于广告费和业务宣传费支出税前扣除政策的通知》（财税〔2017〕41号）		
相关法律（含行业管理规定）及内容摘要			
数据来源（可多选）	[ ] 税务登记 [√] 认定信息 [ ] 财务报表 [ ] 代开发票信息 [√] 申报表 [ ] 入库税款 [ ] 国际税收情报交换数据 [ ] 第三方数据（××局、互联网采集数据）[ ] 其他数据		
数据内容	认定信息——企业所得税查账征收；申报表——企业所得税年度纳税申报（A类）表A105060第1行，表A105000第16行第3、4列，表A100000第1行，表A105010第1、23、27行的第1列。		

续表

<table>
<tr><td rowspan="2">指标属性</td><td>积分度量类别</td><td>指标层级</td><td>指标性质</td><td>是否需要反馈</td><td>是否适用纳税提醒</td></tr>
<tr><td>[ ] 计税依据 [√] 税款 [ ] 比例 [ ] 其他</td><td>[√] 一级指标 [ ] 二级指标</td><td>[ ] 主要 [√] 辅助</td><td>[√] 是 [ ] 否</td><td>[ ] 是 [√] 否</td></tr>
<tr><td>指标描述</td><td colspan="5">1. 本指标将纳税人年度申报表中的“广告费和业务宣传费支出”与按“销售营业收入”规定比例计算的金额相比较，差异金额超过一定标准，则可能存在超标扣除风险。政策依据：对化妆品制造与销售、医药制造和饮料制造（不含酒类制造，下同）企业发生的广告费和业务宣传费支出，不超过当年销售（营业）收入30%的部分，准予扣除；超过部分，准予在以后纳税年度结转扣除。烟草企业的烟草广告费和业务宣传费支出，一律不得在计算应纳税所得额时扣除。（财税〔2017〕41号）
2.（1）特殊行业：
A. 国民经济行业分类代码（GB/T4754－2011）：2682（小类）、27（大类）、152（中类）。注：化妆品销售未列入，原因：“化妆品及卫生用品批发、零售”与其不完全配比。
疑点税款＝（本年广告费和业务宣传费支出－销售营业收入合计×0.30－广告费和业务宣传费支出调增金额＋广告费和业务宣传费支出调减金额）×0.25。
B. 烟草制品零售、烟草制品业、烟草制品批发。
疑点税款＝（本年广告费和业务宣传费支出－销售营业收入合计×0－广告费和业务宣传费支出调增金额＋广告费和业务宣传费支出调减金额）×0.25。
（2）其他行业：
疑点税款＝（本年广告费和业务宣传费支出－销售营业收入合计×0.15－广告费和业务宣传费支出调增金额＋广告费和业务宣传费支出调减金额）×0.25。
销售营业收入合计＝营业收入＋视同销售（营业）收入＋销售未完工产品的收入－销售未完工产品转完工产品确认的销售收入</td></tr>
<tr><td>指标公式</td><td colspan="5">【广告费和业务宣传费支出】表A105060第1行
【营业收入】表A100000第1行
【视同销售（营业）收入】表A105010第1行
【房地产企业销售未完工产品的收入】表A105010第23行
【房地产企业销售未完工产品转完工产品确认的销售收入】表A105010第27行
【销售营业收入合计】＝【营业收入】＋【视同销售收入】＋【房地产企业销售未完工产品的收入】－【房地产企业销售未完工产品转完工产品确认的销售收入】
【广告费和业务宣传费调增金额】表A105000第16行第3列</td></tr>
</table>

续表

指标公式	【广告费和业务宣传费调减金额】表 A105000 第 16 行第 4 列 （1）特殊行业： A.【国标行业】in（‘C2682’，‘C1521’，‘C1524’，‘C1525’，‘C1529’，‘C1523’，‘C2770’） 【疑点税款】=（【广告费和业务宣传费支出】-【销售营业收入合计】×0.30-【广告费和业务宣传费调增金额】+【广告费和业务宣传费调减金额】）×0.25。 B. 烟草制品零售、烟草制品业、烟草制品批发 【国标行业】in（‘F5227’，‘C1690’，‘F5128’） 【疑点税款】=（【广告费和业务宣传费支出】-【广告费和业务宣传费调增金额】+【广告费和业务宣传费调减金额】）×0.25 （2）其他行业： 【疑点税款】=（【广告费和业务宣传费支出】-【销售营业收入合计】×0.15-【广告费和业务宣传费调增金额】+【广告费和业务宣传费调减金额】）×0.25
风险识别条件	【疑点税款】>=【预警值】
预警参考值	100
加工周期	（与数据所属期不同）[ ] 月　[ ] 季　[ ] 半年　[√] 年 [ ] 一次性
警参考值 维护级别	[√] 省　[ ] 市　[ ] 县（市、区）
税务机关提示信息	【纳税人名称】（【纳税人识别号】）：该单位在【年度】年度纳税调整项目明细表 A105000 广告费和业务宣传费支出调增额为【广告费和业务宣传费支出（调增金额）】元，调减金额为【广告费和业务宣传费支出（调减金额）】元，广告费和业务宣传费跨年度纳税调整表 A105060 本年度符合条件的广告费和业务宣传费支出为【本年度符合条件的广告费和业务宣传费支出】元，收入明细表 A101010 销售（营业）收入合计为【销售（营业）收入合计】元（年度申报主表 A100000 营业收入（【营业收入】）+视同销售和房地产开发企业特定业务纳税调整明细表 A105010 视同销售（营业）收入（【视同销售（营业）收入】）+视同销售和房地产开发企业特定业务纳税调整明细表 A105010 销售未完工产品的收入税收金额（【销售未完工产品的收入税收金额】）-视同销售和房地产开发企业特定业务纳税调整明细表 A105010 销售未完工产品转完工产品确认的销售收入税收金额（【销售未完工产品转完工产品确认的销售收入税收金额】））。根据政策：对化妆品制造与销售、医药制造和饮料制造（不含酒类制造，下同）企业发生的广告费和业务宣传费支出，不超过当年销售（营业）收入 30% 的部分，准予扣除；超过部分，准予在以后纳税年度结转扣除。烟草企业的烟草广告费和业务宣传费支出，一律不得在计算应纳税所得额时扣除。计算可能存在疑点税款为【疑点税款】元，请核查。

续表

纳税人提示信息	【纳税人名称】(【纳税人识别号】)：您单位【年度】年度纳税调整项目明细表广告费和业务宣传费支出调增额为【广告费和业务宣传费支出（调增金额）】元，调减金额为【广告费和业务宣传费支出（调减金额）】元，广告费和业务宣传费跨年度纳税调整表本年度符合条件的广告费和业务宣传费支出为【本年度符合条件的广告费和业务宣传费支出】元，请核实广告费和业务宣传费是否按规定进行纳税调整。根据政策：对化妆品制造与销售、医药制造和饮料制造（不含酒类制造，下同）企业发生的广告费和业务宣传费支出，不超过当年销售（营业）收入30%的部分，准予扣除；超过部分，准予在以后纳税年度结转扣除。烟草企业的烟草广告费和业务宣传费支出，一律不得在计算应纳税所得额时扣除，请核查。
应对策略	一、风险数据的系统校验（案头审核） 1. 通过查询统计（核心征管）——一户式查询（核心征管）——登记——税务登记信息查询——国标行业； 2. 通过查询统计（核心征管）——申报——企业所得税申报信息清册（通用查询岗）——企业所得税年度纳税申报表（A类）——中华人民共和国企业所得税年度纳税申报表（A类）——营业收入； 3. 通过查询统计（核心征管）——申报——企业所得税申报信息清册（通用查询岗）——企业所得税年度纳税申报表（A类）——纳税调整项目明细表——广告费和业务宣传费支出调增金额、调减金额； 4. 通过查询统计（核心征管）——申报——企业所得税申报信息清册（通用查询岗）——企业所得税年度纳税申报表（A类）——视同销售和房地产开发企业特定业务纳税调整明细表——视同销售（营业）收入、销售未完工产品的收入、销售未完工产品转完工产品确认的销售收入； 5. 通过查询统计（核心征管）——申报——企业所得税申报信息清册（通用查询岗）——企业所得税年度纳税申报表（A类）——广告费和业务宣传费跨年度纳税调整明细表——本年广告费和业务宣传费支出； 二、询问约谈资料要求（报送资料） “管理费用”、“销售费用”等科目核算的有关广告费和业务宣传费支出的账证资料； 三、核查内容 1. 核查企业基础登记信息和认定信息的准确性。 2. 对化妆品制造与销售、医药制造和饮料制造（不含酒类制造，下同）企业发生的广告费和业务宣传费支出，不超过当年销售（营业）收入30%的部分，准予扣除；超过部分，准予在以后纳税年度结转扣除。烟草企业的烟草广告费和业务宣传费支出，一律不得在计算应纳税所得额时扣除。 3. 审阅“管理费用”、“销售费用”等科目明细账，核实当期实际发生的广告费和业务宣传费支出，确认企业申报的广告费和业务宣传费支出金额是否准确，是否将发生的广告费和业务宣传费支出计入其他成本费用类账户明细账，未如实申报； 4. 审核企业实际申报的广告费和业务宣传费支出是否真实、合法，有无包括

续表

应对策略	企业发生的与生产经营活动无关的各种非广告性质的赞助支出； 5. 确定企业当期实际列支的广告费和业务宣传费支出总额、计提广告费和业务宣传费支出的收入基数，计提基数包括主营业务收入、其他业务收入、视同销售收入，按税法规定进行计算比较，根据不同的行业，核实广告费和业务宣传费支出的税务处理是否正确。 6. 核实以前年度结转本年度扣除的广告费和业务宣传费支出是否符合税法规定； 7. 存在少缴纳税款情形的，通知纳税人补缴并按规定加滞纳金。
备注	

第九章

捐赠支出的纳税调整

第一节　捐赠支出及其纳税调整明细表

一、捐赠支出及纳税调整明细表

根据《中华人民共和国企业所得税法》和《中华人民共和国慈善法》相关规定，重新设计了“捐赠支出及纳税调整明细表”（A105070）。按照“非公益性捐赠”“全额扣除的公益性捐赠”“限额扣除的公益性捐赠”三类捐赠性质设置填报项目，全面反映捐赠支出及纳税调整、结转情况。

《捐赠支出及纳税调整明细表》（A105070）适用于发生捐赠支出（含捐赠支出结转）的纳税人填报。纳税人根据税法、《财政部　国家税务总局关于公益性捐赠税前扣除有关问题的通知》（财税〔2008〕160号）等相关规定，以及国家统一企业会计制度，填报捐赠支出会计处理、税收规定的税前扣除额、捐赠支出结转额以及纳税调整额。纳税人发生相关支出（含捐赠支出结转），无论是否纳税调整，均应填报本表，如表9－1所示。

表 9－1　A105070　　捐赠支出及纳税调整明细表

行次	项　目	账载金额	以前年度结转可扣除的捐赠额	按税收规定计算的扣除限额	税收金额	纳税调增金额	纳税调减金额	可结转以后年度扣除的捐赠额
		1	2	3	4	5	6	7
1	一、非公益性捐赠		*	*	*		*	*
2	二、全额扣除的公益性捐赠		*	*		*	*	*
3	三、限额扣除的公益性捐赠（4+5+6+7）							
4	前三年度（　　年）	*		*	*	*		*
5	前二年度（　　年）	*		*	*	*		
6	前一年度（　　年）	*		*	*	*		
7	本　年（　　年）		*				*	
8	合计（1+2+3）							

有关项目填报方法如下。

1. 非公益性捐赠支出

表 A105070 第 1 行“非公益性捐赠支出”：填报纳税人本年发生且已计入本年损益的税收规定公益性捐赠以外的其他捐赠支出的会计核算、纳税调整情况。具体如下：

（1）第 1 列“账载金额”：填报纳税人会计核算计入本年损益的税收规定公益性捐赠以外的其他捐赠支出金额。

（2）第 5 列“纳税调增额”：填报非公益性捐赠支出纳税调整增加额，金额等于第 1 列“账载金额”。即：非公益性捐赠支出的纳税调增额等于其账载金额。

2. 全额扣除的公益性捐赠支出

表 A105070 第 2 行“全额扣除的公益性捐赠”：填报纳税人发生的可全额税前扣除的公益性捐赠支出。具体如下：

（1）第 1 列“账载金额”：填报纳税人本年发生的会计核算计入本年损益的按税收规定可全额税前扣除的捐赠支出金额。

（2）第 4 列“税收金额”：等于第 1 列“账载金额”。

全额扣除的公益性捐赠支出的税收金额等于账载金额，即不用纳税调整。

3. 限额扣除的公益性捐赠支出

表 A105070 第 3 行“限额扣除的公益性捐赠”：填报纳税人本年发生的限额扣除的公益性捐赠支出、纳税调整额、以前年度结转扣除捐赠支出等。第 3 行等于第 4 + 5 + 6 + 7 行。其中本行第 4 列“税收金额”：当本行第 1 列 + 第 2 列大于第 3 列时，第 4 列 = 第 3 列；当本行第 1 列 + 第 2 列小于等于第 3 列时，第 4 列 = 第 1 列 + 第 2 列。

表 A105070 第 4 行“前三年度”：填报纳税人前三年度发生的未税前扣除的公益性捐赠支出在本年度扣除的金额。具体如下：

（1）第 2 列“以前年度结转可扣除的捐赠额”：填报前三年度发生的尚未税前扣除的公益性捐赠支出金额。

（2）第 6 列“纳税调减额”：根据本年扣除限额以及前三年度未扣除的公益性捐赠支出分析填报。

表 A105070 第 5 行“前二年度”：填报纳税人前二年度发生的未税前扣除

的公益性捐赠支出在本年度扣除的捐赠额以及结转以后年度扣除的捐赠额。具体如下：

（1）第2列“以前年度结转可扣除的捐赠额”：填报前二年度发生的尚未税前扣除的公益性捐赠支出金额。

（2）第6列“纳税调减额”：根据本年剩余扣除限额、本年扣除前三年度捐赠支出、前二年度未扣除的公益性捐赠支出分析填报。

（3）第7列“可结转以后年度扣除的捐赠额”：填报前二年度未扣除、结转以后年度扣除的公益性捐赠支出金额。

表A105070第6行“前一年度”：填报纳税人前一年度发生的未税前扣除的公益性捐赠支出在本年度扣除的捐赠额以及结转以后年度扣除的捐赠额。具体如下：

（1）第2列“以前年度结转可扣除的捐赠额”：填报前一年度发生的尚未税前扣除的公益性捐赠支出金额。

（2）第6列“纳税调减额”：根据本年剩余扣除限额、本年扣除前三年度捐赠支出、本年扣除前二年度捐赠支出、前一年度未扣除的公益性捐赠支出分析填报。

（3）第7列“可结转以后年度扣除的捐赠额”：填报前一年度未扣除、结转以后年度扣除的公益性捐赠支出金额。

表A105070第7行“本年”：填报纳税人本年度发生、本年税前扣除、本年纳税调增以及结转以后年度扣除的公益性捐赠支出。具体如下：

（1）第1列“账载金额”：填报本年会计核算计入本年损益的公益性捐赠支出金额。

（2）第3列“按税收规定计算的扣除限额”：填报按照本年利润总额乘以12%的金额，若利润总额为负数，则以0填报。

（3）第4列“税收金额”：填报本年实际发生的公益性捐赠支出以及结转扣除以前年度公益性捐赠支出情况分析填报。

（4）第5列“纳税调增额”：填报本年公益性捐赠支出账载金额超过税收规定的税前扣除额的部分。

（5）第7列“可结转以后年度扣除的捐赠额”：填报本年度未扣除、结转以后年度扣除的公益性捐赠支出金额。

第 7 行第 3 列（本年按税收规定计算的扣除限额）= 表 A100000 第 13 行（本年利润总）×12%（当表 A100000 第 13 行≤0，第 7 行第 3 列 =0）。

表 A105070 第 8 行“合计”：填报第 1 +2 +3 行的合计金额。即：第 8 行 = 第 1 +2 +3 行。同时，将第 8 行第 1 列（账载金额）填入表 A105000 第 17 行（捐赠支出）第 1 列（账载金额）；将第 8 行第 4 列（税收金额）填入表 A105000 第 17 行第 2 列（税收金额）；将第 8 行第 5 列（纳税调增额）填入表 A105000 第 17 行第 3 列（调增金额）；将第 8 行第 6 列（纳税调减额）填入表 A105000 第 17 行第 4 列（调减金额）。

二、企业对外捐赠的会计处理

对外捐赠是指企业自愿无偿将其有权处分的合法财产，赠送给合法的受赠人用于与生产经营活动没有直接关系的公益事业的行为。企业对外捐赠应当遵循《中华人民共和国公益事业捐赠法》以及国家其他有关法律、法规的规定，通过依法成立的公益性社会团体和公益性非营利的事业单位或者县级以上人民政府及其组成部门进行。

为规范各类型企业的对外捐赠行为，加强企业财务管理，维护所有者权益，促进社会公益事业的发展，财政部下发了《关于加强企业对外捐赠财务管理的通知》（财企〔2003〕95 号），对捐赠的原则、类型、对象和范围等作出规定。

（一）对外捐赠的原则和要求

企业对外捐赠一般应当遵循以下原则和要求。

1. 自愿无偿

企业对外捐赠后，不得要求受赠方在融资、市场准入、行政许可、占有其他资源等方面创造便利条件，从而导致市场不公平竞争。

2. 权责清晰

企业经营者或者其他职工不得将企业拥有的财产以个人名义对外捐赠，企业对外捐赠有权要求受赠人落实自己正当的捐赠意愿。

3. 量力而行

企业已经发生亏损或者由于对外捐赠将导致亏损或者影响企业正常生产经营的，除特殊情况以外，一般不能对外捐赠。

4. 诚实守信

企业按照内部议事规范审议决定并已经向社会公众或者受赠对象承诺的捐赠，必须诚实履行。

（二）对外捐赠的类型和对象

企业一般可以按照以下类型进行对外捐赠。

1. 公益性捐赠

公益性捐赠即向教育、科学、文化、卫生医疗、体育事业和环境保护、社会公共设施建设的捐赠。

2. 救济性捐赠

救济性捐赠即向遭受自然灾害或者国家确认的老少边穷等地区以及慈善协会、红十字会、残疾人联合会、青少年基金会等社会团体或者困难的社会弱势群体和个人提供的用于生产、生活救济、救助的捐赠。

3. 其他捐赠

其他捐赠即除上述捐赠以外，企业出于弘扬人道主义目的或者促进社会发展与进步的其他社会公共福利事业的捐赠。

（三）对外捐赠的资产范围

企业可以用于对外捐赠的财产包括现金、库存商品和其他物资。企业生产经营需用的主要固定资产、持有的股权和债权、国家特准储备物资、国家财政拨款、受托代管财产、已设置担保物权的财产、权属关系不清的财产，或者变质、残损、过期报废的商品物资，不得用于对外捐赠。

企业对外捐赠的受益人应当为企业外部的单位、社会弱势群体或者个人。对企业内部职工、与企业在经营或者财务方面具有控制与被控制关系的单位，企业不得给予捐赠。

企业以营利为目的自办或者与他人共同举办教育、文化、卫生、体育、科学、环境保护等经营实体的，应当作为对外投资管理。

企业为宣传企业形象、推介企业产品发生的赞助性支出，应当按照广告费用进行管理。对于政府有关部门、机构、团体或者某些个人强令的赞助，企业应当依法拒绝。

（四）对外捐赠的会计处理

企业对外捐赠应当控制在当年企业财务预算幅度内，按照批准的方案执行，并按照国家税收法律法规的规定申报纳税扣除。

企业实际发生的对外捐赠支出，应当依据受赠方出具的省级以上财政部门统一印（监）制的捐赠收据或者捐赠资产交接清单确认；救灾、济贫等对困难的社会弱势群体和个人的捐赠，无法索取省级以上财政部门统一印（监）制的捐赠收据的，应当依据城镇街道、农村乡村等基层政府组织出具的证明和企业法定负责人审批的捐赠报告确认。

企业为捐赠资产提供运输、保管以及举办捐赠仪式等所发生的费用，应当作为期间费用处理，不得挂账。企业负责对外捐赠的主管人员和其他直接责任人员，不得以任何借口向受赠人或者受益人索要或者收受回扣、佣金、信息费、劳务费等财物。

企业经过董事会或者经理（厂长）办公会审议，并且国有及国有控股企业上报国有资本持有单位批准，公司制企业按照《公司法》以及公司章程等有关规定批准，将修建的交通、通信、供水、供电等社会公共设施无偿移交当地人民政府或者有关部门的，可以核减资本公积金，并应当与接受方签定相关协议，双方办理资产交接手续。

由于战争、自然灾害等不可抗力原因，企业所拥有的财产被当地县级及县级以上人民政府或人民武装组织征用的，扣除当地政府或人民武装组织依法补偿金后的差额，应当作为资产损失处理。

（五）公益性捐赠股权的会计处理

企业以持有的股权（含企业产权、公司股份，下同）进行公益性捐赠的有关财务问题，《财政部关于企业公益性捐赠股权有关财务问题的通知》（财企〔2009〕213号）规定，由自然人、非国有的法人及其他经济组织投资控股的企业，依法履行内部决策程序，由投资者审议决定后，其持有的股权可以用于公益性捐赠。企业以持有的股权进行公益性捐赠，应当以不影响企业债务清偿能力为前提，且受赠对象应当是依法设立的公益性社会团体和公益性非营利的事业单位。企业捐赠后，必须办理股权变更手续，不再对已捐赠股权行使股东权利，并不得要求受赠单位予以经济回报。公益性捐赠涉及上市公司股权的，捐赠方和受赠方应当遵照《证券法》及有关证券监管的其他规定，履行相关承诺和信息披露义务。

第二节　捐赠支出的税前扣除的纳税调整

一、限额扣除的公益性捐赠

（一）限额扣除的公益性捐赠

《慈善法》第八十条规定，自然人、法人和其他组织捐赠财产用于慈善活动的，依法享受税收优惠。企业慈善捐赠支出超过法律规定的准予在计算企业所得税应纳税所得额时当年扣除的部分，允许结转以后三年内在计算应纳税所得额时扣除。

公益性捐赠，是指企业通过公益性社会团体或者县级以上人民政府及其部门，用于《公益事业捐赠法》规定的公益事业的捐赠。县级以上人民政府及其部门和国家机关均指县级（含县级，下同）以上人民政府及其组成部门和直属机构。

根据全国人民代表大会常务委员会关于修改《中华人民共和国企业所得税法》的决定（2017 年 2 月 24 日第十二届全国人民代表大会常务委员会第二十六次会议通过），“企业发生的公益性捐赠支出，在年度利润总额 12% 以内的部分，准予在计算应纳税所得额时扣除；超过年度利润总额 12% 的部分，准予结转以后三年内在计算应纳税所得额时扣除。”

根据《财政部　国家税务总局关于公益性捐赠支出企业所得税税前结转

扣除有关政策的通知》（财税〔2018〕15 号）的规定，企业通过公益性社会组织或者县级（含县级）以上人民政府及其组成部门和直属机构，用于慈善活动、公益事业的捐赠支出，在年度利润总额 12% 以内的部分，准予在计算应纳税所得额时扣除；超过年度利润总额 12% 的部分，准予结转以后三年内在计算应纳税所得额时扣除。

企业当年发生及以前年度结转的公益性捐赠支出，准予在当年税前扣除的部分，不能超过企业当年年度利润总额的 12%。企业发生的公益性捐赠支出未在当年税前扣除的部分，准予向以后年度结转扣除，但结转年限自捐赠发生年度的次年起计算最长不得超过 3 年。企业在对公益性捐赠支出计算扣除时，应先扣除以前年度结转的捐赠支出，再扣除当年发生的捐赠支出。

公益性社会组织，应当依法取得公益性捐赠税前扣除资格。年度利润总额，是指企业按照国家统一会计制度的规定计算的年度会计利润，这里年度会计利润是大于零的数额，没有利润当年不能扣除。对企业发生的会计差错应按国家统一会计制度进行更正，按调整后的大于零的年度会计利润计算扣除限额。

而对个人通过公益性社会团体、国家机关向公益事业的捐赠支出，按照现行个人所得税法律、行政法规及相关政策规定在个人所得税税前扣除。根据《个人所得税法实施条例》第二十四条的规定，个人将其所得对教育事业和其他公益事业的捐赠，是指个人将其所得通过中国境内的社会团体、国家机关向教育和其他社会公益事业以及遭受严重自然灾害地区、贫困地区的捐赠。捐赠额未超过纳税义务人申报的应纳税所得额 30% 的部分，可以从其应纳税所得额中扣除。超过部分不得扣除，也不得结转以后年度扣除。法律、法规另有规定的除外。

根据《财政部　税务税局关于公益性捐赠支出企业所得税税前结转扣除有关政策的通知》（财税〔2018〕15 号，自 2017 年 1 月 1 日起执行。2016 年 9 月 1 日至 2016 年 12 月 31 日发生的公益性捐赠支出未在 2016 年税前扣除的部分，可按本通知执行）的规定，企业通过公益性社会组织或者县级（含县级）以上人民政府及其组成部门和直属机构，用于慈善活动、公益事业的捐赠支出，在年度利润总额 12% 以内的部分，准予在计算应纳税所得额时扣除；超过年度利润总额 12% 的部分，准予结转以后 3 年内在计算应纳税所得额时扣除。公益性社会组织，应当依法取得公益性捐赠税前扣除资格。年度利润总额，是指企业依照国家统一会计制度的规定计算的大于零的数额。

企业当年发生及以前年度结转的公益性捐赠支出，准予在当年税前扣除的部分，不能超过企业当年年度利润总额的12%。

企业发生的公益性捐赠支出未在当年税前扣除的部分，准予向以后年度结转扣除，但结转年限自捐赠发生年度的次年起计算最长不得超过3年。

企业在对公益性捐赠支出计算扣除时，应先扣除以前年度结转的捐赠支出，再扣除当年发生的捐赠支出。这与广告费与宣传费、投资抵免、亏损弥补等不同。

（二）公益性社会团体（组织）的界定

根据《社会团体登记管理条例》（国务院令〔1998〕第250号）的规定，社会团体，是指中国公民自愿组成，为实现会员共同意愿，按照其章程开展活动的非营利性社会组织。成立社会团体，应当经其业务主管单位审查同意，并依照本条例的规定进行登记。社会团体应当具备法人条件。下列团体不属于本条例规定登记的范围：①参加中国人民政治协商会议的人民团体；②由国务院机构编制管理机关核定，并经国务院批准免于登记的团体；③机关、团体、企业事业单位内部经本单位批准成立、在本单位内部活动的团体。

根据《企业所得税法实施条例》第五十二条的规定，公益性社会团体，是指同时符合下列条件的基金会、慈善组织等社会团体：

（1）依法登记，具有法人资格；

（2）以发展公益事业为宗旨，且不以营利为目的；

（3）全部资产及其增值为该法人所有；

（4）收益和营运结余主要用于符合该法人设立目的的事业；

（5）终止后的剩余财产不归属任何个人或者营利组织；

（6）不经营与其设立目的无关的业务；

（7）有健全的财务会计制度；

（8）捐赠者不以任何形式参与社会团体财产的分配；

（9）国务院财政、税务主管部门会同国务院民政部门等登记管理部门规定的其他条件。

《财政部　国家税务总局　民政部关于公益性捐赠税前扣除有关问题的通知》（财税〔2008〕160号）规定，公益性社会团体和社会团体均指依据国务院发布的《基金会管理条例》和《社会团体登记管理条例》的规定，经民政部门依法登记、符合以下条件的基金会、慈善组织等公益性社会团体：

（1）符合《企业所得税法实施条例》第五十二条第（一）项到第（八）项规定的条件；

（2）申请前3年内未受到行政处罚；

（3）基金会在民政部门依法登记3年以上（含3年）的，应当在申请前连续2年年度检查合格，或最近1年年度检查合格且社会组织评估等级在3A以上（含3A），登记3年以下1年以上（含1年）的，应当在申请前1年年度检查合格或社会组织评估等级在3A以上（含3A），登记1年以下的基金会具备上述第（1）项、第（2）项规定的条件；

（4）公益性社会团体（不含基金会）在民政部门依法登记3年以上，净资产不低于登记的活动资金数额，申请前连续2年年度检查合格，或最近1年年度检查合格且社会组织评估等级在3A以上（含3A），申请前连续3年每年用于公益活动的支出不低于上年总收入的70%（含70%），同时需达到当年总支出的50%以上（含50%）。

年度检查合格是指民政部门对基金会、公益性社会团体（不含基金会）进行年度检查，作出年度检查合格的结论；社会组织评估等级在3A以上（含3A）是指社会组织在民政部门主导的社会组织评估中被评为3A、4A、5A级别，且评估结果在有效期内。

民政部门负责对公益性社会团体的资格进行初步审核，财政、税务部门会同民政部门对公益性社会团体的捐赠税前扣除资格联合进行审核确认。

【例9-1】甲建筑安装公司，2018年10月通过当地市政府捐建一所村小学，工程实际支出28万元，公允价值35万元，按国家统一会计制度规定计算的2018年度的会计利润为200万元，企业根据会计制度规定在“营业外支出”账户中列支劳务捐赠支出28万元。

要求：对该项捐赠进行纳税调整和税务处理。

解析：

根据《企业所得税法》的规定，甲公司这笔以建筑劳务方式进行的公益性捐赠应视同销售处理，即必须视同提供劳务依公允价值确定其视同销售收入额，2018 年就该项捐赠的视同销售，甲公司应通过“视同销售和房地产开发企业特定业务纳税调整明细表”（A105010，如表 9－2 所示）调增应纳税所得额 7 万元（35－28）。

2018 年公益性捐赠税前扣除限额为：200×12%＝24（万元），企业实际捐赠 28 万元，大于扣除限额 4 万元，应通过“捐赠支出及纳税调整明细表”（A105070，如表 9－3 所示）作纳税调增处理，并入当年应纳税所得额缴纳企业所得税。同时，填报“纳税调整项目明细表”（A105000，如表 9－4 所示）。

表 9－2　A105010　视同销售和房地产开发企业特定业务纳税调整明细表

金额单位：万元

行次	项目	税收金额	纳税调整金额
		1	2
1	一、视同销售（营业）收入（2＋3＋4＋5＋6＋7＋8＋9＋10）	35	35
2	（一）非货币性资产交换视同销售收入		
3	（二）用于市场推广或销售视同销售收入		
4	（三）用于交际应酬视同销售收入		
5	（四）用于职工奖励或福利视同销售收入		
6	（五）用于股息分配视同销售收入		
7	（六）用于对外捐赠视同销售收入		
8	（七）用于对外投资项目视同销售收入		
9	（八）提供劳务视同销售收入	35	35
10	（九）其他		
11	二、视同销售（营业）成本（12＋13＋14＋15＋16＋17＋18＋19＋20）	28	－28
12	（一）非货币性资产交换视同销售成本		
13	（二）用于市场推广或销售视同销售成本		
14	（三）用于交际应酬视同销售成本		
15	（四）用于职工奖励或福利视同销售成本		
16	（五）用于股息分配视同销售成本		
17	（六）用于对外捐赠视同销售成本		
18	（七）用于对外投资项目视同销售成本		
19	（八）提供劳务视同销售成本	28	－28
20	（九）其他		

表 9－3　A105070　　　　捐赠支出及纳税调整明细表　　　　金额单位：万元

行次	项　目	账载金额	以前年度结转可扣除的捐赠额	按税收规定计算的扣除限额	税收金额	纳税调增金额	纳税调减金额	可结转以后年度扣除的捐赠额
		1	2	3	4	5	6	7
1	一、非公益性捐赠		*	*	*		*	*
2	二、全额扣除的公益性捐赠		*	*		*	*	*
3	三、限额扣除的公益性捐赠（4＋5＋6＋7）	28		24	24	4		4
4	前三年度（　　年）	*		*	*	*		*
5	前二年度（　　年）	*		*	*	*		
6	前一年度（　　年）	*		*	*	*		
7	本　年（　　年）	28	*	24	24	4	*	4
8	合计（1＋2＋3）	28		24	24	4		4

表 9－4　A105000　　　纳税调整项目明细表（部分）　　金额单位：万元

行次	项　目	账载金额	税收金额	调增金额	调减金额
		1	2	3	4
1	一、收入类调整项目（2＋3＋…＋11）	*	*	35	
2	（一）视同销售收入（填写 A105010）	*	35	35	*
3	（二）未按权责发生制原则确认的收入（填写 A105020）				
12	二、扣除类调整项目（13＋14＋…＋30）	*	*	4	28
13	（一）视同销售成本（填写 A105010）	*	28	*	28
14	（二）职工薪酬（填写 A105050）				
15	（三）业务招待费支出				*
16	（四）广告费和业务宣传费支出（填写 A105060）	*	*		
17	（五）捐赠支出（填写 A105070）	28	24	4	
45	合计（1＋12＋31＋36＋43＋44）	*	*	39	28

(三) 通过公益性群众团体捐赠的扣除

对企业和个人通过依照《社会团体登记管理条例》规定不需进行社团登记的人民团体以及经国务院批准免予登记的社会团体（以下统称“群众团体”）的公益性捐赠所得税税前扣除有关问题，《财政部 国家税务总局关于通过公益性群众团体的公益性捐赠税前扣除有关问题的通知》（财税〔2009〕124 号）明确如下：

企业通过公益性群众团体用于公益事业的捐赠支出，在年度利润总额12%以内的部分，准予在计算应纳税所得额时扣除。年度利润总额，是指企业依照国家统一会计制度的规定计算的大于零的数额。个人通过公益性群众团体向公益事业的捐赠支出，按照现行税收法律、行政法规及相关政策规定准予在所得税税前扣除。

这里所称的公益性群众团体，是指同时符合以下条件的群众团体：①符合《企业所得税法实施条例》第五十二条第（一）项至第（八）项规定的条件；②县级以上各级机构编制部门直接管理其机构编制；③对接受捐赠的收入以及用捐赠收入进行的支出单独进行核算，且申请前连续 3 年接受捐赠的总收入中用于公益事业的支出比例不低于70%。

符合财税〔2009〕124号文件规定的公益性群众团体，可按程序申请公益性捐赠税前扣除资格。由中央机构编制部门直接管理其机构编制的群众团体，向财政部、国家税务总局提出申请；由县级以上地方各级机构编制部门直接管理其机构编制的群众团体，向省、自治区、直辖市和计划单列市财政、税务部门提出申请；对符合条件的公益性群众团体，按照上述管理权限，由财政部、国家税务总局和省、自治区、直辖市、计划单列市财政、税务部门分别每年联合公布名单。名单应当包括继续获得公益性捐赠税前扣除资格和新获得公益性捐赠税前扣除资格的群众团体，企业和个人在名单所属年度内向名单内的群众团体进行的公益性捐赠支出，可以按规定进行税前扣除。

公益性群众团体在接受捐赠时，应按照行政管理级次分别使用由财政部或省、自治区、直辖市财政部门印制的公益性捐赠票据或者“非税收入一般缴款书”收据联，并加盖本单位的印章；对个人索取捐赠票据的，应予以开具。

对于通过公益性群众团体发生的公益性捐赠支出，主管税务机关应对照财政、税务部门联合发布的名单，接受捐赠的群众团体位于名单内，则企业或个人在名单所属年度发生的公益性捐赠支出可按规定进行税前扣除；接受捐赠的群众团体不在名单内，或虽在名单内但企业或个人发生的公益性捐赠支出不属于名单所属年度的，不得扣除。

（四）公益事业捐赠支出的界定

用于公益事业的捐赠支出，是指《公益事业捐赠法》规定的向公益事业的捐赠支出，具体范围包括：

（1）救助灾害、救济贫困、扶助残疾人等困难的社会群体和个人的活动；

（2）教育、科学、文化、卫生、体育事业；

（3）环境保护、社会公共设施建设；

（4）促进社会发展和进步的其他社会公共和福利事业。

（五）捐赠资产价值的确定

公益性社会团体和县级以上人民政府及其组成部门和直属机构在接受捐赠时，捐赠资产的价值，按以下原则确认：

（1）接受捐赠的货币性资产，应当按照实际收到的金额计算；

（2）接受捐赠的非货币性资产，应当以其公允价值计算。

捐赠方在向公益性社会团体和县级以上人民政府及其组成部门和直属机构捐赠时，应当提供注明捐赠非货币性资产公允价值的证明，如果不能提供上述证明，公益性社会团体和县级以上人民政府及其组成部门和直属机构不得向其开具公益性捐赠票据。

公益性群众团体接受捐赠的资产价值，按以下原则确认：①接受捐赠的货币性资产，应当按照实际收到的金额计算；②接受捐赠的非货币性资产，应当以其公允价值计算。捐赠方在向公益性群众团体捐赠时，应当提供注明捐赠非货币性资产公允价值的证明，如果不能提供上述证明，公益性群众团体不得向其开具公益性捐赠票据或者“非税收入一般缴款书”收据联。

二、全额扣除的公益性捐赠

（一）对芦山地震受灾地区的捐赠

《财政部　海关总署　国家税务总局关于支持芦山地震灾后恢复重建有关税收政策问题的通知》（财税〔2013〕58号）规定，自2013年4月20日起至2015年12月31日止，对企业、个人通过公益性社会团体、县级以上人民政府及其部门向芦山地震受灾地区的捐赠，允许在当年企业所得税前和当年个人所得税前全额扣除。

（二）向北京2022年冬奥会和冬残奥会捐赠

根据《财政部　税务总局　海关总署关于北京2022年冬奥会和冬残奥会税收政策的通知》（财税〔2017〕60号）的规定，对企业、社会组织和团体赞助、捐赠北京2022年冬奥会、冬残奥会、测试赛的资金、物资、服务支出，在计算企业应纳税所得额时予以全额扣除。

个人捐赠北京2022年冬奥会、冬残奥会、测试赛的资金和物资支出可在计算个人应纳税所得额时予以全额扣除。

企业根据赞助协议向北京冬奥组委免费提供的与北京2022年冬奥会、冬残奥会、测试赛有关的服务，免征增值税。

三、非公益性捐赠不得税前扣除

非公益性捐赠是指公益性捐赠项目以外的其他捐赠项目。根据《企业所得税法》第十条的规定，对公益性捐赠以外的捐赠支出不得扣除。

【例9－2】假设A企业2017年至2020年每年发生按限额税前扣除的公益性捐赠支出100万元，会计利润总额分别为500万元、1 000万元、500万元、2 000万元。

2020年A企业捐赠北京2022年冬奥会现金支出400万元，可限额税前扣除的公益性捐赠支出100万元，非公益性捐赠支出500万元。

要求：对捐赠支出进行纳税调整并填报相关的纳税申报表。

解析：

1. 2017年度

A企业对捐赠支出进行纳税调整，如表9－5、表9－6、表9－7所示。

表9－5　A105070　　捐赠支出及纳税调整明细表　　金额单位：万元

行次	项目	账载金额	以前年度结转可扣除的捐赠额	按税收规定计算的扣除限额	税收金额	纳税调增金额	纳税调减金额	可结转以后年度扣除的捐赠额
		1	2	3	4	5	6	7
1	一、非公益性捐赠	0	*	*	*	0	*	*
2	二、全额扣除的公益性捐赠	0	*	*	0	*	*	*
3	三、限额扣除的公益性捐赠（4＋5＋6＋7）	100	0	60	60	40	0	40
4	前三年度（　年）	*		*	*	*		*
5	前二年度（　年）	*		*	*	*		
6	前一年度（　年）	*		*	*	*		
7	本　年（2017年）	100	*	60	60	40	*	40
8	合计（1＋2＋3）	100	0	60	60	40	0	40

表 9－6　A105000　　纳税调整项目明细表（部分）　　金额单位：万元

行次	项　目	账载金额	税收金额	调增金额	调减金额
		1	2	3	4
1	一、收入类调整项目（2+3+4+5+6+7+8+10+11）	*	*		
12	二、扣除类调整项目	*	*	40	0
13	（一）视同销售成本（填写 A105010）	*		*	
16	（四）广告费和业务宣传费支出（填写 A105060）	*	*		
17	（五）捐赠支出（填写 A105070）	100	60	40	0
21	（九）赞助支出		*		*
31	三、资产类调整项目（31+32+33+34）	*	*		
36	四、特殊事项调整项目（36+37+38+39+40）	*	*		
43	五、特别纳税调整应税所得	*	*		
44	六、其他	*	*		
45	合计（1+12+31+36+43+44）	*	*	40	0

表 9－7　A100000　　中华人民共和国企业所得税年度纳税申报表（A 类）　　金额单位：万元

行次	类别	项目	金额
13	应纳税所得额计算	三、利润总额（10+11－12）	500
14		减：境外所得（填写 A108010）	
15		加：纳税调整增加额（填写 A105000）	40
16		减：纳税调整减少额（填写 A105000）	
17		减：免税、减计收入及加计扣除（填写 A107010）	
18		加：境外应税所得抵减境内亏损（填写 A108000）	
19		四、纳税调整后所得（13－14+15－16－17+18）	540
20		减：所得减免（填写 A107020）	
21		减：抵扣应纳税所得额（填写 A107030）	
22		减：弥补以前年度亏损（填写 A106000）	
23		五、应纳税所得额（19－20－21－22）	540

2. 2018 年度

2018 年度，A 企业对捐赠支出进行纳税调整，如表 9－8、表 9－9、表 9－10 所示。

表 9－8　A105070　捐赠支出及纳税调整明细表（2018 年版）　金额单位：万元

行次	项　目	账载金额	以前年度结转可扣除的捐赠额	按税收规定计算的扣除限额	税收金额	纳税调增金额	纳税调减金额	可结转以后年度扣除的捐赠额
		1	2	3	4	5	6	7
1	一、非公益性捐赠	0	*	*	*	0	*	*
2	二、全额扣除的公益性捐赠	0	*	*	0	*	*	*
3	三、限额扣除的公益性捐赠（4+5+6+7）	100	40	120	120	20	40	20
4	前三年度（　年）	*		*	*	*		*
5	前二年度（　年）	*		*	*	*		
6	前一年度（2017 年）	*	40	*	*	*	40	0
7	本　年（2018 年）	100	*	120	120	20	*	20
8	合计（1+2+3）	100	40	120	120	20	40	20

表 9－9　A105000　纳税调整项目明细表（部分）　金额单位：万元

行次	项　目	账载金额	税收金额	调增金额	调减金额
		1	2	3	4
1	一、收入类调整项目（2+3+4+5+6+7+8+10+11）	*	*	0	20
12	二、扣除类调整项目	*	*		
13	（一）视同销售成本（填写 A105010）	*		*	
16	（四）广告费和业务宣传费支出（填写 A105060）	*	*		
17	（五）捐赠支出（填写 A105070）	100	120	20	40
21	（九）赞助支出		*		*
31	三、资产类调整项目（31+32+33+34）	*	*		
36	四、特殊事项调整项目（36+37+38+39+40）	*	*		
43	五、特别纳税调整应税所得	*	*		
44	六、其他	*	*		
45	合计（1+12+31+36+43+44）	*	*	20	40

表 9－10　A100000　　中华人民共和国企业所得税年度纳税申报表（A 类）　　金额单位：万元

行次	类别	项目	金额
13		三、利润总额（10＋11－12）	1 000
14	应纳税所得额计算	减：境外所得（填写 A108010）	
15		加：纳税调整增加额（填写 A105000）	20
16		减：纳税调整减少额（填写 A105000）	40
17		减：免税、减计收入及加计扣除（填写 A107010）	
18		加：境外应税所得抵减境内亏损（填写 A108000）	
19		四、纳税调整后所得（13－14＋15－16－17＋18）	980
20		减：所得减免（填写 A107020）	
21		减：抵扣应纳税所得额（填写 A107030）	
22		减：弥补以前年度亏损（填写 A106000）	
23		五、应纳税所得额（19－20－21－22）	980

3. 2019 年度

2019 年，A 企业对捐赠支出进行纳税调整，如表 9－11、表 9－12、表 9－13 所示。

表 9－11　A105070　　捐赠支出及纳税调整明细表　　金额单位：万元

行次	项　目	账载金额	以前年度结转可扣除的捐赠额	按税收规定计算的扣除限额	税收金额	纳税调增金额	纳税调减金额	可结转以后年度扣除的捐赠额
		1	2	3	4	5	6	7
1	一、非公益性捐赠	0	*	*	*	0	*	*
2	二、全额扣除的公益性捐赠	0	*	*	0	*	*	*
3	三、限额扣除的公益性捐赠（4＋5＋6＋7）	100	20	60	60	40	20	60
4	前三年度（　年）	*		*	*	*		*
5	前二年度（2017 年）	*		*	*	*		
6	前一年度（2018 年）	*	20	*	*	*	20	0
7	本　年（2019 年）	100	*	60	60	60	*	60
8	合计（1＋2＋3）	100	20	60	60	60	20	60

表 9－12　A105000　　纳税调整项目明细表（部分）

金额单位：万元

行次	项　目	账载金额	税收金额	调增金额	调减金额
		1	2	3	4
1	一、收入类调整项目（2＋3＋4＋5＋6＋7＋8＋10＋11）	*	*		
12	二、扣除类调整项目	*	*	60	20
13	（一）视同销售成本（填写 A105010）	*		*	
16	（四）广告费和业务宣传费支出（填写 A105060）	*	*		
17	（五）捐赠支出（填写 A105070）	100	60	60	20
21	（九）赞助支出		*		*
31	三、资产类调整项目（31＋32＋33＋34）	*	*		
36	四、特殊事项调整项目（36＋37＋38＋39＋40）	*	*		
43	五、特别纳税调整应税所得	*	*		
44	六、其他	*	*		
45	合计（1＋12＋30＋35＋41＋42）	*	*	60	20

表 9－13　A100000　　中华人民共和国企业所得税年度纳税申报表（A 类）

金额单位：万元

行次	类别	项　目	金额
13		利润总额（10＋11－12）	500
14		减：境外所得（填写 A108010）	
15		加：纳税调整增加额（填写 A105000）	60
16		减：纳税调整减少额（填写 A105000）	20
17	应纳	减：免税、减计收入及加计扣除（填写 A107010）	
18	税所	加：境外应税所得抵减境内亏损（填写 A108000）	
19	得额	四、纳税调整后所得（13－14＋15－16－17＋18）	540
20	计算	减：所得减免（填写 A107020）	
21		减：抵扣应纳税所得额（填写 A107030）	
22		减：弥补以前年度亏损（填写 A106000）	
23		五、应纳税所得额（19－20－21－22）	540

4. 2020 年度

2020 年，A 企业对捐赠支出进行纳税调整，如表 9－14、表 9－15、表 9－16 所示。

表 9－14 A105070 捐赠支出及纳税调整明细表 金额单位：万元

行次	项 目	账载金额	以前年度结转可扣除的捐赠额	按税收规定计算的扣除限额	税收金额	纳税调增金额	纳税调减金额	可结转以后年度扣除的捐赠额
		1	2	3	4	5	6	7
1	一、非公益性捐赠	500	*	*	*	500	*	*
2	二、全额扣除的公益性捐赠	400	*	*	400	*	*	*
3	三、限额扣除的公益性捐赠（4＋5＋6＋7）	100	60	240	160	0	60	0
4	前三年度（2017 年）	*	0	*	*	*	0	*
5	前二年度（2018 年）	*	0	*	*	*	0	0
6	前一年度（2019 年）	*	60	*	*	*	60	0
7	本 年（2020 年）	100	*	240	160	0	*	0
8	合计（1＋2＋3）	1 000	60	240	560	500	60	0

表 9－15 A105000 纳税调整项目明细表（部分） 金额单位：万元

行次	项 目	账载金额	税收金额	调增金额	调减金额
		1	2	3	4
1	一、收入类调整项目（2＋3＋4＋5＋6＋7＋8＋10＋11）	*	*		
12	二、扣除类调整项目	*	*		
13	（一）视同销售成本（填写 A105010）	*		*	
16	（四）广告费和业务宣传费支出（填写 A105060）	*	*		
17	（五）捐赠支出（填写 A105070）	100	560	500	60
21	（九）赞助支出		*		*
31	三、资产类调整项目（31＋32＋33＋34）	*	*		
36	四、特殊事项调整项目（36＋37＋38＋39＋40）	*	*		
43	五、特别纳税调整应税所得	*	*		
44	六、其他	*	*		
45	合计（1＋12＋31＋36＋43＋44）	*	*	500	60

表 9-16 A100000 中华人民共和国企业所得税年度纳税申报表（A类）

金额单位：万元

行次	类别	项 目	金额
13		三、利润总额（10+11-12）	2 000
14	应纳税所得额计算	减：境外所得（填写 A108010）	
15		加：纳税调整增加额（填写 A105000）	500
16		减：纳税调整减少额（填写 A105000）	60
17		减：免税、减计收入及加计扣除（填写 A107010）	
18		加：境外应税所得抵减境内亏损（填写 A108000）	
19		四、纳税调整后所得（13-14+15-16-17+18）	2 440
20		减：所得减免（填写 A107020）	
21		减：抵扣应纳税所得额（填写 A107030）	
22		减：弥补以前年度亏损（填写 A106000）	
23		五、应纳税所得额（19-20-21-22）	2 440

四、纳税调整模型与应对（见表 9-17）

表 9-17

对应风险特征编号、名称	捐赠支出核对风险指标	指标类型	[ ] 涉嫌偷逃骗税类 [√] 一般税收流失类 [ ] 税收行为管理类
适用范围	企业所得税查账征收企业	主题事项（指标分类）	企业所得税汇缴申报资料复审
适用税种、税目	企业所得税	涉及会计科目	营业外支出
税收政策依据及内容摘要	1. 《企业所得税法》第九条规定：企业发生的公益性捐赠支出，在年度利润总额 12% 以内的部分，准予在计算应纳税所得额时扣除。 2. 《关于公益性捐赠税前扣除有关问题的通知》（财税〔2008〕160 号）		
相关法律（含行业管理规定）及内容摘要	《公益事业捐赠法》规定的具体捐赠范围		
数据来源（可多选）	[ ] 税务登记 [√] 认定信息 [ ] 财务报表 [ ] 代开发票信息 [√] 申报表 [ ] 入库税款 [ ] 国际税收情报交换数据 [ ] 第三方数据（××局、互联网采集数据）[ ] 其他数据		

续表

数据内容	认定信息——企业所得税查账征收；申报表——企业所得税年度纳税申报表（A类）表 A105070 合计第 2 列、表 A100000 第 13 行				
指标属性	积分度量类别	指标层级	指标性质	是否需要反馈	是否适用纳税提醒
	[ ] 计税依据 [ ] 税款 [ ] 比例 [√] 其他	[√] 一级指标 [ ] 二级指标	[ ] 主要 [√] 辅助	[√] 是 [ ] 否	[ ] 是 [√] 否
指标描述	企业发生的公益性捐赠支出，不超过年度利润总额 12% 的部分，准予扣除				
指标公式	【公益性捐赠账载金额】A105070 第 20 行第 7 列 【利润总额】A100000 第 13 行 【调整差额】=【公益性捐赠账载金额】-【利润总额】×12%； 【捐赠额】=nvl（【公益性捐赠账载金额】，0）				
风险识别条件	【调整差额】>【预警值 1】and【公益性捐赠账载金额】>【预警值 2】				
预警参考值	【预警值 1】=0 and【预警值 2】=100 000（根据实际结果测定）				
加工周期	（与数据所属期不同）[ ] 月 [ ] 季 [ ] 半年 [√] 年 [ ] 一次性				
预警参考值维护级别	[√] 省 [ ] 市 [ ] 县（市、区）				
税务机关提示信息	1. 如果【调整差额】>0 则【纳税人名称】（【纳税人识别号】）：该单位在【年度】年度申报表利润总额、捐赠支出纳税调整明细表 A105070 中公益性捐赠账载金额为【公益性捐赠账载金额】元，大于【利润总额】×12%，请核查。 2. 如果【调整差额】< =0 且【捐赠额】>1 000 000 则【纳税人名称】（【纳税人识别号】）：该单位在【年度】年度申报表利润总额、捐赠支出纳税调整明细表 A105070 中公益性捐赠账载金额为【公益性捐赠账载金额】元，数额较大，请核查。 3. 如果【调整差额】>0 且【捐赠额】>1 000 000 则【纳税人名称】（【纳税人识别号】）：该单位在【年度】年度申报表利润总额、捐赠支出纳税调整明细表 A105070 中公益性捐赠账载金额为【公益性捐赠账载金额】元，大于【利润总额】×12% 且数额较大，请核查。				
纳税人提示信息	1. 如果【调整差额】>0 则【纳税人名称】（【纳税人识别号】）：您单位在【年度】年度申报表公益性捐赠账载金额为【公益性捐赠账载金额】元，大于【利润总额】×12%，请核实。 2. 如果【调整差额】< =0 且【捐赠额】>1 000 000 则【纳税人名称】（【纳税人识别号】）：您单位在【年度】年度申报表公益性捐赠账载金额为【公益性捐赠账载金额】元，数额较大，请核实。				

续表

纳税人提示信息	3. 如果【调整差额】≥0且【捐赠额】>1 000 000则【纳税人名称】(【纳税人识别号】)：您单位在【年度】年度申报表公益性捐赠账载金额为【公益性捐赠账载金额】元，大于【利润总额】×12%且数额较大，请核实。
应对策略	一、风险数据的系统校验（案头审核）： 1. 通过“查询统计（核心征管）”——“申报”——“企业所得税年度纳税申报信息清册［通用查询岗］”——企业所得税年度纳税申报表（A类）利润总额、捐赠支出纳税调整明细表中公益捐赠合计账载金额。 二、询问约谈资料要求（报送资料）： 企业相关账务处理资料、记账凭证以及相关附件。 三、核查内容： 1. 核查企业基础登记信息和认定信息的准确性； 2. 核查企业捐赠扣除额是否超过年度利润总额12%； 3. 核查捐赠公益性团体是否为符合条件的公益性组织； 4. 核查企业取得的捐赠收据凭证是否符合规定； 5. 存在少缴纳税款情形的，通知纳税人补缴并按规定加滞纳金。
备注	

第十章

资产折旧、摊销的纳税调整表

第一节 固定资产折旧的纳税调整

一、固定资产的界定

（一）会计处理

《企业会计准则第4号——固定资产》（以下简称固定资产准则）规定，固定资产是指同时具有下列特征的有形资产：

（1）为生产商品、提供劳务、出租或者经营管理而持有；

（2）使用寿命超过一个会计年度。

使用寿命是指企业使用固定资产的预计期间，或者该固定资产所能生产产品或提供劳务的数量。

出租固定资产是指以经营租赁方式出租的机器设备类固定资产，不包括以经营租赁方式出租的建筑物，后者属于《企业会计准则》上的投资性房地产，不属于《企业会计准则》所界定的固定资产。会计上固定资产也不包括生物资产。

此外，根据《企业会计准则应用指南——会计科目和主要账务处理》的规定，“固定资产”科目核算企业持有的固定资产原价。建造承包商的临时设施，以及企业购置计算机硬件所附带的、未单独计价的软件，也通过“固定资产”科目核算。

（二）税务处理

现行税制对固定资产的界定，在不同的税种税法中有不同的表述。

《企业所得税法实施条例》第五十七条规定，固定资产是指企业为生产产品、提供劳务、出租或者经营管理而持有的、使用时间超过 12 个月的非货币性资产，包括房屋、建筑物、机器、机械、运输工具以及其他与生产经营活动有关的设备、器具、工具等。

固定资产准则强调“使用寿命超过一个会计年度”，而企业所得税法上表述为“使用时间超过 12 个月”；前者指的是“有形资产”，后者指的是“非货币性资产”。《企业所得税法》上的固定资产含“以经营租赁方式出租的建筑物”，而在《企业会计准则》上称为投资性房地产，而不称其为固定资产。

《增值税实施细则》第 21 条规定，固定资产是指使用期限超过 12 个月的机器、机械、运输工具以及其他与生产经营有关的设备、工具、器具等。

二、固定资产的初始计量与计税基础

固定资产的初始计量，是指确定固定资产的取得成本。会计上固定资产应当按照成本进行初始计量。

（一）外购的固定资产

根据固定资产准则的规定，外购固定资产的成本，包括购买价款、相关税费、使固定资产达到预定可使用状态前所发生的可归属于该项资产的运输费、装卸费、安装费和专业人员服务费等。以一笔款项购入多项没有单独标价的固定资产，应当按照各项固定资产公允价值比例对总成本进行分配，分别确定各项固定资产的成本。

对增值税一般纳税人购进（包括接受捐赠、实物投资）或自制（包括扩建、安装）固定资产发生的进项税额，如果允许抵扣的，不再构成固定资产的成本。

购买固定资产的价款超过正常信用条件延期支付，实质上具有融资性质的，固定资产的成本以购买价款的现值为基础确定。实际支付的价款与购买价款的现值之间的差额，除按照《企业会计准则第17号——借款费用》（以下简称借款费用准则）应予资本化的以外，应当在信用期间内计入当期损益（财务费用）。

《小企业会计准则》规定，固定资产应当按照成本进行计量。外购固定资产的成本包括：购买价款、相关税费、运输费、装卸费、保险费、安装费等，但不含按照税法规定可以抵扣的增值税进项税额。以一笔款项购入多项没有单独标价的固定资产，应当按照各项固定资产或类似资产的市场价格或评估价值比例对总成本进行分配，分别确定各项固定资产的成本。

而外购的固定资产，以购买价款和支付的相关税费以及直接归属于使该资产达到预定用途发生的其他支出为计税基础。

【例10-1】 2×16年1月1日，甲上市公司从乙公司购入一台需要安装的设备。合同约定采用分期付款方式支付价款。设备款90万元，首期款15万元于2×16年1月1日支付，余款在2×16年至2×20年5年内平均支付，每年的付款日期均为12月31日。

2×16年1月1日，设备如期运抵甲公司并开始安装，发生运杂费和相关税费16万元，用银行存款付讫。2×16年12月31日，设备达到预定可使用状态，发生安装费4万元。已用银行存款付讫。假定折现率为10%，不考虑增值税。

要求：进行相关的会计处理与纳税调整。

解析：

（1）购买价款的现值：15+15×（P/A，10%，5）=15+15×3.7908=15+56.862=71.862（万元）

会计处理：

借：在建工程　　718 620

　　未确认融资费用　　181 380

　　贷：长期应付款　　900 000

税务处理：在建工程的计税基础为90万元。

2×16年1月1日支付首付款15万元：

借：长期应付款　　150 000

　　贷：银行存款　　150 000

2×16年1月1日支付运杂费及相关税费16万元：

借：在建工程　　160 000

　　贷：银行存款　　160 000

税务处理：支付的运杂费及相关税费16万元，增加在建工程的计税基础，新的累计计税基础为106万元。

（2）确定未确认融资费用分摊额（如表10-1所示）。

表10-1　　金额单位：元

日　期 ①	分期付款额 ②	确认的融资费 ③=期初⑤×10%	应付本金减少额 ④=②-③	应付本金余额 期末⑤=期初⑤-④
2×16.1.1				568 620.00
2×16.12.31	150 000	56 862.00	93 138.00	475 482.00
2×17.12.31	150 000	47 548.20	102 451.80	373 030.20
2×18.12.31	150 000	37 303.02	112 696.98	260 333.22
2×19.12.31	150 000	26 033.32	123 966.68	136 366.54
2×20.12.31	150 000	13 633.46①	136 366.54	0
合　计	750 000			

（3）设备安装期间，未确认融资费用的分摊额符合资本化条件，计入固定资产成本。

2×16年12月31日，会计处理：

借：在建工程　　56 862

　　贷：未确认融资费用　　56 862

① 由于计算造成误差。

支付价款时：

借：长期应付款 150 000

　　贷：银行存款 150 000

支付安装费时：

借：在建工程 40 000

　　贷：银行存款 40 000

固定资产成本：71.862 + 16 + 5.6 862 + 4 = 97.5 482（万元）

借：固定资产 975 482

　　贷：在建工程 975 482

税务处理：支付的安装费 4 万元，增加固定资产的计税基础，新的计税基础为 110 万元；而会计成本为 97.5 482 万元，会计账面价值小于计税基础产生可抵扣暂时性差异。以后使用固定资产期间税法折旧大于会计折旧的金额，应当分期调减应纳税所得额。

（4）由于 2×16 年 12 月该设备已经达到预定可使用状态，2×17 年至 2×20 年未确认融资费用的分摊不再符合资本化条件，应计入当期损益。

2×17 年底，会计处理为：

借：财务费用 47 548.2

　　贷：未确认融资费用 47 548.2

借：长期应付款 150 000

　　贷：银行存款 150 000

税务处理：由于固定资产计税基础大于账面价值的金额，已通过固定资产折旧方式获得扣除，因此，未确认融资费用转入财务费用科目的金额不得重复扣除。

2×18 年底会计处理为：

借：财务费用 37 303.02

　　贷：未确认融资费用 37 303.02

借：长期应付款 150 000

　　贷：银行存款 150 000

2×19 年底会计处理为：

借：财务费用 26 033.32

贷：未确认融资费用　　26 033.32

借：长期应付款　　150 000

贷：银行存款　　150 000

2×20 年底会计处理为：

借：财务费用　　13 633.46

贷：未确认融资费用　　13 633.46

借：长期应付款　　150 000

贷：银行存款　　150 000

（二）自行建造的固定资产

1. 会计处理

根据固定资产准则的规定，自建固定资产的成本，由建造该项资产达到预定可使用状态前所发生的必要支出构成。包括工程用物资成本、人工成本、交纳的相关税费、应予资本化的借款费用以及应分摊的间接费用等。

《小企业会计准则》规定，自行建造固定资产的成本，由建造该项资产在竣工决算前发生的支出（含相关的借款费用）构成。小企业在建工程在试运转过程中形成的产品、副产品或试车收入冲减在建工程成本。

2. 税务处理

自行建造的固定资产，以竣工结算前发生的支出为计税基础；改建的固定资产，除租入固定资产的改建支出与固定资产大修理支出作为长期待摊费用，按照规定摊销扣除外，以改建过程中发生的改建支出增加计税基础。

《企业会计准则》上自建固定资产的成本归集到固定资产达到预定可使用前为止；而税务上的计税基础归集到竣工结算为止。

（三）盘盈的固定资产

1. 会计处理

固定资产准则规定，盘盈的固定资产，作为前期差错处理，在按管理权限报经批准处理后，通过“以前年度损益调整”科目核算。而原会计制度规定，盘盈的固定资产在盘点当期入账，同时增加当期的营业外收入。

盘亏的固定资产，通过“待处理财产损溢——待处理固定资产损溢”科目核算，盘亏造成的损失通过“营业外支出”科目核算，计入当期损益。

《小企业会计准则》规定，盘盈固定资产的成本，应当按照同类或者类似固定资产的市场价格或评估价值，扣除按照该项固定资产新旧程度估计的折旧后的余额确定。

2. 税务处理

盘盈的固定资产，以同类固定资产的重置完全价值为计税基础。在税务上计入盘盈当期的“收入总额”。

（四）融资租入的固定资产

1. 会计处理

融资租赁，是指实质上转移了与资产所有权有关的全部风险和报酬的租赁。《企业会计准则第21号——租赁》（以下简称租赁准则）规定，在租赁期开始日，承租人应当将租赁开始日租赁资产公允价值与最低租赁付款额的现值两者中较低者作为租入资产的入账价值，将最低租赁付款额作为长期应付款的入账价值，其差额作为未确认融资费用。未确认融资费用应当在租赁期内采取实际利率法进行摊销。承租人在租赁谈判和签订租赁合同过程中发生的，可归属于租赁项目的手续费、律师费、差旅费、印花税等初始直接费用，应当计入租入资产价值。

承租人应当采用与自有固定资产相一致的折旧政策计提租赁资产折旧。能够合理确定租赁期届满时取得租赁资产所有权的，应当在租赁资产使用寿命内计提折旧。无法合理确定租赁期届满时能够取得租赁资产所有权的，应当在租赁期与租赁资产使用寿命两者中较短的期间内计提折旧。

根据《小企业会计准则》规定，融资租入的固定资产的成本，应当按照租赁合同约定的付款总额和在签订租赁合同过程中发生的相关税费等确定。

2. 税务处理

《企业所得税法实施条例》第五十八条第三项规定，融资租入的固定资产，以租赁合同约定的付款总额和承租人在签订租赁合同过程中发生的相关费用为计税基础，租赁合同未约定付款总额的，以该资产的公允价值和承租人在签订租赁合同过程中发生的相关费用为计税基础。

以融资租赁方式租入固定资产发生的租赁费支出，按照规定构成融资租入固定资产价值的一部分应当提取折旧费用，分期扣除。

由此可见，税法上融资租入的固定资产的计税基础与企业会计准则上该资产的入账价值是存在差异的，需进行纳税调整。在会计上未计入资产成本的未确认融资费用，因其实际已经包含在计税基础中，按规定应当以折旧的方式在固定资产的使用期限内分期扣除，不得在税前直接扣除，应调增应纳税所得额。

【例10－2】 甲钢铁公司2017年7月从乙公司融资租入一套生产设备，合同约定租赁期限为10年，最低租赁付款额合计为1 500万元，最低付款额现值为1 200万元。该生产设备的公允价值为1 400万元。

要求：计算确定该套生产设备的入账价值和计税基础并进行纳税调整。

解析：

该生产设备会计入账价值应为1 200万元，未确认融资费用为300万元（1 500－1 200）。

借：固定资产——融资租入固定资产　　12 000 000
　　未确认融资费用　　3 000 000
　贷：长期应付款　　15 000 000

按税法规定该生产设备的计税基础为1 500万元，未确认融资费用的摊销额在企业所得税汇算清缴时应调增应纳税所得额。同时，按规定依计税基础计提的折旧可税前扣除。

（五）其他方式取得的固定资产

通过捐赠、投资、非货币性资产交换、债务重组等方式取得的固定资产，以该资产的公允价值和支付的相关税费为计税基础；

改建的固定资产，除已足额提取折旧的固定资产的改建支出和租入固定资产的改建支出外，以改建过程中发生的改建支出增加计税基础。

根据《小企业会计准则》规定，投资者投入固定资产的成本，应当按照评估价值和相关税费确定。

（六）投入使用后计税基础的调整

关于固定资产投入使用后计税基础确定问题，《国家税务总局关于贯彻落实企业所得税法若干税收问题的通知》（国税函〔2010〕79号）规定，企业固定资产投入使用后，由于工程款项尚未结清未取得全额发票的，可暂按合同规定的金额计入固定资产计税基础计提折旧，待发票取得后进行调整。但该项调整应在固定资产投入使用后12个月内进行。

三、固定资产的后续计量与税前扣除

（一）折旧范围

1. 会计计提折旧的范围

固定资产应当按月计提折旧，并根据用途计入相关资产的成本或者当期损益。固定资产准则规定，除已提足折旧仍继续使用的固定资产和单独计价入账的土地外，企业应对所有固定资产计提折旧。

折旧，是指在固定资产使用寿命内，按照确定的方法对应计折旧额进行的系统分摊。应计折旧额，是指应当计提折旧的固定资产的原价扣除其预计净残值后的金额。已计提减值准备的固定资产，还应当扣除已计提的固定资产减值准备累计金额。预计净残值，是指假定固定资产预计使用寿命已满并处于使用寿命终了时的预期状态，企业目前从该项资产处置中获得的扣除预计处置费用后的金额。

《小企业会计准则》第二十九条也有如下类似规定，小企业应当对所有固定资产计提折旧，但已提足折旧仍继续使用的固定资产和单独计价入账的土地不得计提折旧。固定资产的折旧费应当根据固定资产的受益对象计入相关资产成本或者当期损益。

2. 税法折旧的范围

根据《企业所得税法》第十一条的规定，在计算应纳税所得额时，企业按照规定计算的固定资产折旧，准予扣除。下列固定资产不得计算折旧扣除：

①房屋、建筑物以外未投入使用的固定资产；

②以经营租赁方式租入的固定资产；

③以融资租赁方式租出的固定资产；

④已足额提取折旧仍继续使用的固定资产；

⑤与经营活动无关的固定资产；

⑥单独估价作为固定资产入账的土地；

⑦其他不得计算折旧扣除的固定资产。

3. 差异分析

《企业所得税法》不允许对所有固定资产都计提折旧。而固定资产准则规定，只要是本企业拥有的固定资产，不论使用与否，一律要提折旧。《企业会计准则》要求只要固定资产在企业账上，不管是否使用只要没有提足折旧的一律允许计提折旧。

但税法不同，支出税前扣除一定要和收入相关，固定资产根本没有使用，不产生经济效益，不产生收入，这个支出也不能承认，所以不能扣除。

（二）折旧方法

1. 会计折旧方法

固定资产准则规定，企业应当根据与固定资产有关的经济利益的预期实现方式，合理选择折旧方法。可选方法包括：年限平均法、工作量法、双倍余额递减法和年数总和法等。折旧方法一经确定，不得随意变更。

而《小企业会计准则》规定，小企业应当按照年限平均法（即直线法，下同）计提折旧。小企业的固定资产由于技术进步等原因，确需加速折旧的，可以采用双倍余额递减法和年数总和法。小企业应当根据固定资产的性质和使用情况，并考虑税法的规定，合理确定固定资产的使用寿命和预计净残值。固定资产的折旧方法、使用寿命、预计净残值一经确定，不得随意变更。

2. 税法折旧方法

《企业所得税法实施条例》第五十九条规定，固定资产按照直线法计算的折旧，准予扣除。

企业的固定资产由于技术进步等原因，确需加速折旧的，企业所得税法规定可以缩短折旧年限或者采取加速折旧的方法。

（三）折旧年限

1. 会计折旧年限的确定

企业应当根据固定资产的性质和使用情况，合理确定固定资产的使用寿命和预计净残值。使用寿命、预计净残值一经确定，不得随意变更；但符合会计准则规定的除外。企业应当自固定资产投入使用月份的次月起计算折旧；停止使用的固定资产，应当自停止使用月份的次月起停止计算折旧。

企业应当根据会计准则规定并结合实际情况，制定固定资产目录，包括每类或每项固定资产的使用寿命、预计净残值、折旧方法等并编制成册，经股东大会或董事会、经理（厂长）会议或类似机构批准，按照规定报送有关各方备案。

固定资产目录一经确定不得随意变更。如需变更，仍应履行上述程序，并按《企业会计准则第 28 号——会计政策、会计估计变更和差错更正》处理。

企业至少应当于每年年度终了，对固定资产的使用寿命、预计净残值和折旧方法进行复核。使用寿命预计数与原先估计数有差异的，应当调整固定资产使用寿命。预计净残值预计数与原先估计数有差异的，应当调整预计净残值。与固定资产有关的经济利益预期实现方式有重大改变的，应当改变固定资产折旧方法。固定资产使用寿命、预计净残值和折旧方法的改变应当作为会计估计变更。

2. 税法最低折旧年限

根据《企业所得税法实施条例》第六十条的规定，除国务院财政、税务主管部门另有规定外，固定资产计算折旧的最低年限如下：

①房屋、建筑物，为 20 年；

②飞机、火车、轮船、机器、机械和其他生产设备，为 10 年；

③与生产经营活动有关的器具、工具、家具等，为 5 年；

④飞机、火车、轮船以外的运输工具，为 4 年；

⑤电子设备，为 3 年。

此外，根据《财政部　国家税务总局关于进一步鼓励软件产业和集成电路产业发展企业所得税政策的通知》（财税〔2012〕27 号）的规定，对集成电路生产企业的生产性设备，折旧年限可适当缩短，最短可以为 3 年；对企事业单位购进软件，折旧或摊销年限可适当缩短，最短可为 2 年。

（四）固定资产预计净残值的调整

《企业所得税法》规定，企业应当根据固定资产的性质和使用情况，合理确定固定资产的预计净残值。固定资产的预计净残值一经确定，不得变更。可见，税法与会计对预计净残值的变更，有不同的规定，税法禁止变更预计净残值；而会计准则规定是，一经确定不得随意变更。

与原内资企业所得税暂行条例相比，《企业所得税法及其实施条例》取消了净残值率为5%的统一规定。

根据《国家税务总局关于企业所得税若干税务事项衔接问题的通知》（国税函〔2009〕98号）文件规定，企业所得税法实施前已投入使用的固定资产，企业已按原税法规定预计净残值并计提的折旧，不做调整。《企业所得税法》实施后，对此类继续使用的固定资产，可以重新确定其残值，并就其尚未计提折旧的余额，根据税法规定的折旧年限减去已经计提折旧的年限后的剩余年限，按照《企业所得税法》规定的折旧方法计算折旧。《企业所得税法》实施后，固定资产原确定的折旧年限不违背新税法规定原则的，也可以继续执行。

（五）房屋、建筑物固定资产改扩建的税务处理

企业对房屋、建筑物固定资产在未足额提取折旧前进行改扩建的，如属于推倒重置的，该资产原值减除提取折旧后的净值，应并入重置后的固定资产计税成本，并在该固定资产投入使用后的次月起，按照税法规定的折旧年限，一并计提折旧；如属于提升功能、增加面积的，该固定资产的改扩建支出，并入该固定资产计税基础，并从改扩建完工投入使用后的次月起，重新按税法规定的该固定资产折旧年限计提折旧，如该改扩建后的固定资产尚可使用的年限低于税法规定的最低年限的，可以按尚可使用的年限计提折旧。

四、固定资产处置与损失的处理

《小企业会计准则》规定，处置固定资产，处置收入扣除其账面价值、相关税费和清理费用后的净额，应当计入营业外收入或营业外支出。盘亏固定

资产发生的损失应当计入营业外支出。

这里所称固定资产的账面价值，是指固定资产原价（成本）扣减累计折旧后的金额。

企业发生固定资产盘亏时，按盘亏固定资产净值，借记“待处理财产损溢——待处理固定资产损益”账户，按已计提的累计折旧，借记“累计折旧”账户，按固定资产原价，贷记“固定资产”账户。报经批准转销后转入“营业外支出”账户借方。

对于盘盈或盘亏的财产物资，需在年终结账前处理完毕。会计期末，待处理财产损溢账户无余额。

五、融资性售后回租

融资性售后回租业务，是指承租方以融资为目的将资产出售给经批准从事融资租赁业务的企业后，又将该项资产从该融资租赁企业租回的行为。融资性售后回租业务中承租方出售资产时，资产所有权以及与资产所有权有关的全部报酬和风险并未完全转移。

（一）企业所得税处理

根据《国家税务总局关于融资性售后回租业务中承租方出售资产行为有关税收问题的公告》（国家税务总局公告 2010 年第 13 号）第二条的规定，根据现行《企业所得税法》及有关收入确定规定，融资性售后回租业务中，承租人出售资产的行为，不确认为销售收入，对融资性租赁的资产，仍按承租人出售前原账面价值作为计税基础计提折旧。租赁期间，承租人支付的属于融资利息的部分，作为企业财务费用在税前扣除。

（二）增值税处理

1. 承租方出租资产

根据现行增值税有关规定，国家税务总局公告 2010 年第 13 号第一条明确，融资性售后回租业务中承租方出售资产的行为，不属于增值税征收范围，不征收增值税。

承租方可以选择商品与服务分类编码“606 融资性售后回租承租方出售资产”不征增值税，开具增值税普通发票。

2. 出租方从事融资性售后回租

纳税人从事融资性售后回租业务取得的利息及利息性质的收入，按照贷款服务缴纳增值税。

融资性售后回租服务销售额 = 取得的全部价款和价外费用（不含本金） - 对外支付的借款利息、发行债券利息

根据 2016 年 4 月 30 日前签订的有形动产融资性售后回租合同，在合同到期前提供的有形动产融资性售后回租服务，可继续按照有形动产融资租赁服务缴纳增值税。

继续按照有形动产融资租赁服务缴纳增值税的试点纳税人，根据 2016 年 4 月 30 日前签订的有形动产融资性售后回租合同，在合同到期前，计算销售额可以选择以下方法之一：

（1）销售额 = 收取的全部价款和价外费用 - 向承租方收取的价款本金及对外支付的借款利息和发行债券利息

（2）销售额 = 全部价款和价外费用 - 支付的借款利息和发行债券利息

（三）印花税处理

根据《财政部　国家税务总局关于融资租赁合同有关印花税政策的通知》（财税〔2015〕144 号）的规定，对开展融资租赁业务签订的融资租赁合同（含融资性售后回租），统一按照其所载明的租金总额依照“借款合同”税目，按万分之零点五的税率计税贴花。

在融资性售后回租业务中，对承租人、出租人因出售租赁资产及购回租赁资产所签订的合同，不征收印花税。

（四）契税的处理

根据《财政部　国家税务总局关于企业以售后回租方式进行融资等有关契税政策的通知》（财税〔2012〕82 号）第一条的规定，对金融租赁公司开展售后回租业务，承受承租人房屋、土地权属的，照章征税。对售后回租合同期满，承租人回购原房屋、土地权属的，免征契税。

六、折旧税前扣除与会计处理之间的协调

《国家税务总局关于企业所得税应纳税所得额若干税务处理问题的公告》（国家税务总局公告 2012 年第 15 号）第八条“关于税前扣除规定与企业实际会计处理之间的协调问题”规定，根据《企业所得税法》第二十一条（在计算应纳税所得额时，企业财务、会计处理办法与税收法律、行政法规的规定不一致的，应当依照税收法律、行政法规的规定计算）规定，对企业依据财务会计制度规定，并实际在财务会计处理上已确认的支出，凡没有超过《企业所得税法》和有关税收法规规定的税前扣除范围和标准的，可按企业实际会计处理确认的支出，在企业所得税前扣除，计算其应纳税所得额。即企业按照会计要求确认的支出，没有超过税法规定的标准和范围（如折旧年限的选择）的，为减少会计与税法差异的调整，便于税收征管，企业按照会计上确认的支出，在税务处理时，将不再进行调整。

七、资产折旧、摊销及纳税调整明细表

2017 年版“资产折旧、摊销及纳税调整明细表”（A105080）在取消原“固定资产加速折旧、扣除明细表”（A105081）的基础上，对原“资产折旧、摊销情况及纳税调整明细表”（A105080）和原“固定资产加速折旧、扣除明细表”（A105081）的填报项目进行了必要整合。

在行次上，基本保留了原两表的填报项目，将原《固定资产加速折旧、扣除明细表》（A105081）的行次进行精简后作为本表“一、固定资产”项目的部分填报内容。为了统计和分析享受全民所有制改制资产评估增值政策资产的有关情况，增加了“全民所有制改制资产评估增值政策资产”填报行次，作为本表的附列资料。

在列次上，为了统计和分析固定资产加速折旧优惠政策情况，保留了原“固定资产加速折旧、扣除明细表”（A105081）“加速折旧统计额”填报列次，删除了原第 7 列“其中：2014 年及以后年度新增固定资产加速折旧额”和原第 10 列“调整原因”。

“资产折旧、摊销及纳税调整明细表”（A105080）适用于发生资产折旧、摊销的纳税人，无论是否纳税调整，均须填报。纳税人根据税法相关规定，以及国家统一企业会计制度，填报资产折旧、摊销的会计处理、税收规定，以及纳税调整情况。

“资产折旧、摊销及纳税调整明细表”（A105080，如表 10－2 所示）为“纳税调整项目明细表”的附表，反映资产折旧、摊销及纳税调整情况。在确定调整项目时，以《企业所得税法》及其实施条例对资产的分类为基础，正列举固定资产、生产性生物资产、无形资产、长期待摊费用、油气勘探投资、油气开发投资六大类 22 个明细调整项目。

1. 账载金额的填报

表 A105080 第 1 列“资产原值”：填报纳税人会计处理计提折旧、摊销的资产原值（或历史成本）的金额。

表 A105080 第 2 列“本年折旧、摊销额”：填报纳税人会计核算的本年资产折旧、摊销额。

表 A105080 第 3 列“累计折旧、摊销额”：填报纳税人会计核算的累计（含本年）资产折旧、摊销额。

2. 税收金额的填报

表 A105080 第 4 列“资产计税基础”：填报纳税人按照税收规定据以计算折旧、摊销的资产原值（或历史成本）的金额。

表 A105080 第 5 列“税收折旧额”：填报纳税人按照税收规定计算的允许税前扣除的本年资产折旧、摊销额。

对于不征税收入形成的资产，其折旧、摊销额不得税前扣除。第 4 列至第 8 列税收金额不包含不征税收入所形成资产的折旧、摊销额。

对于第 8 行至第 17 行、第 29 行对应的“税收折旧额”，填报享受各种加速折旧政策的资产，当年享受加速折旧后的税法折旧额合计。本列仅填报加速后的税法折旧额大于一般折旧额月份的金额合计。即对于本年度某些月份，享受加速折旧政策的固定资产，其加速后的税法折旧额大于一般折旧额、某些月份税法折旧额小于一般折旧额的，仅填报税法折旧额大于一般折旧额月份的税法折旧额合计。

表 A105080 第 6 列“享受加速折旧政策的资产按税收一般规定计算的折

表 10－2 A105080 **资产折旧、摊销及纳税调整明细表**

行次	项目		账载金额			税收金额					纳税调整金额
			资产原值	本年折旧、摊销额	累计折旧、摊销额	资产计税基础	税收折旧额	享受加速折旧政策的资产按税收一般规定计算的折旧、摊销额	加速折旧统计额	累计折旧、摊销额	
			1	2	3	4	5	6	7＝5－6	8	9（2－5）
1	一、固定资产（2＋3＋4＋5＋6＋7）							*	*		
2	所有固定资产	（一）房屋、建筑物						*	*		
3		（二）飞机、火车、轮船、机器、机械和其他生产设备						*	*		
4		（三）与生产经营活动有关的器具、工具、家具等						*	*		
5		（四）飞机、火车、轮船以外的运输工具						*	*		
6		（五）电子设备						*	*		
7		（六）其他						*	*		
8	其中：享受固定资产加速折旧及一次性扣除政策的资产加速折旧额大于一般折旧额的部分	（一）重要行业固定资产加速折旧（不含一次性扣除）									*
9		（二）其他行业研发设备加速折旧									*
10		（三）允许一次性扣除的固定资产（11＋12＋13）									*
11		1. 单价不超过100万元专用研发设备									*
12		2. 重要行业小型微利企业单价不超过100万元研发生产共用设备									*

续表

行次	项目		账载金额			税收金额					纳税调整金额
			资产原值	本年折旧、摊销额	累计折旧、摊销额	资产计税基础	税收折旧额	享受加速折旧政策的资产按税收一般规定计算的折旧、摊销额	加速折旧统计额	累计折旧、摊销额	
			1	2	3	4	5	6	7=5-6	8	9（2-5）
13	其中：享受固定资产加速折旧及一次性扣除政策的资产加速折旧额大于一般折旧额的部分	3. 5 000元以下固定资产									*
14		（四）技术进步、更新换代固定资产									*
15		（五）常年强震动、高腐蚀固定资产									*
16		（六）外购软件折旧									*
17		（七）集成电路企业生产设备									*
18	二、生产性生物资产（19+20）							*	*		
19	（一）林木类							*	*		
20	（二）畜类							*	*		
21	三、无形资产（22+23+24+25+26+27+28+30）							*	*		
22	（一）专利权							*	*		
23	（二）商标权							*	*		
24	（三）著作权							*	*		
25	（四）土地使用权							*	*		
26	（五）非专利技术							*	*		

续表

行次	项　目	账载金额			税收金额					纳税调整金额
		资产原值	本年折旧、摊销额	累计折旧、摊销额	资产计税基础	税收折旧额	享受加速折旧政策的资产按税收一般规定计算的折旧、摊销额	加速折旧统计额	累计折旧、摊销额	
		1	2	3	4	5	6	7=5-6	8	9（2-5）
27	（六）特许权使用费						*	*		
28	（七）软件						*	*		
29	其中：享受企业外购软件加速摊销政策									*
30	（八）其他						*	*		
31	四、长期待摊费用（32+33+34+35+36）						*	*		
32	（一）已足额提取折旧的固定资产的改建支出						*	*		
33	（二）租入固定资产的改建支出						*	*		
34	（三）固定资产的大修理支出						*	*		
35	（四）开办费						*	*		
36	（五）其他						*	*		
37	五、油气勘探投资						*	*		
38	六、油气开发投资						*	*		
39	合计（1+18+21+31+37+38）									
附列资料	全民所有制改制资产评估增值政策资产						*	*		

旧、摊销额”：仅适用于第 8 行至第 17 行、第 29 行，填报纳税人享受加速折旧政策的资产按照税法一般规定计算的允许税前扣除的本年资产折旧、摊销额。按照税法一般规定计算的折旧额，是指该资产在不享受加速折旧情况下，按照税收规定的最低折旧年限以直线法计算的折旧额。本列仅填报加速后的税法折旧额大于按照税法一般规定计算折旧额对应月份的金额。

表 A105080 第 7 列“加速折旧统计额”：用于统计纳税人享受各类固定资产加速折旧政策的优惠金额。

表 A105080 第 8 列“累计折旧、摊销额”：填报纳税人按照税收规定计算的累计（含本年）资产折旧、摊销额。

3. 纳税调整金额及表间关系

表 A105080 第 9 列“纳税调整金额”：填报第 2（本年折旧、摊销额）－5（税收折旧额）列的余额。

表 A105080 第 2 行至第 7 行、第 19 行至第 20 行、第 22 行至第 28 行、第 30 行、第 32 行至第 38 行，根据资产类别填报对应的行次。

表 A105080 第 39 行第 2 列（本年折旧、摊销额）填入表 A105000 第 32 行（资产折旧、摊销）第 1 列（账载金额）。将表 A105080 第 39 行第 5 列填入表 A105000 第 32 行第 2 列（税收金额）。

若第 39 行第 9 列≥0，将第 39 行第 9 列填入表 A105000 第 32 行第 3 列（调增金额）；若第 39 行第 9 列＜0，将第 39 行第 9 列的绝对值填入表 A105000 第 32 行第 4 列（调减金额）。

4. 固定资产折旧的填报

表 A105080 第 8 行至第 17 行、第 29 行：用于填报享受各类固定资产加速折旧政策的资产加速折旧情况，分类填报各项固定资产加速折旧政策优惠情况。

表 A105080 第 8 行“（一）重要行业固定资产加速折旧”：填报按照财税〔2014〕75 号和财税〔2015〕106 号文件规定，生物药品制造业，专用设备制造业，铁路、船舶、航空航天和其他运输设备制造业，计算机、通信和其他电子设备制造业，仪器仪表制造业，信息传输、软件和信息技术服务业 6 个行业，以及轻工、纺织、机械、汽车四大领域 18 个行业的纳税人（简称“重要行业”），对于新购进固定资产在税收上采取加速折旧的情况。该行次不填报重要行业纳税人按照以上两个文件规定，享受一次性扣除政策的资产。

表 A105080 第 9 行“（二）其他行业研发设备加速折旧”：由重要行业以外的其他企业填报。填写单位价值超过 100 万元以上专用研发设备采取缩短折旧年限或加速折旧方法的纳税调减或者加速折旧优惠统计情况。

表 A105080 第 10 行“（三）允许一次性扣除的固定资产”：填报新购进单位价值不超过 100 万元研发设备和单位价值不超过 5 000 元固定资产，按照税收规定一次性在当期扣除金额。本行 = 第 11 + 12 + 13 行。

表 A105080 第 11 行“1. 单价不超过 100 万元专用研发设备”：填报“重要行业”中的非小型微利企业和“重要行业”以外的企业，对新购进专门用于研发活动的仪器、设备，单位价值不超过 100 万元的，享受一次性扣除政策的有关情况。

表 A105080 第 12 行“2. 重要行业小型微利企业单价不超过 100 万元研发生产共用设备”：填报“重要行业”中的小型微利企业，对其新购进研发和生产经营共用的仪器、设备，单位价值不超过 100 万元的，享受一次性扣除政策的有关情况。

表 A105080 第 13 行“3. 5 000 元以下固定资产”：填写纳税人单位价值不超过 5 000 元的固定资产，按照政策规定一次性在当期税前扣除的有关情况。

表 A105080 第 14 行“（四）技术进步、更新换代固定资产”：填写企业固定资产因技术进步，产品更新换代较快，按税收规定享受固定资产加速折旧的有关情况。

表 A105080 第 15 行“（五）常年强震动、高腐蚀固定资产”：填写常年处于强震动、高腐蚀状态的固定资产，按税收规定享受固定资产加速折旧有关情况。

表 A105080 第 16 行“（六）外购软件折旧”：填写企业外购软件作为固定资产处理，按财税〔2012〕27 号文件规定享受加速折旧的有关情况。

表 A105080 行“（七）集成电路企业生产设备”：填报集成电路生产企业的生产设备，按照财税〔2012〕27 号文件规定享受加速折旧政策的有关情况。

表 A105080 第 29 行“其中：享受企业外购软件加速摊销政策”：填写企

业外购软件作无形资产处理，按财税〔2012〕27号文件规定享受加速摊销的有关情况。

表A105080附列资料“享受全民所有制改制资产评估增值政策资产”：填写企业按照国家税务总局公告2017年第34号文件规定，执行“改制中资产评估增值不计入应纳税所得额；资产的计税基础按其原有计税基础确定；资产增值部分的折旧或者摊销不得在税前扣除”政策的情况。本行不参与计算，仅用于列示享受全民所有制改制资产评估增值政策资产的有关情况，相关资产折旧（摊销）及调整情况在本表第1行至第39行按规定填报。

第二节　固定资产加速折旧的纳税调整

《企业所得税法》第三十二条规定，企业的固定资产由于技术进步等原因，确需加速折旧的，可以缩短折旧年限或者采取加速折旧的方法。

一、主要或关键固定资产的加速折旧

（一）税法允许加速折旧固定资产的范围

根据《国家税务总局关于企业固定资产加速折旧所得税处理有关问题的通知》（国税发〔2009〕81号）的规定，企业拥有并用于生产经营的主要或关键的固定资产，由于以下原因确需加速折旧的，可以采取缩短折旧年限或者采取加速折旧的方法：

（1）由于技术进步，产品更新换代较快的固定资产；

（2）常年处于强震动、高腐蚀状态的固定资产。

（二）缩短折旧年限法的适用

企业拥有并使用的固定资产符合税法规定的，可按以下情况分别处理：

（1）企业过去没有使用过与该项固定资产功能相同或类似的固定资产，

但有充分的证据证明该固定资产的预计使用年限短于《企业所得税法实施条例》规定的计算折旧最低年限的，企业可根据该固定资产的预计使用年限和税法规定，对该固定资产采取缩短折旧年限或者加速折旧的方法。

（2）企业在原有的固定资产未达到《企业所得税法实施条例》规定的最低折旧年限前，使用功能相同或类似的新固定资产替代旧固定资产的，企业可根据旧固定资产的实际使用年限和税法的规定，对新替代的固定资产采取缩短折旧年限或者加速折旧的方法。

根据国税发〔2009〕81号文件的规定，企业采取缩短折旧年限方法的，对其购置的新固定资产，最低折旧年限不得低于《企业所得税法实施条例》第六十条规定的折旧年限的60%；若为购置已使用过的固定资产，其最低折旧年限不得低于《企业所得税法实施条例》规定的最低折旧年限减去已使用年限后剩余年限的60%。最低折旧年限一经确定，一般不得变更。

对于采取缩短折旧年限的固定资产，足额计提折旧后继续使用而未进行处置（包括报废等情形）超过12个月的，今后对其更新替代、改造改建后形成的功能相同或者类似的固定资产，不得再采取缩短折旧年限的方法。

（三）加速折旧方法

企业拥有并使用符合税法规定条件的固定资产采取加速折旧方法的，可以采用双倍余额递减法或者年数总和法。加速折旧方法一经确定，一般不得变更。

1. 双倍余额递减法

双倍余额递减法，是指在不考虑固定资产预计净残值的情况下，根据每期期初固定资产原值减去累计折旧后的金额和双倍的直线法折旧率计算固定资产折旧的一种方法。

应用这种方法计算折旧额时，由于每年年初固定资产净值没有减去预计净残值，所以在计算固定资产折旧额时，应在其折旧年限到期前的两年期间，将固定资产净值减去预计净残值后的余额平均摊销。

计算公式为：

年折旧率 = 2 ÷ 预计使用寿命（年）× 100%

月折旧率 = 年折旧率 ÷ 12

年折旧额=年初固定资产账面净值×年折旧率

月折旧额=年折旧额÷12

【例10-3】 A高新技术企业2017年进口一条生产线，安装完毕后，固定资产原值为200万元，预计使用年限为5年，预计净残值2万元。

要求：用双倍余额递减法计算该生产线各年的折旧额。

解析：

双倍的直线法折旧率（年折旧率）=2÷5×100%=40%

第一年应提折旧=200×40%=80（万元）

第二年应提折旧=(200-80)×40%=48（万元）

第三年应提折旧=(200-80-48)×40%=28.8（万元）

第四年应提折旧=(200-80-48-28.8-2)÷2=20.6（万元）

第五年应提折旧=(200-80-48-28.8-2)÷2=20.6（万元）

每年各月折旧额根据年折旧额除以12计算。

而根据《国家税务总局关于企业固定资产加速折旧所得税处理有关问题的通知》（国税发〔2009〕81号）规定：

年折旧率=2÷预计使用寿命（年）×100%

月折旧率=年折旧率÷12

月折旧额=月初固定资产账面净值×月折旧率

2. 年数总和法

年数总和法又称年限合计法，是指将固定资产的原值减去预计净残值后的余额，乘以一个以固定资产尚可使用寿命为分子、以预计使用寿命逐年数字之和为分母的逐年递减的分数计算每年的折旧额。计算公式为：

年折旧率=尚可使用年限÷预计使用寿命的年数总和×100%　或者

年折旧率=(预计使用年限-已使用年限)÷[预计使用年限×(预计使用年限+1)÷2]×100%

月折旧率=年折旧率÷12

月折旧额=(固定资产原值-预计净残值)×月折旧率

适用总、分机构汇总纳税的企业，对其所属分支机构使用的符合税法规定情形的固定资产采取缩短折旧年限或者采取加速折旧方法的，由其总机构向其所在地主管税务机关备案。分支机构所在地主管税务机关应负责配合总机构所在地主管税务机关实施跟踪管理。

二、鼓励软件与集成电路产业发展的加速折旧

（一）外购的软件缩短折旧年限

根据《财政部 国家税务总局关于进一步鼓励软件产业和集成电路产业发展企业所得税政策的通知》（财税〔2012〕27号）第七条的规定，企业外购的软件，凡符合固定资产或无形资产确认条件的，可以按照固定资产或无形资产进行核算，其折旧或摊销年限可以适当缩短，最短可为2年（含）。

（二）集成电路生产企业的生产设备缩短折旧年限

根据财税〔2012〕27号第八条的规定，集成电路生产企业的生产设备，其折旧年限可以适当缩短，最短可为3年（含）。

三、重点行业新购置固定资产的加速折旧

（一）重点行业新购置固定资产加速折旧或一次性扣除

1. 六个行业固定资产加速折旧

《财政部 国家税务总局关于完善固定资产加速折旧企业所得税政策的通知》（财税〔2014〕75号）第一条规定，对生物药品制造业，专用设备制造业，铁路、船舶、航空航天和其他运输设备制造业，计算机、通信和其他电子设备制造业，仪器仪表制造业，信息传输、软件和信息技术服务业等6个行业的企业2014年1月1日后新购进的固定资产，可缩短折旧年限或采取加速折旧的方法。

对上述6个行业的小型微利企业2014年1月1日后新购进的研发和生产经营共用的仪器、设备，单位价值不超过100万元的，允许一次性计入当期成本费用在计算应纳税所得额时扣除，不再分年度计算折旧；单位价值超过100万元的，可缩短折旧年限或采取加速折旧的方法。

2. 四个领域重点行业固定资产加速折旧

根据《财政部　国家税务总局关于进一步完善固定资产加速折旧企业所得税政策的通知》（财税〔2015〕106 号）第一条的规定，对轻工、纺织、机械、汽车等四个领域重点行业的企业 2015 年 1 月 1 日后新购进的固定资产，可由企业选择缩短折旧年限或采取加速折旧的方法。财税〔2015〕106 号文件第二条规定，对上述行业的小型微利企业 2015 年 1 月 1 日后新购进的研发和生产经营共用的仪器、设备，单位价值不超过 100 万元的，允许一次性计入当期成本费用在计算应纳税所得额时扣除，不再分年度计算折旧；单位价值超过 100 万元的，可由企业选择缩短折旧年限或采取加速折旧的方法。

3. 最低折旧年限的确定

企业按上述规定缩短折旧年限的，最低折旧年限不得低于《企业所得税法实施条例》第六十条规定折旧年限的 60%；采取加速折旧方法的，可采取双倍余额递减法或者年数总和法。

企业按规定缩短折旧年限的，对其购置的新固定资产，最低折旧年限不得低于实施条例第六十条规定的折旧年限的 60%；对其购置的已使用过的固定资产，最低折旧年限不得低于实施条例规定的最低折旧年限减去已使用年限后剩余年限的 60%。最低折旧年限一经确定，不得改变。

4. 重点行业的确定

六大行业与四个领域重点行业按照《国民经济行业分类》确定。今后国家有关部门更新国民经济行业分类与代码，从其规定。

四个领域重点行业企业是指以上述行业业务为主营业务，其固定资产投入使用当年的主营业务收入占企业收入总额 50%（不含）以上的企业。所称收入总额，是指企业所得税法第六条规定的收入总额。

（二）新购进单价不超 100 万元的研发专用仪器、设备一次性扣除

根据财税〔2014〕75 号文件第二条的规定，对所有行业企业 2014 年 1 月 1 日后新购进的专门用于研发的仪器、设备，单位价值不超过 100 万元的，允许一次性计入当期成本费用在计算应纳税所得额时扣除，不再分年度计算折旧；单位价值超过 100 万元的，可缩短折旧年限或采取加速折旧的方法。

（三）新购进单价不超过500万元的设备、器具一次性扣除

根据《财政部 国家税务总局关于设备、器具扣除有关企业所得税政策的通知》（财税〔2018〕54号）的规定，企业在2018年1月1日至2020年12月31日期间新购进的设备、器具，单位价值不超过500万元的，允许一次性计入当期成本费用在计算应纳税所得额时扣除，不再分年度计算折旧；单位价值超过500万元的，仍按《企业所得税法实施条例》、《财政部　国家税务总局关于完善固定资产加速折旧企业所得税政策的通知》（财税〔2014〕75号）、《财政部　国家税务总局关于进一步完善固定资产加速折旧企业所得税政策的通知》（财税〔2015〕106号）等相关规定执行。上述设备、器具，是指除房屋、建筑物以外的固定资产。

（四）单位价值不超过5 000元的固定资产一次性扣除

根据财税〔2014〕75号文件第三条的规定，对所有行业企业持有的单位价值不超过5 000元的固定资产，允许一次性计入当期成本费用在计算应纳税所得额时扣除，不再分年度计算折旧。

（五）加速折旧优惠的选择与放弃

企业的固定资产既符合财税〔2014〕75号和财税〔2015〕106号文件规定的新购置固定资产加速折旧优惠政策条件，又符合《国家税务总局关于企业固定资产加速折旧所得税处理有关问题的通知》（国税发〔2009〕81号）、《财政部　国家税务总局关于进一步鼓励软件产业和集成电路产业发展企业所得税政策的通知》（财税〔2012〕27号）中有关加速折旧优惠政策条件，可由企业选择其中一项加速折旧优惠政策执行，且一经选择，不得改变。

按照《企业所得税法》及其实施条例有关规定，企业根据自身生产经营需要，也可选择不实行加速折旧政策。

（六）备案管理与留存备查资料

企业固定资产采取一次性税前扣除、缩短折旧年限或加速折旧方法的，预缴申报时，须同时报送“固定资产加速折旧（扣除）预缴情况统计表”，年度申报时，自行判别，直接申报享受。

企业应将购进固定资产的发票、记账凭证等有关凭证、凭据（购入已使用过的固定资产，应提供已使用年限的相关说明）等资料留存备查，并应建立台账，准确核算税法与会计差异情况。

主管税务机关应对适用规定加速折旧优惠政策的企业加强后续管理，对预缴申报时享受了优惠政策的企业，年终汇算清缴时应对企业全年主营业务收入占企业收入总额的比例进行重点审核。

四、固定资产折旧的企业所得税处理

《国家税务总局关于企业所得税应纳税所得额若干问题的公告》（国家税务总局公告 2014 年第 29 号）第五条“固定资产折旧的企业所得税处理”规定：

（一）企业会计折旧年限短于税法最低折旧年限的协调

企业固定资产会计折旧年限如果短于税法规定的最低折旧年限，其按会计折旧年限计提的折旧高于按税法规定的最低折旧年限计提的折旧部分，应调增当期应纳税所得额；企业固定资产会计折旧年限已期满且会计折旧已提足，但税法规定的最低折旧年限尚未到期且税收折旧尚未足额扣除，其未足额扣除的部分准予在剩余的税收折旧年限继续按规定扣除。

根据《企业所得税法》第八条的规定，企业实际发生的与取得应税收入相关的、合理的成本、费用准予在税前扣除。企业会计折旧提足后，在剩余的税收折旧年限已没有会计折旧，但由于前期已提折旧按税法规定进行了纳税调增，也就是说，税收与会计之间差异部分已实际进行了会计处理，因此，应当准予将前期纳税调增的部分在后期按税法规定进行纳税调减。这样处理，符合企业所得税税前扣除基本原则，也与国家税务总局公告 2012 年第 15 号第八条规定不冲突。

（二）企业会计折旧年限长于税法最低折旧年限的协调

企业固定资产会计折旧年限如果长于税法规定的最低折旧年限，其折旧应按会计折旧年限计算扣除，税法另有规定除外。

如果企业固定资产采用的会计折旧年限长于税法规定的最低折旧年限，

视同会计与税法无差异，按国家税务总局公告2012年第15号规定应按会计年限计算折旧扣除，不需要在年度汇算清缴时进行纳税调减。这样处理，大大减少纳税调整成本，符合立法精神。

（三）会计上提取减值准备的固定资产折旧的税会差异协调

企业按会计规定提取的固定资产减值准备，不得税前扣除，其折旧仍按税法确定的固定资产计税基础计算扣除。

根据税法规定，企业计提的固定资产减值准备应进行纳税调增。另根据税法规定，企业持有固定资产期间资产增值或者减值，除国务院财政、税务主管部门规定可以确认损益外，不得调整该资产的计税基础。由于企业计提的固定资产减值准备已进行纳税调增，并未税前扣除，所以，尽管固定资产的账面净值已经减少，但此时该固定资产的计税基础并未调整，仍可按税法确定的计税基础计算折旧扣除。这样处理，符合税法和国家税务总局公告2012年第15号的立法精神。

（四）会计与税法折旧方法不同导致的税会差异协调

企业按税法规定实行加速折旧的，其按加速折旧办法计算的折旧额可全额在税前扣除。

企业按《企业所得税法》第三十二条规定实行加速折旧的，公告明确其按加速折旧办法计算的折旧额可全额在税前扣除，而不必按国家税务总局公告2012年第15号规定看会计上是否已按加速折旧处理。

（五）油气资产折耗（折旧）税会差异的协议

《财政部 国家税务总局关于开采油（气）资源企业费用和有关固定资产折耗摊销折旧税务处理问题的通知》（财税〔2009〕49号）规定，油气企业在开始商业性生产之前形成的开发资产，准予按直线法计提折旧扣除，最低折旧年限为8年。按会计准则规定，企业可以采用产量法或年限平均法对油气资产计提折耗。在采用产量法计提资产折耗的情况下，会形成税会差异，国家税务总局公告2014年第29号规定，石油天然气开采企业在计提油气资产折耗（折旧）时，由于会计与税法规定计算方法不同导致的折耗（折旧）

差异，应按税法规定进行纳税调整。

第三节 生产性生物资产折旧的纳税调整

一、生产性生物资产

生物资产，是指有生命的动物和植物。生物资产分为消耗性生物资产、生产性生物资产和公益性生物资产。消耗性生物资产，是指为出售而持有的、或者在将来收获为农产品的生物资产，包括生长中的大田作物、蔬菜、用材林以及存栏待售的牲畜等。生产性生物资产，是指为产出农产品、提供劳务或出租等目的而持有的生物资产，包括经济林、薪炭林、产畜和役畜等。公益性生物资产，是指以防护、环境保护为主要目的的生物资产，包括防风固沙林、水土保持林和水源涵养林等。

二、初始计量与计税基础

（一）初始计量

《企业会计准则第 5 号——生物资产》（以下简称生物资产准则）规定，自行营造或繁殖的生产性生物资产的成本，应当按照下列规定确定：

（1）自行营造的林木类生产性生物资产的成本，包括达到预定生产经营目的前发生的造林费、抚育费、营林设施费、良种试验费、调查设计费和应分摊的间接费用等必要支出。

（2）自行繁殖的产畜和役畜的成本，包括达到预定生产经营目的（成龄）前发生的饲料费、人工费和应分摊的间接费用等必要支出。

达到预定生产经营目的，是指生产性生物资产进入正常生产期，可以多年连续稳定产出农产品、提供劳务或出租。

应计入生物资产成本的借款费用，按照借款费用准则处理。消耗性林木类生物资产发生的借款费用，应当在郁闭时停止资本化。

投资者投入生物资产的成本，应当按照投资合同或协议约定的价值确定，但合同或协议约定价值不公允的除外。天然起源的生物资产的成本，应当按照名义金额确定。

因择伐、间伐或者抚育更新性质采伐而补植林木类生物资产发生的后续支出，应当计入林木类生物资产的成本。生物资产在郁闭或者达到预定生产经营目的后发生的管护、饲养费用等后续支出，应当计入当期损益。

根据《小企业会计准则》规定，生产性生物资产应当按照成本进行计量。外购的生产性生物资产的成本，应当按照购买价款和相关税费确定。

（二）计税基础

根据《企业所得税法实施条例》第六十二条的规定，生产性生物资产按照以下方法确定计税基础：

（1）外购的生产性生物资产，以购买价款和支付的相关税费为计税基础；

（2）通过捐赠、投资、非货币性资产交换、债务重组等方式取得的生产性生物资产，以该资产的公允价值和支付的相关税费为计税基础。

三、生产性生物资产的折旧

（一）折旧方法

生物资产准则规定，企业对达到预定生产经营目的的生产性生物资产，应当按期计提折旧，并根据用途分别计入相关资产的成本或当期损益。企业应当根据生产性生物资产的性质、使用情况和有关经济利益的预期实现方式，合理确定其使用寿命、预计净残值和折旧方法。可选用的折旧方法包括年限平均法、工作量法、产量法等。

根据《小企业会计准则》的规定，生产性生物资产应当按照年限平均法计提折旧。小企业（农、林、牧、渔业）应当根据生产性生物资产的性质和使用情况，并考虑税法的规定，合理确定生产性生物资产的使用寿命和预计净残值。生产性生物资产的折旧方法、使用寿命、预计净残值一经确定，不得随意变更。

而根据《企业所得税法实施条例》第六十三条的规定，生产性生物资产按照直线法计算的折旧，准予扣除。企业应当从生产性生物资产投入使用月份的次月起计算折旧；停止使用的生产性生物资产，应当自停止使用月份的次月起停止计算折旧。企业应当根据生产性生物资产的性质和使用情况，合理确定生产性生物资产的预计净残值。生产性生物资产的预计净残值一经确定，不得变更。

（二）折旧年限

生物资产准则规定，生产性生物资产的使用寿命、预计净残值和折旧方法一经确定，不得随意变更。但是，符合生物资产准则第 20 条规定的除外。

生物资产准则第二十条规定，企业至少应当于每年年度终了对生产性生物资产的使用寿命、预计净残值和折旧方法进行复核。使用寿命或预计净残值的预期数与原先估计数有差异的，或者有关经济利益预期实现方式有重大改变的，应当作为会计估计变更，按照会计政策、会计估计变更和差错更正准则处理，调整生产性生物资产的使用寿命或预计净残值或者改变折旧方法。

《企业所得税法实施条例》第六十四条规定，生产性生物资产计算折旧的最低年限如下：

（1）林木类生产性生物资产，为 10 年；

（2）畜类生产性生物资产，为 3 年。

第四节　无形资产摊销的纳税调整

一、无形资产的界定

（一）会计的界定

《企业会计准则第 6 号——无形资产》（以下简称无形资产准则）所规范

的无形资产，是指企业拥有或者控制的没有实物形态的可辨认非货币性资产。主要包括专利权、非专利技术、商标权、著作权、土地使用权、特许权等。

资产满足下列条件之一的，符合无形资产定义中的可辨认性标准：

（1）能够从企业中分离或者划分出来，并能单独或者与相关合同、资产或负债一起，用于出售、转移、授予许可、租赁或者交换。

（2）源自合同性权利或其他法定权利，无论这些权利是否可以从企业或其他权利和义务中转移或者分离。

商誉是企业合并成本大于合并取得被购买方各项可辨认资产、负债公允价值份额的差额，其存在无法与企业自身分离，不具有可辨认性，因而不属于无形资产准则所规范的无形资产。在会计上除符合无形资产定义外，还应同时满足与该无形资产有关的经济利益很可能流入以及该无形资产的成本能够可靠地计量时，才能予以确认。

而《小企业会计准则》规定，无形资产是指小企业为生产产品、提供劳务、出租或经营管理而持有的、没有实物形态的可辨认非货币性资产。小企业的无形资产包括：土地使用权、专利权、商标权、著作权、非专利技术等。

（二）税法的界定

1. 企业所得税上的无形资产

《企业所得税法实施条例》第六十五条规定，无形资产是指企业为生产产品、提供劳务、出租或者经营管理而持有的、没有实物形态的非货币性长期资产，包括专利权、商标权、著作权、土地使用权、非专利技术、商誉等。

由此可见，无形资产准则强调的是非货币性资产，《企业所得税法》强调的是长期资产；而且无形资产准则界定的无形产不含商誉，但由于商誉属于没有实物形态的非货币性长期资产，企业所得税法上将商誉作为无形资产处理。

《企业会计准则》把已出租的土地使用权、持有并准备增值后转让的土地使用权作为投资性房地产处理。在税务处理上，企业所得税没有引入投资性房地产的概念，而将企业为取得土地使用权支付给国家或者其他纳税人的土地出让或转让价款、无偿取得的土地使用权，都作为无形资产处理。

这里需要说明的是计算机软件的核算问题。在会计处理上，主要是根据计算机软件的重要性来确定是否作为无形资产核算。而对企业购置计算机硬件所附带的、未单独计价的软件，则应通过“固定资产”科目核算。

在税务处理上，主要是根据计算机软件是否单独计价来确定是否作为无形资产管理。一般来说，企业购买计算机应用软件，凡随同计算机硬件一起购入的，计入固定资产价值；单独购入的，作为无形资产管理。

2. 增值税上的无形资产

根据《销售服务、无形资产、不动产注释》的规定，销售无形资产，是指转让无形资产所有权或者使用权的业务活动。无形资产，是指不具实物形态，但能带来经济利益的资产，包括技术、商标、著作权、商誉、自然资源使用权和其他权益性无形资产。

技术，包括专利技术和非专利技术。

自然资源使用权，包括土地使用权、海域使用权、探矿权、采矿权、取水权和其他自然资源使用权。

其他权益性无形资产，包括基础设施资产经营权、公共事业特许权、配额、经营权（包括特许经营权、连锁经营权、其他经营权）、经销权、分销权、代理权、会员权、席位权、网络游戏虚拟道具、域名、名称权、肖像权、冠名权、转会费等。

二、无形资产的初始计量与计税基础

（一）外购的无形资产

1. 外购无形资产成本的确定

无形资产通常应当按照成本进行初始计量，即以取得无形资产并使之达到预定用途而发生的全部支出，作为无形资产的成本。对于不同来源取得的无形资产，其成本构成也不尽相同。

无形资产准则规定，外购无形资产的成本，包括购买价款、相关税费以及直接归属于使该项资产达到预定用途所发生的其他支出。其他支出包括使无形资产达到预定用途所发生的专业服务费用、测试无形资产是否能够正常发挥作用的费用等，但不包括为引入新产品进行宣传发生的广告费、管理费用及其他间接费用，也不包括在无形资产已经达到预定用途以后发生的费用。

购买无形资产的价款超过正常信用条件延期支付，实质上具有融资性质的，无形资产的成本以购买价款的现值为基础确定。实际支付的价款与购买价款的现值之间的差额，除按照借款费用准则应予资本化的以外，应当在信用期间内计入当期损益。这是因为，企业发生的这项业务，实质上可以区分为两项业务：一项是购买无形资产；另一项业务实质上是向销售方借款。因此，所支付的货款必须考虑货币的时间价值，根据无形资产准则的规定，采用现值计价模式，无形资产的成本为购买价款的现值。

而《小企业会计准则》规定，无形资产应当按照成本进行计量。外购无形资产的成本包括：购买价款、相关税费和相关的其他支出（含相关的借款费用）。

2. 外购无形资产计税基础的确定

根据《企业所得税法》及其实施条例规定，企业的无形资产等各项资产以历史成本为计税基础。对外购的无形资产，以购买价款和支付的相关税费以及直接归属于使该资产达到预定用途发生的其他支出为计税基础。

【例 10 -4】 甲上市公司因生产需要某项专利技术，于 2×17 年 1 月 1 日从乙公司购得该项专利权，协议约定价款 780 万元，相关税费 5 万元，专业服务费用 15 万元，总计 800 万元。

由于甲公司资金周转紧张，经与乙公司协商采用分期付款方式支付款项。从 2×17 年起每年末付款 200 万元，四年付清。假定银行同期贷款利率为 8%，按 10 年摊销。（已知 4 年期 8% 利率，年金现值系数为 3.3 121）。

要求：进行相关的会计处理与纳税调整。

解析：

购买价款的现值 = 200 × 3.3 121 = 662.42（万元）

未确认融资费用 = 800 − 662.42 = 137.58（万元）

各年的未确认融资费用如表 10 − 3 所示。

甲公司账务处理如下：

（1）2×17 年 1 月 1 日取得该项专利权时：

借：无形资产——专利权	6 624 200
未确认融资费用	1 375 800

表 10-3 **未确认融资费用** 金额单位：万元

年份	融资余额	利率(%)	本年利息 融资余额×利息	付款	还本 付款-利息	未确认融资费用 上年余额-本年利息
0	662.42					137.58
1	515.41	8.00	52.99	200.00	147.01	84.59
2	356.64	8.00	41.23	200.00	158.77	43.35
3	185.17	8.00	28.53	200.00	171.47	14.82
4	0.00	8.00	14.82	200.00	185.18	0.00
合计			137.57	800.00	662.42	

贷：长期应付款——乙公司 8 000 000

税务处理：根据《企业所得税法》规定，企业的无形资产应以历史成本为计税基础。对该项外购的专利权，其计税基础应为 800 万元。该专利权的账面原价为 662.42 万元，账面价值小于计税基础产生可抵扣暂时性差异，应进行纳税调整，即根据税法规定计提的摊销额大于会计摊销额的差额应调减应纳税所得额。同时，未确认融资费用摊销计入财务费用的金额，不得在税前扣除。

(2) 2×17 年处理及 12 月底付款时：

借：长期应付款 2 000 000

贷：银行存款 2 000 000

借：财务费用 529 900

贷：未确认融资费用 529 900

借：管理费用 662 420

贷：无形资产摊销 662 420

税务处理：会计摊销额为 662 420 元；税前可以扣除的摊销额：8 000 000 ÷ 10 = 800 000（元）；差额应调减应纳税所得额：800 000 - 662 420 = 137 580（元）。对款确认融资费用转让财务费用的金额应调增应纳税所得额 529 900 元。

(3) 2×18 年处理及 12 月底付款时：

借：长期应付款 2 000 000

贷：银行存款 2 000 000

借：财务费用 412 300

　　贷：未确认融资费用　　412 300

借：管理费用　　662 420

　　贷：无形资产摊销　　662 420

税务处理：会计摊销额为 662 420 元；税前可以扣除的摊销额：8 000 000 ÷ 10 = 800 000（元）；差额应调减应纳税所得额：800 000 − 662 420 = 137 580（元）。对款确认融资费用转让财务费用的金额应调增应纳税所得额 412 300 元。

（4）2×19 年处理及 12 月底付款时：

借：长期应付款　　2 000 000

　　贷：银行存款　　2 000 000

借：财务费用　　285 300

　　贷：未确认融资费用　　285 300

借：管理费用　　662 420

　　贷：无形资产摊销　　662 420

税务处理：会计摊销额为 662 420 元；税前可以扣除的摊销额：8 000 000 ÷ 10 = 800 000（元）；差额应调减应纳税所得额：800 000 − 662 420 = 137 580（元）。对款确认融资费用转让财务费用的金额应调增应纳税所得额 285 300 元。

（5）2×20 年处理及 12 月底付款时：

借：长期应付款　　2 000 000

　　贷：银行存款　　2 000 000

借：财务费用　　148 200

　　贷：未确认融资费用　　148 200

借：管理费用　　662 420

　　贷：无形资产摊销　　662 420

税务处理：会计摊销额为 662 420 元；税前可以扣除的摊销额：8 000 000 ÷ 10 = 800 000（元）；差额应调减应纳税所得额：800 000 − 662 420 = 137 580（元）。对款确认融资费用转让财务费用的金额应调增应纳税所得额 148 200 元。

（二）投资者投入的无形资产

无形资产准则规定，投资者投入无形资产的成本，应当按照投资合同或协议约定的价值确定，但合同或协议约定价值不公允的除外。即在投资合同或协议约定价值不公允的情况下，应按无形资产的公允价值入账，所确认的初始成本与实收资本或股本之间的差额调整“资本公积”。《小企业会计准则》规定，投资者投入的无形资产的成本，应当按照评估价值和相关税费确定。

而《企业所得税法》规定，通过捐赠、投资、非货币性资产交换、债务重组等方式取得的无形资产，以该资产的公允价值和支付的相关税费为计税基础。

由此可见，接受投资的无形资产的初始计量与计税基础是相同的。对于接受投资的土地使用权，在办理产权变更登记时缴纳的契税，属于该项无形资产达到预定用途前所发生的支出，会计上应计入无形资产成本，税法上也应计入资产的计税基础。

（三）土地使用权的处理

1. 土地使用权的会计处理

根据无形资产准则规定，企业取得的土地使用权通常应确认为无形资产。土地使用权用于自行开发建造厂房等地上建筑物时，土地使用权的账面价值不与地上建筑物合并计算其成本，而仍作为无形资产进行核算，土地使用权与地上建筑物分别进行摊销和提取折旧。但下列情况除外：

（1）房地产开发企业取得的土地使用权用于建造对外出售的房屋建筑物，相关的土地使用权应当计入所建造的房屋建筑物成本。

（2）企业外购的房屋建筑物，实际支付的价款中包括土地以及建筑物的价值，则应当对支付的价款按照合理的方法（如，公允价值）在土地和地上建筑物之间进行分配；如果确实无法在地上建筑物与土地使用权之间进行合理分配的，应当全部作为固定资产核算。

企业改变土地使用权的用途，将其作为用于出租或增值目的时，应将其转为投资性房地产。

《小企业会计准则》规定，自行开发建造厂房等建筑物，相关的土地使用权与建筑物应当分别进行处理。外购土地及建筑物支付的价款应当在建筑物与土地使用权之间按照合理的方法进行分配；难以合理分配的，应当全部作为固定资产。

【例 10 - 5】 2017 年 1 月 1 日，甲上市公司购入一块土地使用权，使用年限为 40 年，以银行存款支付出让金 4 000 万元。2 月 1 日起在该土地上建造厂房等工程，到 6 月 31 日，该工程已经完工并达到预定可使用状态，共发生材料支出 9 000 万元，工资费用 2 000 万元，其他相关费用 4 000 万元。假定土地使用年限为 40 年，该厂房预计使用寿命 15 年，两者都没有残值，都采用直线法摊销和折旧，为简化核算，不考虑其他相关税费。

要求：进行相关的会计与税务处理。

解析：

甲公司购入土地使用权，使用年限为 40 年，表明它属于使用寿命有限的无形资产。在该土地上建造厂房，应将土地使用权和地上建筑物分别作为无形资产和固定资产进行核算，并分别摊销和计提折旧。

甲公司的账务处理如下：

（1）2017 年 1 月 1 日支付土地出让金：

借：无形资产——土地使用权　　40 000 000
　　贷：银行存款　　40 000 000

（2）在土地上建造厂房：

借：在建工程　　150 000 000
　　贷：工程物资　　90 000 000
　　　　应付职工薪酬　　20 000 000
　　　　银行存款　　40 000 000

（3）6 月 31 日，厂房达到预定可使用状态，转入固定资产时：

借：固定资产　　150 000 000
　　贷：在建工程　　150 000 000

（4）当年分期摊销土地使用权和对厂房计提折旧：

借：管理费用——土地使用权摊销　　1 000 000
　　贷：累计摊销　　1 000 000
借：制造费用——厂房折旧　　5 000 000
　　贷：累计折旧　　5 000 000

税务处理：由于土地使用权的摊销年限会计与税法一致，对其摊销额申报企业所得税时不作纳税调整；而厂房的会计折旧年限 15 年，低于企业所得税法规定的最低折旧年限，对由此造成的每一纳税年度的折旧差额应进行纳税调整。

税法折旧限额：15 000 ÷ 20 × 6 ÷ 12 = 375（万元），应调增应纳税所得额：500 − 375 = 125（万元）。

2. 地价计入房产原值计征房产税

《财政部　国家税务总局关于房产税若干具体问题的解释和暂行规定》（财税地字〔1996〕第8号）第十五条规定，房产原值是指纳税人按照会计制度规定，在账簿“固定资产”科目中记载的房屋原价，对纳税人未按会计制度规定记载的，在计征房产税时，应按规定调整房产原值。

《财政部、国家税务总局关于安置残疾人就业单位城镇土地使用税等政策的通知》（财税〔2010〕121号）规定，对按照房产原值计税的房产，无论会计上如何核算，房产原值均应包含地价，包括为取得土地使用权支付的价款、开发土地发生的成本费用等。宗地容积率低于0.5的，按房产建筑面积的2倍计算土地面积并据此确定计入房产原值的地价。

三、研究开发费的会计与税务处理

（一）研究开发费的会计处理

1. 研究阶段和开发阶段的划分

无形资产准则第七条规定，企业内部研究开发项目的支出，应当区分为研究阶段支出与开发阶段支出。

研究阶段，是指为获取新的技术和知识等进行的有计划的调查，其特点在于研究阶段是探索性的，为进一步的开发活动进行资料及相关方面的准备，从已经进行的研究活动看，将来是否会转入开发、开发后是否会形成无形资产等具有较大的不确定性。例如，意于获取知识而进行的活动；研究成果或其他知识的应用研究、评价和最终选择等。

开发是指在进行商业性生产或使用前，将研究成果或其他知识应用于某项计划或设计，以生产出新的或具有实质性改进的材料、装置、产品等。开发阶段相对研究阶段而言，是完成了研究阶段的工作，在很大程度上形成一项新产品或新技术的基本条件已经具备。例如，生产前或使用前的原型和模型的设计、建造和测试；含新技术的工具、夹具、模具和冲模的设计等。

2. 开发支出资本化的条件

无形资产准则规定，企业内部开发项目发生的开发支出，同时满足下列条件的，应当确认为无形资产：

①完成该无形资产以使其能够使用或出售在技术上具有可行性；

②具有完成该无形资产并使用或出售的意图；

③无形资产产生经济利益的方式，包括能够证明运用该无形资产生产的产品存在市场或无形资产自身存在市场，无形资产将在内部使用的，应当证明其有用性；

④有足够的技术、财务资源和其他资源支持，以完成该无形资产的开发，并有能力使用或出售该无形资产；

⑤归属于该无形资产开发阶段的支出能够可靠地计量。

3. 内部开发无形资产的计量

内部开发活动形成的无形资产，其成本由可直接归属于该资产的创造、生产并使该资产能够以管理层预定的方式运作的所有必要支出组成，包括开发该无形资产时耗费的材料、劳务成本、注册费、在开发该无形资产过程中使用的其他专利权和特许权的摊销、按照借款费用准则的规定资本化的利息支出，以及为使该无形资产达到预定用途前所发生的其他费用。对于在开发过程中达到资本化条件之前已经费用化计入损益的支出不再进行调整。

4. 研究开发费的会计处理

会计处理原则：企业内部研究开发项目研究阶段的支出，应当于发生时计入当期损益（管理费用）；开发阶段的支出符合资本化条件的，才能资本化确认为无形资产；不符合资本化条件的计入当期损益（管理费用）。如果无法区分研究阶段支出和开发阶段支出，应当将其所发生的研发支出全部费用化，计入当期损益（管理费用）。

具体账务处理：企业自行开发无形资产发生的研发支出，未满足资本化条件的，借记“研发支出——费用化支出”科目，满足资本化条件的，借记“研发支出——资本化支出”科目，贷记“原材料”、“银行存款”、“应付职工薪酬”等科目。购买正在进行中的研究开发项目，应按确定的金额，借记

“研发支出——资本化支出”科目，贷记“银行存款”等科目。研究开发项目达到预定用途形成无形资产的，应按“研发支出——资本化支出”科目的余额，借记“无形资产”科目，贷记“研发支出——资本化支出”科目。

（二）税务处理与纳税调整

2008年1月1日实施的《企业所得税法》规定，自行开发的无形资产，以开发过程中该资产符合资本化条件后至达到预定用途前发生的支出为计税基础。企业开发新技术、新产品、新工艺发生的研究开发费用，可以在计算应纳税所得额时加计扣除。这里研究开发费用的加计扣除，根据《企业所得税法实施条例》规定，是指企业为开发新技术、新产品、新工艺发生的研究开发费用，未形成无形资产计入当期损益的，在按照规定据实扣除的基础上，按照研究开发费用的50%加计扣除；形成无形资产的，按照无形资产成本的150%摊销。

【例10-6】 丙公司为在上海证交所上市企业，2017年1月1日，自行研究开发一项新产品专利技术，在研究开发过程中发生材料费3 000万元、人工工资1 500万元，以及其他费用2 500万元，总计7 000万元，其中，符合资本化条件的支出为4 000万元，2017年6月30日，该专利技术已经达到预定用途。

要求：进行相关的会计处理与纳税调整。

解析：

丙公司发生研发支出时的账务处理为：

借：研发支出——费用化支出	30 000 000	
——资本化支出	40 000 000	
贷：原材料		30 000 000
应付职工薪酬		15 000 000
银行存款		25 000 000

2017年6月30日，该专利技术达到预定用途时，根据无形资产准则规定，应予费用化的支出为3 000万元，应予资本化的金额为4 000万元，即该项专利在会计上初始计量的金额为4 000万元，其账务处理为：

借：管理费用	30 000 000	

无形资产——专利权	40 000 000	
贷：研发支出——费用化支出		30 000 000
——资本化支出		40 000 000

而根据《企业所得税法》规定，企业研究开发费支出，在计算应纳税所得额时可以加计扣除。因而当期可税前扣除的费用化支出为：3 000 ×（1 + 50%）= 4 500（万元），加计扣除金额 1 500 万元应作为当期的纳税调整减少项目；对形成无形资产的资本化支出 4 000 万元，应按照 6 000（4 000 × 150%）万元在不短于 10 年的期限内摊销在缴纳所得税前扣除。

四、无形资产的后续计量与税前扣除

（一）无形资产摊销的范围

1. 会计摊销的范围

无形资产准则规定，企业应当于取得无形资产时分析判断其使用寿命。使用寿命为有限的，应当估计该使用寿命的年限或者构成使用寿命的产量等类似计量单位数量，其应摊销金额应当在使用寿命内合理摊销。无法预见无形资产为企业带来经济利益期限的，应当视为使用寿命不确定的无形资产，使用寿命不确定的无形资产不应摊销。

《企业会计准则——应用指南》附录规定，“商誉”科目用来核算企业合并中形成的商誉价值。商誉发生减值的，可以单独设置“商誉减值准备”科目，比照“无形资产减值准备”科目进行处理。“商誉”科目期末借方余额，反映企业商誉的价值。由此可见，《企业会计准则》没有将商誉列入无形资产范畴，而是在“商誉”科目单独进行核算，同时规定可以对商誉计提减值准备，但未规定商誉可以进行摊销。与《企业会计准则》不一致的是，税法仍把商誉归为无形资产，由此造成会计和税法对商誉的处理存在一些差异。

2. 税法摊销的范围

《企业所得税法》第十二条规定，在计算应纳税所得额时，企业按照规定计算的无形资产摊销费用，准予扣除。

下列无形资产不得计算摊销费用扣除：

（1）自行开发的支出已在计算应纳税所得额时扣除的无形资产；

（2）自创商誉；

（3）与经营活动无关的无形资产；

（4）其他不得计算摊销费用扣除的无形资产。

《企业所得税法》不区分使用寿命有限的无形资产与使用寿命不确定的无形资产，除税法规定不得计算摊销费用扣除的无形资产外，都应按规定计算无形资产的摊销费用，在税前扣除。

外购商誉的支出，在企业整体转让或者清算时，准予扣除。自创商誉不得计算摊销费用扣除，主要是基于：第一，既然在资产评估时都不能准确确定并分摊到可识别资产上（如果能够确定就应该反映到评估价格上），因此，将其作为资产并摊销不尽合理。第二，即使在会计上，世界各国对商誉的确认也是有争议的。有些国家甚至在会计制度中也不允许商誉的摊销。第三，商誉的价值很不确定，不能单独存在和变现，形成商誉的因素企业难以控制。第四，商誉的价值并没有损耗，即使确认为无形资产也不应该摊销。事实上，世界上多数国家税法都不允许商誉摊销。

（二）摊销方法与摊销期限

1. 无形资产摊销的会计处理

无形资产准则规定，使用寿命有限的无形资产，其应摊销金额应当在使用寿命内系统合理摊销。企业摊销无形资产，应当自无形资产可供使用时起，至不再作为无形资产确认时止。企业选择的无形资产摊销方法，应当反映与该项无形资产有关的经济利益的预期实现方式。无法可靠确定预期实现方式的，应当采用直线法摊销。无形资产的摊销金额一般应当计入当期损益，其他会计准则另有规定的除外。

《小企业会计准则》规定，无形资产应当在其使用寿命内采用年限平均法进行摊销，根据其受益对象计入相关资产成本或者当期损益。有关法律规定或合同约定了使用年限的，可以按照规定或约定的使用年限分期摊销。小企业不能可靠估计无形资产使用寿命的，摊销期不得低于10年。

2. 无形资产摊销的税务处理

《企业所得税法实施条例》第六十七条规定，无形资产按照直线法计算的摊销费用，准予扣除。而且无形资产摊销方法和期限一经确定，不得随意变更。无形资产的摊销年限不得低于10年。作为投资或者受让的无形资产，有关法律规定或者合同约定使用年限的，可以按照规定或者约定的使用年限分期摊销。而无形资产准则并未明确规定无形资产的最低摊销年限。

因此，按照其他方法计算的无形资产摊销费用，不符合税法规定的，在计算应纳税所得额时要进行纳税调整。

（三）应摊销金额的确定

1. 会计应摊销金额的计算

根据无形资产准则的规定，无形资产的应摊销金额为其成本扣除预计残值后的金额。已计提减值准备的无形资产，还应扣除已计提的无形资产减值准备累计金额。企业接受投资或因合并、分立等改组中接受的无形资产，按公允价值摊销。

使用寿命有限的无形资产，其残值应当视为零，但下列情况除外：

（1）有第三方承诺在无形资产使用寿命结束时购买该无形资产；

（2）可以根据活跃市场得到预计残值信息，并且该市场在无形资产使用寿命结束时很可能存在。

因此在财务上，无形资产的账面价值＝实际成本－累计摊销－无形资产减值准备；对于使用寿命不确定的无形资产，账面价值＝实际成本－无形资产减值准备。

2. 无形资产摊销的税前扣除

根据《企业所得税法》的规定，无形资产以其计税基础作为可摊销的金额。企业持有无形资产等各项资产期间资产增值或减值，除国务院财政、税务主管部门规定可以确认损益外，不得调整该资产的计税基础。

因此，已计提减值准备的无形资产，由于税法不允许扣除无形资产减值准备，应进行纳税调整。企业接受投资或因合并、分立等改组中接受的无形资产，一般来说只有当有关无形资产中隐含的增值或损失已经在税收上确认，并缴纳过企业所得税后，才能按经评估确认的价值确定有关无形资产的计税基础，否则，只能以无形资产在原企业账面的净值作为计税基础。即：

计税基础＝实际成本－累计摊销

【例 10－7】2017 年 1 月 1 日，丁股份公司购入一项产品的商标权，成本为 5 000 万元，该商标权按照法律规定还有 5 年的使用寿命，但是在保护期届满时，丁股份公司可以每 10 年以较低的手续费申请延期，同时丁股份公司有充分的证据表明其有能力申请延期。此外，有关的市场调查表明，根据产品生命周期、市场竞争等方面情况综合判断，该商标权将在不确定的期间内为企业带来现金流量。2017 年年底，丁股份公司对该商标权进行减值测试，测试表明该商标已发生减值。2017 年年底，该商标的公允价值为 4 000 万元。

要求：对丁公司 2017 年与商标权有关业务进行会计处理、税务处理及纳税调整。

解析：

（1）2017 年 1 月 1 日购入商标权时，会计上的入账价值为 5 000 万元，其账务处理为：

借：无形资产——商标权　　50 000 000

　贷：银行存款　　50 000 000

税务处理：根据税法规定，2017 年 1 月 1 日购入商标权时，其计税基础也为 5 000 万元。根据无形资产准则规定，上述商标权在会计上可视为使用寿命不确定的无形资产，在持有期间不需要进行摊销。但根据《企业所得税法》规定，该项无形资产应采用直线法，在不低于 10 年期限内摊销，在税前扣除。因而 2017 年可税前扣除的该项商标权的摊销额为：5 000 ÷ 10 = 500（万元）。2017 年底的计税基础为：5 000 － 500 = 4 500（万元）。

（2）2017 年 12 月 31 日该项商标权发生减值时，其账务处理为：

借：资产减值损失　　10 000 000

　贷：无形资产减值准备——商标权　　10 000 000

税务处理：计提减值准备后的该项商标权的账面价值为：5 000 － 1 000 = 4 000（万元）。在企业所得税纳税申报时，应调增计提的"资产减值损失"1 000 万元，调减商标权的应摊销额 500 万元。

（四）无形资产摊销的复核

无形资产准则规定，企业至少应当于每年年度终了，对使用寿命有限的无形资产的使用寿命及摊销方法进行复核。无形资产的使用寿命及摊销方法与以前估计不同的，应当改变摊销期限和摊销方法。

企业应当在每个会计期间对使用寿命不确定的无形资产的使用寿命进行复核。如果有证据表明无形资产的使用寿命是有限的，应当估计其使用寿命，并按会计准则规定处理。

而《企业所得税法》规定，无形资产摊销方法和期限一经确定，不得随意变更。

（五）无形资产的处置与报废

无形资产的处置，主要是指无形资产出售、对外出租、对外捐赠，或者是无法为企业带来未来经济利益时，应予转销并终止确认。

1. 会计处理

（1）无形资产的出售。

无形资产准则规定，企业出售无形资产时，应将所取得的价款与该无形资产账面价值的差额计入当期损益。

企业出售无形资产不属于收入准则的规范范围，但出售无形资产确认其利得的时点，应比照收入准则中的有关原则进行判断。

出售无形资产时，应按实际收到的金额，借记“银行存款”等科目；按已摊销的累计摊销额，借记“累计摊销”科目；原已计提减值准备的，借记“无形资产减值准备”科目；按应支付的相关税费，贷记“应交税费”等科目；按其账面余额，贷记“无形资产”科目，按其差额，贷记“资产处置损益”科目。

（2）无形资产的出租。

企业将所拥有的无形资产的使用权让渡给他人，并收取租金，在满足收入确认条件的情况下，应确认相关的收入及成本。

出租无形资产时，取得的租金收入，借记“银行存款”等科目，贷记“其他业务收入”等科目；摊销出租无形资产的成本并发生与出租有关的各种费用支出时，借记“其他业务成本”科目，贷记“累计摊销”科目。

（3）无形资产的报废。

无形资产预期不能为企业带来经济利益的，应当将该无形资产的账面价值予以转销。按已摊销的累计摊销额，借记“累计摊销”科目；原已计提减值准备的，借记“无形资产减值准备”科目；按其账面余额，贷记“无形资产”科目；按其差额，借记“营业外支出”科目。

2. 无形资产处置的税务处理

《企业所得税法》规定，企业以货币形式和非货币形式从各种来源取得的收入，为收入总额。与无形资产处置相关的收入，在《企业所得税法》上分为转让财产收入和特许权使用费收入两类。

企业出售、转让无形资产，应按《企业所得税法》相关规定确认为转让财产收入，在计算应纳税所得额时，按规定扣除该项资产的净值和转让费用。

特许权使用费收入，是指企业提供专利权、非专利技术、商标权、著作权以及其他特许权的使用权取得的收入。特许权使用费收入，按照合同约定的特许权使用人应付特许权使用费的日期确认收入的实现。

企业以无形资产对外投资、债务重组、分配股利和捐赠等，都要视同销售。

（六）外购的软件缩短摊销年限

根据《财政部 国家税务总局关于进一步鼓励软件产业和集成电路产业发展企业所得税政策的通知》（财税〔2012〕27 号）第七条的规定，企业外购的软件，凡符合无形资产确认条件的，可以按照无形资产进行核算，其摊销年限可以适当缩短，最短可为 2 年（含）。

第五节　长期待摊费用的纳税调整

一、长期待摊费用

（一）会计处理

固定资产的后续支出，是指固定资产在使用过程中发生的更新改造支出、修理费用等。

固定资产的更新改造等后续支出，满足规定的确认条件的，应当计入固定资产成本，如有被替换的部分，应扣除其账面价值；不满足固定资产准则规定确认条件的固定资产修理费用等，应当在发生时计入当期损益。

《小企业会计准则》规定，固定资产的日常修理费，应当在发生时根据固定资产的受益对象计入相关资产成本或者当期损益。固定资产的改建支出，应当计入固定资产的成本，但已提足折旧的固定资产和经营租入的固定资产发生的改建支出应当计入长期待摊费用。

（二）税务处理

根据《企业所得税法》第十三条的规定，在计算应纳税所得额时，企业发生的下列支出作为长期待摊费用，按照规定摊销的，准予扣除：①已足额提取折旧的固定资产的改建支出；②租入固定资产的改建支出；③固定资产的大修理支出；④其他应当作为长期待摊费用的支出。

1. 已足额提取折旧的固定资产的改建支出

固定资产的改建支出是指企业改变房屋、建筑物结构、延长使用年限等发生的支出。

已足额提取折旧的固定资产的改建支出，按照固定资产预计尚可使用年限分期摊销。

2. 租入固定资产的改建支出

租入固定资产的改建支出，按照合同约定的剩余租赁期限分期摊销。例如，某公司 2017 年 10 月租用一间商铺从事经营，租期三年，发生装修费 20 万元，账上列为长期待摊费用。2018 年 10 月因停业退租，该笔还没有摊销完的装修费，可作为改建支出，在结束营业时一次扣除，而不作为资产损失处理。

改建支出，除已足额提取折旧的固定资产的改建支出、租入固定资产的改建支出以外，应当增加该固定资产原值，其中延长固定资产使用年限的，还应当适当延长折旧年限，并相应调整计算折旧。

此外，根据《国家税务总局关于企业所得税若干问题的公告》（国家税务总局公告〔2011〕第 34 号）的规定，企业对房屋、建筑物固定资产在未足额提取折旧前进行改扩建的，如属于推倒重置的，该资产原值减除提取折旧后的净值，应并入重置后的固定资产计税成本，并在该固定资产投入使用后的次月起，按照税法规定的折旧年限，一并计提折旧；如属于提升功能、增加面积的，该固定资产的改扩建支出，并入该固定资产计税基础，并从改扩建完工投入使用后的次月起，重新按税法规定的该固定资产折旧年限计提折旧，如该改扩建后的固定资产尚可使用的年限低于税法规定的最低年限的，可以按尚可使用的年限计提折旧。

3. 固定资产的大修理支出

固定资产的大修理支出，是指同时符合以下条件的支出：

（1）修理支出达到取得固定资产的计税基础50%以上；

（2）修理后固定资产的使用寿命延长2年以上。

固定资产的大修理支出，按照固定资产尚可使用年限分期摊销。

固定资产大修理支出作为长期待摊费用按其尚可使用年限分期摊销的，必须同时具备上述价值标准和时间标准两个条件。如不同时具备，则应作为当期费用扣除。如修理支出不超过固定资产计税基础的50%，所发生的修理费，可在税前一次性扣除。

4. 其他应当作为长期待摊费用的支出

其他应当作为长期待摊费用的支出，自支出发生月份的次月起分期摊销，摊销期限不得低于3年。

《企业所得税法》及其实施条例并未将开办费明确列作长期待摊费用。企业可以在开始经营之日的当年一次性扣除，也可以按照税法有关长期待摊费用的处理规定处理，但一经选定，不得改变。

二、开（筹）办费

（一）开办费的会计处理

开（筹）办费，是指企业在筹建期发生的费用，包括人员工资、办公费、培训费、差旅费、印刷费、注册登记费，以及不计入固定资产和无形资产成本的汇兑损益和利息等支出。筹建期，是指企业从被批准筹建之日起至开始生产、经营（包括试生产、试营业）之日的期间。

但筹建期间发生的下列支出不属于开办费的范畴：

(1) 应计入购建固定资产和无形资产成本所支付的运输费、安装费、保险费和购建时发生的职工薪酬等费用；

(2) 按照规定应由投资各方负担的费用，如投资各方为筹建企业进行调查时发生的差旅费、咨询费、招待费等支出；

(3) 投资方因投入资本自行筹措款项所支付的利息，不计入开办费，应由出资方自行负担等。

根据《企业会计制度》，企业筹建期间发生的开办费，通过“长期待摊费用”科目核算。而根据《企业会计准则》“开办费”的规定，通过“管理费用”科目核算。

《企业会计准则应用指南》附录“会计科目与主要账务处理”（财会〔2006〕18号）规定，企业在筹建期间内发生的开办费，包括人员工资、办公费、培训费、差旅费、印刷费、注册登记费以及不计入固定资产成本的借款费用等在实际发生时，借记“管理费用”（开办费）科目，贷记“银行存款”等科目。即在执行企业会计准则的单位，开办费不再作为“长期待摊费用”或“递延资产”，而是直接将其费用化，统一在“管理费用”科目核算。

根据《小企业会计准则》规定，小企业在筹建期间内发生的开办费，纳入管理费用核算。

（二）开办费的税前扣除

《企业所得税法》及其实施条例中，开（筹）办费未明确列作长期待摊费用。根据国税函〔2009〕98号文件的规定，企业可以在开始经营之日的当年一次性扣除，也可以按照《企业所得税法》有关长期待摊费用的处理规定处理，但一经选定，不得改变。企业在《企业所得税法》实施以前年度的未摊销完的开办费，也可根据上述规定处理。

由此可见，《企业所得税法》下企业开办费既可以一次性扣除也可以分期摊销。对于企业以前将开办费列入长期待摊费用，未摊销的部分可以一次摊入2008年的费用中，也可以根据企业需要选择按照《企业所得税法》有关“长期待摊费用”的处理规定处理。

第六节　开采油（气）资源费用和折耗摊销折旧

一、开采油（气）资源费用和折耗摊销折旧的处理

开采油（气）资源企业费用和有关固定资产，是指从事开采石油、天然气（包括煤层气，下同）的矿产资源油气企业（以下简称油气企业）在开始商业性生产前取得矿区权益和勘探、开发的支出所形成的费用和固定资产。商业性生产，是指油（气）田（井）经过勘探、开发、稳定生产并商业销售石油、天然气的阶段。

根据《财政部 国家税务总局关于开采油（气）资源企业费用和有关固定资产折耗、摊销、折旧税务处理问题的通知》（财税〔2009〕49号）规定，油气企业在开始商业性生产前发生的费用和有关固定资产的折耗、摊销、折旧方法按如下方法处理。

（一）矿区权益支出的折耗

矿区权益支出，是指油气企业为了取得在矿区内的探矿权、采矿权、土地或海域使用权等所发生的各项支出，包括有偿取得各类矿区权益的使用费、相关中介费或其他可直接归属于矿区权益的合理支出。

油气企业在开始商业性生产前发生的矿区权益支出，可在发生的当期，从本企业其他油（气）田收入中扣除；或者自对应的油（气）田开始商业性生产月份的次月起，分3年按直线法计提的折耗准予扣除。

油气企业对其发生的矿区权益支出未选择在发生的当期扣除的，由于未发现商业性油（气）构造而终止作业，其尚未计提折耗的剩余部分，可在终止作业的当年作为损失扣除。

（二）勘探支出的摊销

勘探支出，是指油气企业为了识别勘探区域或探明油气储量而进行的地质调查、地球物理勘探、钻井勘探活动以及其他相关活动所发生的各项支出。

油气企业在开始商业性生产前发生的勘探支出（不包括预计可形成资产的钻井勘探支出），可在发生的当期，从本企业其他油（气）田收入中扣除；或者自对应的油（气）田开始商业性生产月份的次月起，分 3 年按直线法计提的摊销准予扣除。

油气企业对其发生的勘探支出未选择在发生的当期扣除的，由于未发现商业性油（气）构造而终止作业，其尚未摊销的剩余部分，可在终止作业的当年作为损失扣除。

油气企业的钻井勘探支出，凡确定该井可作商业性生产，且该钻井勘探支出形成的资产符合《企业所得税法实施条例》第五十七条规定条件的，应当将该钻井勘探支出结转为开发资产的成本，按照财税〔2009〕49 号文件第四条规定的开发资产计提折旧。

（三）开发资产的折旧

油气企业在开始商业性生产之前发生的开发支出，可不分用途，全部累计作为开发资产的成本，自对应的油（气）田开始商业性生产月份的次月起，可不留残值，按直线法计提的折旧准予扣除，其最低折旧年限为 8 年。这里所称的开发支出，是指油气企业为了取得已探明矿区中的油气而建造或更新井及相关设施活动所发生的各项支出。

油气企业终止本油（气）田生产的，其开发资产尚未计提折旧的剩余部分可在该油（气）田终止生产的当年作为损失扣除。

油气企业应按照规定选择有关费用和资产的折耗、摊销、折旧方法和年限，一经确定，不得变更。

油气企业在本油（气）田进入商业性生产之后对本油（气）田新发生的矿区权益、勘探支出、开发支出，按照财税〔2009〕49 号文件规定处理。

《企业所得税法实施条例》实施之日前，油气企业矿区权益、勘探、开发等费用和固定资产已发生且开始摊销或计提的折耗、折旧，不做调整。对没有摊销完的费用和继续使用的矿区权益和有关固定资产，可以就其尚未摊销或计提折耗、折旧的余额，按财税〔2009〕49号文件规定处理。

二、弃置费的会计与税务处理

（一）弃置费用的会计处理

弃置费用是固定资产准则新增的内容，它要求对于特殊行业的特定固定资产，在确定其初始入账成本时应当考虑弃置费用。

所谓弃置费用通常是指根据国家法律和行政法规、国际公约等规定，企业承担的环境保护和生态恢复等义务所确定的支出，如核电站核设施等的弃置和恢复环境义务等。弃置费用仅适用于特定行业的特定固定资产，比如，石油天然气企业油气水井及相关设施的弃置、核电站核废料的处置等。一般企业固定资产成本不应预计弃置费用。

弃置费用的义务通常有国家法律和行政法规、国际公约等有关规定约束，比如，国家法律、行政法规要求企业的环境保护和生态环境恢复的义务等。弃置费用的金额通常较大。企业应当根据或有事项准则，按照现值计算确定应计入固定资产原价的金额和相应的预计负债。

一般企业固定资产的报废清理费，应在实际发生时作为固定资产清理费用处理，不属于固定资产准则规范的弃置费用。

（二）弃置费用的税务处理

《企业所得税法》不承认弃置费，因预计弃置费而多提的折旧应作纳税调整。

但《企业所得税法实施条例》第四十五条规定，企业依照法律、行政法规有关规定提取的用于环境保护、生态恢复等方面的专项资金，准予扣除。上述专项资金提取后改变用途的，不得扣除。

（三）海上油气生产设施弃置费的处理

这里所称弃置费，是指从事开采我国海上油气资源的企业，为承担油气生产设施废弃处置的责任和义务所发生的，用于井及相关设施的废弃、拆移、填埋等恢复生态环境及其前期准备等各项专项支出。主要包括弃置前期研究、停产准备、工程设施弃置、油井弃置等相关费用。

海上油气生产设施（以下简称设施），包括海上油井、气井、水井、固定平台、人工岛、单点系泊、浮式生产储油装置，海底电缆、管道、水下生产系统，陆岸终端，以及其他水上、水下的油气生产的相关辅助配套设施。企业，是指参与开采海上油气资源的中国企业和外国企业。作业者，是指负责海上油（气）田作业的实体，包括开采海上石油资源的本企业、或者投资各方企业。

为加强和规范海上油气生产设施弃置费企业所得税管理，国家税务总局发布了《海上油气生产设施弃置费企业所得税管理办法》（国家税务总局公告2011 年第 22 号）对废弃处置方案的备案、计提和税前扣除等问题作出规定。

1. 废弃处置方案的备案

企业开始提取弃置费前，应提供作业者编制的海上油（气）田设施废弃处置预备方案，报主管税务机关备案。预备方案应当包括弃置费估算、弃置费筹措方法和弃置方式等内容。

设施废弃处置预备方案发生修改的，企业应在修改后的 30 日内报主管税务机关备案。

海上油（气）田实施弃置作业前，应将其按照国家有关主管部门要求编制的设施废弃处置实施方案，报主管税务机关备案。

2. 弃置费的计提和税前扣除

海上油（气）田弃置费，按照设施废弃处置预备方案中规定的方法（产量法或年限平均法）按月提取。多个企业合作开发一个油（气）田的，其弃置费计提应该采取同一方法。企业弃置费计提方法确定后，除设施废弃处置预备方案修改外，不得变更。

该办法实施后进入商业生产的海上油（气）田，弃置费自进入商业生产的次月起开始计提。该办法实施前已进入商业生产的海上油（气）田，弃置费自作业者补充编制的设施废弃处置预备方案报主管税务机关备案后的次月起开始计提。

作业者修改废弃处置预备方案的，修改后弃置费在废弃处置预备方案重新报主管税务机关备案的次月起开始计提。

采用年限平均法分月计提弃置费，应按照以下公式计算：

当月计提弃置费 =（预备方案中的弃置费总额 - 累计已计提弃置费用）÷合同生产期（月）- 当月弃置费专款账户损益

该办法实施前已进入商业生产的海上油（气）田，合同生产期（月）为开始计提弃置费的剩余月份。

采用产量法计提弃置费，应按照以下公式计算：

本月计提弃置费 =（预备方案中的弃置费总额 - 累计已计提弃置费用）×本月计提比例 - 当月弃置费专款账户损益

本月计提比例 = 本月油（气）田实际产量 ÷（本月油（气）田实际产量 + 期末探明已开发储量）

公式中的“当月弃置费专款账户损益”，包括专款账户利息、汇兑损益等。其中汇兑损益为弃置费以人民币以外货币计提存储的情况下，按照上月末即期人民币汇率中间价折算为人民币时，弃置费专款账户余额发生的汇兑损益。期末探明已开发储量，是指已探明的开发储量，在现有设施条件下对应的可开采储量。

作业者应在纳税年度结束后，就当年提取的弃置费具体情况进行调整。企业应在年度汇算清缴时，根据作业者的调整情况，确认本年度弃置费列支数额。

修改设施废弃处置预备方案，导致弃置费提取数额、方法发生变化的，应自方案修改后的下个月开始，就新方案中的弃置费总额，减去累计已计提弃置费后的余额，按照新方案确定的方法继续计提。

油（气）田企业或合作各方企业应承担或者按投资比例承担设施废弃处置的责任和义务，其按规定计提的弃置费，应依照规定作为环境保护、生态恢复等方面专项资金，并准予在计算企业年度应纳税所得额时扣除。

合作油（气）田的合同生产期尚未结束，一方企业决定放弃生产，将油（气）田所有权全部转移给另一方企业、或者合作油（气）田的合同生产期结束，一方企业决定继续生产，若放弃方或退出方企业取得已经计提的弃置费补偿，应作为收入计入企业当年度应纳税所得计算纳税。支付方企业可以作为弃置费，在支付年度一次性扣除。

3. 弃置费的使用

作业者实施海上油（气）田设施废弃处置时发生的弃置费，应单独归集核算，并从按照规定提取的弃置费中扣除。

作业者完成海上油（气）田设施废弃处置后，提取的弃置费仍有余额，应相应调增弃置费余额所归属企业当年度的应纳税所得额。

作业者完成海上油（气）田设施废弃处置后，实际发生的弃置费超过计提的部分，应作为企业当年度费用，在计算企业应纳税所得额时扣除。

4. 弃置费的管理

弃置费专款账户资金所产生的损益，应计入弃置费，并相应调整当期弃置费提取额。

弃置费的计提、清算应统一使用人民币作为货币单位。发生的汇兑损益，直接增加或减少弃置费。

企业在申报当年度企业所得税汇算清缴资料时，应附送海上油气生产设施弃置费情况表。

海上油（气）田设施废弃处置作业完成后，在进行税务清算时，应提供企业对弃置费的计提、使用和各投资方承担等情况的说明。

企业依规定计提的弃置费，凡改变用途的，不得在企业所得税前扣除。已经扣除的，应调增改变用途当年的应纳税所得额，并按税收征收管理法的有关规定处理。

第十一章

资产损失税前扣除的纳税调整

为明确企业资产损失在计算企业所得税应纳税所得额时的扣除政策，财政部、国家税务总局发布了《关于企业资产损失税前扣除政策的通知》（财税［2009］57号），自2008年1月1日起执行。为加强资产损失所得税税前扣除管理，国家税务总局对《企业资产损失税前扣除管理办法》（国税发［2009］88号）等规定进行修订，发布了《企业资产损失所得税税前扣除管理办法》（国家税务总局公告2011年第25号，本章以下简称25号公告），自2011年1月1日起施行。《国家税务总局关于企业以前年度未扣除资产损失企业所得税处理问题的通知》（国税函［2009］772号）、《国家税务总局关于电信企业坏账损失税前扣除问题的通知》（国税函［2010］196号）同时废止。

第一节　资产损失税前扣除的纳税调整

一、资产与资产损失

（一）资产的界定

1. 会计对资产的界定

《企业会计准则——基本准则》（以下简称基本准则）第 20 条规定：资产是指企业过去的交易或者事项形成的、由企业拥有或者控制的、预期会给企业带来经济利益的资源。

符合资产定义的资源，在同时满足以下两个条件时，确认为资产：

（1）与该资源有关的经济利益很可能流入企业；

（2）该资源的成本或者价值能够可靠地计量。

2. 税收对资产的界定

根据国税发［2009］88 号文件规定，资产是指企业拥有或者控制的、用于经营管理活动且与取得应税收入有关的资产，包括现金、银行存款、应收及预付款项（包括应收票据）等货币资产，存货、固定资产、在建工程、生产性生物资产等非货币资产，以及债权性投资和股权（权益）性投资。

自 2011 年 1 月 1 日起，根据 25 号公告规定，资产是指企业拥有或者控制的、用于经营管理活动相关的资产，包括现金、银行存款、应收及预付款项（包括应收票据、各类垫款、企业之间往来款项）等货币性资产，存货、固定资产、无形资产、在建工程、生产性生物资产等非货币性资产，以及债权性投资和股权（权益）性投资。

25 号公告删除了国税发［2009］88 号文件“与取得应税收入有关”的附加条件。因为“与取得应税收入有关”的表述至少有三个方面存在不妥。一是“用于经营管理活动”的资产本就表明了是与企业收入有关的，该项资产如发生损失，符合税前扣除的相关性原则；二是《企业所得税法实施条例》第 28 条第二款规定，企业的不征税收入用于支出所形成的费用或者财产，不得扣除或者计算对应的折旧、摊销扣除。如再强调“与取得应税收入有关”，多此一举；三是“免税收入”虽然不属于“应税收入”，但与“免税收入”相关的成本、费用、损失允许在税前扣除，如再强调“与取得应税收入有关”，相互矛盾。

3. 差异比较

资产损失税前扣除所讲的资产，与《企业会计准则》中的资产定义与范围有所不同。而且，《企业所得税法》中资产与财产的界定存在一定差异，在《企业所得税法》中，资产包括财产、货物和其他资产。

（二）资产损失的会计处理

根据《企业会计准则》相关规定，损失是指由企业非日常活动所发生的、会导致所有者权益减少的、与向所有者分配利润无关的经济利益的流出。损失包括直接计入所有者权益的损失和直接计入当期利润的损失。直接计入当期利润的损失，通常通过“营业外支出”科目核算。

《企业会计准则应用指南》规定，“营业外支出”科目核算企业发生的各项营业外支出，包括非流动资产处置损失、非货币性资产交换损失、债务重组损失、公益性捐赠支出、非常损失、盘亏损失等。盘亏、毁损的资产发生的净损失，按管理权限报经批准后，借记“营业外支出”科目，贷记“待处理财产损溢”科目。

《小企业会计准则》规定，营业外支出，是指小企业非日常生产经营活动发生的、应当计入当期损益、会导致所有者权益减少、与向所有者分配利润无关的经济利益的净流出。小企业的营业外支出包括：存货的盘亏、毁损、报废损失，非流动资产处置净损失，坏账损失，无法收回的长期债券投资损失，无法收回的长期股权投资损失，自然灾害等不可抗力因素造成的损失，税收滞纳金，罚金，罚款，被没收财物的损失，捐赠支出，赞助支出等。通常，企业的营业外支出应当在发生时按照其发生额计入当期损益。

（三）可税前扣除的损失

根据《企业所得税法实施条例》第三十条规定，在计算应纳税所得额时可以扣除的损失，是指企业在生产经营活动中发生的固定资产和存货的盘亏、毁损、报废损失，转让财产损失，呆账损失，坏账损失，自然灾害等不可抗力因素造成的损失以及其他损失。企业发生的损失，减除责任人赔偿和保险赔款后的余额，依照国务院财政、税务主管部门的规定扣除。

根据财税［2009］57 号文件规定，资产损失是指企业在生产经营活动中实际发生的、与取得应税收入有关的资产损失，包括现金损失，存款损失，坏账损失，贷款损失，股权投资损失，固定资产和存货的盘亏、毁损、报废、被盗损失，自然灾害等不可抗力因素造成的损失以及其他损失。

25 号公告第三条规定，准予在企业所得税税前扣除的资产损失，是指企业在实际处置、转让上述资产过程中发生的合理损失（以下简称实际资产损失），以及企业虽未实际处置、转让上述资产，但符合财税［2009］57 号文件和本办法规定条件计算确认的损失（以下简称法定资产损失）。

由此可见，25 号公告中资产的范围要比财税（2009）57 号文件中资产损失的范围宽。

1. 实际资产损失的扣除

实际资产损失，是指企业实际处置、转让资产发生的、合理的损失。根据 25 号公告规定，企业的实际资产损失，应当在其实际发生且会计上已作损失处理的年度申报扣除。

2. 法定资产损失的扣除

法定资产损失，是指企业虽未实际处置、转让上述资产，但符合财税（2009）57 号文件和 25 号公告规定条件计算确认的损失。如金融机构应清算而未清算超过 3 年的存款资产损失、企业逾期 3 年以上的应收款项形成的坏账损失等。

根据 25 号公告规定，法定资产损失，应当在企业向主管税务机关提供证据资料证明该项资产已符合法定资产损失确认条件，且会计上已作损失处理的年度申报扣除。

这里还需说明的是，25 号公告和财税（2009）57 号文件没有列举到的资产（资产损失），如长期待摊费用等资产损失的税前扣除问题。《企业所得税法》第八条规定，企业实际发生的与取得收入有关的、合理的支出，包括成本、费用、税金、损失和其他支出，准予在计算应纳税所得额时扣除。因此，25号公告第50条明确，凡25号公告没有涉及到的资产损失，只要符合《企业所得税法》及其实施条例等法律、法规规定的原则，均可在税前扣除。

3. 损失追补确认期限

25号公告第六条规定，企业以前年度发生的资产损失未能在当年税前扣除的，可以按照本办法的规定，向税务机关说明并进行专项申报扣除。其中，属于实际资产损失，准予追补至该项损失发生年度扣除，其追补确认期限一般不得超过5年，但因计划经济体制转轨过程中遗留的资产损失、企业重组上市过程中因权属不清出现争议而未能及时扣除的资产损失、因承担国家政策性任务而形成的资产损失以及政策定性不明确而形成资产损失等特殊原因形成的资产损失，其追补确认期限经国家税务总局批准后可适当延长。属于法定资产损失，应在申报年度扣除。

企业因以前年度实际资产损失未在税前扣除而多缴的企业所得税税款，可在追补确认年度企业所得税应纳税款中予以抵扣，不足抵扣的，向以后年度递延抵扣。

企业实际资产损失发生年度扣除追补确认的损失后出现亏损的，应先调整资产损失发生年度的亏损额，再按弥补亏损的原则计算以后年度多缴的企业所得税税款，并按前款办法进行税务处理。

4. 境内、境外资产损失分开扣除

财税（2009）57号文件规定，企业境内、境外营业机构发生的资产损失应分开核算，对境外营业机构由于发生资产损失而产生的亏损，不得在计算境内应纳税所得额时扣除。

5. 资产损失收回计入收入

财税（2009）57号文件规定：企业已经作为损失处理的资产，在以后纳税年度又全部收回或者部分收回时，应当计入当期收入。也就是说，企业在计算应纳税所得额时已经扣除的资产损失，在以后纳税年度全部或者部分收回时，其收回部分应当作为收入计入收回当期的应纳税所得额。

二、资产损失税前扣除及纳税调整明细表

"资产损失税前扣除及纳税调整明细表"（A105090，如表 11－1 所示）适用于发生资产损失税前扣除项目及纳税调整项目的纳税人填报。纳税人根据税法、《财政部 国家税务总局关于企业资产损失税前扣除政策的通知》（财税〔2009〕57 号）、《国家税务总局关于发布〈企业资产损失所得税税前扣除管理办法〉的公告》（国家税务总局公告 2011 年第 25 号）、《国家税务总局关于商业零售企业存货损失税前扣除问题的公告》（国家税务总局公告 2014 年第 3 号）、《国家税务总局关于企业因国务院决定事项形成的资产损失税前扣除问题的公告》（国家税务总局公告 2014 年第 18 号）等相关规定，及国家统一企业会计制度，填报资产损失的会计处理、税收规定，以及纳税调整情况。

企业发生的资产损失，应分别不同的资产损失项目和原因填报"一般企业成本支出明细表"（A102010）第 17 行"（一）非流动资产处置损失"、第 18 行"（二）非货币性资产交换损失"、第 19 行"（三）债务重组损失"、第 20 行"（四）非常损失"、第 21 行"（五）盘亏损失"，以及"期间费用明细表"（A104000）"管理费用"相应栏次外，还要填报"纳税调整项目明细表"（A105000）第 33 行"（三）资产损失"相应栏次和"资产损失税前扣除及纳税调整明细表"（A105090）。

表 A105090 根据国家税务总局公告 2011 年第 25 号规定的资产损失申报形式进行分类，列举允许税前扣除的资产损失的主要类型。

表 A105090 第 1 列"资产损失的账载金额"：填报纳税人会计核算计入当期损益的资产损失金额。

表 A105090 第 2 列"资产处置收入"：填报纳税人处置发生损失的资产可收回的残值或处置收益。

表 A105090 第 3 列"赔偿收入"：填报纳税人发生的资产损失，取得的相关责任人、保险公司赔偿的金额。

表 A105090 第 4 列"资产计税基础"：填报按税收规定计算的发生损失时资产的计税基础，含损失资产涉及的不得抵扣增值税进项税额。

表 A105090 第 5 列"资产损失的税收金额"：填报按税收规定允许当期税

前扣除的资产损失金额，为第 4 - 2 - 3 列的余额。即：第 5 列 = 第 4 - 2 - 3 列。

表 A105090 第 6 列“纳税调整金额”：填报第 1 - 5 列的余额。即：第 6 列 = 第 1 - 5 列。

跨地区经营汇总纳税企业在表 A105090 第 1 行至第 6 行、第 8 行填报总机构情况，第 7 行填报各分支机构汇总后情况。

表 A105090 第 14 行第 1 列填入表 A105000 第 34 行第 1 列，第 14 行第 5 列填入表 A105000 第 34 行第 2 列。若第 14 行第 6 列≥0，第 14 行第 6 列 = 表 A105000 第 34 行第 3 列；若第 14 行第 6 列 <0，第 14 行第 6 列的绝对值 = 表 A105000 第 34 行第 4 列。

2017 年版“资产损失税前扣除及纳税调整明细表”（A105090）在取消原“资产损失（专项申报）税前扣除及纳税调整明细表”（A105091）的基础上，对原“资产损失税前扣除及纳税调整明细表”（A105090）和原“资产损失（专项申报）税前扣除及纳税调整明细表”（A105091）的填报项目进行了必要整合。在行次上，保留了原“资产损失税前扣除及纳税调整明细表”（A105090）的填报项目，将“二、专项申报资产损失”项目的相关行次调整为按大类填报，取消原填报明细项目的要求。在列次上，采用了原“资产损失（专项申报）税前扣除及纳税调整明细表”（A105091）的填报项目。从而将“资产损失税前扣除及纳税调整明细表”（A105090）的数据列由账载金额、税收金额、纳税调整金额三列增加到资产损失的账载金额、资产处置收入、赔偿收入、资产计税基础、资产损失的税收金额、纳税调整金额六列。

1. 清单申报资产损失

A105090 第 1 行“一、清单申报资产损失”：填报以清单申报的方式向税务机关申报扣除的资产损失的账载金额、资产处置收入、赔偿收入、资产计税基础、资产损失的税收金额以及纳税调整金额。本行金额等于第 2 行至第 8 行的合计金额。

A105090 第 2 行至第 8 行，分别填报相应清单申报资产损失类型的会计处理、税收规定及纳税调整情况。

2. 专项申报资产损失

A105090 第 9 行“二、专项申报资产损失”：填报以专项申报的方式向税

表 11－1　A105090　　资产损失税前扣除及纳税调整明细表

行次	项目	资产损失的账载金额	资产处置收入	赔偿收入	资产计税基础	资产损失的税收金额	纳税调整金额
		1	2	3	4	5（4－2－3）	6（1－5）
1	一、清单申报资产损失（2＋3＋4＋5＋6＋7＋8）						
2	（一）正常经营管理活动中，按照公允价格销售、转让、变卖非货币资产的损失						
3	（二）存货发生的正常损耗						
4	（三）固定资产达到或超过使用年限而正常报废清理的损失						
5	（四）生产性生物资产达到或超过使用年限而正常死亡发生的资产损失						
6	（五）按照市场公平交易原则，通过各种交易场所、市场等买卖债券、股票、期货、基金以及金融衍生产品等发生的损失						
7	（六）分支机构上报的资产损失						
8	（七）其他						
9	二、专项申报资产损失（10＋11＋12＋13）						
10	（一）货币资产损失						
11	（二）非货币资产损失						
12	（三）投资损失						
13	（四）其他						
14	合计（1＋9）						

务机关申报扣除的资产损失的账载金额、资产处置收入、赔偿收入、资产计税基础、资产损失的税收金额以及纳税调整金额。本行金额等于第10行至第13行的合计金额。

A105090第10行"（一）货币资产损失"：填报企业当年发生的货币资产损失（包括现金损失、银行存款损失和应收及预付款项损失等）的账载金额、资产处置收入、赔偿收入、资产计税基础、货币资产损失的税收金额以及纳税调整金额。

A105090第11行"（二）非货币资产损失"：填报应进行专项申报扣除的非货币资产损失的账载金额、资产处置收入、赔偿收入、资产计税基础、非货币资产损失的税收金额以及纳税调整金额。

A105090第12行"（三）投资损失"：填报应进行专项申报扣除的投资损失的账载金额、资产处置收入、赔偿收入、资产计税基础、投资损失的税收金额以及纳税调整金额。

A105090第13行"（四）其他"：填报应进行专项申报扣除的其他资产损失的账载金额、资产处置收入、赔偿收入、资产计税基础、其他资产损失的税收金额以及纳税调整金额。

第14行"合计"行次：填报第1+9行的合计金额。即：第14行=第1+9行。

三、资产损失税前扣除自行申报制度

在2011年1月1日以前，根据国税发［2009］88号文件第四条和第五条规定，企业非正常资产损失，须经税务机关审批，应按规定时间和程序及时申报。正常损失不需审批，由企业自行申报扣除。由企业自行计算扣除的资产损失项目正列举，没列举到的原则上均需审批；无法准确辨别的，可以向税务机关提出审批申请。

自2011年1月1日起，25号公告取消了资产损失税前扣除审批，改为企业自行申报扣除制度。根据25号公告规定，企业发生的资产损失，应按规定的程序和要求向主管税务机关申报后方能在税前扣除。未经申报的损失，不得在税前扣除。

(一) 清单申报与专项申报

企业资产损失按其申报内容和要求的不同，分为清单申报和专项申报两种申报形式。其中，属于清单申报的资产损失，企业可按会计核算科目进行归类、汇总，然后再将汇总清单报送税务机关，有关会计核算资料和纳税资料留存备查；属于专项申报的资产损失，企业应逐项（或逐笔）申报扣除。

企业在申报资产损失税前扣除过程中不符合上述要求的，根据25号公告规定，税务机关应当要求其改正，企业拒绝改正的，税务机关有权不予受理。

1. 清单申报的资产损失

根据25号公告第九条规定，下列资产损失，应以清单申报的方式向税务机关申报扣除：

（1）企业在正常经营管理活动中，按照公允价格销售、转让、变卖非货币资产的损失；

（2）企业各项存货发生的正常损耗；

（3）企业固定资产达到或超过使用年限而正常报废清理的损失；

（4）企业生产性生物资产达到或超过使用年限而正常死亡发生的资产损失；

（5）企业按照市场公平交易原则，通过各种交易场所、市场等买卖债券、股票、期货、基金以及金融衍生产品等发生的损失。

2. 专项申报的资产损失

除清单申报以外的资产损失，应以专项申报的方式向税务机关申报扣除。企业无法准确判别是否属于清单申报扣除的资产损失，可以采取专项申报的形式申报扣除。

25号公告第十二条规定，企业因国务院决定事项形成的资产损失，应向国家税务总局提供有关资料。国家税务总局审核有关情况后，将损失情况通知相关税务机关。企业应按要求进行专项申报。需要说明的是，根据《国务院关于取消和下放一批行政审批项目的决定》（国发〔2013〕44号），企业因国务院决定事项形成的资产损失税前扣除审批已取消。国家税务总局《关于企业因国务院决定事项形成的资产损失税前扣除问题的公告》（国家税务总局公告2014年第18号，本公告适用于2013年度及以后年度企业所得税申报）进一步明确：自国发〔2013〕44号文件发布之日起，企业因国务院决定事项形成的资产损失，不再上报国家税务总局审核。国家税务总局公告2011年第25号发布的《企业资产损失所得税税前扣除管理办法》第十二条同时废止。企业因国务院决定事项形成的资产损失，应以专项申报的方式向主管税务机关申报扣除。专项申报扣除的有关事项，按照国家税务总局公告2011年第25号规定执行。

3. 总分机构资产损失扣除的申报

25号公告第十一条规定，在中国境内跨地区经营的汇总纳税企业发生的资产损失，应按以下规定申报扣除：

（1）总机构及其分支机构发生的资产损失，除应按专项申报和清单申报的有关规定，各自向当地主管税务机关申报外，各分支机构同时还应上报总机构；

（2）总机构对各分支机构上报的资产损失，除税务机关另有规定外，应以清单申报的形式向当地主管税务机关进行申报；

（3）总机构将跨地区分支机构所属资产捆绑打包转让所发生的资产损失，由总机构向当地主管税务机关进行专项申报。

这里所称的资产捆绑打包转让，是指优质资产与不良资产打包处置，包括实物资产、债权、股权等各类资产。

4. 商业零售企业存货损失的申报

国家税务总局《关于商业零售企业存货损失税前扣除问题的公告》（国家税务总局公告2014年第3号，适用于2013年度及以后年度企业所得税纳税申报）明确：

（1）商业零售企业存货因零星失窃、报废、废弃、过期、破损、腐败、鼠咬、顾客退换货等正常因素形成的损失，为存货正常损失，准予按会计科目进行归类、汇总，然后再将汇总数据以清单的形式进行企业所得税纳税申报，同时出具损失情况分析报告。

（2）商业零售企业存货因风、火、雷、震等自然灾害，仓储、运输失事，重大案件等非正常因素形成的损失，为存货非正常损失，应当以专项申报形式进行企业所得税纳税申报。

（3）存货单笔（单项）损失超过500万元的，无论何种因素形成的，均应以专项申报方式进行企业所得税纳税申报。

（二）申报期限

企业在进行企业所得税年度汇算清缴申报时，可将资产损失申报材料和纳税资料作为企业所得税年度纳税申报表的附件一并向税务机关报送。

属于专项申报的资产损失，企业因特殊原因不能在规定的时限内报送相关资料的，可以向主管税务机关提出申请，经主管税务机关同意后，可适当延期申报。

（三）资产损失与会计处理的协调

根据现行政策规定，已符合资产损失税前扣除条件，但会计未处理，不准在税前扣除；会计上已作处理，但未进行纳税申报，也不准在税前扣除。即纳税申报和会计处理两个条件同时具备，方能在税前扣除。

对实际资产损失，会计处理年度与纳税申报年度一致，可以在当年进行税前扣除；会计上已作处理，但属于会计处理年度以前年度发生的符合税法规定条件的资产损失，可追补确认在实际发生年度进行扣除；会计上已作处理，但不符合税法规定的条件，不得税前扣除。

对于法定资产损失，会计上已作处理，且已符合税法规定的条件，但未进行纳税申报的，不得税前扣除；若在以后年度申报，可以在申报年度扣除，不存在向以前年度追补确认问题。

这里的会计处理年度为决算年度，纳税申报年度为企业所得税年度汇算清缴年度。不能把向税务机关报送申报材料的时点理解为会计处理年度和纳税申报年度。

此外，企业应当建立健全资产损失内部核销管理制度，及时收集、整理、编制、审核、申报、保存资产损失税前扣除证据材料，方便税务机关检查。税务机关应按分项建档、分级管理的原则，建立企业资产损失税前扣除管理台账和纳税档案，及时进行评估。对资产损失金额较大或经评估后发现不符合资产损失税前扣除规定、或存有疑点、异常情况的资产损失，应及时进行核查。对有证据证明申报扣除的资产损失不真实、不合法的，应依法作出税收处理。

四、资产损失证据

根据财税（2009）57号文件规定：企业对其扣除的各项资产损失，应当提供能够证明资产损失确属已实际发生的合法证据，包括具有法律效力的外部证据、具有法定资质的中介机构的经济鉴证证明、具有法定资质的专业机构的技术鉴定证明等。

企业资产损失相关的证据包括具有法律效力的外部证据和特定事项的企业内部证据。

（一）具有法律效力的外部证据

具有法律效力的外部证据，是指司法机关、行政机关、专业技术鉴定部门等依法出具的与本企业资产损失相关的具有法律效力的书面文件，主要包括：

（1）司法机关的判决或者裁定；

（2）公安机关的立案结案证明、回复；

（3）工商部门出具的注销、吊销及停业证明；

（4）企业的破产清算公告或清偿文件；

（5）行政机关的公文；

（6）专业技术部门的鉴定报告；

（7）具有法定资质的中介机构的经济鉴定证明；

（8）仲裁机构的仲裁文书；

（9）保险公司对投保资产出具的出险调查单、理赔计算单等保险单据；

（10）符合法律规定的其他证据。

（二）特定事项的企业内部证据

特定事项的企业内部证据，是指会计核算制度健全、内部控制制度完善的企业，对各项资产发生毁损、报废、盘亏、死亡、变质等内部证明或承担责任的声明，主要包括：

（1）有关会计核算资料和原始凭证；

（2）资产盘点表；

（3）相关经济行为的业务合同；

（4）企业内部技术鉴定部门的鉴定文件或资料；

（5）企业内部核批文件及有关情况说明；

（6）对责任人由于经营管理责任造成损失的责任认定及赔偿情况说明；

（7）法定代表人、企业负责人和企业财务负责人对特定事项真实性承担法律责任的声明。

确认资产损失的证据应具有真实性、合法性、确定性、合理性。以存货盘亏为例，企业申报该项损失时，须提供四方面的证据：

（1）存货盘点表。该项证据代表真实性方面的证据，但是，仅有该项证据是不够的，还须进一步补强这方面证据；

（2）存货保管人对于盘亏的情况说明。该项证据仍属于真实性方面的证据。

（3）盘亏存货的价值确定依据。此项证据既是真实性方面的证据，同时也是确定性方面证据。

（4）企业内部有关责任认定、责任人赔偿说明和内部核批文件。此项证据具有三个方面作用：一是能够证明核销（申报扣除）程序是否符合企业内部规定，即核销是否具有合法性；二是责任人的赔偿是否合理，即损失的确定是否具有合理性；三是责任人的赔偿是否合理，直接关系到损失金额大小，即损失是否具有确定性。

第二节　资产损失税前专项申报扣除

一、货币资产损失

企业货币资产损失包括现金损失、银行存款损失和应收及预付款项损失等。

（一）现金损失及其确认

根据财税［2009］57号文件第二条规定，企业清查出的现金短缺减除责任人赔偿后的余额，作为现金损失在计算应纳税所得额时扣除。

根据25号公告规定，现金损失应依据以下证据材料确认：

(1) 现金保管人确认的现金盘点表（包括倒推至基准日的记录）；

(2) 现金保管人对于短缺的说明及相关核准文件；

(3) 对责任人由于管理责任造成损失的责任认定及赔偿情况的说明；

(4) 涉及刑事犯罪的，应有司法机关出具的相关材料；

(5) 金融机构出具的假币收缴证明。

（二）存款损失及其确认

财税［2009］57号文件第三条规定，企业将货币性资金存入法定具有吸收存款职能的机构，因该机构依法破产、清算，或者政府责令停业、关闭等原因，确实不能收回的部分，作为存款损失在计算应纳税所得额时扣除。

企业因金融机构清算而发生的存款类资产损失应依据以下证据材料确认：

(1) 企业存款类资产的原始凭据；

(2) 金融机构破产、清算的法律文件；

(3) 金融机构清算后剩余资产分配情况资料。

25公告第二十一条第二款明确，金融机构应清算而未清算超过3年的，企业可将该款项确认为资产损失，但应有法院或破产清算管理人出具的未完成清算证明。这是一种法定资产损失。

（三）坏账损失及其确认

1. 坏账损失的确认条件

财税［2009］57号文件第四条规定，企业除贷款类债权外的应收、预付账款符合下列条件之一的，减除可收回金额后确认的无法收回的应收、预付款项，可以作为坏账损失在计算应纳税所得额时扣除：

(1) 债务人依法宣告破产、关闭、解散、被撤销，或者被依法注销、吊销营业执照，其清算财产不足清偿的；

（2）债务人死亡，或者依法被宣告失踪、死亡，其财产或者遗产不足清偿的；

（3）债务人逾期3年以上未清偿，且有确凿证据证明已无力清偿债务的；

（4）与债务人达成债务重组协议或法院批准破产重整计划后，无法追偿的；

（5）因自然灾害、战争等不可抗力导致无法收回的；

（6）国务院财政、税务主管部门规定的其他条件。

2. 坏账损失的确认证据

根据25号公告第二十二条规定，企业应收及预付款项坏账损失应依据以下相关证据材料确认：

（1）相关事项合同、协议或说明；

（2）属于债务人破产清算的，应有人民法院的破产、清算公告；

（3）属于诉讼案件的，应出具人民法院的判决书或裁决书或仲裁机构的仲裁书，或者被法院裁定终（中）止执行的法律文书；

（4）属于债务人停止营业的，应有工商部门注销、吊销营业执照证明；

（5）属于债务人死亡、失踪的，应有公安机关等有关部门对债务人个人的死亡、失踪证明；

（6）属于债务重组的，应有债务重组协议及其债务人重组收益纳税情况说明；

（7）属于自然灾害、战争等不可抗力而无法收回的，应有债务人受灾情况说明以及放弃债权申明。

3. 逾期应收款项损失的认定

25号公告第二十三条明确：企业逾期3年以上的应收款项在会计上已作为损失处理的，可以作为坏账损失，但应说明情况，并出具专项报告。这是一种法定资产损失。

25号公告第二十四条规定：企业逾期1年以上，单笔数额不超过5万元或者不超过企业年度收入总额万分之一的应收款项，会计上已经作为损失处理的，可以作为坏账损失，但应说明情况，并出具专项报告。这也是一种法定资产损失。

同时，25 号公告还明确各类垫款及企业间往来款项，即其他应收款项，符合条件的，准予在税前扣除。

二、非货币资产损失的确认

企业非货币资产损失包括存货损失、固定资产损失、无形资产损失、在建工程损失、生产性生物资产损失等。

（一）存货和工程物资损失

1. 会计处理

《企业会计准则第 1 号——存货》（以下简称存货准则）第二十一条规定：企业发生的存货毁损，应当将处置收入扣除账面价值和相关税费后的金额计入当期损益。存货的账面价值是存货成本扣减累计跌价准备后的金额。存货盘亏造成的损失，应当计入当期损益。

存货发生的盘亏或毁损，应作为待处理财产损溢核算。按管理权限报经批准后，根据造成存货盘亏或毁损的原因，分别以下情况处理：

（1）属于计量收发差错和管理不善等原因造成的存货短缺，应先扣除残料价值、可以收回的保险赔偿和过失人赔偿，将净损失计入管理费用。

（2）属于自然灾害等非正常原因造成的存货毁损，应先扣除处置收入（如残料价值）、可收回的保险赔偿和过失人赔偿，将净损失计入营业外支出。

2. 申报扣除方式

企业在正常经营管理活动中，按照公允价格销售、转让、变卖存货发生的损失，企业各项存货发生的正常损耗，属于清单申报扣除的资产损失。除此以外的存货损失，属于专项申报扣除的资产损失。

3. 存货盘亏损失

根据财税［2009］57 号文件规定，对企业盘亏的存货，以该存货的成本减除责任人赔偿后的余额，作为存货盘亏损失在计算应纳税所得额时扣除。

25 号公告第二十六条规定，存货盘亏损失，为其盘亏金额扣除责任人赔偿后的余额，应依据以下证据材料确认：

（1）存货计税成本确定依据；

（2）企业内部有关责任认定、责任人赔偿说明和内部核批文件；

（3）存货盘点表；

（4）存货保管人对于盘亏的情况说明。

4. 存货被盗损失

根据财税［2009］57号文件第九条规定，企业被盗的存货，以该存货的成本减除保险赔款和责任人赔偿后的余额，作为存货被盗损失在计算应纳税所得额时扣除。

25号公告第二十八条进一步规定，存货被盗损失，为其计税成本扣除保险理赔以及责任人赔偿后的余额，应依据以下证据材料确认：

（1）存货计税成本的确定依据；

（2）向公安机关的报案记录；

（3）涉及责任人和保险公司赔偿的，应有赔偿情况说明等。

5. 存货毁损、报废或变质损失

根据财税［2009］57号文件第八条规定，对企业毁损、报废的存货，以该存货的成本减除残值、保险赔款和责任人赔偿后的余额，作为存货毁损、报废损失在计算应纳税所得额时扣除。

25号公告第二十七条进一步明确，存货报废、毁损或变质损失，为其计税成本扣除残值及责任人赔偿后的余额，应依据以下证据材料确认：

（1）存货计税成本的确定依据；

（2）企业内部关于存货报废、毁损、变质、残值情况说明及核销资料；

（3）涉及责任人赔偿的，应当有赔偿情况说明；

（4）该项损失数额较大的（指占企业该类资产计税成本10%以上，或减少当年应纳税所得、增加亏损10%以上，下同），应有专业技术鉴定意见或法定资质中介机构出具的专项报告等。

6. 开发产品损失

国税发［2009］31号文件第二十三条规定，企业开发产品（以成本对象为计量单位）整体报废或毁损，其净损失按有关规定审核确认后准予在税前扣除。

国税发［2009］31号文件第二十二条规定，企业因国家无偿收回土地使用权而形成的损失，可作为财产损失按有关规定在税前扣除。

房地产开发企业的土地使用权，如果没有立项，应记入“无形资产——土地使用权”核算；如果已立项，未开发或开发产品未完工，应记入“开发成本”；如果开发产品已完工，应记入“开发产品”，因此，因国家无偿收回土地使用权而形成的损失，应区别情形分别按无形资产损失、存货损失确认。

7. 工程物资损失

根据25号公告第三十三条规定，工程物资发生损失，可比照有关存货损失的规定确认。

需要说明的是，企业因存货盘亏、毁损、报废、被盗等原因不得从增值税销项税额中抵扣的进项税额，可以与存货损失一起在计算应纳税所得额时扣除。

（二）固定资产损失

1. 会计处理

根据《企业会计准则第4号——固定资产》（以下简称固定资产准则）第21条规定，固定资产满足下列条件之一的，应当予以终止确认：

（1）该固定资产处于处置状态；

（2）该固定资产预期通过使用或处置不能产生经济利益。

固定资产准则第二十三条规定，企业出售、转让、报废固定资产或发生固定资产毁损，应当将处置收入扣除账面价值和相关税费后的金额计入当期损益。固定资产的账面价值是固定资产成本扣减累计折旧和累计减值准备后的金额。固定资产盘亏造成的损失，应当计入当期损益。

根据企业会计准则，企业应设置“固定资产清理”科目，核算企业因出售、报废、毁损、对外投资、非货币性资产交换、债务重组等原因转出的固定资产价值以及在清理过程中发生的费用等。企业因出售、报废、毁损、对外投资、非货币性资产交换、债务重组等转出的固定资产，按该项固定资产的账面价值，借记本科目，按已计提的累计折旧，借记“累计折旧”科目，按其账面原价，贷记“固定资产”科目。已计提减值准备的，还应同时结转减值准备。固定资产清理完成后，属于生产经营期间正常的处理损失，借记“营业外支出——处置非流动资产损失”科目，贷记本科目；属于自然灾害等非正常原因造成的损失，借记“营业外支出——非常损失”科目，贷记本科目。如为贷方余额，借记本科目，贷记“营业外收入”科目。本科目期末借方余额，反映企业尚未清理完毕的固定资产清理净损失。

2. 申报扣除方式

企业在正常经营管理活动中按照公允价格销售、转让、变卖固定资产的损失，以及企业固定资产达到或超过使用年限而正常报废清理的损失，由企业清单申报扣除。除此以外的固定资产损失，企业应采用专项申报扣除。

3. 毁损、报废的固定资产损失

根据财税［2009］57 号文件第八条规定，对企业毁损、报废的固定资产，以该固定资产的账面净值减除残值、保险赔款和责任人赔偿后的余额，作为固定资产毁损、报废损失在计算应纳税所得额时扣除。

25 号公告第三十条进一步明确，固定资产报废、毁损损失，为其账面净值扣除残值和责任人赔偿后的余额，应依据以下证据材料确认：

（1）固定资产的计税基础相关资料；

（2）企业内部有关责任认定和核销资料；

（3）企业内部有关部门出具的鉴定材料；

（4）涉及责任赔偿的，应当有赔偿情况的说明；

（5）损失金额较大的或自然灾害等不可抗力原因造成固定资产毁损、报废的，应有专业技术鉴定意见或法定资质中介机构出具的专项报告等。

4. 被盗的固定资产损失

根据财税［2009］57 号文件第九条规定，对企业被盗的固定资产，以该固定资产的账面净值减除保险赔款和责任人赔偿后的余额，作为固定资产被盗损失在计算应纳税所得额时扣除。

25 号公告第三十一条规定，固定资产被盗损失，为其账面净值扣除责任人赔偿后的余额，应依据以下证据材料确认：

（1）固定资产计税基础相关资料；

（2）公安机关的报案记录，公安机关立案、破案和结案的证明材料；

（3）涉及责任赔偿的，应有赔偿责任的认定及赔偿情况的说明等。

5. 盘亏、丢失的固定资产损失

根据财税［2009］57 号文件第七条规定，对企业盘亏的固定资产，以该固定资产的账面净值减除责任人赔偿后的余额，作为固定资产盘亏损失在计算应纳税所得额时扣除。

25 号公告第二十九条进一步规定，固定资产盘亏、丢失损失，为其账面净值扣除责任人赔偿后的余额，应依据以下证据材料确认：

（1）企业内部有关责任认定和核销资料；

（2）固定资产盘点表；

（3）固定资产的计税基础相关资料；

（4）固定资产盘亏、丢失情况说明；

（5）损失金额较大的，应有专业技术鉴定报告或法定资质中介机构出具的专项报告等。

企业因固定资产盘亏、毁损、报废、被盗等原因不得从增值税销项税额中抵扣的进项税额，可以与固定资产损失一起在计算应纳税所得额时扣除。

6. 输电线路部分报废损失

国家税务总局《关于电网企业输电线路部分报废损失税前扣除问题的公告》（国家税务总局公告 2010 年第 30 号）对电网企业输电铁塔和线路损失企业所得税税前扣除问题作出如下规定，自 2011 年 1 月 1 日起（2010 年度没有处理的事项，按照本公告规定执行）执行。

（1）由于加大水电送出和增强电网抵御冰雪能力需要等原因，电网企业对原有输电线路进行改造，部分铁塔和线路拆除报废，形成部分固定资产损失。考虑到该部分资产已形成实质性损失，可以按照有关税收规定作为企业固定资产损失允许税前扣除。

（2）上述部分固定资产损失，应按照该固定资产的总计税价格，计算每基铁塔和每公里线路的计税价格后，根据报废的铁塔数量和线路长度以及已计提折旧情况确定。

（3）上述报废的部分固定资产，其中部分能够重新利用的，应合理计算价格，冲减当年度固定资产损失。

（4）新投资建设的线路和铁塔，应单独作为固定资产，在投入使用后，按照税收的规定计提折旧。

（三）在建工程损失

根据 25 号公告第三十二条规定，在建工程停建、报废损失，为其工程项目投资账面价值扣除残值后的余额，应依据以下证据材料确认：

（1）工程项目投资账面价值确定依据；

（2）工程项目停建原因说明及相关材料；

（3）因质量原因停建、报废的工程项目和因自然灾害和意外事故停建、报废的工程项目，应出具专业技术鉴定意见和责任认定、赔偿情况的说明等。

（四）生产性生物资产损失

1. 生产性生物资产盘亏损失

根据25号公告第三十四条规定，生产性生物资产盘亏损失，为其账面净值扣除责任人赔偿后的余额，应依据以下证据材料确认：

（1）生产性生物资产盘点表；

（2）生产性生物资产盘亏情况说明；

（3）生产性生物资产损失金额较大的，企业应有专业技术鉴定意见和责任认定、赔偿情况的说明等。

2. 生产性生物资产病亡损失

根据25号公告第三十五条规定，因森林病虫害、疫情、死亡而产生的生产性生物资产损失，为其账面净值扣除残值、保险赔偿和责任人赔偿后的余额，应依据以下证据材料确认：

（1）损失情况说明；

（2）责任认定及其赔偿情况的说明；

（3）损失金额较大的，应有专业技术鉴定意见。

3. 生产性生物资产被盗、丢失损失

根据25号公告第三十六条规定，对被盗伐、被盗、丢失而产生的生产性生物资产损失，为其账面净值扣除保险赔偿以及责任人赔偿后的余额，应依据以下证据材料确认：

（1）生产性生物资产被盗后，向公安机关的报案记录或公安机关立案、破案和结案的证明材料；

（2）责任认定及其赔偿情况的说明。

（五）无形资产损失

根据25号公告第三十八条规定，被其他新技术所代替或已经超过法律保护期限，已经丧失使用价值和转让价值，尚未摊销的无形资产损失，应提交以下证据材料：

（1）会计核算资料；

（2）企业内部核批文件及有关情况说明；

（3）技术鉴定意见和企业法定代表人、主要负责人和财务负责人签章证实无形资产已无使用价值或转让价值的书面申明；

（4）无形资产的法律保护期限文件。

25号公告将“无形资产”纳入资产损失范畴，可以在税前扣除，避免了实际工作中的意见分歧。而国税发［2009］88文件没有明确规定。

此外，由于固定资产改建支出和大修理支出，此两项支出可以作为长期待摊费用进行处理，即在固定资产尚可使用的年限内扣除，或在不短于三年的期限扣除。而无形资产改良、升级、淘汰如何进行处理，是视同长期待摊费用还是资产损失，有待税务总局明确。

三、投资损失的确认

企业投资损失包括债权性投资损失和股权（权益）性投资损失。根据25号公告第四十三条规定，企业委托金融机构向其他单位贷款，或委托其他经营机构进行理财，到期不能收回贷款或理财款项，按照25号公告中的第六章有关投资损失相关规定进行处理。

（一）股权投资损失

1. 股权投资损失的确认条件

根据财税［2009］57号文件第六条规定，企业的股权投资符合下列条件之一的，减除可收回金额后确认的无法收回的股权投资，可以作为股权投资损失在计算应纳税所得额时扣除：

（1）被投资方依法宣告破产、关闭、解散、被撤销，或者被依法注销、吊销营业执照的；

（2）被投资方财务状况严重恶化，累计发生巨额亏损，已连续停止经营3年以上，且无重新恢复经营改组计划的；

（3）对被投资方不具有控制权，投资期限届满或者投资期限已超过10年，且被投资单位因连续3年经营亏损导致资不抵债的；

（4）被投资方财务状况严重恶化，累计发生巨额亏损，已完成清算或清算期超过3年以上的；

（5）国务院财政、税务主管部门规定的其他条件。

2. 股权投资损失的确认证据

根据25号公告第四十一条规定，企业股权投资损失应依据以下相关证据材料确认：

（1）股权投资计税基础证明材料；

（2）被投资企业破产公告、破产清偿文件；

（3）工商行政管理部门注销、吊销被投资单位营业执照文件；

（4）政府有关部门对被投资单位的行政处理决定文件；

（5）被投资企业终止经营、停止交易的法律或其他证明文件；

（6）被投资企业资产处置方案、成交及入账材料；

（7）企业法定代表人、主要负责人和财务负责人签章证实有关投资（权益）性损失的书面申明；

（8）会计核算资料等其他相关证据材料。

被投资企业依法宣告破产、关闭、解散或撤销、吊销营业执照、停止生产经营活动、失踪等，应出具资产清偿证明或者遗产清偿证明。

上述事项超过3年以上且未能完成清算的，应出具被投资企业破产、关闭、解散或撤销、吊销等的证明以及不能清算的原因说明。

3. 税前扣除时间

《关于企业股权投资损失所得税处理问题的公告》（国家税务总局公告2010年第6号）规定，自2010年1月1日起，企业对外进行权益性（以下简称股权）投资所发生的损失，在经确认的损失发生年度，作为企业损失在计算企业应纳税所得额时一次性扣除。本规定发布以前，企业发生的尚未处理的股权投资损失，按照本规定，准予在2010年度一次性扣除。

（二）债权投资损失

1. 贷款损失的确认条件

根据财税［2009］57号文件规定，企业经采取所有可能的措施和实施必要的程序之后，符合下列条件之一的贷款类债权，可以作为贷款损失在计算应纳税所得额时扣除：

（1）借款人和担保人依法宣告破产、关闭、解散、被撤销，并终止法人资格，或者已完全停止经营活动，被依法注销、吊销营业执照，对借款人和担保人进行追偿后，未能收回的债权；

（2）借款人死亡，或者依法被宣告失踪、死亡，依法对其财产或者遗产进行清偿，并对担保人进行追偿后，未能收回的债权；

（3）借款人遭受重大自然灾害或者意外事故，损失巨大且不能获得保险补偿，或者已保险赔偿后，确实无力偿还部分或者全部债务，对借款人财产进行清偿和对担保人进行追偿后，未能收回的债权；

（4）借款人触犯刑律，依法受到制裁，其财产不足归还所借债务，又无其他债务承担者，经追偿后确实无法收回的债权；

（5）由于借款人和担保人不能偿还到期债务，企业诉诸法律，经法院对借款人和担保人强制执行，借款人和担保人均无财产可执行，法院裁定执行程序终结或终止（中止）后，仍无法收回的债权；

（6）由于借款人和担保人不能偿还到期债务，企业诉诸法律后，经法院调解或经债权人会议通过，与借款人和担保人达成和解协议或重整协议，在借款人和担保人履行完还款义务后，无法追偿的剩余债权；

（7）由于上述（1）至（6）项原因借款人不能偿还到期债务，企业依法取得抵债资产，抵债金额小于贷款本息的差额，经追偿后仍无法收回的债权；

（8）开立信用证、办理承兑汇票、开具保函等发生垫款时，凡开证申请人和保证人由于上述（1）至（7）项原因，无法偿还垫款，金融企业经追偿后仍无法收回的垫款；

（9）银行卡持卡人和担保人由于上述（1）至（7）项原因，未能还清透支款项，金融企业经追偿后仍无法收回的透支款项；

（10）助学贷款逾期后，在金融企业确定的有效追索期限内，依法处置助学贷款抵押物（质押物），并向担保人追索连带责任后，仍无法收回的贷款；

（11）经国务院专案批准核销的贷款类债权；

（12）国务院财政、税务主管部门规定的其他条件。

2. 债权投资损失的证据

根据25号公告第四十条规定，企业债权投资损失应依据投资的原始凭证、合同或协议、会计核算资料等相关证据材料确认。下列情况的债权投资损失，还应出具相关证据材料：

（1）债务人或担保人依法被宣告破产、关闭、被解散或撤销、被吊销营业执照、失踪或者死亡等，应出具资产清偿证明或者遗产清偿证明。无法出具资产清偿证明或者遗产清偿证明，且上述事项超过3年以上的，或债权投资（包括信用卡透支和助学贷款）余额在300万元以下的，应出具对应的债务人和担保人破产、关闭、解散证明、撤销文件、工商行政管理部门注销证明或查询证明以及追索记录等（包括司法追索、电话追索、信件追索和上门追索等原始记录）；

（2）债务人遭受重大自然灾害或意外事故，企业对其资产进行清偿和对担保人进行追偿后，未能收回的债权，应出具债务人遭受重大自然灾害或意外事故证明、保险赔偿证明、资产清偿证明等；

（3）债务人因承担法律责任，其资产不足归还所借债务，又无其他债务承担者的，应出具法院裁定证明和资产清偿证明；

（4）债务人和担保人不能偿还到期债务，企业提出诉讼或仲裁的，经人民法院对债务人和担保人强制执行，债务人和担保人均无资产可执行，人民法院裁定终结或终止（中止）执行的，应出具人民法院裁定文书；

（5）债务人和担保人不能偿还到期债务，企业提出诉讼后被驳回起诉的、人民法院不予受理或不予支持的，或经仲裁机构裁决免除（或部分免除）债务人责任，经追偿后无法收回的债权，应提交法院驳回起诉的证明，或法院不予受理或不予支持证明，或仲裁机构裁决免除债务人责任的文书；

（6）经国务院专案批准核销的债权，应提供国务院批准文件或经国务院同意后由国务院有关部门批准的文件。

需要说明的是：

（1）资产清偿证明，必须是外部的，包括债务人（含担保人）、被投资单位或第三方。终止（中止）执行必须按《破产法》的有关规定进行估算，并出具专项说明。估算时一般需要中介机构参与。

（2）债权和股权出售（包括捆绑资产损失）必须按市场的方式操作，操作不当损失，属于合法业务，但由于个人原因操作不当而产生的损失，可以扣除；属于违法经营活动而产生的损失，不允许税前扣除。

（三）不得扣除的投资损失

根据25号公告规定，下列股权和债权不得作为损失在税前扣除：

（1）债务人或者担保人有经济偿还能力，未按期偿还的企业债权；

（2）违反法律、法规的规定，以各种形式、借口逃废或悬空的企业债权；

（3）行政干预逃废或悬空的企业债权；

（4）企业未向债务人和担保人追偿的债权；

（5）企业发生非经营活动的债权；

（6）其他不应当核销的企业债权和股权。

四、其他资产损失

（一）资产捆绑出售损失

25号公告第四十七条规定，企业将不同类别的资产捆绑（打包），以拍卖、询价、竞争性谈判、招标等市场方式出售，其出售价格低于计税成本的差额，可以作为资产损失并准予在税前申报扣除，但应出具资产处置方案、各类资产作价依据、出售过程的情况说明、出售合同或协议、成交及入账证明、资产计税基础等确定依据。

（二）操作不当、业务创新但政策不明形成的损失

25号公告第四十八条规定，企业正常经营业务因内部控制制度不健全而出现操作不当、不规范或因业务创新但政策不明确、不配套等原因形成的资产损失，应由企业承担的金额，可以作为资产损失并准予在税前申报扣除，但应出具损失原因证明材料或业务监管部门定性证明、损失专项说明。

（三）刑事案件形成的损失

25 号公告第四十九条规定，企业因刑事案件原因形成的损失，应由企业承担的金额，或经公安机关立案侦查 2 年以上仍未追回的金额，可以作为资产损失并准予在税前申报扣除，但应出具公安机关、人民检察院的立案侦查情况或人民法院的判决书等损失原因证明材料。

（四）抵押资产损失

25 号公告第三十七条规定：企业由于未能按期赎回抵押资产，使抵押资产被拍卖或变卖，其账面净值大于变卖价值的差额，可认定为资产损失，按以下证据材料确认：

（1）抵押合同或协议书；

（2）拍卖或变卖证明、清单；

（3）会计核算资料等其他相关证据材料。

（五）担保责任损失

企业对外提供与本企业生产经营活动有关的担保，因被担保人不能按期偿还债务而承担连带责任，经追索，被担保人无偿还能力，对无法追回的金额，比照 25 号公告有关应收款项损失进行处理。

与本企业生产经营活动有关的担保是指企业对外提供的与本企业应税收入、投资、融资、材料采购、产品销售等生产经营活动相关的担保。

国税发［2009］31 号文件第十九条规定，企业采取银行按揭方式销售开发产品的，凡约定企业为购买方的按揭贷款提供担保的，其销售开发产品时向银行提供的保证金（担保金）不得从销售收入中减除，也不得作为费用在当期税前扣除，但实际发生损失时可据实扣除。

（六）向关联企业转让资产损失

企业按独立交易原则向关联企业转让资产而发生的损失，或向关联企业提供借款、担保而形成的债权损失，准予扣除，但企业应作专项说明，同时出具中介机构出具的专项报告及其相关的证明材料。

五、资产损失资料留存备查

根据《国家税务总局关于企业所得税资产损失资料留存备查有关事项的公告》（国家税务总局公告2018年第15号）规定，企业向税务机关申报扣除资产损失，仅需填报企业所得税年度纳税申报表“资产损失税前扣除及纳税调整明细表”，不再报送资产损失相关资料。相关资料由企业留存备查。企业应当完整保存资产损失相关资料，保证资料的真实性、合法性。

此外，部分省级税务机关也发布了关于资产损失税前扣除的具体实施办法，如原四川省地方税务局曾发布四川省地方税务局公告2012年第2号（该公告在国、地税合并期间宣告废止了），对资产损失税前扣除的证据资料、申报流程等事项作了具体规定。请实时关注当地税务机关发布的规范性文件。

六、纳税调整模型与应对（见表11－2）

表11－2

对应风险特征编号、名称	资产损失税前扣除提示	指标类型	[ ] 涉嫌偷逃骗税类 [√] 一般税收流失类 [ ] 税收行为管理类
适用范围	企业所得税查账征收企业	主题事项（指标分类）	企业所得税汇缴申报表表间逻辑分析
适用税种、税目	企业所得税	涉及会计科目	资产减值损失、减值准备
税收政策依据及内容摘要	《企业所得税法》及其实施条例，国家税务总局公告2011年第25号		
相关法律（含行业管理规定）及内容摘要			
数据来源（可多选）	[ ] 税务登记 [√] 认定信息 [ ] 财务报表 [ ] 代开发票信息 [√] 申报表 [ ] 入库税款 [ ] 国际税收情报交换数据 [ ] 第三方数据（××局、互联网采集数据）[ ] 其他数据		

续表

数据内容	认定信息——企业所得税查账征收；申报表——企业所得税年度纳税申报表（A表）A102010 第17、18、19、20、24、25行，A105090 第14行第1列				
指标属性	积分度量类别	指标层级	指标性质	是否需要反馈	是否适用纳税提醒
	[ ] 计税依据 [ ] 税款 [ ] 比例 [√] 其他	[√] 一级指标 [ ] 二级指标	[ ] 主要 [√] 辅助	[ ] 是 [√] 否	[ ] 是 [√] 否
指标描述	企业营业外支出中有损失类支出，但未在对应的资产损失表中反映，可能存在未按要求进行资产损失资料提交的风险。通过对规定期限内营业外支出中资产损失金额与资产损失税前扣除申报数进行比对。				
指标公式	【非流动资产处置损失】A102010 第17行 【非货币性资产交换损失】A102010 第18行 【债务重组损失】A102010 第19行 【非常损失】A102010 第20行 【坏账损失】A102010 第24行 【无法收回的债券股权投资损失】A102010 第25行 【资产损失税前扣除申报数】A105090 第14行第1列 【营业外支出中资产损失金额】= NVL（【非流动资产处置损失】，0）+ NVL（【非货币性资产交换损失】，0）+ NVL（【债务重组损失】，0）+ NVL（【非常损失】，0）+ NVL（【坏账损失】，0）+ NVL（【无法收回的债券股权投资损失】，0）				
风险识别条件	【营业外支出中资产损失金额】－【资产损失税前扣除申报数】＞【预警值】				
预警参考值	0				
加工周期	（与数据所属期不同）[ ] 月　[ ] 季　[ ] 半年　[√] 年 [ ] 一次性				
预警参考值维护级别	[√] 省　[ ] 市　[ ] 县（市、区）				
税务机关提示信息	【纳税人名称】（【纳税人识别号】）：该单位在【年度】年企业所得税年度纳税申报表 A102010 一般企业成本支出明细表中营业外支出有资产损失类支出【营业外支出中资产损失金额】元，A105090 资产损失税前扣除及纳税调整明细表中资产损失税前扣除申报数为【资产损失税前扣除申报数】元，是否履行资产损失清单或专项申报手续，请核查。				
纳税人提示信息	【纳税人名称】（【纳税人识别号】）：您单位【年度】年企业所得税年度纳税申报表 A102010 一般企业成本支出明细表中营业外支出有资产损失类支出【营业外支出中资产损失金额】元，A105090 资产损失税前扣除及纳税调整明细表中资产损失税前扣除申报数为【资产损失税前扣除申报数】元，是否履行资产损失清单或专项申报手续，请核查。				

续表

应对策略	一、风险数据的系统校验（案头审核） 1. 通过查询统计（核心征管）——申报——中华人民共和国企业所得税年度纳税申报表查询（通用查询岗）—A102010 第 16、21、22、23、26 行（相减得营业外支出中资产损失金额） 2. 通过查询统计（核心征管）——申报——中华人民共和国企业所得税年度纳税申报表查询（通用查询岗）——A105090 第 14 行第 1 列（资产损失税前扣除申报数） 二、询问约谈资料要求（报送资料） 各类资产损失备案留存资料。 三、核查内容 1. 核查企业基础登记信息和认定信息的准确性。 2. 核实是否进行资产损失备案，是否按照要求提供备案资料。 3. 核实是否符合损失，允许税前扣除。 4. 存在少缴纳税款情形的，通知纳税人补缴并按规定加滞纳金。
备注	

第十二章 政策性搬迁纳税调整

第一节 政策性搬迁的纳税调整

企业政策性搬迁，是指由于社会公共利益的需要，在政府主导下企业进行整体搬迁或部分搬迁。为规范搬迁业务的财务与会计核算，财政部先后下发了《关于企业收到政府拨给的搬迁补偿款有关财务处理问题的通知》（财企〔2005〕123号）、《关于印发〈企业会计准则解释第3号〉的通知》（财会〔2009〕8号），对企业收到政府给予的补偿款的财务处理作出规定。

为进一步规范政策性搬迁所得税征收管理，堵塞征管漏洞，国家税务总局对《关于企业政策性搬迁或处置收入有关企业所得税处理问题的通知》（国税函〔2009〕118号）进行了修改、完善，先后发布了《企业政策性搬迁所得税管理办法》（国家税务总局公告2012年第40号）、《关于企业政策性搬迁所得税有关问题的公告》（国家税务总局公告2013年第11号）等规定，自2012年10月1日起施行。

一、政府拨给搬迁补偿款的财务处理

（一）《企业会计准则》的处理

根据《企业会计准则解释第3号》（财会〔2009〕8号）的规定，企业因城镇整体规划、库区建设、棚户区改造、沉陷区治理等公共利益进行搬迁，收到政府从财政预算直接拨付的搬迁补偿款，应作为专项应付款处理。其中，属于对企业在搬迁和重建过程中发生的固定资产和无形资产损失、有关费用性支出、停工损失及搬迁后拟新建资产进行补偿的，应自专项应付款转入递延收益，并按照《企业会计准则第16号——政府补助》进行会计处理。企业取得的搬迁补偿款扣除转入递延收益的金额后如有结余的，应当作为资本公积处理。企业收到除上述之外的搬迁补偿款，应当按照《企业会计准则第4号——固定资产》、《企业会计准则第16号——政府补助》等会计准则进行处理。

（二）未执行《企业会计准则》的处理

未执行企业会计准则的企业，应按照财企〔2005〕123号文件的下列规定对政策性搬迁进行财务处理。

（1）企业收到政府拨给的搬迁补偿款，作为专项应付款核算。搬迁补偿款存款利息，一并转增专项应付款。

（2）企业在搬迁和重建过程中发生的损失或费用，区分以下情况进行处理：

①因搬迁出售、报废或毁损的固定资产，作为固定资产清理业务核算，其净损失核销专项应付款；

②机器设备因拆卸、运输、重新安装、调试等原因发生的费用，直接核销专项应付款；

③企业因搬迁而灭失的、原已作为资产单独入账的土地使用权，直接核销专项应付款；

④用于安置职工的费用支出，直接核销专项应付款。

（3）企业搬迁结束后，专项应付款如有余额，作调增资本公积金处理，由此增加的资本公积金由全体股东共享；专项应付款如有不足，应计入当期损益。

企业收到的政府拨给的搬迁补偿款的总额及搬迁结束后计入资本公积金或当期损益的金额应当单独披露。

二、政策性搬迁纳税调整明细表及其适用

“政策性搬迁纳税调整明细表”（A105110，如表12－1所示）适用于发生政策性搬迁纳税调整项目的纳税人在完成搬迁年度及以后进行损失分期扣除的年度填报。纳税人根据《企业所得税法》及其实施条例、《国家税务总局关于发布〈企业政策性搬迁所得税管理办法〉的公告》（国家税务总局公告2012年第40号）、《国家税务总局关于企业政策性搬迁所得税有关问题的公告》（国家税务总局公告2013年第11号）等相关规定，以及国家统一企业会计制度，填报企业政策性搬迁项目的相关会计处理、税收规定及纳税调整情况。

“政策性搬迁纳税调整明细表”（A105110）第1行“一、搬迁收入”至第21行“搬迁损失分期扣除”的金额，按照税收规定确认的政策性搬迁清算累计数填报。

若第24行（纳税调整金额）≥0，将第24行填入表A105000第38行（政策性搬迁）第3列（调增金额）；若第24行＜0，将第24行的绝对值填入表A105000第38行第4列（调减金额）。

表12－1　A105110　　政策性搬迁纳税调整明细表

行次	项目	金额
1	一、搬迁收入（2＋8）	
2	（一）搬迁补偿收入（3＋4＋5＋6＋7）	
3	1. 对被征用资产价值的补偿	
4	2. 因搬迁、安置而给予的补偿	
5	3. 对停产停业形成的损失而给予的补偿	

续表

行次	项目	金额
6	4. 资产搬迁过程中遭到毁损而取得的保险赔款	
7	5. 其他补偿收入	
8	（二）搬迁资产处置收入	
9	二、搬迁支出（10 + 16）	
10	（一）搬迁费用支出（11 + 12 + 13 + 14 + 15）	
11	1. 安置职工实际发生的费用	
12	2. 停工期间支付给职工的工资及福利费	
13	3. 临时存放搬迁资产而发生的费用	
14	4. 各类资产搬迁安装费用	
15	5. 其他与搬迁相关的费用	
16	（二）搬迁资产处置支出	
17	三、搬迁所得或损失（1 - 9）	
18	四、应计入本年应纳税所得额的搬迁所得或损失（19 + 20 + 21）	
19	其中：搬迁所得	
20	搬迁损失一次性扣除	
21	搬迁损失分期扣除	
22	五、计入当期损益的搬迁收益或损失	
23	六、以前年度搬迁损失当期扣除金额	
24	七、纳税调整金额（18 - 22 - 23）	

第二节　政策性搬迁的所得税处理

自2012年10月1日起，企业应按《企业政策性搬迁所得税管理办法》（国家税务总局公告2012年第40号）和《国家税务总局关于企业政策性搬迁所得税有关问题的公告》（国家税务总局公告2013年第11号）的要求，就政策性搬迁过程中涉及的搬迁收入、搬迁支出、搬迁资产税务处理、搬迁所得等所得税征收管理事项，单独进行税务管理和核算。不能单独进行税务管理和核算的，应视为企业自行搬迁或商业性搬迁等非政策性搬迁进行所得税处理，不执行上述公告的相关处理规定。

一、企业政策性搬迁的界定

企业政策性搬迁，是指由于社会公共利益的需要，在政府主导下企业进行整体搬迁或部分搬迁。企业由于下列需要之一，提供相关文件证明资料的，属于政策性搬迁：

1. 国防和外交的需要；

2. 由政府组织实施的能源、交通、水利等基础设施的需要；

3. 由政府组织实施的科技、教育、文化、卫生、体育、环境和资源保护、防灾减灾、文物保护、社会福利、市政公用等公共事业的需要；

4. 由政府组织实施的保障性安居工程建设的需要；

5. 由政府依照《中华人民共和国城乡规划法》有关规定组织实施的对危房集中、基础设施落后等地段进行旧城区改建的需要；

6. 法律、行政法规规定的其他公共利益的需要。

政策性搬迁与非政策性搬迁的主要区别体现在：一是企业取得搬迁补偿收入，不立即作为当年度的应税收入征税，而是在搬迁周期内，扣除搬迁支出后统一核算；二是给予最长五年的搬迁期限；三是企业以前年度发生尚未弥补的亏损的，搬迁期间从法定亏损结转年限中减除。

二、搬迁收入

（一）搬迁收入的范围

企业的搬迁收入，包括搬迁过程中从本企业以外（包括政府或其他单位）取得的搬迁补偿收入，以及本企业搬迁资产处置收入等。

企业取得的搬迁补偿收入，是指企业由于搬迁取得的货币性和非货币性补偿收入。具体包括：

（1）对被征用资产价值的补偿；

（2）因搬迁、安置而给予的补偿；

（3）对停产停业形成的损失而给予的补偿；

（4）资产搬迁过程中遭到毁损而取得的保险赔款；

（5）其他补偿收入。

企业搬迁资产处置收入，是指企业由于搬迁而处置企业各类资产所取得的收入。企业由于搬迁处置存货而取得的收入，应按正常经营活动取得的收入进行所得税处理，不作为企业搬迁收入。

（二）搬迁收入的填报

表 A105110（见表 12－1）第 1 行“一、搬迁收入”：填报第 2＋8 行的合计金额。即：搬迁收入＝搬迁补偿收入＋搬迁资产处置收入

1. 搬迁补偿收入

表 A105110 第 2 行“（一）搬迁补偿收入”：填报按税收规定确认的，纳税人从本企业以外取得的搬迁补偿收入金额，此行为第 3 行至第 7 行的合计金额。即：第 2 行＝第 3＋4＋…＋7 行。

表 A105110 第 3 行“1. 对被征用资产价值的补偿”：填报按税收规定确认的，纳税人被征用资产价值补偿收入累计金额。

表 A105110 第 4 行“2. 因搬迁、安置而给予的补偿”：填报按税收规定确认的，纳税人因搬迁、安置而取得的补偿收入累计金额。

表 A105110 第 5 行“3. 对停产停业形成的损失而给予的补偿”：填报按税收规定确认的，纳税人停产停业形成损失而取得的补偿收入累计金额。

表 A105110 第 6 行“4. 资产搬迁过程中遭到毁损而取得的保险赔款”：填报按税收规定确认，纳税人资产搬迁过程中遭到毁损而取得的保险赔款收入累计金额。

表 A105110 第 7 行“5. 其他补偿收入”：填报按税收规定确认，纳税人其他补偿收入累计金额。

2. 搬迁资产处置收入

表 A105110 第 8 行“（二）搬迁资产处置收入”：填报按税收规定确认，纳税人由于搬迁而处置各类资产所取得的收入累计金额。

三、搬迁支出

（一）搬迁支出的范围

企业的搬迁支出，包括搬迁费用支出以及由于搬迁所发生的企业资产处置支出。

搬迁费用支出，是指企业搬迁期间所发生的各项费用，包括安置职工实际发生的费用、停工期间支付给职工的工资及福利费、临时存放搬迁资产而发生的费用、各类资产搬迁安装费用以及其他与搬迁相关的费用。

资产处置支出，是指企业由于搬迁而处置各类资产所发生的支出，包括变卖及处置各类资产的净值、处置过程中所发生的税费等支出。

企业由于搬迁而报废的资产，如无转让价值，其净值作为企业的资产处置支出。

（二）搬迁支出的填报

表 A105110（见表 12－1）第 9 行“二、搬迁支出”：填报第 10（搬迁费用支出）+16 行（搬迁资产处置支出）的合计金额。即：搬迁支出包括搬迁费用支出和搬迁资产处置支出。

1. 搬迁费用支出

表 A105110 第 10 行“（一）搬迁费用支出”：填报按税收规定确认，纳税人搬迁过程中发生的费用支出累计金额，为第 11 行至第 15 行的合计金额。即：第 10 行 = 第 11 + 12 + … + 15 行。

表 A105110 第 11 行“1. 安置职工实际发生的费用”：填报按税收规定确认，纳税人安置职工实际发生费用支出的累计金额。

表 A105110 第 12 行“2. 停工期间支付给职工的工资及福利费”：填报按税收规定确认，纳税人因停工支付给职工的工资及福利费支出累计金额。

表 A105110 第 13 行“3. 临时存放搬迁资产而发生的费用”：填报按税收规定确认，纳税人临时存放搬迁资产发生的费用支出累计金额。

表 A105110 第 14 行“4. 各类资产搬迁安装费用”：填报按税收规定确认

认，纳税人各类资产搬迁安装费用支出累计金额。

表 A105110 第 15 行“5. 其他与搬迁相关的费用”：填报按税收规定确认，纳税人其他与搬迁相关的费用支出累计金额。

2. 搬迁资产处置支出

表 A105110 第 16 行“（二）搬迁资产处置支出”：填报按税收规定确认的，纳税人搬迁资产处置支出累计金额。符合《国家税务总局关于企业政策性搬迁所得税有关问题的公告》（国家税务总局公告 2013 年第 11 号）规定的资产购置支出，填报在本行。

四、搬迁资产税务处理

（一）简单安装或不需要安装即可继续使用资产

企业搬迁的资产，简单安装或不需要安装即可继续使用的，在该项资产重新投入使用后，就其净值按《企业所得税法》及其实施条例规定的该资产尚未折旧或摊销的年限，继续计提折旧或摊销。

（二）需进行大修理后才能重新使用的资产

企业搬迁的资产，需要进行大修理后才能重新使用的，应就该资产的净值，加上大修理过程所发生的支出，为该资产的计税成本。在该项资产重新投入使用后，按该资产尚可使用的年限，计提折旧或摊销。

（三）搬迁资产置换的处理

企业搬迁中被征用的土地，采取土地置换的，换入土地的计税成本按被征用土地的净值，以及该换入土地投入使用前所发生的各项费用支出，为该换入土地的计税成本，在该换入土地投入使用后，按《企业所得税法》及其实施条例规定年限摊销。

根据国家税务总局公告 2013 年第 11 号文件规定，企业政策性搬迁被征用的资产，采取资产置换的，其换入资产的计税成本按被征用资产的净值，加上换入资产所支付的税费（涉及补价，还应加上补价款）计算确定。

（四）新购置资产的处理

企业搬迁期间新购置的各类资产，应按《企业所得税法》及其实施条例等有关规定，计算确定资产的计税成本及折旧或摊销年限。

企业发生的购置资产支出，不得从搬迁收入中扣除。凡在 2012 年 10 月 1 日国家税务总局公告 2012 年第 40 号生效前已经签订搬迁协议且尚未完成搬迁清算的企业政策性搬迁项目，企业在重建或恢复生产过程中购置的各类资产，可以作为搬迁支出，从搬迁收入中扣除。但购置的各类资产，应剔除该搬迁补偿收入后，作为该资产的计税基础，并按规定计算折旧或费用摊销。凡在国家税务总局 2012 年第 40 号公告生效后签订搬迁协议的政策性搬迁项目，应按国家税务总局 2012 年第 40 号公告有关规定执行，即企业发生的购置资产支出，不得从搬迁收入中扣除。

五、搬迁所得或损失

（一）搬迁所得或损失的确定

企业在搬迁期间发生的搬迁收入和搬迁支出，可以暂不计入当期应纳税所得额，而在完成搬迁的年度，对搬迁收入和支出进行汇总清算。

企业的搬迁收入，扣除搬迁支出后的余额，为企业的搬迁所得。企业应在搬迁完成年度，将搬迁所得计入当年度企业应纳税所得额计算纳税。

有下列情形之一的，为搬迁完成年度，企业应进行搬迁清算，计算搬迁所得：

（1）从搬迁开始，5 年内（包括搬迁当年度）任何一年完成搬迁的。

（2）从搬迁开始，搬迁时间满 5 年（包括搬迁当年度）的年度。

企业搬迁收入扣除搬迁支出后为负数的，应为搬迁损失。搬迁损失可在下列方法中选择其一进行税务处理：

（1）在搬迁完成年度，一次性作为损失进行扣除；

（2）自搬迁完成年度起分 3 个年度，均匀在税前扣除。

上述方法由企业自行选择，但一经选定，不得改变。

企业同时符合下列条件的，视为已经完成搬迁：①搬迁规划已基本完成；②当年生产经营收入占规划搬迁前年度生产经营收入50%以上。

企业边搬迁、边生产的，搬迁年度应从实际开始搬迁的年度计算。

企业以前年度发生尚未弥补的亏损的，凡企业由于搬迁停止生产经营无所得的，从搬迁年度次年起，至搬迁完成年度前一年度止，可作为停止生产经营活动年度，从法定亏损结转弥补年限中减除；企业边搬迁、边生产的，其亏损结转年度应连续计算。

（二）搬迁所得或损失的填报

1. 搬迁所得或损失

表A105110第17行“三、搬迁所得或损失”：填报政策性搬迁所得或损失，填报第1－9行的余额，损失以“－”号填列。即：搬迁所得或损失＝搬迁收入－搬迁支出。

2. 应计入本年应纳税所得额的搬迁所得或损失

表A105110第18行“四、应计入本年应纳税所得额的搬迁所得或损失”：填报政策性搬迁所得或损失按照税收规定计入本年应纳税所得额的金额，填报第19行至第21行的合计金额，损失以“－”号填列。

表A105110第19行“其中：搬迁所得”：填报按税法相关规定，搬迁完成年度政策性搬迁所得的金额。

表A105110第20行“搬迁损失一次性扣除”：由选择一次性扣除搬迁损失的纳税人填报，填报搬迁完成年度按照税收规定计算的搬迁损失金额，损失以“－”号填列。

表A105110第21行“搬迁损失分期扣除”：由选择分期扣除搬迁损失的纳税人填报，填报搬迁完成年度按照税收规定计算的搬迁损失在本年扣除的金额，损失以“－”号填列。

3. 计入当期损益的搬迁收益或损失

表A105110第22行“五、计入当期损益的搬迁收益或损失”：填报政策性搬迁项目会计核算计入当期损益的金额，损失以“－”号填列。

4. 以前年度搬迁损失当期扣除金额

表A105110第23行“六、以前年度搬迁损失当期扣除金额”：填报以前年度完成搬迁形成的损失，按照税收规定在当期扣除的金额。

5. 纳税调整金额

表 A105110 第 24 行“七、纳税调整金额”：填报第 18－22－23 行的余额。即：纳税调整金额＝应计入本年应纳税所得额的搬迁所得或损失－计入当期损益的搬迁收益或损失－以前年度搬迁损失当期扣除金额。

【例 12－1】

A 上市公司 2012 年 8 月因政府政策性搬迁，按当月签订的《搬迁补偿协议》约定，2012 年 9 月收到政府拨付的 5 000 万元用于异地重建，土地使用权由政府收回。2012 年 11 月 A 公司被搬迁当月固定资产账面原值为 1 500 万元，累计折旧 500 万元；无形资产（土地使用权）账面价值 600 万元（按税法规定摊销后的余额）；处置相关资产取得收入为 50 万元。按照企业重建计划，企业在实施搬迁过程中，2012 年 12 月共购置管理部门使用固定资产 2 000 万元投入使用，预计使用 10 年，按直线法计提折旧（不考虑残值）；2013 年 1 月新购置土地使用权 500 万元，50 年摊销。2012 年 12 月支付职工安置费 100 万元。2016 年 12 月搬迁完成。

要求：进行相关的会计与税务处理。

解析：

A 公司上述搬迁业务的会计与税务处理如下：

（1）2012 年 9 月，收到政府补偿款时，其会计处理为：

借：银行存款　　　　　　50 000 000

　贷：专项应付款　　　　　　50 000 000

税务处理：该搬迁补偿收入可暂不计入 2012 年度应纳税所得额，待搬迁完成年度汇总清算。该收入会计上也未计入当年利润总额。会计与税务处理无差异。

（2）2012 年 11 月，处置被搬迁资产时，其会计处理为：

将固定资产转入清理：

借：固定资产清理　　　　　　10 000 000

　　累计折旧　　　　　　5 000 000

　贷：固定资产　　　　　　15 000 000

收到处置资产收入 50 万元：

借：银行存款　　500 000

　　贷：固定资产清理　　500 000

结转固定资产处置净损失：

借：营业外支出　　9 500 000

　　贷：固定资产清理　　9 500 000

处置无形资产时：

借：营业外支出　　6 000 000

　　贷：无形资产　　6 000 000

对搬迁中发生的资产损失，自专项应付款转入递延收益：

借：专项应付款　　15 500 000

　　贷：递延收益　　15 500 000

借：递延收益　　15 500 000

　　贷：营业外收入　　15 500 000

税务处理：企业搬迁资产处置收入 50 万元，搬迁资产处置支出 1 600 万元（1 000 +600），可暂不计入 2012 年度应纳税所得额，待搬迁完成年度汇总清算。上述已计入当年利润总额的搬迁收入 50 万元应做纳税调减处理，搬迁支出 1 600 万元应做纳税调增处理。同时按政府补助准则计入"营业外收入"的金额 1 550 万元，应调减应纳税所得额（净调整为 0）。

（3）2012 年 12 月支付给职工安置费的会计处理为：

借：管理费用　　1 000 000

　　贷：银行存款　　1 000 000

将搬迁中有关费用性支出自专项应付款转入递延收益：

借：专项应付款　　1 000 000

　　贷：递延收益　　1 000 000

借：递延收益　　1 000 000

　　贷：营业外收入　　1 000 000

税务处理：职工安置费 100 万元，可暂不计入 2012 年度应纳税所得额，待搬迁完成年度汇总清算。会计上已计入当年利润总额应做纳税调整处理（净调整为 0）。

（4）2012 年 12 月购置固定资产的会计处理为：

借：固定资产　　20 000 000

　　贷：银行存款　　20 000 000

同时，结转专项应付款：

借：专项应付款　　20 000 000

　　贷：递延收益　　20 000 000

税务处理：该A公司在《企业政策性搬迁所得税管理办法》生效前已经签订搬迁协议且尚未完成搬迁清算，其在搬迁过程中购置的资产，可以作为搬迁支出，从搬迁收入中扣除。但应剔除该搬迁补偿收入后，作为该资产的计税基础，并按规定计算折旧或费用摊销。除此之外，企业发生的购置资产支出，不得从搬迁收入中扣除。因此，该固定资产的计税基础为0。而固定资产账面原值为2 000万元。

（5）2013年1月购置土地使用权的会计处理为：

借：无形资产　　5 000 000

　　贷：银行存款　　5 000 000

同时，结转专项应付款：

借：专项应付款　　5 000 000

　　贷：递延收益　　5 000 000

税务处理：同上，该无形资产的计税基础为0。而无形资产账面原值为500万元。

（6）2013年计提固定资产折旧（无形资产摊销）的会计处理为：

借：管理费用　　2 100 000

　　贷：累计折旧　　2 000 000

　　　　累计摊销　　100 000

递延收益金额在相关资产使用期间内平均摊销的会计处理为：

借：递延收益　　2 100 000

　　贷：营业外收入　　2 100 000

税务处理：上述资产计税基础为0，会计上计提的折旧与摊销210万元不得在所得税前扣除，应做纳税调增处理。递延收益转入营业外收入的金额应做纳税调减处理。

（7）2013年搬迁完成时，企业将专项应付款余额转入资本公积：

借：专项应付款　　　　　　　　　　　　　　　　8 500 000

　　贷：资本公积　　　　　　　　　　　　　　　　8 500 000

税务处理：企业在搬迁期间发生的搬迁收入和搬迁支出，可以暂不计入当期应纳税所得额，而在2016年完成搬迁的年度，对搬迁收入和支出进行汇总清算。企业的搬迁收入为：5 000 + 50 = 5 050（万元）；搬迁支出为：1 000 + 600 + 100 + 2 000 + 500 = 4 200（万元）；搬迁所得为：5 050 - 4 200 = 850（万元），该搬迁所得应计入2016年度企业应纳税所得额计算纳税。

假设，A公司的《搬迁补偿协议》是在2012年10月1日《企业政策性搬迁所得税管理办法》实施以后签订的，2013年12月份完成搬迁，则其搬迁收入为：5 000 + 50 = 5 050（万元）；搬迁支出为：1 000 + 600 + 100 = 1 700（万元）；搬迁所得为：5 050 - 1 700 = 3 350（万元），该搬迁所得应计入2016年度企业应纳税所得额计算纳税。重新购置固定资产的计税基础为2 000万元，购置无形资产的计税基础为500万元，该资产以后年度按税法规定计提的折旧（或摊销）税前可以扣除。

(8) 2014年及以后年度计提固定资产折旧（无形资产摊销）的会计处理为：

借：管理费用　　　　　　　　　　　　　　　　2 100 000

　　贷：累计折旧　　　　　　　　　　　　　　　　2 000 000

　　　　累计摊销　　　　　　　　　　　　　　　　100 000

递延收益金额在相关资产使用期间内平均摊销的会计处理为：

借：递延收益　　　　　　　　　　　　　　　　2 100 000

　　贷：营业外收入　　　　　　　　　　　　　　　　2 100 000

税务处理：企业所得税前允许扣除的折旧（或摊销）金额为0，会计上已计提的折旧（或摊销）金额210万元，应做纳税调增处理。同时，转入营业外收入的210万元，应做纳税调减处理。

六、征收管理

（一）政策性搬迁备案

企业应当自搬迁开始年度，至次年5月31日前，向主管税务机关（包括迁出地和迁入地）报送政策性搬迁依据、搬迁规划等相关材料。逾期未报的，除特殊原因并经主管税务机关认可外，按非政策性搬迁处理，不得执行《企业政策性搬迁所得税管理办法》的规定。

企业应向主管税务机关报送的政策性搬迁依据、搬迁规划等相关材料，包括：①政府搬迁文件或公告；②搬迁重置总体规划；③拆迁补偿协议；④资产处置计划；⑤其他与搬迁相关的事项。

（二）政策性搬迁清算

企业迁出地和迁入地主管税务机关发生变化的，由迁入地主管税务机关负责企业搬迁清算。

企业搬迁完成当年，其向主管税务机关报送企业所得税年度纳税申报表时，应同时报送“企业政策性搬迁清算损益表”及相关材料。

《企业政策性搬迁所得税管理办法》进一步规定，企业在该办法生效前尚未完成搬迁的，符合该办法规定的搬迁事项，一律按该办法执行。该办法生效年度以前已经完成搬迁且已按原规定进行税务处理的，不再调整。该办法未规定的企业搬迁税务事项，按照《企业所得税法》及其实施条例等相关规定进行税务处理。

七、土地增值税与契税的处理

（一）土地增值税的处理

根据《土地增值税暂行条例》第八条的规定，因国家建设需要依法征用、收回的房地产免征土地增值税。根据《土地增值税暂行条例实施细则》第十一条的规定，因国家建设需要依法征用、收回的房地产，是指因城市实施规划、国家建设的需要而被政府批准征用的房产或收回的土地使用权。符合上述免税规定的单位和个人，须向房地产所在地税务机关提出免税申请，经税务机关审核后，免予征收土地增值税。

（二）契税的处理

《契税暂行条例细则》（财法字〔1997〕52号）规定，土地使用权交换、房屋交换，交换价格不相等的，由多交付货币、实物、无形资产或者其他经济利益的一方缴纳税款。交换价格相等的，免征契税。土地、房屋被县级以上人民政府征用、占用后，重新承受土地、房屋权属的，是否减征或者免征契税，由省、自治区、直辖市人民政府确定。如《江苏省实施〈中华人民共和国契税暂行条例〉办法》第九条规定，土地、房屋被县级以上人民政府征用（占用）后，重新承受土地、房屋权属，其成交价格没有超过土地、房屋补偿费、安置补助费的，免征；超过土地、房屋补偿费、安置补助费的部分，纳税确有困难的，给予减征或免征。

第十三章

特殊行业准备金纳税调整

"纳税调整项目明细表"（A105000）第39行"（三）特殊行业准备金"纳税调整项目，通过附表"特殊行业准备金及纳税调整明细表"（A105120）填报在计算应纳税所得额时，允许扣除的金融企业、保险公司、证券等特殊行业准备金纳税调整情况。对存货跌价准备等不允许税前扣除的资产减值准备金，直接填报到A105000第33行"资产减值准备金"，不在本行反映。

根据《企业所得税法》第十条规定，在计算应纳税所得额时，未经核定的准备金支出不得扣除。未经核定的准备金支出，是指不符合国务院财政、税务主管部门规定的各项资产减值准备、风险准备等准备金支出。即除财政部和国家税务总局核准计提的准备金可以税前扣除外，其他行业、企业计提的各项资产减值准备、风险准备等准备金均不得税前扣除。

《国家税务总局关于企业所得税执行中若干税务处理问题的通知》（国税函〔2009〕202号）规定，2008年1月1日前按照原企业所得税暂行条例等规定计提的各类准备金，2008年1月1日以后，未经财政部和国家税务总局核准的，企业以后年度实际发生的相应损失，应先冲减各项准备金余额。

第一节　保险公司准备金的纳税调整

一、保险保障基金

（一）保险保障基金财务处理

保险保障基金，是指按照《中华人民共和国保险法》和《保险保障基金管理办法》（保监会、财政部、人民银行令2008年第2号）规定缴纳形成的，在规定情形下用于救助保单持有人、保单受让公司或者处置保险业风险的非政府性行业风险救助基金。

保险保障基金分为财产保险保障基金和人身保险保障基金。财产保险保障基金由财产保险公司缴纳形成。人身保险保障基金由人身保险公司缴纳形成。设立国有独资的中国保险保障基金有限责任公司（简称保险保障基金公司），依法负责保险保障基金的筹集、管理和使用。保险保障基金公司应当对财产保险保障基金和人身保险保障基金分账管理、分别使用。

保险保障基金的来源包括：①境内保险公司依法缴纳的保险保障基金；②保险保障基金公司依法从破产保险公司清算财产中获得的受偿收入；③捐赠；④上述资金的投资收益；⑤其他合法收入。

根据《保险保障基金管理办法》的规定，保险公司应当按照下列规定，对经营的财产保险业务或者人身保险业务缴纳保险保障基金，缴纳保险保障基金的保险业务纳入保险保障基金救助范围：

（1）非投资型财产保险按照保费收入的0.8%缴纳，投资型财产保险，有保证收益的，按照业务收入的0.08%缴纳，无保证收益的，按照业务收入的0.05%缴纳；

（2）有保证收益的人寿保险按照业务收入的0.15%缴纳，无保证收益的人寿保险按照业务收入的0.05%缴纳；

（3）短期健康保险按照保费收入的0.8%缴纳，长期健康保险按照保费收入的0.15%缴纳；

（4）非投资型意外伤害保险按照保费收入的0.8%缴纳，投资型意外伤害保险，有保证收益的，按照业务收入的0.08%缴纳，无保证收益的，按照业务收入的0.05%缴纳。

这里所称业务收入，是指投保人按照保险合同约定，为购买相应的保险产品支付给保险公司的全部金额。

保险公司应当及时、足额将保险保障基金缴纳到保险保障基金公司的专门账户，有下列情形之一的，可以暂停缴纳：

（1）财产保险公司的保险保障基金余额达到公司总资产6%的；

（2）人身保险公司的保险保障基金余额达到公司总资产1%的。

保险公司的保险保障基金余额减少或者总资产增加，其保险保障基金余额占总资产比例不能满足前款要求的，应当自动恢复缴纳保险保障基金。保险保障基金公司应当对每一保险公司缴纳的保险保障基金及其变动情况进行单独核算。保险公司的保险保障基金余额，是指该公司累计缴纳的保险保障基金金额加上分摊的投资收益，扣除各项分摊的费用支出和使用额以后的金额。

根据《保险保障基金管理办法》第二十五条的规定，下列业务不属于保险保障基金的救助范围，不缴纳保险保障基金：

（1）保险公司承保的境外直接保险业务；

（2）保险公司的再保险分入业务；

（3）由国务院确定的国家财政承担最终风险的政策性保险业务；

（4）保险公司从事的企业年金受托人、账户管理人等企业年金管理业务；

（5）中国保监会会同有关部门认定的其他不属于保险保障基金救助范围的业务。

（二）保险保障基金的税前扣除

《财政部 国家税务总局关于保险公司准备金支出企业所得税税前扣除有关政策问题的通知》（财税〔2012〕45号，自2011年1月1日至2015年12月31日止）和《财政部 国家税务总局关于保险公司准备金支出企业所得税税前扣除有关政策问题的通知》（财税〔2016〕114 号，自 2016 年 1 月 1 日至 2020 年 12 月 31 日执行）第一条的规定，保险公司按下列规定缴纳的保险保障基金，准予据实税前扣除。

（1）非投资型财产保险业务，不得超过保费收入的 0.8%；投资型财产保险业务，有保证收益的，不得超过业务收入的 0.08%，无保证收益的，不得超过业务收入的 0.05%。

（2）有保证收益的人寿保险业务，不得超过业务收入的 0.15%；无保证收益的人寿保险业务，不得超过业务收入的 0.05%。

（3）短期健康保险业务，不得超过保费收入的 0.8%；长期健康保险业务，不得超过保费收入的 0.15%。

（4）非投资型意外伤害保险业务，不得超过保费收入的 0.8%；投资型意外伤害保险业务，有保证收益的，不得超过业务收入的 0.08%，无保证收益的，不得超过业务收入的 0.05%。

保险保障基金，是指按照《中华人民共和国保险法》和《保险保障基金管理办法》规定缴纳形成的，在规定情形下用于救助保单持有人、保单受让公司或者处置保险业风险的非政府性行业风险救助基金。

保费收入，是指投保人按照保险合同约定，向保险公司支付的保险费。业务收入，是指投保人按照保险合同约定，为购买相应的保险产品支付给保险公司的全部金额。非投资型财产保险业务，是指仅具有保险保障功能而不具有投资理财功能的财产保险业务。投资型财产保险业务，是指兼具有保险保障与投资理财功能的财产保险业务。有保证收益，是指保险产品在投资收益方面提供固定收益或最低收益保障。无保证收益，是指保险产品在投资收益方面不提供收益保证，投保人承担全部投资风险。

根据财税〔2016〕114 号第二条的规定，保险公司有下列情形之一的，其缴纳的保险保障基金不得在税前扣除：

（1）财产保险公司的保险保障基金余额达到公司总资产 6% 的；

（2）人身保险公司的保险保障基金余额达到公司总资产 1% 的。

二、责任准备金

（一）未到期责任准备金的会计处理

企业应设置“6501 提取未到期责任准备金”和“2601 未到期责任准备金”科目，核算企业（保险）提取的非寿险原保险合同未到期责任准备金和再保险合同分保未到期责任准备金。

未到期责任准备金的主要账务处理如下。

（1）企业在确认原保费收入、分保费收入的当期，应按保险精算确定的未到期责任准备金，借记“提取未到期责任准备金”科目，贷记“未到期责任准备金”科目。

（2）资产负债表日，应按保险精算重新计算确定的未到期责任准备金与已确认的未到期责任准备金的差额，借记“未到期责任准备金”科目，贷记“提取未到期责任准备金”科目。

（3）原保险合同提前解除的，应按相关未到期责任准备金余额，借记“未到期责任准备金”科目，贷记“提取未到期责任准备金”科目。

（4）在确认非寿险原保险合同保费收入的当期，按相关再保险合同约定计算确定的相关应收分保未到期责任准备金金额，借记“应收分保合同准备金”科目，贷记“提取未到期责任准备金”科目。

资产负债表日，调整原保险合同未到期责任准备金余额的，按相关再保险合同约定计算确定的应收分保未到期责任准备金的调整金额，借记“提取未到期责任准备金”科目，贷记“应收分保合同准备金”科目。

（二）保险责任准备金的会计处理

保险公司应该设置“提取保险责任准备金”和“保险责任准备金”科目核算企业（保险）提取的原保险合同保险责任准备金，包括未决赔款准备金、寿险责任准备金、长期健康险责任准备金。再保险接受人提取的再保险合同保险责任准备金，也在上述科目核算。企业（保险）也可以单独设置“未决赔款准备金”、“寿险责任准备金”、“长期健康险责任准备金”和“提取未决赔款准备金”、“提取寿险责任准备金”、“提取长期健康险责任准备金” 等科目。

保险责任准备金的主要账务处理如下。

(1) 企业确认寿险保费收入，应按保险精算确定的寿险责任准备金、长期健康险责任准备金，借记“提取保险责任准备金” 科目，贷记“保险责任准备金”科目。

投保人发生非寿险保险合同约定的保险事故当期，企业应按保险精算确定的未决赔款准备金，借记“提取保险责任准备金” 科目，贷记“保险责任准备金” 科目。

对保险责任准备金进行充足性测试，应按补提的保险责任准备金，借记“提取保险责任准备金” 科目，贷记“保险责任准备金”科目。

(2) 原保险合同保险人确定支付赔付款项金额或实际发生理赔费用的当期，应按冲减的相应保险责任准备金余额，借记“保险责任准备金” 科目，贷记“提取保险责任准备金” 科目。

再保险接受人收到分保业务账单的当期，应按分保保险责任准备金的相应冲减金额，借记“保险责任准备金” 科目，贷记“提取保险责任准备金” 科目。

(3) 寿险原保险合同提前解除的，应按相关寿险责任准备金、长期健康险责任准备金余额，借记“保险责任准备金” 科目，贷记“提取保险责任准备金” 科目。

(三) 责任准备金的税前扣除

根据财税〔2016〕114 号第三条的规定，保险公司按国务院财政部门的相关规定提取的未到期责任准备金、寿险责任准备金、长期健康险责任准备金、已发生已报案未决赔款准备金和已发生未报案未决赔款准备金，准予在税前扣除。

1. 责任准备金

未到期责任准备金、寿险责任准备金、长期健康险责任准备金依据经中国保监会核准任职资格的精算师或出具专项审计报告的中介机构确定的金额提取。

未到期责任准备金，是指保险人为尚未终止的非寿险保险责任提取的准备金。

寿险责任准备金，是指保险人为尚未终止的人寿保险责任提取的准备金。

长期健康险责任准备金，是指保险人为尚未终止的长期健康保险责任提取的准备金。

2. 未决赔款准备金

已发生已报案未决赔款准备金，按最高不超过当期已经提出的保险赔款或者给付金额的100%提取；已发生未报案未决赔款准备金按不超过当年实际赔款支出额的8%提取。

已发生已报案未决赔款准备金，是指保险人为非寿险保险事故已经发生并已向保险人提出索赔、尚未结案的赔案提取的准备金。

已发生未报案未决赔款准备金，是指保险人为非寿险保险事故已经发生、尚未向保险人提出索赔的赔案提取的准备金。

三、农业大灾风险准备金

（一）会计处理

1. 科目设置

根据《农业保险大灾风险准备金会计处理规定》（财会〔2014〕12号）的规定，保险机构应当设置下列会计科目，对农业保险大灾风险准备金（包括保费准备金和利润准备金，以下简称大灾准备金）进行会计核算。

在损益类科目中设置“6505 提取保费准备金”科目，核算保险机构按规定当期从农业保险保费收入中提取的保费准备金。本科目应按种植业、养殖业、森林等大类险种进行明细核算。

在负债类科目中设置“2605 保费准备金”科目，核算保险机构按规定从农业保险保费收入中提取，并按规定使用和转回的保费准备金。本科目应按种植业、养殖业、森林等大类险种进行明细核算。

在所有者权益类科目中设置“4105 大灾风险利润准备”科目，核算保险机构按规定从净利润中提取，并按规定使用和转回的利润准备金，以及大灾准备金资金运用形成的收益。

在“利润分配”科目下设置“提取利润准备”明细科目，核算保险机构按规定从当期净利润中提取的利润准备金。在“利润分配”科目下设置“大灾准备金投资收益”明细科目，核算保险机构以大灾准备金所对应的资金用于投资等所产生的收益。

2. 会计处理

期末，保险机构按照各类农业保险当期实现的自留保费（即保险业务收入减去分出保费的净额）和规定的保费准备金计提比例计算应提取的保费准备金，借记“提取保费准备金”科目，贷记“保费准备金”科目。

期末，保险机构总部在依法提取法定公积金、一般风险准备金后，按规定从年度净利润中提取的利润准备金，借记“利润分配——提取利润准备”科目，贷记“大灾风险利润准备”科目。

保险机构按规定以大灾准备金所对应的资金用于投资等所产生的收益，借记“应收利息”、“应收股利”等科目，贷记“投资收益”等科目；同时，借记“利润分配——大灾准备金投资收益”科目，贷记“大灾风险利润准备”科目。

保险机构在确定支付赔付款项金额或实际发生理赔费用的当期，按照应赔付或实际赔付的金额，借记“赔付支出”科目，贷记“应付赔付款”、“银行存款”等科目；按规定以大灾准备金用于弥补农业大灾风险损失时，按弥补的金额依次冲减“保费准备金”、“大灾风险利润准备”科目，借记“保费准备金”、“大灾风险利润准备”科目，贷记“提取保费准备金”、“利润分配——提取利润准备”科目。

保险机构不再经营农业保险的，将以前年度计提的保费准备金的余额逐年转回损益时，按转回的金额，借记“保费准备金”科目，贷记“提取保费准备金”科目；将利润准备金的余额转入一般风险准备时，按转回的金额，借记“大灾风险利润准备”科目，贷记“一般风险准备”科目。

（二）税前扣除

根据财税〔2016〕114号第四条的规定，保险公司经营财政给予保费补贴的农业保险，按不超过财政部门规定的农业保险大灾风险准备金（简称大灾准备金）计提比例，计提的大灾准备金，准予在企业所得税前据实扣除。具体计算公式如下：

本年度扣除的大灾准备金 = 本年度保费收入 × 规定比例 - 上年度已在税前扣除的大灾准备金结存余额

按上述公式计算的数额如为负数，应调增当年应纳税所得额。

财政给予保费补贴的农业保险，是指各级财政按照中央财政农业保险保费补贴政策规定给予保费补贴的种植业、养殖业、林业等农业保险。

规定比例，是指按照《财政部关于印发 <农业保险大灾风险准备金管理办法>的通知》（财金〔2013〕129 号）确定的计提比例。

四、保险赔款、给付的扣除

根据财税〔2016〕114 号第五条的规定，保险公司实际发生的各种保险赔款、给付，应首先冲抵按规定提取的准备金，不足冲抵部分，准予在当年税前扣除。

例如，甲保险股份有限公司 2017 年末各项准备金余额为 200 万元，2018 年发生赔款损失 300 万元，应先冲减已计提的准备 200 万元，余下的 100 万元可据实在计算 2018 年度应纳税所得额时扣除。

五、保险公司准备金的填报

（一）特殊行业准备金及纳税调整明细表

根据《财政部 国家税务总局关于保险公司准备金支出企业所得税税前扣除有关政策问题的通知》（财税〔2016〕114 号）的规定，将原第 9 行“（六）保险保障基金”的位置调整为第 2 行“（一）保险保障基金”，并细化填报内容，增加“1. 财产保险业务”、“2. 人寿保险业务”、“3. 健康保险业务”、“4. 意外伤害保险业务”等填报行次，将原第 6 行“（三）巨灾风险准备金”项目名称调整为“（六）大灾风险准备金”。

根据《财政部 国家税务总局关于小额贷款公司有关税收政策的通知》

（财税〔2017〕48号）的规定，2017年版“特殊行业准备金及纳税调整明细表”（A105120）还增加“六、小额贷款公司”等填报行次，满足小额贷款公司填报贷款损失准备金及纳税调整情况的需要。

“特殊行业准备金及纳税调整明细表”（A105120，如表13－1所示）适用于发生特殊行业准备金的纳税人填报。纳税人根据税法相关规定，以及国家统一企业会计制度，填报特殊行业准备金会计处理、税收规定及纳税调整情况。只要会计上发生准备金，不论是否纳税调整，均需填报。

表A105120第43行第1列（账载金额合计）填入表A105000第39行（特殊行业准备金）第1列（账载金额）。第43行第2列（税收金额合计）填入表A105000第39行第2列（税收金额）。若第43行第3列≥0，将第43行第3列填入表A105000第39行第3列（调增金额）；若第43行第3列<0，将第43行第3列的绝对值填入表A105000第39行第4列（调减金额）。

表13－1　A105120　特殊行业准备金及纳税调整明细表

<table>
<tr><td rowspan="2">行次</td><td rowspan="2" colspan="3">项目</td><td>账载金额</td><td>税收金额</td><td>纳税调整金额</td></tr>
<tr><td>1</td><td>2</td><td>3（1－2）</td></tr>
<tr><td>1</td><td colspan="3">一、保险公司（2＋13＋14＋15＋16＋19＋20）</td><td></td><td></td><td></td></tr>
<tr><td>2</td><td colspan="3">（一）保险保障基金（3＋4＋5＋…＋12）</td><td></td><td></td><td></td></tr>
<tr><td>3</td><td rowspan="3">1. 财产保险业务</td><td colspan="2">非投资型</td><td></td><td></td><td></td></tr>
<tr><td>4</td><td rowspan="2">投资型</td><td>保证收益</td><td></td><td></td><td></td></tr>
<tr><td>5</td><td>无保证收益</td><td></td><td></td><td></td></tr>
<tr><td>6</td><td rowspan="2">2. 人寿保险业务</td><td colspan="2">保证收益</td><td></td><td></td><td></td></tr>
<tr><td>7</td><td colspan="2">无保证收益</td><td></td><td></td><td></td></tr>
<tr><td>8</td><td rowspan="2">3. 健康保险业务</td><td colspan="2">短期</td><td></td><td></td><td></td></tr>
<tr><td>9</td><td colspan="2">长期</td><td></td><td></td><td></td></tr>
<tr><td>10</td><td rowspan="3">4. 意外伤害保险业务</td><td colspan="2">非投资型</td><td></td><td></td><td></td></tr>
<tr><td>11</td><td rowspan="2">投资型</td><td>保证收益</td><td></td><td></td><td></td></tr>
<tr><td>12</td><td>无保证收益</td><td></td><td></td><td></td></tr>
<tr><td>13</td><td colspan="3">（二）未到期责任准备金</td><td></td><td></td><td></td></tr>
<tr><td>14</td><td colspan="3">（三）寿险责任准备金</td><td></td><td></td><td></td></tr>
<tr><td>15</td><td colspan="3">（四）长期健康险责任准备金</td><td></td><td></td><td></td></tr>
<tr><td>16</td><td colspan="3">（五）未决赔款准备金（17＋18）</td><td></td><td></td><td></td></tr>
</table>

续表

行次	项目	账载金额	税收金额	纳税调整金额
		1	2	3（1-2）
17	1. 已发生已报案未决赔款准备金			
18	2. 已发生未报案未决赔款准备金			
19	（六）大灾风险准备金			
20	（七）其他			
21	二、证券行业（22+23+24+25）			
22	（一）证券交易所风险基金			
23	（二）证券结算风险基金			
24	（三）证券投资者保护基金			
25	（四）其他			
26	三、期货行业（27+28+29+30）			
27	（一）期货交易所风险准备金			
28	（二）期货公司风险准备金			
29	（三）期货投资者保障基金			
30	（四）其他			
31	四、金融企业（32+33+34）			
32	（一）涉农和中小企业贷款损失准备金			
33	（二）贷款损失准备金			
34	（三）其他			
35	五、中小企业融资（信用）担保机构（36+37+38）			
36	（一）担保赔偿准备			
37	（二）未到期责任准备			
38	（三）其他			
39	六、小额贷款公司（40+41）			
40	（一）贷款损失准备金			
41	（二）其他			
42	七、其他			
43	合计（1+21+26+31+35+39+42）			

（二）保险公司准备金的填报

表A105120第1行“一、保险公司”：填报第2+13+14+15+16+19+

20 行的合计金额。

1. 保险保障基金

表 A105120 第 2 行“（一）保险保障基金”：填报第 3 +4 +5 +6 +7 +8 +9 +10 +11 +12 行的合计金额。

（1）财产保险业务。表 A105120 第 3 行“1. 财产保险业务——非投资型”：填报保险公司非投资型财产保险业务的保险保障基金相关情况。第 1 列“账载金额”填报按会计核算计入当期损益的金额；第 2 列“税收金额”填报按税收规定允许税前扣除的金额；第 3 列为第 1 -2 列的余额。

表 A105120 第 4 行“1. 财产保险业务——投资型——保证收益”：填报有保证收益的投资型财产保险业务的保险保障基金的纳税调整情况。填列方法同第 3 行。

表 A105120 第 5 行“1. 财产保险业务——投资型——无保证收益”：填报无保证收益的投资型财产保险业务的保险保障基金的纳税调整情况。填列方法同第 3 行。

（2）人寿保险业务。表 A105120 第 6 行“2. 人寿保险业务——保证收益”：填报有保证收益的人寿保险业务的保险保障基金的纳税调整情况。填列方法同第 3 行。

表 A105120 第 7 行“2. 人寿保险业务——无保证收益”：填报无保证收益的人寿保险业务的保险保障基金的纳税调整情况。填列方法同第 3 行。

（3）健康保险业务。表 A105120 第 8 行“3. 健康保险业务——短期”：填报短期健康保险业务的保险保障基金的纳税调整情况。填列方法同第 3 行。

表 A105120 第 9 行“3. 健康保险业务——长期”：填报长期健康保险业务的保险保障基金的纳税调整情况。填列方法同第 3 行。

（4）意外伤害保险业务。表 A105120 第 10 行“4. 意外伤害保险业务——非投资型”：填报非投资型意外伤害保险业务的保险保障基金的纳税调整情况。填列方法同第 3 行。

表 A105120 第 11 行“4. 意外伤害保险业务——投资型—保证收益”：填报有保证收益的投资型意外伤害保险业务的保险保障基金的纳税调整情况。填列方法同第 3 行。

表 A105120 第 12 行“4. 意外伤害保险业务——投资型—无保证收益”：

填报无保证收益的投资型意外伤害保险业务的保险保障基金的纳税调整情况。填列方法同第3行。

2. 未到期责任准备金

表A105120第13行“（二）未到期责任准备金”：填报未到期责任准备金的纳税调整情况。填列方法同第3行。

3. 寿险责任准备金

表A105120第14行“（三）寿险责任准备金”：填报寿险责任准备金的纳税调整情况。填列方法同第3行。

4. 长期健康险责任准备金

表A105120第15行“（四）长期健康险责任准备金”：填报长期健康险责任准备金的纳税调整情况。填列方法同第3行。

5. 未决赔款准备金

表A105120第16行“（五）未决赔款准备金”：填报第17+18行的合计金额。本表调整的未决赔款准备金为已发生已报案未决赔款准备金、已发生未报案未决赔款准备金，不包括理赔费用准备金。

表A105120第17行“1. 已发生已报案未决赔款准备金”：填报未决赔款准备金中已发生已报案准备金的纳税调整情况。填列方法同第3行。

表A105120第18行“2. 已发生未报案未决赔款准备金”：填报未决赔款准备金中已发生未报案准备金的纳税调整情况。填列方法同第3行。

6. 大灾风险准备金

表A105120第19行“（六）大灾风险准备金”：填报大灾风险准备金的纳税调整情况。填列方法同第3行。

表A105120第20行“（七）其他”：填报除第2行至第19行以外的允许税前扣除的保险公司准备金的纳税调整情况。填列方法同第3行。

第二节 证券行业准备金的纳税调整

一、证券交易所风险基金

证券交易所风险基金，是指用于弥补证券交易所重大经济损失，防范与证券交易所业务活动有关的重大风险事故，以保证证券交易活动正常进行而设立的专项基金。

（一）会计处理

根据《证券交易所风险基金管理暂行办法》（证监发〔2000〕22号）第三条的规定，证券交易所风险基金来源包括：

（1）按证券交易所收取交易经手费的百分之二十提取，作为风险基金单独列账；

（2）按证券交易所收取席位年费的百分之十提取，作为风险基金单独列账；

（3）按证券交易所收取会员费百分之十的比例一次性提取，作为风险基金单独列账；

（4）按本办法施行之日新股申购冻结资金利差账面余额的百分之十五，一次性提取；

（5）对违规会员的罚款、罚息收入。

本基金应当以专户方式全部存入国有商业银行，存款利息全部转入基金专户。每一个财政年度终了，本基金净资产达到或超过十亿元后，下一年度不再根据上述（1）、（2）两项提取资金。每一个财政年度终了，本基金净资产不足十亿元，下一年度应按上述（1）、（2）项规定继续提取资金。

中国证券监督管理委员会会同财政部可以根据市场风险情况，适当调整本基金规模、资金提取和交纳方式、比例。

（二）税前扣除

根据《财政部 国家税务总局关于证券行业准备金支出企业所得税税前扣除有关政策问题的通知》（财税〔2012〕11号）和《财政部 国家税务总局关于证券行业准备金支出企业所得税税前扣除有关政策问题的通知》（财税〔2017〕23号）第一条"证券类准备金""（一）证券交易所风险基金"的规定，上海、深圳证券交易所依据《证券交易所风险基金管理暂行办法》（证监发〔2000〕22号）的有关规定，按证券交易所交易收取经手费的20%、会员年费的10%提取的证券交易所风险基金，在各基金净资产不超过10亿元的额度内，准予在企业所得税税前扣除。

二、证券结算风险基金

证券结算风险基金是指用于垫付或者弥补因违约交收、技术故障、操作失误、不可抗力造成的证券登记结算机构的损失而设立的专项基金。

（一）会计处理

根据《证券结算风险基金管理办法》（证监发〔2006〕65号）第三条的规定，证券结算风险基金来源如下：

（1）按证券登记结算机构业务收入、收益的百分之二十分别提取；

（2）结算参与人按人民币普通股和基金成交金额的十万分之三、国债现货成交金额的十万分之一、1天期国债回购成交额的千万分之五、2天期国债回购成交额的千万分之十、3天期国债回购成交额的千万分之十五、4天期国债回购成交额的千万分之二十、7天期国债回购成交额的千万分之五十、14天期国债回购成交额的十万分之一、28天期国债回购成交额的十万分之二、91天期国债回购成交额的十万分之六、182天期国债回购成交额的十万分之十二逐日交纳。

证监会会同财政部可以根据市场风险情况，适当调整本基金规模、资金提取和交纳方式、比例。每一财政年度终了，本基金净资产达到或超过30亿元后，下一年度不再根据上述第（1）项提取资金，结算参与人不再根据上述第（2）项交纳，但每个结算参与人加入结算系统后按该办法第三条第（二）项交纳资金的时间不得少于一年。

每个财政年度终了，本基金净资产不足30亿元，下一年度应按上述第（1）项规定继续提取资金，结算参与人应按上述第（2）项规定继续交纳。

（二）税前扣除

根据财税〔2012〕11号和财税〔2017〕23号第一条第（二）项“证券结算风险基金”的规定，中国证券登记结算公司所属上海分公司、深圳分公司依据《证券结算风险基金管理办法》（证监发〔2006〕65号）的有关规定，按证券登记结算公司业务收入的20%提取的证券结算风险基金，在各基金净资产不超过30亿元的额度内，准予在企业所得税税前扣除。

证券公司依据《证券结算风险基金管理办法》（证监发〔2006〕65号）的有关规定，作为结算会员按人民币普通股和基金成交金额的十万分之三、国债现货成交金额的十万分之一、1天期国债回购成交额的千万分之五、2天期国债回购成交额的千万分之十、3天期国债回购成交额的千万分之十五、4天期国债回购成交额的千万分之二十、7天期国债回购成交额的千万分之五十、14天期国债回购成交额的十万分之一、28天期国债回购成交额的十万分之二、91天期国债回购成交额的十万分之六、182天期国债回购成交额的十万分之十二逐日交纳的证券结算风险基金，准予在企业所得税税前扣除。

三、证券投资者保护基金

证券投资者保护基金，是指按照《证券投资者保护基金管理办法》（证监会令第27号）筹集形成的、在防范和处置证券公司风险中用于保护证券投资者利益的资金。设立国有独资的中国证券投资者保护基金有限责任公司，负责基金的筹集、管理和使用。

（一）财务处理

《证券投资者保护基金管理办法》第十二条规定，证券投资者保护基金的来源如下：

（1）上海、深圳证券交易所在风险基金分别达到规定的上限后，交易经手费的20%纳入基金。

（2）所有在中国境内注册的证券公司，按其营业收入的0.5%～5%缴纳基金；

经营管理、运作水平较差、风险较高的证券公司，应当按较高比例缴纳基金。各证券公司的具体缴纳比例由证券投资者保护基金有限责任公司根据证券公司风险状况确定后，报证监会批准，并按年进行调整。证券公司缴纳的基金在其营业成本中列支。

（3）发行股票、可转债等证券时，申购冻结资金的利息收入。

（4）依法向有关责任方追偿所得和从证券公司破产清算中受偿收入。

（5）国内外机构、组织及个人的捐赠。

（6）其他合法收入。

证券公司应当缴纳的基金，按照证券公司佣金收入的一定比例预先提取，并由中国证券登记结算有限责任公司（简称结算公司）代扣代收。证券公司应在年度审计结束后，根据其审计后的收入和事先核定的比例确定需要缴纳的基金金额，并及时向基金公司申报清缴。

不从事证券经纪业务的证券公司，应在每季后10个工作日内按该季营业收入和事先核定的比例预缴。每年度审计结束后，确定年度需要缴纳的基金金额并及时向基金公司申报清缴。

结算公司、证券交易所应于每季后10个工作日内，将证券发行申购冻结资金利息收入及交易经手费中应纳入基金的部分划入基金公司指定的账户。

（二）税前扣除

根据财税〔2012〕11号和财税〔2017〕23号第一条第（三）项“证券投资者保护基金”的规定，上海、深圳证券交易所依据《证券投资者保护基金管理办法》（证监会令第27号、第124号）的有关规定，在风险基金分别达到规定的上限后，按交易经手费的20%缴纳的证券投资者保护基金，准予在企业所得税税前扣除。

证券公司依据《证券投资者保护基金管理办法》（证监会令第27号、第124号）的有关规定，按其营业收入0.5%～5%缴纳的证券投资者保护基金，准予在企业所得税税前扣除。

四、证券行业准备金的填报

表 A105120 第 21 行“二、证券行业”：填报第 22 +23 +24 +25 行的合计金额。

表 A105120 第 22 行“（一）证券交易所风险基金”：填报证券交易所风险基金的纳税调整情况。填列方法同第 3 行。

表 A105120 第 23 行“（二）证券结算风险基金”：填报证券结算风险基金的纳税调整情况。填列方法同第 3 行。

表 A105120 第 24 行“（三）证券投资者保护基金”：填报证券投资者保护基金的纳税调整情况。填列方法同第 3 行。

表 A105120 第 25 行“（四）其他”：填报除第 22 行至第 24 行以外的允许税前扣除的证券行业准备金的纳税调整情况。填列方法同第 3 行。

第三节　期货行业准备金的纳税调整

一、期货交易所风险准备金

（一）会计处理

根据《商品期货交易财务管理暂行规定》（财商字〔1997〕44 号）第十五条的规定，期货交易所应当按向会员收取手续费收入（含向会员优惠减收部分）20% 的比例，从管理费用中提取风险准备金。但风险准备金余额达到期货交易所法定注册资本 10 倍时，不再提取。风险准备金属于期货交易所资本损失备抵资金，必须单独核算，以货币资金形态专户存储，专门用于弥补风险损失，不得挪作它用。

由于期货市场剧变或不可抗力事故等原因导致不能收回的各项债权损失，经会计师事务所审计，由期货交易所理事会批准，应以风险准备金进行弥补。累计的风险准备金余额不足以弥补的，应以以后期间按规定计提的风险准备金进行弥补。期货交易所实行风险准备金制度后，不再计提坏账准备金。

（二）税前扣除

根据财税〔2012〕11 号和财税〔2017〕23 号第二条第（一）项“期货交易所风险准备金”的规定，大连商品交易所、郑州商品交易所和中国金融期货交易所依据《期货交易管理条例》（国务院令第 489 号）、《期货交易所管理办法》（证监会令第 42 号）和《商品期货交易财务管理暂行规定》（财商字〔1997〕44 号）的有关规定，上海期货交易所依据《期货交易管理条例》（国务院令第 489 号）、《期货交易所管理办法》（证监会令第 42 号）和《关于调整上海期货交易所风险准备金规模的批复》（证监函〔2009〕407 号）的有关规定，分别按向会员收取手续费收入的 20% 计提的风险准备金，在风险准备金余额达到有关规定的额度内，准予在企业所得税税前扣除。

二、期货公司风险准备金

（一）会计处理

根据财商字〔1997〕44 号文件第三十四条的规定，期货经纪机构可按代理手续费收入减去应付期货交易所手续费后的净收入的 5% 提取交易损失准备金，计入营业费用。但交易损失准备金达到相当于期货经纪机构注册资本的 10 倍时，不再提取。交易损失准备金作为期货经纪机构的一项长期负债，应单独核算，专门用于抵补期货经纪机构按规定自行承担的交易损失（即应当自行承担的，对自身管理不严、错单交易等造成的客户交易损失，同时，要按内部经济责任制度追究有关当事人的责任），以及按规定确认的坏账损失（指对于客户因破产或者死亡，以其破产财产或者遗产清偿后，仍然不能收回的应收账款，或者因客户逾期未偿付超过 3 年仍然不能收回的应收账款，作为坏账损失）。交易损失准备金不足以弥补的损失，计作本期损益。期货经纪机构依法进行清算时，交易损失准备金按前款规定弥补损失后仍有剩余的，列入清算财产处理。实行交易损失准备金制度之后，期货经纪机构不再计提坏账准备金。

（二）税前扣除

根据财税〔2012〕11号和财税〔2017〕23号第二条第（二）项“期货公司风险准备金”的规定，期货公司依据《期货公司管理办法》（证监会令第43号）和《商品期货交易财务管理暂行规定》（财商字〔1997〕44号）的有关规定，从其收取的交易手续费收入减去应付期货交易所手续费后的净收入的5%提取的期货公司风险准备金，准予在企业所得税税前扣除。

三、期货投资者保障基金

期货投资者保障基金（以下简称保障基金）是在期货公司严重违法违规或者风险控制不力等导致保证金出现缺口，可能严重危及社会稳定和期货市场安全时，补偿投资者保证金损失的专项基金。

（一）财务处理

《期货投资者保障基金管理暂行办法》（证监会令第38号）第九条规定，保障基金的启动资金由期货交易所从其积累的风险准备金中按照截至2006年12月31日风险准备金账户总额的百分之十五缴纳形成。保障基金的后续资金来源包括：

（1）期货交易所按其向期货公司会员收取的交易手续费的百分之三缴纳；

（2）期货公司从其收取的交易手续费中按照代理交易额的千万分之五至十的比例缴纳；

（3）保障基金管理机构追偿或者接受的其他合法财产。

对于因财务状况恶化、风险控制不力等存在较高风险的期货公司，应当按照较高比例缴纳保障基金，各期货公司的具体缴纳比例由中国证监会根据期货公司风险状况确定。期货交易所、期货公司缴纳的保障基金在其营业成本中列支。期货交易所、期货公司应当按季度缴纳后续资金。

有下列情形之一的，经中国证监会、财政部批准，期货交易所、期货公司可以暂停缴纳保障基金：

（1）保障基金总额达到8亿元人民币；

（2）期货交易所、期货公司遭受重大突发市场风险或者不可抗力。

保障基金的规模、缴纳比例和缴纳方式，由中国证监会根据期货市场发展状况、市场风险水平等情况调整确定。

鼓励保障基金来源多元化，保障基金可以接受社会捐赠和其他合法财产。保障基金产生的利息以及运用所产生的各种收益等孳息归属保障基金。

（二）税前扣除

根据财税〔2012〕11号和财税〔2017〕23号第二条第（三）项“期货投资者保障基金”的规定，上海期货交易所、大连商品交易所、郑州商品交易所和中国金融期货交易所依据《期货投资者保障基金管理办法》（证监会令第38号、第129号）和《关于明确期货投资者保障基金缴纳比例有关事项的规定》（证监会 财政部公告〔2016〕26号）的有关规定，按其向期货公司会员收取的交易手续费的2%（2016年12月8日前按3%）缴纳的期货投资者保障基金，在基金总额达到有关规定的额度内，准予在企业所得税税前扣除。

期货公司依据《期货投资者保障基金管理办法》（证监会令第38号、第129号）和《关于明确期货投资者保障基金缴纳比例有关事项的规定》（证监会 财政部公告〔2016〕26号）的有关规定，从其收取的交易手续费中按照代理交易额的亿分之五至亿分之十的比例（2016年12月8日前按千万分之五至千万分之十的比例）缴纳的期货投资者保障基金，在基金总额达到有关规定的额度内，准予在企业所得税税前扣除。

需要说明的是，上述证券类准备金和期货类准备金如发生清算、退还，应按规定补征企业所得税。

四、期货行业准备金的填报

表A105120第26行“三、期货行业”：填报第27+28+29+30行的合计金额。

表 A105120 第 27 行“（一）期货交易所风险准备金”：填报期货交易所风险准备金的纳税调整情况。填列方法同第 3 行。

表 A105120 第 28 行“（二）期货公司风险准备金”：填报期货公司风险准备金的纳税调整情况。填列方法同第 3 行。

表 A105120 第 29 行“（三）期货投资者保障基金”：填报期货投资者保障基金的纳税调整情况。填列方法同第 3 行。

表 A105120 第 30 行“（四）其他”：填报除第 27 行至第 29 行以外的允许税前扣除的期货行业准备金的纳税调整情况。填列方法同第 3 行。

第四节　贷款损失准备金的纳税调整

一、金融企业贷款损失准备

（一）贷款风险分类

根据《金融企业财务规则》（财政部令第 42 号，自 2007 年 1 月 1 日起施行）第十二条的规定，金融企业应当定期或者至少于每年年终对各类资产进行评价，按照规定进行风险分类，对可收回金额低于账面价值的部分，按照国家有关规定计提资产减值准备。

《贷款风险分类指引》（银监发〔2007〕54 号，适用于各类商业银行、农村合作银行、村镇银行、贷款公司和农村信用社，政策性银行和经银监会批准经营信贷业务的其他金融机构可参照本指引建立各自的分类制度）第五条规定，商业银行应按照本指引，至少将贷款划分为正常、关注、次级、可疑和损失五类，后三类合称为不良贷款。

正常：借款人能够履行合同，没有足够理由怀疑贷款本息不能按时足额偿还。关注：尽管借款人目前有能力偿还贷款本息，但存在一些可能对偿还产生不利影响的因素。次级：借款人的还款能力出现明显问题，完全依靠其正常营业收入无法足额偿还贷款本息，即使执行担保，也可能会造成一定损失。可疑：借款人无法足额偿还贷款本息，即使执行担保，也肯定要造成较大损失。损失：在采取所有可能的措施或一切必要的法律程序之后，本息仍然无法收回，或只能收回极少部分。

对零售贷款如自然人和小企业贷款主要采取脱期法，依据贷款逾期时间长短直接划分风险类别。对农户、农村微型企业贷款可同时结合信用等级、担保情况等进行风险分类。

商业银行应在贷款分类的基础上，根据有关规定及时足额计提贷款损失准备，核销贷款损失。

（二）资产减值准备和一般准备

《金融企业准备金计提管理办法》（财金〔2012〕20号）第三条规定：本办法所称准备金，又称拨备，是指金融企业对承担风险和损失的金融资产计提的准备金，包括资产减值准备和一般准备。资产减值准备，是指金融企业对债权、股权等金融资产（不包括以公允价值计量并且其变动计入当期损益的金融资产）进行合理估计和判断，对其预计未来现金流量现值低于账面价值部分计提的，计入金融企业成本的，用于弥补资产损失的准备金。一般准备，是指金融企业运用动态拨备原理，采用内部模型法或标准法计算风险资产的潜在风险估计值后，扣减已计提的资产减值准备，从净利润中计提的、用于部分弥补尚未识别的可能性损失的准备金。

金融企业应当在资产负债表日对各项资产进行检查，分析判断资产是否发生减值，并根据谨慎性原则，计提资产减值准备。对发放贷款和垫款，至少应当按季进行分析，计提贷款损失准备。

金融企业应当于每年年度终了对承担风险和损失的资产计提一般准备。一般准备由金融企业总行（总公司）统一计提和管理。一般准备余额原则上不得低于风险资产期末余额的1.5%。

（三）应计提准备的资产范围

根据《金融企业准备金计提管理办法》第四条的规定，金融企业承担风险和损失的资产应计提准备金，具体包括发放贷款和垫款、可供出售类金融资产、持有至到期投资、长期股权投资、存放同业、拆出资金、抵债资产、其他应收款项等。

对由金融企业转贷并承担对外还款责任的国外贷款，包括国际金融组织贷款、外国买方信贷、外国政府贷款、日本国际协力银行不附条件贷款和外国政府混合贷款等资产，应当计提准备金。金融企业不承担风险的委托贷款、购买的国债等资产，不计提准备金。

（四）准备金的提取

根据《金融企业准备金计提管理办法》的规定，金融企业不采用内部模型法的，应当根据标准法计算潜在风险估计值，按潜在风险估计值与资产减值准备的差额，对风险资产计提一般准备。其中，信贷资产根据金融监管部门的有关规定进行风险分类，标准风险系数暂定为：正常类1.5%，关注类3%，次级类30%，可疑类60%，损失类100%；对于其他风险资产可参照信贷资产进行风险分类，采用的标准风险系数不得低于上述信贷资产标准风险系数。

金融企业对非信贷资产未实施风险分类的，可按非信贷资产余额的1%～1.5%计提一般准备。

标准法潜在风险估计值计算公式：

潜在风险估计值=正常类风险资产×1.5%+关注类风险资产×3%+次级类风险资产×30%+可疑类风险资产×60%+损失类风险资产×100%

此外，根据《银行贷款损失准备计提指引》（银发〔2002〕98号）和规定，贷款损失准备包括一般准备、专项准备和特种准备。一般准备是根据全部贷款余额的一定比例计提的、用于弥补尚未识别的可能性损失的准备；专项准备是指根据《贷款风险分类指导原则》，对贷款进行风险分类后，按每笔贷款损失的程度计提的用于弥补专项损失的准备。特种准备是指针对某一国家、地区、行业或某一类贷款风险计提的准备。银行应按季计提一般准备，一般准备年末余额应不低于年末贷款余额的1%。银行提取的一般准备，在计算银行的资本充足率时，按《巴塞尔协议》的有关原则，纳入银行附属资本。银行可参照以下比例按季计提专项准备：

对于关注类贷款，计提比例为2%；

对于次级类贷款，计提比例为25%；

对于可疑类贷款，计提比例为50%；

对于损失类贷款，计提比例为100%。

其中，次级和可疑类贷款的损失准备，计提比例可以上下浮动20%。

特种准备由银行根据不同类别（如国别、行业）贷款的特殊风险情况、风险损失概率及历史经验，自行确定按季计提比例。

（五）会计处理

1. 一般准备的处理

根据《金融企业准备金计提管理办法》的规定，金融企业按规定计提的一般准备作为利润分配处理，一般准备是所有者权益的组成部分。金融企业履行公司治理程序，并报经同级财政部门备案后，可用一般准备弥补亏损，但不得用于分红。因特殊原因，经履行公司治理程序，并报经同级财政部门备案后，金融企业可将一般准备转为未分配利润。

2. 资产减值准备的处理

金融企业计提的相关资产减值准备计入当期损益。已计提资产减值准备的资产质量提高时，应在已计提的资产减值准备范围内转回，增加当期损益。

对符合条件的资产损失经批准核销后，冲减已计提的相关资产减值准备。对经批准核销的表内应收利息，已纳入损益核算的，无论其本金或利息是否已逾期，均作冲减利息收入处理。

已核销的资产损失，以后又收回的，其核销的相关资产减值准备予以转回。已核销的资产收回金额超过本金的部分，计入利息收入等。转回的资产减值准备作增加当期损益处理。

3. 贷款损失准备的会计处理

企业（银行）应设置“贷款损失准备”科目，核算企业（银行）贷款的减值准备。计提贷款损失准备的资产包括贴现资产、拆出资金、客户贷款、银团贷款、贸易融资、协议透支、信用卡透支、转贷款和垫款等。企业（保险）的保户质押贷款计提的减值准备，也在本科目核算。企业（典当）的质押贷款、抵押贷款计提的减值准备，也在本科目核算。企业委托银行或其他金融机构向其他单位贷出的款项计提的减值准备，可将本科目改为“1304 委托贷款损失准备”科目。

贷款损失准备的主要账务处理为：资产负债表日，贷款发生减值的，按应减记的金额，借记“资产减值损失”科目，贷记“贷款损失准备”科目。对于确实无法收回的各项贷款，按管理权限报经批准后转销各项贷款，借记“贷款损失准备”科目，贷记“贷款”、“贴现资产”、“拆出资金”等科目。已计提贷款损失准备的贷款价值以后又得以恢复，应在原已计提的贷款损失准备金额内，按恢复增加的金额，借记“贷款损失准备”科目，贷记“资产减值损失”科目。本科目期末贷方余额，反映企业已计提但尚未转销的贷款损失准备。

（六）贷款损失准备金的税前扣除

《财政部 国家税务总局关于金融企业贷款损失准备金企业所得税税前扣除有关政策的通知》（财税〔2015〕9号）就政策性银行、商业银行、财务公司、城乡信用社和金融租赁公司等金融企业提取的贷款损失准备金的企业所得税税前扣除政策问题做出规定，自2014年1月1日起至2018年12月31日止执行。金融企业涉农贷款和中小企业贷款损失准备金的税前扣除政策，凡按照《财政部 国家税务总局关于金融企业涉农贷款和中小企业贷款损失准备金税前扣除有关问题的通知》（财税〔2015〕3号）的规定执行的，不再适用该通知的规定。

1. 准予税前提取贷款损失准备金的贷款资产范围

准予税前提取贷款损失准备金的贷款资产范围包括：

（1）贷款（含抵押、质押、担保等贷款）；

（2）银行卡透支、贴现、信用垫款（含银行承兑汇票垫款、信用证垫款、担保垫款等）、进出口押汇、同业拆出、应收融资租赁款等各项具有贷款特征的风险资产；

（3）由金融企业转贷并承担对外还款责任的国外贷款，包括国际金融组织贷款、外国买方信贷、外国政府贷款、日本国际协力银行不附条件贷款和外国政府混合贷款等资产。

金融企业的委托贷款、代理贷款、国债投资、应收股利、上交央行准备金以及金融企业剥离的债权和股权、应收财政贴息、央行款项等不承担风险和损失的资产，不得提取贷款损失准备金在税前扣除。

2. 金融企业准予当年税前扣除的贷款损失准备金的计算

金融企业准予当年税前扣除的贷款损失准备金计算公式如下：

准予当年税前扣除的贷款损失准备金 = 本年末准予提取贷款损失准备金的贷款资产余额 ×1% - 截至上年末已在税前扣除的贷款损失准备金的余额

金融企业按上述公式计算的数额如为负数，应当相应调增当年应纳税所得额。

金融企业发生的符合条件的贷款损失，应先冲减已在税前扣除的贷款损失准备金，不足冲减部分可据实在计算当年应纳税所得额时扣除。

二、涉农贷款和中小企业贷款损失准备金

（一）涉农贷款和中小企业贷款范围

涉农贷款，是指《涉农贷款专项统计制度》（银发［2007］246号）统计的农户贷款和农村企业及各类组织贷款。

（二）涉农贷款和中小企业贷款损失准备金的扣除

《财政部 国家税务总局关于金融企业涉农贷款和中小企业贷款损失准备金税前扣除有关问题的通知》（财税〔2015〕3号）就金融企业涉农贷款和中小企业贷款损失准备金的企业所得税税前扣除政策做出规定，自2014年1月1日起至2018年12月31日止执行。

1. 税前扣除

金融企业根据《贷款风险分类指引》（银监发〔2007〕54号），对其涉农贷款和中小企业贷款进行风险分类后，按照以下比例计提的贷款损失准备金，准予在计算应纳税所得额时扣除：

（1）关注类贷款，计提比例为2%；

（2）次级类贷款，计提比例为25%；

（3）可疑类贷款，计提比例为50%；

（4）损失类贷款，计提比例为100%。

2. 涉农贷款

涉农贷款，是指《涉农贷款专项统计制度》（银发〔2007〕246号）统计的以下贷款：

（1）农户贷款。

农户贷款，是指金融企业发放给农户的所有贷款。农户贷款的判定应以贷款发放时的承贷主体是否属于农户为准。农户，是指长期（一年以上）居住在乡镇（不包括城关镇）行政管理区域内的住户，还包括长期居住在城关镇所辖行政村范围内的住户和户口不在本地而在本地居住一年以上的住户，国有农场的职工和农村个体工商户。位于乡镇（不包括城关镇）行政管理区域内和在城关镇所辖行政村范围内的国有经济的机关、团体、学校、企事业单位的集体户；有本地户口，但举家外出谋生一年以上的住户，无论是否保留承包耕地均不属于农户。农户以户为统计单位，既可以从事农业生产经营，也可以从事非农业生产经营。

（2）农村企业及各类组织贷款。

农村企业及各类组织贷款，是指金融企业发放给注册地位于农村区域的企业及各类组织的所有贷款。农村区域，是指除地级及以上城市的城市行政区及其市辖建制镇之外的区域。

中小企业贷款，是指金融企业对年销售额和资产总额均不超过2亿元的企业的贷款。这里的中小企业标准没有行业的区分。

金融企业发生的符合条件的涉农贷款和中小企业贷款损失，应先冲减已在税前扣除的贷款损失准备金，不足冲减部分可据实在计算应纳税所得额时扣除。

三、一般（风险）准备

企业应设置“一般风险准备”科目，核算企业（金融）按规定从净利润中提取的一般风险准备。企业提取的一般风险准备，借记“利润分配——提取一般风险准备”科目，贷记本科目。用一般风险准备弥补亏损，借记“一般风险准备”科目，贷记“利润分配——一般风险准备补亏”科目。本科目期末贷方余额，反映企业的一般风险准备。

根据《金融企业财务规则》第四十四条的规定，金融企业本年实现净利润（减弥补亏损），应当按照提取法定盈余公积金、提取一般（风险）准备金、向投资者分配利润的顺序进行分配。法律、行政法规另有规定的从其规定。从事银行业务的，应当于每年年终根据承担风险和损失的资产余额的一定比例提取一般准备金，用于弥补尚未识别的可能性损失；从事其他业务的，应当按照国家有关规定从本年实现的净利润中提取风险准备金，用于补偿风险损失。

《金融企业财务规则——实施指南》（财金〔2007〕23 号）规定，从事银行业务的金融企业，应于每年年度终了根据承担风险和损失的资产余额的一定比例提取一般准备金，用于弥补尚未识别的可能性损失。一般准备金的计提比例由金融企业综合考虑其所面临的风险状况等因素确定，原则上一般准备金余额不低于风险资产期末余额的 1%。从事保险业务的金融企业，应按本年实现净利润的 10% 提取总准备金，用于巨灾风险的补偿，不得用于分红、转增资本。从事证券业务的金融企业，应按本年实现净利润的 10% 提取交易风险准备金，用于弥补证券交易的损失，不得用于分红、转增资本。从事期货经纪业务的金融企业，应按本年实现净利润的 10% 提取风险准备金，用于风险的补偿，不得用于分红、转增资本。从事信托投资业务的金融企业，应按本年实现净利润的 5% 提取信托赔偿准备金，用于弥补亏损，不得用于分红、转增资本。信托赔偿准备金累计总额达到公司注册资本的 20% 时，可不再提取。主营担保业务的企业，应按本年实现净利润的 10% 提取一般风险准备金，用于弥补亏损，不得用于分红、转增资本。从事基金管理业务的金融企业，应按本年实现净利润的 1% 提取风险准备金，用于弥补亏损，不得用于分红、转增资本。从事金融租赁业务的金融企业，应按本年实现净利润的 1% 提取一般风险准备金，用于弥补亏损，不得用于分红、转增资本。属于财务公司性质的金融企业，应按本年实现净利润的 1% 提取一般风险准备金，用于弥补亏损，不得用于分红、转增资本。

四、小额贷款公司贷款损失准备金

根据《财政部 税务总局关于小额贷款公司有关税收政策的通知》（财税

〔2017〕48号）第三条的规定，自2017年1月1日至2019年12月31日，对经省级金融管理部门（金融办、局等）批准成立的小额贷款公司按年末贷款余额的1%计提的贷款损失准备金准予在企业所得税税前扣除。具体政策口径按照《财政部 国家税务总局关于金融企业贷款损失准备金企业所得税税前扣除有关政策的通知》（财税〔2015〕9号）执行。

五、贷款损失准备金税前扣除的填报

（一）金融企业贷款损失准备金

表A10512第31行“四、金融企业”：填报第32+33+34行的合计金额。

表A10512第32行“（一）涉农和中小企业贷款损失准备金”：填报涉农和中小企业贷款损失准备金的纳税调整情况。填列方法同第3行。

表A10512第33行“（二）贷款损失准备金”：填报贷款损失准备金的纳税调整情况。填列方法同第3行。

表A10512第34行“（三）其他”：填报除第32行至第33行以外的允许税前扣除的金融企业准备金的纳税调整情况。填列方法同第3行。

（二）小额贷款公司贷款损失准备金

表A10512第39行“六、小额贷款公司”：填报第40+41行的合计金额。

表A10512第40行“（一）贷款损失准备金”：填报经省级金融管理部门批准成立的小额贷款公司贷款损失准备金的纳税调整情况。填列方法同第3行。

表A10512第41行“（二）其他”：填报除第40行以外的允许税前扣除的小额贷款公司贷款损失准备金的纳税调整情况。填列方法同第3行。

第五节　中小企业融资（信用）担保机构准备金

一、会计处理

根据《融资性担保公司管理暂行办法》（银监会等七部委令 2010 年第 3 号）的规定，融资性担保公司应当按照当年担保费收入的 50% 提取未到期责任准备金，并按不低于当年年末担保责任余额 1% 的比例提取担保赔偿准备金。担保赔偿准备金累计达到当年担保责任余额 10% 的，实行差额提取。差额提取办法和担保赔偿准备金的使用管理办法由监管部门另行制定。融资性担保公司应当对担保责任实行风险分类管理，准确计量担保责任风险。

二、税前扣除

中小企业融资（信用）担保机构，是指以中小企业为服务对象的信用担保机构。《财政部 国家税务总局关于中小企业信用担保机构有关准备金企业所得税税前扣除政策的通知》（财税〔2012〕25 号，自 2011 年 1 月 1 日起至 2015 年 12 月 31 日止）和《财政部 国家税务总局关于中小企业融资（信用）担保机构有关准备金企业所得税税前扣除政策的通知》（财税〔2017〕22 号，自 2016 年 1 月 1 日起至 2020 年 12 月 31 日止）就中小企业融资（信用）担保机构有关准备金企业所得税税前扣除政策作出如下规定。

（一）担保赔偿准备

符合条件的中小企业融资（信用）担保机构按照不超过当年年末担保责任余额 1% 的比例计提的担保赔偿准备，允许在企业所得税税前扣除，同时将上年度计提的担保赔偿准备余额转为当期收入。

（二）未到期责任准备

符合条件的中小企业融资（信用）担保机构按照不超过当年担保费收入50%的比例计提的未到期责任准备，允许在企业所得税税前扣除，同时将上年度计提的未到期责任准备余额转为当期收入。

（三）符合条件的中小企业信用担保机构应满足的条件

符合条件的中小企业融资（信用）担保机构，必须同时满足以下条件：

（1）符合《融资性担保公司管理暂行办法》（银监会等七部委令 2010 年第 3 号）相关规定，并具有融资性担保机构监管部门颁发的经营许可证；

（2）以中小企业为主要服务对象，当年中小企业信用担保业务和再担保业务发生额占当年信用担保业务发生总额的 70% 以上（上述收入不包括信用评级、咨询、培训等收入）；

（3）中小企业融资担保业务的平均年担保费率不超过银行同期贷款基准利率的 50%；

（4）财政、税务部门规定的其他条件。

申请享受规定的准备金税前扣除政策的中小企业融资（信用）担保机构，在汇算清缴时，需报送法人执照副本复印件、融资性担保机构监管部门颁发的经营许可证复印件、年度会计报表和担保业务情况（包括担保业务明细和风险准备金提取等），以及财政、税务部门要求提供的其他材料。

（四）代偿损失

中小企业融资（信用）担保机构实际发生的代偿损失，符合税收法律法规关于资产损失税前扣除政策规定的，应冲减已在税前扣除的担保赔偿准备，不足冲减部分据实在企业所得税税前扣除。

三、中小企业融资（信用）担保机构准备金的填报

表 A10512 第 35 行“五、中小企业融资（信用）担保机构”：填报第 36 +37 +38 行的合计金额。

表 A10512 第 36 行“（一）担保赔偿准备”：填报担保赔偿准备的纳税调整情况。填列方法同第 3 行。

表 A10512 第 37 行“（二）未到期责任准备”：填报未到期责任准备的纳税调整情况。填列方法同第 3 行。

表 A10512 第 38 行“（三）其他”：填报除第 36、37 行以外的允许税前扣除的中小企业信用担保机构准备的纳税调整情况。填列方法同第 3 行。